Hengsbach

Die Arbeit hat Vorrang

Reihe: Arbeiterbewegung und Kirche

herausgegeben von Friedhelm Hengsbach SJ, Wolfgang Klein, Werner Krämer, Heiner Ludwig

in Verbindung mit

Sozialinstitut der KAB Süddeutschlands, Domberg 27, 8050 Freising (Kontaktadresse)
Bildungs- und Begegnungsstätte der KAB/CAJ, 5120 Herzogenrath
Bildungsinstitut der arbeitenden Jugend (CAJ), 4300 Essen
Arbeiter- und Betriebsseelsorge Böblingen und Ludwigshafen

Nr. 1: Friedhelm Hengsbach SJ (Hg.), Aussperrung und Streik – ungleiche Mittel

Nr. 2: Werner Krämer (Hg.), DGB-Grundsatzprogramm '81. Beiträge zur Diskussion

Nr. 3: Heinrich Ludwig/Heinz-Georg Ludwig (Hg.), Kirchen kämpfen mit. Die VFW-Fokker-Aktion zur Erhaltung der Arbeitsplätze

Nr. 4: Wolfgang Klein/Werner Krämer (Hg.), Sinn und Zukunft der Arbeit. Konsequenzen aus Laborem exercens

Nr. 5: Friedhelm Hengsbach SJ, Die Arbeit hat Vorrang. Eine Option katholischer Soziallehre

Nr. 6: Bernhard Antony (Hg.), Zur Arbeiterschaft – zur Arbeiterbewegung entschieden. 100 Jahre Joseph Cardijn

Friedhelm Hengsbach SJ

Die Arbeit hat Vorrang

Eine Option katholischer Soziallehre

Matthias-Grünewald-Verlag · Mainz

CIP-Kurztitelaufnahme der Deutschen Bibliothek

Hengsbach, Friedhelm:
Die Arbeit hat Vorrang: e. Option kath. Soziallehre /
Friedhelm Hengsbach. – Mainz: Matthias-Grünewald-Verlag, 1982.
(Reihe: Arbeiterbewegung und Kirche; Nr. 5)
ISBN 3-7867-0991-2

NE: GT

Umschlag: Kroehl Design Gruppe
Gesamtherstellung: Bercker, Graphischer Betrieb GmbH, Kevelaer

Vorwort

Das vorliegende Buch ist zufällig zur gleichen Zeit fertiggestellt worden, als Papst Wojtyla im September 1981 das Rundschreiben über die menschliche Arbeit veröffentlichte. Während das römische Dokument jedoch den Vorrang der Arbeit prophetisch-visionär, aber allgemein ins Bewußtsein ruft, wird das Thema hier in sechs Einzelprobleme aufgefächert und auf die Diskussionsebene, die für die Bundesrepublik der 80er Jahre gegeben ist, übertragen.

Das Buch ist keine Ableitung präziser Handlungsanweisungen aus allgemeinen Grundsätzen von oben her. Die Option des Vorrangs der Arbeit wird problemorientiert und von unten, aus dem Geflecht überschaubarer Lebenszusammenhänge, aufgewiesen. Dabei fließen die Wertentscheidungen katholischer Soziallehre mal verdeckt, mal ausgewiesen in die Beschreibungen, Analysen und Aktionsvorschläge ein.

Das Buch ist nicht das Ergebnis einsamer Arbeit. Auch wenn ausgesprochene Betroffenenberichte fehlen, sind die einzelnen Kapitel mithervorgegangen beispielsweise aus Schulungs- und Seminarveranstaltungen mit katholischen Sozial- und Jugendverbänden wie KAB, CAJ, Jung-KKV, Kolping und KLJB, aus Fachtagungen in München, Herzogenrath und Pont-à-Mousson, aus Begegnungen mit Aktionskreisen der Diözesen Augsburg und Speyer sowie aus praxisintegrierten Kursen in Freising; an der Endfertigung des Manuskripts waren Susanne Hanak, Cornelia Schütz und Donatus Beisenkötter beteiligt.
Die angedeutete Vernetzung hat ein ›Nachlesebuch vor Ort‹ entstehen lassen; sie mag aber auch erklären, warum die in Zukunft drängenden Themenbereiche – Ausländer, erwerbstätige Frauen, Wohnungseigentum, Umweltbelastung – zu kurz gekommen sind.

Das erste Kapitel untersucht grundlegend das Wechselverhältnis zwischen der Wertung der Arbeit und dem Selbstverständnis der Gesellschaft. Das Recht auf Arbeit, das im zweiten Kapitel erläutert wird, hat den Charakter eines Elementarrechts. Die Aussperrung (3. Kapitel) ist ein Arbeitskampfmittel, das die Einlösung dieses

Rechts beeinträchtigt, während eine qualifizierte Berufsausbildung (4. Kapitel) die Verwirklichung dieses Rechts langfristig sichern kann. Die Forderung nach Humanisierung der Arbeit (5. Kapitel) und Mitbestimmung im Unternehmen (6. Kapitel) verdeutlicht den personalen und gesellschaftlichen Charakter menschlicher Arbeit.
Das letzte Kapitel enthält die methodische Reflexion über eine ›Soziallehre zum Anpacken‹, indem verschiedene Typen katholischer Soziallehre einander gegenübergestellt werden.

Inhalt

1. Kapitel: Grundwert Arbeit in der Gesellschaft

1. Grundwert Arbeit

Die Charakterisierung der Arbeit als Grundwert knüpft an die seit 1976 in der Bundesrepublik geführte Grundwertediskussion über den Minimalkonsens einer pluralistischen Gesellschaft an. Dieser Anknüpfungspunkt mag zugleich eine Verständnisgrenze und eine Verständnishilfe bilden.

Die *Verständnisgrenze* liegt darin, daß die damalige Grundwertedebatte mit einer erstaunlichen Unschärfe begrifflicher Abgrenzung bestritten wurde, daß sie sich in weithin zustimmungsfähigen Appellen erschöpfte und überwiegend in Pauschalurteile über beklagenswerte Zustände der gegenwärtigen Gesellschaft verfiel, um diesem das Idealbild einer Gesellschaft gegenüberzustellen, die auf der Grundlage von Grundwerten errichtet ist, deren Inhalt allerdings nicht näher bezeichnet bzw. mit traditionellen Vorstellungen identifiziert wurde.

Bevor also Arbeit als Grundwert verstanden werden kann, müßten die Defizite der Auseinandersetzung vor allem in der begrifflichen Abgrenzung der Werte sowie in der gesellschaftlichen Rückbindung, ihrer Wahrnehmung und Verbindlichkeit beseitigt werden.

Die *Verständnishilfe* liegt darin, daß über die pädagogischen, politischen und kirchlichen Sprachgrenzen hinweg eine gefühlsmäßige Bereitschaft vorhanden ist, gesellschaftliches Handeln über die aktuelle Pragmatik und Interessendurchsetzung hinaus zu reflektieren und auf seine Bezugspunkte, d. h. auf seinen Sinn hin zu hinterfragen. Diese Sensibilität dispensiert jedoch nicht von der Aufgabe differenzierter Argumentation, nämlich Grundwerte begrifflich abzugrenzen, konkret zu benennen sowie die gesellschaftlichen Bedingungen ihrer Wahrnehmung und ihrer Verbindlichkeit anzuerkennen.

Als Wert wird angesehen, »was in individueller und sozialer Einschätzung als erstrebenswert, gut, bereichernd, liebenswert, beglükkend, nützlich, fördernd gilt.«[1] Werte werden vom Menschen

[1] Eid, V. (1975), S. 270.

bejaht, geachtet, begehrt; sie wecken sein Interesse, fordern zur Stellungnahme heraus, motivieren sein Denken und Handeln. Der Mensch nimmt die ihn umgebende Wirklichkeit der Welt nicht neutral zur Kenntnis, sondern deutet sie, ordnet sie ein in das eigene Selbst- und Weltverständnis, bezieht positiv oder negativ Stellung. Außerdem bildet er die vorhandene Welt nicht lediglich ab, sondern verändert sie. Die Zielpunkte, auf die hin er die Welt und sich verändert, liest er nicht aus der vorhandenen Welt heraus, sondern setzt sie frei fest. Es bestimmt damit im Rahmen seines Welt- und Selbstverständnisses, was gut und richtig ist. Insofern nicht alle Ziele als gleichrangig erachtet werden, müssen Werte miteinander verglichen, gegeneinander abgewogen, einander vorgezogen werden.

Werte sind Verdichtungen von wiederholt gemachten individuellen und gesellschaftlichen Erfahrungen, Überzeugungsschwerpunkte, die dem einzelnen Gesellschaftsmitglied als Richtpunkte der Selbstfindung entgegentreten. Verbindliche Geltung beanspruchen sie entsprechend dem Grad der Zustimmungsfähigkeit, den ihnen eine konkrete wandelbare Gesellschaft als Ausdrucksform der eigenen Identität zubilligt. Je stärker ein Wert vom gesellschaftlichen Konsens getragen bzw. konsensfähig ist, um so eher kann man von einem Grundwert sprechen.

Die menschliche Arbeit ist mit einer solchen gesellschaftlichen Achtung ausgestattet, daß es berechtigt erscheint, sie in den Katalog der Grundwerte aufzunehmen.

»Arbeit« wird physikalisch als »Überwindung eines Widerstandes über einen Weg« (Kraft mal Weg) definiert; physiologisch ist sie »körperliche Energie verbrauchende Anstrengung«. Im wirtschaftlichen Sinn ist sie eine Tätigkeit, die unmittelbar oder mittelbar auf die Versorgung des Arbeitenden mit Gütern und Leistungen zur Befürfnisbefriedigung ausgerichtet ist. Schließlich bestimmt sie ein anthropologischer Ansatz als »die bewußt gewollte und planmäßig durchgeführte Tätigkeit des Menschen, die vornehmlich auf Werte hinzielt, welche nicht bereits im Erleben dieses Tuns als solchem gegeben sind.«[2]

Die Aneinanderreihung mehrerer Definitionsebenen macht deutlich, daß menschliche Arbeit nicht lediglich äußeres, von organischen

[2] Wallraff, H. J. (⁶1957), S. 396.

Bedingungen und physikalischen Gesetzmäßigkeiten determiniertes Verhalten darstellt, sondern immer schon innerhalb eines umgreifenden Selbst- und Weltverständnisses gedeutet, als notwendig anerkannt und positiv beurteilt wird, daß sie in die Verhaltenserwartungen von Mitmenschen eingebunden ist und gesellschaftlicher Gestaltung unterliegt. Arbeit wird als Wert wahrgenommen.
Darüber hinaus wird deutlich, wie stark in die Deutung menschlicher Arbeit gesellschaftliche Wertentscheidungen einfließen: wenn Arbeit einerseits ausschließlich transitiv, d. h. auf einen außerhalb des Arbeitsvollzugs liegenden Gegenstand ausgerichtet definiert oder in Anlehnung an die physikalische Definition auf den materiellen Bereich beschränkt wird, und wenn sie andererseits auf den arbeitenden Menschen hin orientiert bzw. in die soziale Dimension hineingenommen wird. Und umgekehrt: Die wertende Stellungnahme einer Gesellschaft zur Arbeit läßt rückschließen auf die wertende Einstellung der Gesellschaft zu sich selbst.
Die Wechselwirkung zwischen der wertenden Deutung der Arbeit und dem Selbstverständnis der Gesellschaft soll im folgenden näher entfaltet werden: Einseitiges Wertverständnis von Arbeit und Klassengesellschaft sowie mehrseitiges Wertverständnis von Arbeit und egalitäre Gesellschaft bedingen sich gegenseitig.

2. Einseitige Wertung der Arbeit in der Klassengesellschaft

Wenn im folgenden von Klassengesellschaft gesprochen wird, dann soll nicht eine konkret existierende, geschichtliche Gesellschaft beschrieben werden; vielmehr dient der Hinweis auf geschichtliche Erscheinungsformen von Gesellschaft lediglich dazu, das idealtypische Muster der Klassengesellschaft zu veranschaulichen und verständlich zu machen. Klassengesellschaft ist demnach eine analytische Kategorie.[3]
Aber selbst unter diesen Voraussetzungen meint sie nicht jede erdenkliche Schichtstruktur, unter denen (neben Ständen und Kasten) die durch die Produktionsverhältnisse bestimmte Klasse eine Sonderform darstellt. Anderseits soll die Marxsche Engführung vermieden werden, ausschließlich das Privateigentum an Produktionsmitteln zum Bestimmungsgrund von Klassen zu machen. Des-

[3] Vgl. Marx, K., Kapital, MEW 25, S. 892 f.

halb wird die Klasse durch »ihren Anteil an bzw. Ausschluß von Autorität in Herrschaftsverbänden«[4] definiert; die Kontrolle über Produktionsmittel wäre dann ein Sonderfall von Herrschaft. Außerdem ist Klassengesellschaft eine dynamische Kategorie: Die Herrschafts- und Abhängigkeitsverhältnisse sind durch eine polarisierende Tendenz charakterisiert, alle vorhandenen gesellschaftlichen Konfliktlinien werden maßgeblich vom Konflikt zweier Klassen überlagert.

Die Art der Wechselwirkung zwischen einer einseitigen Wertung der Arbeit und einer so definierten Klassengesellschaft kann in vier Dimensionen dargestellt werden.

2.1 Gespaltene Arbeit: Arbeit und Muße

Die griechischen Philosophen des 4. Jahrhunderts v. Chr. sind bekannt dafür, daß sie die Arbeit als Kontrast zum eigentlichen sinnvollen Leben ansehen, daß die Muße das Ziel der Arbeit ist wie der Friede das Ziel des Krieges.[5]

Sokrates wird die Aussage in den Mund gelegt, daß die sogenannten handwerklichen Tätigkeiten in den Städten zu Recht verachtet werden, weil sie den Arbeitern, die zum Sitzen, zum Stubenhocken und zum Aufenthalt am Feuer gezwungen sind, körperliche Schäden zufügen.[6] Zimmerleute, Schuster, Schmiede, Bauern und Kaufleute gelten als unwissende und bedeutungslose Masse.[7]

Ähnlich urteilt Plato: Facharbeit und handwerkliche Tätigkeit rufen körperliche Schäden hervor, töten den Geist und lassen die Seele verkümmern;[8] niedrige Erwerbstätigkeit und Handarbeit sind für den Menschen eine Schande, denn sie hindern die menschliche Vernunft daran, sich die animalischen Triebkräfte unterzuordnen.[9]

Aristoteles deckt den Zusammenhang zwischen der Wertung der Arbeit und dem Selbstverständnis der Gesellschaft auf, wenn er die Frage stellt, ob auch die Handwerker und Gewerbetreibenden in den Kreis der Bürger einzubeziehen sind. Je nach der Staatsverfas-

[4] Dahrendorf, R. (1957), S. 143.
[5] Vgl. Aristoteles, Pol. VII, 15, 1334 a.
[6] Vgl. Xenophon, Oec. IV, 2–3.
[7] Vgl. Xenophon, Apomn. III, 7, 5–6.
[8] Vgl. Plato, Pol. V, 8, 495 d, e.
[9] Vgl. Plato, Pol. IX, 13, 590 c.

sung wird diese Frage positiv oder negativ beantwortet. Eine aristokratische Staatsverfassung, in der die Bürgerrechte nach Tugend und Verdienst vergeben werden, schließt Gewerbetreibende aus, denn diese gehörten früher in manchen Staaten dem Kreis der Sklaven und Ausländer an. Aber selbst wenn die mit dem Erwerb des Lebensunterhalts Beschäftigten den Stand eines freien Menschen erlangt haben, bleiben sie doch Sklaven bzw. Lohnabhängige, solange sie für einen anderen oder die Allgemeinheit arbeiten; die Ausübung eines tugendhaften Lebens ist ihnen unmöglich.[10] Für Aristoteles ist ein naturhaftes Herrschafts- und Abhängigkeitsverhältnis, »daß einige Menschen von Natur Freie oder Sklaven sind«,[11] selbstverständlich, daß die einen den anderen übergeordnet sind wie die Seele dem Leib, der Verstand dem Gefühl, der Mensch den Tieren, die Männer den Frauen, die Besseren den Schlechteren. Die Abwertung der Arbeit und die soziale Verachtung der Sklaven und Fremden spiegelt das Ideal des griechischen Vollbürgers, der sich frei von Erwerbstätigkeit seinen politischen Interessen und seiner Muße widmen kann.

Die gegenwärtigen Bedingungen der kapitalistischen Wirtschaft stellen sowohl das Resultat einer weiterhin vorhandenen gespaltenen Arbeitswertung als auch deren Voraussetzung dar. Dies kann an der Berufseinstellung Jugendlicher sowie an den (noch) herrschenden Prioritäten der Industriearbeit aufgewiesen werden.

Wenn junge Arbeitnehmer nach der Zeit gefragt werden, in der sie sich zufrieden und glücklich fühlen, nennen sie in der Regel die Freizeit: das Zusammensein mit Freund und Freundin, das gemeinsame Erlebnis einer Gruppe von Gleichaltrigen, Musikhören, das Wochenende, den Urlaub, das Gespräch mit den Eltern. Völlig ausgeblendet als Ort der Zufriedenheit bzw. als Gegenstand der Zustimmung erscheinen Berufstätigkeit und Berufsausbildung. Arbeit wird leidvoll und zwanghaft erfahren.

Die Prioritäten der Industriearbeit, nämlich das vorherrschende Interesse am Produktionsergebnis führen Arbeitgeber und Arbeitnehmer zu einer geheimen Komplizenschaft zusammen. Das Ziel der Unternehmensleitung ist das absatzfähige Produkt; deshalb spielt der Arbeitsprozeß nur eine untergeordnete, d. h. instrumen-

[10] Vgl. Aristoteles, Pol. III, 5, 1278 a.
[11] Aristoteles, Pol. I, 5, 1255 a.

telle Rolle. Der Produktionsfaktor Arbeit wird den Kriterien technischer Rationalität und ökonomischer Effizienz unterworfen: Ganzheitliche Arbeitsvorgänge werden in ihre Bestandteile, eine Mehrzahl monotoner, wiederholbarer Handgriffe zerlegt, der arbeitende einzelne Mensch wird an maschinelle Systeme angekoppelt bzw. in ein Mensch-Maschine-System integriert. Andererseits zielt auch der Arbeitnehmer auf das Produktionsergebnis in Form des Einkommens; auch für ihn spielt der Arbeitsvollzug eine untergeordnete, d. h. mittelbare Rolle. So ist es verständlich, wenn Arbeiter sich gegen den Abbau von Überstunden, gegen die Einschränkung der Schicht- und Akkordarbeit wehren, nachdem sie sich an die entsprechenden Zulagen bzw. Mehreinkommen gewöhnt haben. Sie sind sogar bereit, belastende Arbeitsbedingungen und die Gefährdung der eigenen Gesundheit in Kauf zu nehmen, solange sie ein höheres Einkommen und eine Steigerung des Konsums erwarten dürfen. Als Kontrast zu solcher Arbeit wird die Freizeit angestrebt, als Reproduktions-, Regenerations- und Konsumzeit, als Ort des eigentlichen Menschseins, in dem die Entfremdung des Menschen durch Arbeit aufgehoben ist.

2.2 Abgewertete Arbeit: Hand und Kopf

Die für die vorchristliche griechische Philosophie des 4. Jahrhunderts und für Teilbereiche der modernen Industrieproduktion charakteristische Entwertung menschlicher Arbeit ist zweifellos extrem und wird auch von Gesellschaften, in denen politisch-organisatorische Begabungen und praktischer Optimismus stärker verbreitet sind, in diesem Ausmaß kaum nachvollzogen. Aber diese Gesellschaften, die unter den Einfluß der griechischen Kultur geraten, verändern doch ihre ursprünglich mehr unbefangene Einstellung zu verschiedenen Formen menschlicher Betätigung und konstruieren eine Rangskala der Arbeit, die den bekannten Körper-Geist-Dualismus widerspiegelt, ohne jedoch diesen Maßstab immer und überall eindeutig sowie unabhängig von Raum, Zeit und jeweiliger Bedürfnislage anzuwenden. Die Anerkennung einer Rangskala menschlicher Arbeit unter dem Einfluß griechischer Arbeitsmentalität läßt sich für die römische Republik, für die Spätschriften des Alten Testamentes, für die Diskussion der Christen um die Sonntagsruhe und für Bereiche der modernen Gesellschaft nachzeichnen.

(1) Die ursprüngliche Einstellung der frühen römischen Republik zur Arbeit mag Catos Erinnerung wiedergeben, daß Geldgeschäfte unter fairen Bedingungen und Handelsgeschäfte bei hohem Risiko Achtung verdienen, wenngleich die Landwirtschaft sie an Wert überragt, gerade weil sie zu solider Lebensführung anhält und krisenfest ist.[12]

Für Livius ist es bereits nicht mehr selbstverständlich, daß Gewerbetreibende und Handwerker zum Kriegsdienst eingezogen werden;[13] für die Unvereinbarkeit eines öffentlichen Amtes mit gleichzeitiger Erwerbstätigkeit und Lohnarbeit beruft man sich schon auf eine alte und feste Überlieferung.[14] Cicero unterscheidet zwischen schmutzigen Erwerbszweigen und solchen, die eines freien Menschen würdig sind: Lohnarbeit grenzt an Sklaverei, weil nicht Fertigkeiten, sondern Leistungen verlangt werden; Einzelhandel ist ein unsolides Geschäft, Handwerk hat nichts mit schöpferischer Freiheit zu tun, Genußmittel- und Unterhaltungsgewerbe sind ganz und gar verwerflich. Umgekehrt werden Beschäftigungen aufgezählt, die größeres Verständnis voraussetzen und erheblichen Nutzen stiften wie Medizin, Baukunst, Wissensvermittlung; unerreicht über allem jedoch ragt die Landwirtschaft.[15]

Seneca erwähnt eine gängige Unterscheidung von vier Stufen menschlicher Betätigung. Ganz unten wird das Handwerk, eine gemeine und schmutzige Arbeit, die keinen Anschein von Würde und Ehrenhaftigkeit erweckt, angesiedelt. Dann kommt die Tätigkeit der Ingenieure. Auf der dritten Stufe stehen die freien Studienfächer (artes liberales): Grammatik, Musik, Geometrie und Astronomie. Sie sind eines freien Menschen würdig und bilden die Vorschule der Philosophie, obwohl sie als bezahlte Lehrfächer von dieser eindeutig abzugrenzen sind.[16] Von den handwerklich-technischen Fertigkeiten, die sich verkaufen lassen, sind sie nur dann abgehoben, wenn sie sich zu einer persönlichen Beziehung z. B. zwischen Lehrer und Schüler und zwischen Arzt und Patienten verdichten.[17] Aus der nachklassischen Zeit stammt die juristische Scheidung der freiberuflichen Tätigkeiten (operae liberales), für die ein Hono-

[12] Vgl. Cato, de re rustica, Vorwort S. 1.
[13] Vgl. Livius, Römische Geschichte 8, 20.
[14] Vgl. Mommsen, Th. ([2]1876), S. 470.
[15] Vgl. Cicero, de officiis I, 150.
[16] Vgl. Seneca, epistula 88.
[17] Vgl. Seneca, de beneficiis 6, 14–16.

rar entgegengenommen wird, von den Arbeitsleistungen (operae illiberales), die durch eine Lohnzahlung entgolten werden.[18]

(2) Im Unterschied zur herrschenden alttestamentlichen und jüdischen Wertung der Handarbeit enthält ein Textabschnitt des Buches Jesus Sirach eine Geringschätzung sowohl der handwerklichen als auch der landwirtschaftlichen Tätigkeit. Die deutero-kanonistische Schrift des Jesus Sirach ist um 190 v. Chr. in Jerusalem entstanden und gegen 110 v. Chr. in Ägypten ins Griechische übersetzt worden. Die Verse 24–34 des 38. Kapitels verraten in den Begriffen, Formulierungen und in der Arbeitsauffassung griechischen Geist.
Auf der Suche nach den Voraussetzungen für die Weisheit des Schriftgelehrten wird die Muße, das Freisein von jeder Handarbeit genannt. Als Begründung wird der enge Horizont der Handarbeiter angegeben: Das Denken des Bauern kreist um den Acker und das Futter der Rinder, Zimmerleute, Baumeister und Maler sind unruhig auf die Vollendung ihrer Werke bedacht, der Schmied ist dem Rauch des Feuers, dem Lärm des Hammers und der Hitze des Ofens ausgesetzt, einzig ausgerichtet auf die Formung des Eisens. Der Töpfer sitzt vor der Töpferscheibe, arbeitet mit Händen und Füßen, ausschließlich um die Gestalt und Zahl seines Werkes besorgt. All diese Handwerker setzen ihr Vertrauen auf ihre Hände, außer ihrer Arbeit wissen sie nichts, reisen nirgendwohin, sind nicht zu finden in der Volksversammlung, in der Schule, beim Geschworenengericht.
Dieser Text mag ein Fremdkörper sein in der Bibel; ein Arbeitsverständnis, das den Wert eines Menschen nach dem Grad der körperlichen Arbeit, die er zu verrichten hat, beurteilt, »das die ›Weisheit‹ nur dem zuspricht, der sich vom gewerblichen Leben fernhält, ist mit dem Alten Testament und auch mit Theorie und Praxis der jüdischen Schriftgelehrten unvereinbar«.[19] Aber es spiegelt die Rangskala menschlicher Arbeit auf dem Hintergrund des Körper-Geist-Dualismus und die Scheidung von Bildungs- und Arbeiterschicht innerhalb einer Gesellschaft.

[18] Vgl. Hauck, F. (1950), S. 588.
[19] Bienert, W. (^{2}1956), S. 145.

(3) »Knechtliche Arbeit« nennt das Kirchenrecht[20] jene Werke, die an Sonn- und Festtagen zu unterlassen sind.
Ursprünglich stammt die Formulierung aus dem alttestamentlichen Festtagsgebot; bei der Übertragung der Formel auf den christlichen Sonntag und deren inhaltlicher Auffüllung im Lauf der Kirchengeschichte hat sich jedoch der griechische Einfluß einer Geringschätzung der Handarbeit geltend gemacht. Während das Sabbatgebot kategorisch keinerlei Arbeit gestattet,[21] klingt die Formulierung der Festtagsruhe, die nur schwere Arbeit verbietet,[22] weniger streng. Der Unterschied zwischen beiden Regeln liegt nach jüdischer Schriftauslegung in Anlehnung an die Passahregel[23] des Masoretischen Textes darin, daß am Festtag die Zubereitung der Speisen erlaubt war. Dagegen sah die altkirchliche Schriftauslegung, die die symbolische Septuaginta-Interpretation der Passahregel des Philo von Alexandrien übernahm, im Verbot der Sklavenarbeit eine Aufforderung, sich nicht der Sklaverei der Sünde zu unterwerfen; die Feier des Sonntags sollte in der Freiheit von der Sünde, im Ausruhen von den Werken der Sünde bestehen.[24]
In den ersten drei Jahrhunderten werden die Christen ermahnt, den Sabbat geistig einzuhalten, anstatt wie die Juden untätig die Schöpfung anzustaunen. Sie werden aufgefordert, außerhalb der für die Eucharistiefeier am Sonntag vorgesehenen Zeit an jedem Tag und zu jeder Zeit fleißig zu arbeiten.
Kaiser Konstantin dehnt 321 per Erlaß die römische Festtagsordnung auf die Sonntage aus: Alle Gerichte und Gewerbebetriebe sollen am Sonntag ihren Dienst einstellen; die Landbevölkerung dagegen kann frei und ungehindert das Feld bestellen.
Erst im alexandrinisch-syrischen Umfeld des ausgehenden 6. Jahrhunderts sind Strömungen einer kategorischen Arbeitsruhe am Sonntag in Anlehnung an das Sabbatgesetz wahrnehmbar. Diese Tendenzen greifen bald auf die gallische Kirche über, wo bei Martin von Braga († 580) zum erstenmal die Formulierung der »knechtlichen Arbeiten« auftaucht. Die Synode von Orleans (538) tritt dem Verlangen nach totalem Arbeitsverbot entgegen, indem sie die Arbeiten, die bisher am Sonntag erlaubt waren, auch weiterhin

[20] c. 1248 CIC.
[21] Vgl. Ex 20, 8.
[22] Vgl. Lev 23, 35.
[23] Vgl. Ex 12, 16.
[24] Vgl. Pettirsch, F. (1947), S. 301, 324.

gestattet. In der Folgezeit werden die Arbeiten katalogisiert, die zu unterlassen sind: Arbeiten auf dem Feld oder sonstwie schwere handwerkliche Arbeiten. Karl der Große erweiterte die Liste um Transportarbeiten und Handarbeiten der Frauen (Waschen, Weben, Sticken).[25]

Schließlich bemühen sich die Theologen der Hochscholastik um eine Realdefinition der knechtlichen Arbeit. Ihre Abgrenzungsversuche bleiben allerdings schillernd. Denn einerseits versteht Thomas v. Aquin nicht jede körperliche Arbeit als knechtliche Arbeit, sondern nur die spezifische Arbeit jener Menschen, die nicht frei über ihren Leib und ihre Arbeitskraft verfügen können, weil sie im Dienst eines anderen Menschen stehen. Dabei scheint er den Zwangscharakter, das formale Element der Fremdbestimmung als entscheidendes Kriterium anzunehmen.[26] Andererseits nimmt er jede geistige Arbeit (z. B. mündliche und schriftliche Lehrtätigkeit), die ihrer Natur nach sich nicht erzwingen läßt, aus dem Konfliktfeld der Sonntagsruhe heraus und kann so knechtliche Arbeit vorbehaltlos mit körperlicher Arbeit identifizieren.[27]

Mit dieser Interpretation, die ihre Parallele findet in einem Vergleich des beschaulichen und tätigen Lebens, da in Anlehnung an Aristoteles das beschauliche Leben höher gewertet wird, weil es vom wertvollsten Vermögen des Menschen, vom Verstand ausgeht und auf die wertvollsten Gegenstände, die geistigen Wahrheiten, gerichtet ist, während am tätigen Leben die niedrigeren Kräfte des Menschen, die er mit den Tieren gemeinsam hat, beteiligt sind,[28] setzt Thomas die Linie Alberts des Großen, Bonaventuras und letztlich des hl. Augustinus fort, der die – für Christen allerdings nicht nachahmenswerte – Festtagsruhe der Juden als Enthaltung von körperlicher Arbeit verstand.[29] An dieser Stelle der kirchengeschichtlichen Entwicklung scheint sichtbar zu werden, wie der griechische Körper-Geist-Dualismus die ursprüngliche Einstellung der Christen zur

[25] Vgl. Huber, H. (1958), S. 152.

[26] Vgl. Thomas v. Aquin, S. th. II–II, 122, 4.

[27] »Knechtliche Arbeit ist körperliche Arbeit: denn freie Betätigung ist Sache des Geistes wie Erkenntnis oder ähnliches. Zu einer solchen Arbeit kann der Mensch nicht gezwungen werden.« Thomas v. Aquin, De tertio praecepto legis, S. 434.

[28] Vgl. Thomas v. Aquin, S. th. II–II, 182, 1.

[29] Vgl. Augustinus, Ep. 55, 10, 18 (PL 33, 212); Ep. 55, 12, 22 (PL 33, 214 f.).

Arbeit verändert und eine Rangordnung von geistiger und körperlicher Arbeit entsprechend der gesellschaftlichen Schichtung ausgebildet hat.

(4) Die Entwicklung der modernen Technologie hat dazu beigetragen, daß auf dem Arbeitsmarkt überlieferte Rangordnungen geistiger und körperlicher Arbeit sowie eingefahrene Standessymbole eingeebnet werden, daß menschliche Arbeit in erster Linie nach dem wechselnden gesellschaftlichen Bedarf über das Einkommen bewertet wird. Trotzdem sind Nachwirkungen des griechischen Körper-Geist-Dualismus in der unterschiedlichen beruflichen Stellung der Angestellten und Arbeiter, der unterschiedlichen Einschätzung der beruflichen und allgemeinen Bildung sowie in den charakteristischen Merkmalen der Ausländerbeschäftigung erkennbar.
Gegenläufig zu den Tendenzen einer nivellierten Mittelstandsgesellschaft lassen sich für die Lebensbedingungen der Arbeiter und Angestellten handgreifliche Unterschiede nennen. Eine arbeitsrechtliche Definition des Arbeiters knüpft u. a. an das Merkmal der überwiegend körperlichen Arbeit an. Die Abweichungen in der Höhe des durchschnittlichen Nettoeinkommens, in den Entlohnungsformen, im Urlaubsanspruch und Krankenversicherungsschutz, in den Arbeitszeitregelungen und den Bildungschancen der Kinder von Arbeitern und Angestellten lassen sich nicht aus den konkreten Bedingungen des Arbeitsprozesses, sondern nur aus den traditionellen Rangunterschieden bei der Einschätzung geistiger und körperlicher Arbeit erklären. Diese wurden im Taylorismus und der von ihm eingerichteten Trennung anweisender Kopfarbeit und ausführender Handarbeit in den Rang ökonomischer Schein-Rationalität erhoben.
Zwischen der beruflichen und allgemeinen Ausbildung existieren immer noch pädagogische, soziale und finanzielle Rangunterschiede. Entsprechend der Humboldtschen Bildungsidee wird die Allgemeinbildung von der Ausrichtung auf einen Beruf und praktischen Anwendbarkeit weitgehend ferngehalten; sie ist emanzipatorisch orientiert, während die berufliche Bildung die Übertragung praktischer Fertigkeiten anzielt. Tatsächlich bereiten beide Bildungsgänge auf das Beschäftigungssystem vor – allerdings mit dem Unterschied, daß die Allgemeinbildung einen Qualifikationsüberschuß gewährleistet und einen Platz im oberen Teil der Erwerbspyramide zusichert, die berufliche Bildung dagegen eingeschränkte

Qualifikationen, die auf einen relativ abgegrenzten Arbeitsplatz bezogen sind, vermittelt und eine Position im mittleren bzw. unteren Teil der Erwerbspyramide anweist. Die finanzielle Geringschätzung der beruflichen Bildung läßt sich am Vergleich der öffentlichen Pro-Kopf-Ausgaben für die berufliche und allgemeine Bildung sowie am Lehrer-Schüler-Verhältnis in der Berufsschule, am Gymnasium und an der Universität ablesen. Die gesellschaftliche Deklassierung jugendlicher Arbeiter setzt sich in den Kirchen fort. Kirchliche Jugendräume, Bildungseinrichtungen und Freizeitaktivitäten, selbst die Veranstaltungen der Kirchentage oder Katholikentage werden weitgehend von Schülern und Studenten besetzt gehalten.[30] 1978 erfaßte z. B. in Frankfurt (M) die kirchliche Jugendarbeit der katholischen Gemeinden zu 83% Schüler und Studenten.

Als mittelbare Nachwirkung einer säkularen Rangskala der Arbeitswertung können die Sektoren der Ausländerbeschäftigung angeführt werden, in denen sich Berufe und Arbeitsplätze mit geringem Sozialprestige, die von den Deutschen abgelehnt werden, häufen. Exemplarisch kann wieder auf Frankfurt, das 1979 in der BRD mit 20% den höchsten Ausländeranteil an der Wohnbevölkerung aufwies, zurückgegriffen werden: 1977 waren 25% der Arbeitsplätze im Baugewerbe und 40% der Arbeitsplätze im Leder-, Textil- und Bekleidungsgewerbe mit Ausländern besetzt. Ausländer waren im Hotel- und Gaststättengewerbe zu einem Drittel und im Reinigungsgewerbe fast zur Hälfte vertreten.[31] Die Rangstufen der Arbeit korrelieren mit den Rangstufen der Wohnviertel, des Freizeitverhaltens und den voneinander isolierten Bevölkerungsschichten.

2.3 *Halbierte Arbeit: Mann und Frau*

Die Einseitigkeit in der Wertung der Arbeit bezieht sich nicht nur auf den Bereich Arbeit/Muße, geistige/körperliche Arbeit; ein durchgreifender Riß kennzeichnet den gegenwärtigen geschlechtsspezifischen Arbeitsmarkt.

Frauen werden für ihre Erwerbstätigkeit geringer bezahlt als Männer: Die durchschnittlichen Bruttoverdienste der Arbeiterinnen der Industrie lagen 1975 um ein Drittel unter dem der männlichen Kol-

[30] Vgl. Schirmer, D. u. E. (1976), S. 26 ff.
[31] Vgl. Leuninger, H. (1979), S. 42.

legen.[32] Frauenarbeit konzentriert sich auf wenige Berufe: 1970 war die Frauen-Männer-Relation in den Berufsgruppen der Sprechstundenhelferin, MTA und Masseuse 13:1, bei den Sekretärinnen, Steno-, Phono- und Datentypistinnen 23:1, bei den Textilnäherinnen, Textilschmuckmacherinnen und Stickerinnen 25:1.[33] Außerordentlich stark ist auch die Konzentration bei den Ausbildungsberufen. Auf die 25 am stärksten besetzten Ausbildungsberufe entfielen 1978 85 % der weiblichen Auszubildenden. 24 % aller in der betrieblichen Ausbildung stehenden weiblichen Auszubildenden wurden in den Berufen ›Verkäuferin‹ und ›Friseuse‹ ausgebildet. Die größten Zuwachsraten der Ausbildungsplätze seit 1970 verzeichneten die Berufe ›Verkäuferin im Nahrungsmittelhandwerk‹, ›Arzthelferin‹ und ›Zahnarzthelferin‹.[34]

Die Mehrzahl der erwerbstätigen Frauen arbeitet an der unteren Stelle der beruflichen Hierarchie, d. h. an Arbeitsplätzen, »in denen das ausgesprochene niedrige Niveau der Qualifikationsanforderungen mit hohen physischen und psychischen Belastungsanforderungen korrespondiert und die kaum Spielräume für selbstverantwortliches und kooperatives Handeln bieten«,[35] und die infolge des internationalen Strukturwandels potentiell gefährdet sind. Die hierarchische Arbeitsteilung zwischen männlichen und weiblichen Berufspositionen ist besonders bei den Berufsfeldern Arzt/Krankenschwester, Arzt/MTA, Anwalt/Anwaltsgehilfin, Chef/Sekretärin ausgeprägt.[36]

Die Diskriminierung der erwerbstätigen Frau ist der Reflex des Selbstverständnisses der Gesellschaft, das dem Mann die Berufsrolle, der Frau dagegen die Hausfrauen- und Mutterrolle, allenfalls eine Berufsrolle in strenger Unterordnung unter ihre Mutterrolle zuweist. In dieses Rollenschema, das sich wie eine unverrückbare Konstante durch die antike, mittelalterliche und moderne Gesellschaft hindurchzieht, passen weder die ökonomisch selbständigen Frauen der hellenistischen Welt hinein, die sich im Sport, in den künstlerischen Berufen und als Ärztinnen betätigten, noch die auch politisch einflußreichen Frauen der römischen Kaiserzeit, die als

[32] Vgl. Frau und Gesellschaft (1977), S. 81; Erwerbstätigkeit (1980), S. 179.
[33] Vgl. Beck-Gernsheim, E. (1976), S. 16.
[34] Vgl. Auszubildende 1978 (1979), S. 695.
[35] Schöll-Schwinghammer, I./Lappe, L. (1978), S. 47.
[36] Vgl. Beck-Gernsheim, E. (1976), S. 21.

Eigentümer von Schiffswerften, Ziegeleien und Handelsketten auftraten bzw. als Schneiderinnen, Friseusen und Privatsekretärinnen beschäftigt waren,[37] noch jene Frauen, die in der urchristlichen Gemeinde eine aktive Rolle spielten, noch die mittelalterlichen Frauengestalten einer Hildegard von Bingen, Brigitta von Schweden und Katharina von Siena. In dieses Rollenbild geht ebenfalls nicht ein die paritätische Arbeitsteilung der bäuerlichen Hauswirtschaft bzw. der selbständigen Handwerksbetriebe. Aber um so hartnäckiger behauptet sich ein fast ausschließlich an Geschlechtsmerkmalen orientiertes gesellschaftliches Rollenklischee als eine Mischung aus Anhänglichkeit an überlieferte Ideale aus philosophischer Einsicht und theologischer Reflexion sowie aus der Weigerung, vorhandene Machtpositionen preiszugeben. Exemplarisch soll verwiesen werden auf Origenes, der Platons Urteil[38] vom schwachen Geschlecht übernimmt,[39] auf Johannes Chrysostomos, für den es von Anfang an so war, daß die Politik dem Mann, die Hauswirtschaft aber der Frau zufällt,[40] auf Ambrosius, der der Frau die Aufgabe zuspricht, den Mann daheim in eine Atmosphäre der Häuslichkeit zu hüllen[41], und schließlich auf Thomas v. Aquin, der die Frau von Natur aus dem Mann unterworfen sieht, weil beim Mann die Unterscheidungskraft des Verstandes stärker entwickelt sei;[42] wenn auch nicht ohne Reserve lehnt er sich an die Einstellung des Aristoteles an, daß Mann und Frau sich wie das Bessere zum Schlechteren, das Herrschende zum Dienenden verhalten, da das männliche Element mehr zur Leitung und Führung geeignet sei.[43]

Angesichts solcher gesellschaftlicher Barrieren erscheint die geschlechtsspezifische Arbeitsteilung, die dem Mann die Erwerbstätigkeit und der Frau die Kindererziehung und Textilerzeugung daheim oder höchstens eine an diese Tätigkeit angelehnte Erwerbstätigkeit in den Pflegeberufen und im Textilgewerbe zuordnet, nur folgerichtig.

[37] Vgl. Thraede, K. (1972), S. 204, 223.
[38] Vgl. Plato, Pol. V, 5, 455 e.
[39] Vgl. Origenes, Hom. Lc. 8, 1 (PG 13, 1819).
[40] Vgl. Johannes Chrysostomos, regul. fem. 5 (PG 47, 523).
[41] Ambrosius, parad. XI, 50 (PL 14, 299).
[42] Vgl. Thomas v. Aquin, S. th. I, 92, 1, ad 2.
[43] Vgl. Aristoteles, Pol. I, 5, 1254 b; Pol. I, 12, 1259 b.

2.4 Trügerische Arbeit: Erde und Himmel

Abschließend soll auf eine religiöse Ausdrucksform einseitiger Wertung der Arbeit hingewiesen werden, die in mehreren Varianten auftritt.

(1) In den Lebensbeschreibungen der ägyptischen Mönche wird von einem Abbas berichtet, der in seiner Zelle Körbe flechtet, die er am Abend wieder auflöst. Auf provokante Weise veranschaulicht diese Szene eine auch unter Christen verbreitete Distanz der Arbeit gegenüber, die sich etwa so umschreiben läßt: Menschliche Arbeit hat keinen Wert in sich, denn sie ist durch die Sünde des Menschen zum Gegenstand herzloser Betriebsamkeit und Habgier, zum Ort der Herrschaft von Menschen über Menschen geworden. Ihre Gestalt vergeht wie diese Welt, die erst durch einen radikalen Bruch hindurch zur Vollendung geführt wird. Der Mensch kann in ihr keine endgültige Heimat finden, muß sich von ihr losschälen. Deshalb haben menschliche Arbeit und ihr Resultat nur vorläufigen Charakter.
Wertvoll wird menschliche Arbeit ausschließlich durch die gute Meinung dessen, der arbeitet, indem dieser sich von der ängstlichen Sorge um den Erfolg seiner Arbeit freimacht, ihre Mühsal als Strafe für die Sünde geduldig erträgt, sie als Bewährung für die Freude im Jenseits annimmt und dem Wert und der Verdienstlichkeit des beschaulichen Lebens unterordnet.

(2) Die Wertung der Arbeit ist mitbestimmend für das Grundverhältnis des Menschen zu Gott. Die Arbeit liefert einmal das Experimentierfeld, um naturwissenschaftliche Erklärungsversuche dem Härtetest der Praxis, d. h. der technischen Anwendung, auszusetzen. Zum anderen bildet die systematische Erforschung der innerweltlichen Ursachenketten die Voraussetzung für technische Eingriffe in die dem Menschen vorgegebene Natur. Die gigantischen Erfolge menschlicher Arbeit haben das moderne Bewußtsein geschaffen, daß gemeinsame Anstrengung die von Haus aus feindliche und vom Kampf ums Dasein beherrschte Erde in eine für den Menschen bewohnbare Welt wird umformen, eine gerechte Gesellschaftsordnung konstruieren und so das eigene Heil schaffen können.
Solches durch Arbeitserfahrung geschaffene Bewußtsein verführt

den Menschen dazu, an die absolute Machbarkeit von Welt und Gesellschaft zu glauben und sich im stolzen Vertrauen auf die eigene Arbeitsleistung zum Konkurrenten Gottes hochzuspielen und darüber zu vergessen, daß das Ergebnis menschlicher Arbeit – wirtschaftlicher Wohlstand und soziale Gerechtigkeit – ausschließlich der wohlwollenden Zuneigung Gottes zu verdanken ist, die dieser jedem Menschen unbegrenzt und unabhängig von dessen persönlicher Arbeitsleistung schenkt. So wirkt das Pathos, mit dem der neuzeitliche Mensch seine Arbeit umgibt, auf zahlreiche Christen, die sich menschlicher Selbstbescheidung verpflichtet fühlen, einigermaßen krankhaft: ein Gotteskomplex, gleichsam eine moderne Kopie jener anmaßenden Geste des Prometheus, der seine menschlichen Grenzen nicht wahrnehmen will.

(3) Die beschriebenen religiösen Einstellungen, die den vorläufigen und für das Verhältnis zu Gott bedrohlichen Aspekt menschlicher Arbeit herauskehren, tendieren dazu, religiöse Institutionen analog zu strukturieren.

Einmal wird eine von der gesellschaftlich organisierten Arbeit relativ isolierte Eigenwelt aufgebaut. Kirche wird gegen die Gesellschaft durch eine besondere Verkündigungssprache, deren Begriffe und Stilelemente in der alltäglichen Arbeitswelt kaum mehr wiederzuerkennen sind, durch besondere sakrale Riten und liturgische Gesten, die der gleichzeitigen sozialen Erlebniswelt weitgehend entrückt sind, und durch besondere Organisationsformen, die mitunter als fossile Restbestände in einer sonst demokratischen Umwelt empfunden werden, abgeschirmt.

Zum anderen wird die Funktion dieser Institution Kirche auf die Befriedigung privater, spiritueller und meditativer Bedürfnisse des Menschen innerhalb einer alternativen Gegenwelt verengt. Man bemüht sich sorgsam, Gebet und gemeinsamen Kult durch die Fixierung der Texte und Gesten entsprechend den Gesetzen vermeintlicher Objektivität gegen jedes konkrete Engagement im sozialen Bereich und jede zu wenig ausgewogene Parteinahme für konkrete Opfer sozialer Ungerechtigkeit immun zu halten, damit der eigentliche Auftrag der Kirche, der Gottesdienst, nicht in das Zwielicht eines reinen Sozialdienstes gerät, sondern unverwechselbar erhalten bleibt – selbst auf die Gefahr hin, daß die für das Christentum wesentliche Verflechtung der vertikalen und horizontalen Dimension des Menschen, des Glaubens an Gott und des sozialen Engage-

ments verdunkelt und die kirchliche Sozialbewegung sich getrennt von der liturgischen entwickelt.
Darüber hinaus kann eine verstärkte Absonderung der Kirche gegenüber der Gesellschaft zu einer Wiederbelebung bzw. Verfestigung ihrer ständischen Strukturen führen. Die traditionell vorgegebene, wenn auch theoretisch überholte Unterscheidung zwischen einem Stand der Priester und einem Stand der Laien bietet sich geradezu an, dem Priester die (sakramentale) Binnenversorgung, dem Laien dagegen die missionarische Weltgestaltung durch Arbeit zuzuweisen. Solange allerdings der Nachwuchs der kirchlichen Leitungsträger fast ausschließlich aus der Gruppe der Schüler, Studenten, d. h. überwiegend aus der Akademikerschicht bezogen und deshalb weitgehend durch Enthaltsamkeit von körperlicher Arbeit geprägt, und solange der Ausbildungsstil der jungen Leute durch die Abgeschiedenheit eines tridentinischen Seminars, die Ausbildungsinhalte durch das Übergewicht der Tradition und durch binnenkirchliche Bedürfnisse bestimmt sind, dürfte es nicht verwundern, wenn kirchliche Entscheidungsträger in steigendem Maß der Arbeitswelt entfremdet werden. Und solange die Alleinkompetenz der aus dem Priesterstand rekrutierten Kirchenleitung erhalten bleibt, müßte sich für die Kirche als ganze nach innen ihr Charakter als Klassenkirche und nach außen ihre Abschottung gegenüber der Arbeitswelt und der von dieser geprägten Gesellschaft verstärken.

3. Mehrseitige Wertung der Arbeit in der egalitären Gesellschaft

Nachdem im vorangegangenen Abschnitt aufgezeigt worden ist, wie Verständnis und Zuweisung menschlicher Arbeit zum Instrument für die Ausformung einer Klassengesellschaft werden kann, soll im folgenden erläutert werden, wie die mehrseitige Wertung menschlicher Arbeit mit der Ausbildung einer egalitären Gesellschaft korrespondiert.
Egalitäre Gesellschaft meint ebenfalls wie die Klassengesellschaft keine konkret existierende Gesellschaft, sondern den Idealtyp einer Gesellschaft, deren strukturelle Bauelemente in Anlehnung an die Theorie von J. Rawls von zwei Grundsätzen der Gerechtigkeit als Fairneß bestimmt sind: Der erste (Gleichheits-)Grundsatz sichert jedem das gleiche Recht auf ein für alle möglichst umfangreiches System an Grundfreiheiten; der zweite (Differenz-)Grundsatz

regelt die wirtschaftlichen und gesellschaftlichen Ungleichheiten so, daß sie den am wenigsten Begünstigten den größtmöglichen Vorteil verschaffen und mit Ämtern und Positionen verbunden sind, die jedem gemäß einer fairen Chancengleichheit offenstehen.[44] Eine solche Gesellschaft garantiert gleiche Freiheit für alle, schließt jede rechtliche Diskriminierung aus, schränkt allenfalls Freiheit um anderer Freiheit willen, nicht jedoch um wirtschaftlicher und sozialer Vorteile willen ein. Doch begnügt sie sich nicht mit der Zusicherung formal gleicher Freiheitsrechte gegenüber Menschen in unterschiedlichen natürlichen und sozialen Lebensbedingungen. Aber sie nivelliert auch nicht alle gesellschaftlichen Differenzen, die aus ungleichen Lebensbedingungen, natürlichen Begabungen und sozialen Startchancen resultieren, sondern läßt solche unterschiedlichen gesellschaftlichen Positionen bestehen, wenn nur für jeden die gleiche Chance besteht, sie zu erlangen, und wenn sie als öffentliches Gut gelten, d. h. wenn sie nicht ausschließlich zum eigenen Vorteil, sondern gleichzeitig zum Vorteil der am wenigsten Begünstigten in Anspruch genommen werden können.

Egalitäre Gesellschaft ist nicht reine, in das Reich der Träume verwiesene Utopie, wenn man in der abendländischen Geschichte Ansätze ihrer Realisierung wiedererkennt.

Sie ist allerdings in erster Linie eine Option, die sich auf die Konvergenz dreier Ströme der abendländischen Geschichte beruft: den Humanismus der Stoa, die jüdisch-christliche Religion und einen an Marx orientierten Sozialismus mit menschlichem Gesicht. Darüber hinaus ist sie ein strategischer Anspruch auf Gesellschaftsveränderung, um die in der Wirklichkeit vorherrschenden Elemente der Klassengesellschaft aufzuheben.

Analog der Vorgehensweise im vorigen Abschnitt sollen vier Dimensionen der Wechselwirkung zwischen mehrseitiger Wertung der Arbeit und dem Selbstverständnis einer egalitären Gesellschaft dargestellt werden.

3.1 Arbeit als Befreiung

(1) Israel hat im Ursprung seiner religiösen Geschichte, in Ägypten, die Arbeit in ihrer unmenschlichsten Form kennengelernt: als Zwangsarbeit unter Aufsicht fremder Herren, zugunsten einer Füh-

[44] Vgl. Rawls, J. (1975), S. 81.

rungsschicht, die es systematisch darauf angelegt hatte, das Volk zu vernichten. Israel hat erfahren, was Knechtschaft, was Befreiung aus Knechtschaft und Zwangsarbeit bedeuten. Deshalb verpflichtet das Arbeitsgebot jeden Israeliten, der an der Ordnung des Bundes teilhat.[45] Arbeit ist damit Dienst des Menschen vor Gott, der jede Dienstherrschaft von Menschen über Menschen aufhebt, und der praktisch in die Forderung mündet, den durch eigene Verschuldung in Knechtschaft geratenen Hebräer im Jubeljahr, das im siebenjährigen Abstand gefeiert wird, freizugeben sowie keinen endgültigen Erwerb von Grundeigentum zuzulassen, ihn vielmehr auf die Zeit zwischen zwei Jubeljahren, die im Abstand von 50 Jahren eingeschaltet werden, zu beschränken, zumindest aber alle Bewohner des Landes an der Ruhe des Sabats teilnehmen zu lassen: den Sohn, die Tochter, den Sklaven, die Sklavin, das Vieh und den Fremden in der Stadt.[46] Arbeit, die als Dienst vor Gott verstanden wird, befreit den Menschen von gesellschaftlichen Zwängen; von Rabbi Schemaja wird der Satz überliefert: »Liebe die Arbeit, hasse die Würde des Herrseins«,[47] und umgekehrt: Insofern der Glaube an den einen Gott die Rangunterschiede unter den Menschen einebnet, ist Arbeit eine Selbstverständlichkeit für jeden. »Wenn einer seinen Sohn kein Handwerk lernen läßt, so ist es, als ob er ihn zum Räuberwesen erzöge«, urteilt die Mischna.[48]

(2) Arbeit als Dienst vor Gott befreit aber auch von naturhaftem Zwang. Entgegen einer allgemein verbreiteten Anschauung ist Arbeit nicht auf die Sünde zurückzuführen, wenngleich die biblische Erzählung vom Fall des Menschen, dessentwillen der Boden, dem der Mensch, bis er zum Staub zurückkehrt, unter den Bedingungen von Mühsal, Anstrengung und Schweiß, von Dornen und Disteln seinen Lebensunterhalt abringt, verflucht wird, den stärksten Eindruck hinterläßt, und wenngleich man den Eindruck haben kann, daß gerade im Bereich der Arbeitswelt die Sünde in Form von Willkür, Gewalt und Ausbeutung ihre stärkste Macht entfaltet.

[45] Vgl. Ex 20, 8–11: Dt 5, 12–15. Das Arbeitsgebot wird allein im Pentateuch neunmal aufgeführt.

[46] Vgl. Lev 25, 40 f.; Lev 25, 8–23; Ex 20, 10.

[47] Die Mischna, Traktat Abot I, 10 b.

[48] Die Mischna, Traktat Quidduschin 30 b (zitiert bei Marti, K./Beer, G. [1927], S. 23).

Vielmehr bekennt der erste Schöpfungsbericht Gott als denjenigen, der den Menschen nach seinem Bild schafft und segnet: »Seid fruchtbar und vermehrt Euch, bevölkert die Erde, unterwerft sie Euch und herrscht über die Fische des Meeres, über die Vögel des Himmels und über alle Tiere, die sich auf dem Land regen.«[49] Dieselbe Aussage stellt der zweite Schöpfungsbericht anschaulich dar: »Gott der Herr nahm also den Menschen und setzte ihn in den Garten Eden, damit er ihn bebaue und hüte.«[50]

Die Fertigkeiten der Tempel- und Palastbauer unter Salomon werden bewundert;[51] das Können der Hersteller von Götzenbildern bleibt anerkannt, wenn auch die Zielsetzung ihrer Arbeit ironisiert wird.[52] Gott selbst wird in Symbolgestalt als Arbeiter dargestellt. Er formt den Menschen,[53] bildet den Himmel mit seinen Fingern, befestigt daran Mond und Sterne.[54] Jesus übernimmt die Arbeitsanschauung seines Volkes, die jedoch durch die Naherwartung der Gottesherrschaft und durch das Vertrauen auf die Vaterliebe Gottes akzentuiert wird. Er ist als Arbeiter, als Sohn eines Arbeiters bekannt geworden. Seine Jünger gehören zu den einfachen Leuten. Seine Parabeln erzählen von Schafhirten, Weingärtnern, Bauern, Fischern, Ärzten, Kaufleuten, Zollbeamten und Baumeistern. Seine apostolische Tätigkeit versteht er als Tätigkeit des Menschenfischers, des Erntearbeiters. Paulus folgt ihm in der Ausübung von Handarbeit und in der Anerkennung der Arbeitspflicht zur Bestreitung des Lebensunterhaltes und zur Freigebigkeit sowie in der Verurteilung der Untätigkeit.[55] Später wundert sich Celsus darüber, daß die Christen sich ihrer Zugehörigkeit zur arbeitenden Bevölkerung nicht schämen.[56]

[49] Gen 1, 28.
[50] Gen 2, 15.
[51] Vgl. 1 Kön 6 u. 7.
[52] Vgl. Jes 40, 19 f.
[53] Vgl. Gen 2, 7.
[54] Vgl. Ps 8, 4.
[55] »Wer nicht arbeitet, soll auch nicht essen« 1 Thess 3, 10. Vgl. dazu die nicht in Form eines kategorischen Urteils sondern in Form einer Einladung ausgesprochene Mahnung: »Gehe zur Ameise, Du Faulenzer. Betrachte ihr Verhalten und werde weise! Sie hat keinen Meister, keinen Aufseher und Gebieter und doch sorgt sie im Sommer für Futter, sammelt sich zur Erntezeit Vorrat.« Spr 6, 6–8.
[56] Vgl. Origenes, Contra Celsum III, 55 (PG 11, 994).

Nach dem vorherrschenden Urteil der Bibel ist Arbeit zwar eine Last, aber sie schändet nicht. Sie ist Dienst vor Gott, verpflichtender Beruf. Darüber hinaus ist sie Ausdrucksform der Gottebenbildlichkeit des Menschen, schöpferische Tätigkeit, Mitwirkung bei der Erhaltung und Vollendung der Welt. Juden und Christen arbeiten um ihrer Existenz und um ihrer Würde willen.

(3) Analog dem Arbeitsverständnis, das im Kontext des Glaubens an einen Gott entstanden ist, haben die stoischen Humanisten zu einem mehrseitigen Arbeitsverständnis gefunden, das ihrem Bewußtsein von der einen umfassenden Menschheitsfamilie korrespondiert. Die Bereitschaft, sich anzustrengen, wird als wertvoll erachtet und auf das Wohl der Allgemeinheit hingelenkt. Der Mensch als ein von Natur aus tätiges Wesen trägt durch seine Arbeit zur Harmonie der Welt bei. Keine moralisch vertretbare Arbeit widerspricht der Würde des Weisen.[57]

(4) In der Zeit der beginnenden Industrialisierung hat K. Marx einerseits die ungleiche Verteilung der schweren, niederdrückenden Arbeit als Herausforderung empfunden, andererseits die von A. Smith vorgenommene ausschließliche Bewertung der Ruhe als Zustand der Freiheit zurückgewiesen.
Arbeit ist konstitutives Element der Vermittlung von Mensch, Natur und Mitmensch und des geschichtlichen Befreiungsprozesses auf eine egalitäre Gesellschaft hin. Diese Sicht der Arbeit läßt sich von Hegels Arbeitsverständnis nicht ablösen: Hegel begreift die menschliche Arbeit als Beziehung des Menschen zur Natur und zum Mitmenschen. Ihre humanisierende Funktion erweist sich darin, daß die Auseinandersetzung des Menschen mit der Natur das ursprünglich vorhandene gesellschaftliche Herr-Knecht-Verhältnis überwindet. Denn in einer vom Herr-Knecht-Verhältnis bestimmten Gesellschaft tritt freie Menschlichkeit und Selbständigkeit dem Knecht nur in der Gestalt des Herrn gegenüber. Indem nun der Knecht die Natur umgestaltet, ihr eine menschliche Form aufträgt und das Resultat dieser Arbeit als seine eigene Leistung identifiziert, hat er in einem den bearbeiteten Gegenstand und sich selbst als arbeitenden Menschen umgeformt, hat er seine untermenschliche Anhänglichkeit an die Natur und seine sklavische Anhänglichkeit an den

[57] Vgl. Hauck, F. (1950), S. 587.

Herrn weggearbeitet, erfährt er sich selbst als freies, sowohl der Natur überlegenes wie auch dem Herrn überlegenes Selbstbewußtsein.
Die Bewunderung für Hegel, die Marx zum Ausdruck bringt, weil dieser die Arbeit in ihrem Wesen erfaßt und den wirklichen Menschen als Resultat seiner eigenen Arbeit begriffen habe, erklärt die starke Anlehnung an Hegels Theorie. Arbeit ist für K. Marx »ein Prozeß zwischen Mensch und Natur, ein Prozeß, worin der Mensch seinen Stoffwechsel mit der Natur durch seine eigene Tat vermittelt, regelt und kontrolliert«.[58]
Dieser Prozeß stellt sich auf dem Hintergrund der ökonomischen Bedingungen entfremdeter Arbeit, die zwar zu allen Zeiten menschlicher Geschichte (wenn auch nicht als über die Menschen verhängtes Schicksal, sondern infolge der von Menschen geschaffenen gesellschaftlichen Verhältnisse) bestanden, in der durch Arbeitsteilung, Warenproduktion und Privateigentum sowie durch wachsende Polarisierung zwischen Arbeiterschaft und Produktionsmitteleigentümern geprägten kapitalistischen Wirtschaft ihren höchsten Grad erreicht, zugleich aber auch auf Grund der rasanten Produktivitätsentwicklung die Möglichkeit ihrer Überwindung geschaffen haben, als ein umfassender geschichtlicher Befreiungsprozeß menschlicher Arbeit dar, der analog den Aspekten der Entfremdung in vier Dimensionen zerlegt werden kann:

– *Aufhebung der Entfremdung des Menschen vom Produkt der Arbeit*
Die erste Dimension der entfremdeten Arbeit besteht darin, daß der Mensch vom Ergebnis seiner Arbeitsleistung getrennt ist und »zum Produkt seiner Arbeit als einem fremden Gegenstand sich verhält«,[59] insofern er nur ein winziges Partikel des Gesamtergebnisses herstellt, das Arbeitsergebnis in die Verfügungsgewalt eines Fremden übergeht und als Ware unabhängig vom individuellen Arbeitsaufwand der Marktpreisbildung unterliegt. »Der Arbeiter wird um so ärmer, je mehr Reichtum er produziert, je mehr seine Produktion an Macht und Umfang zunimmt. Der Arbeiter wird eine um so wohlfeilere Ware, je mehr Waren er schafft. Mit der Verwertung der Sachenwelt nimmt die Entwertung der Menschenwelt in direktem Verhältnis zu«.[60] Die Aufhebung dieser Entfremdung liegt u. a.

[58] Marx, K. Kapital, MEW 23, S. 192.
[59] Marx, K. Manuskripte, MEGA I, 3, S. 83.
[60] Marx, K. Manuskripte, MEGA I, 3, S. 82.

darin, daß der vom Taylorismus in Gang gesetzte Trend extremer Arbeitsteilung aufgehalten, die völlige Unterwerfung des einzelnen Menschen unter eine Spezialfunktion rückgängig gemacht und dem Arbeiter durch eine vielseitige Ausbildung die Befähigung für wechselnde Arbeitsanforderungen vermittelt wird.

– *Aufhebung der Entfremdung des Menschen von der produktiven Tätigkeit*

Die zweite Dimension der Entfremdung besteht darin, daß der Arbeiter sich in seiner Arbeit nicht ernst genommen und bejaht vorkommt. Die Arbeit erfordert seine physische und geistige Energie nicht heraus, stumpft ihn vielmehr ab. Sie bleibt ihm äußerlich, macht ihn unglücklich. »Zu Hause ist er, wenn er nicht arbeitet, und wenn er arbeitet, ist er nicht zu Haus.«[61] Das Arbeiten selbst wird zur Ware, es dient nicht mehr der Befriedigung eines unmittelbaren Bedürfnisses, sondern stellt lediglich ein Mittel dar, um Bedürfnisse außerhalb ihrer selbst, in der Konsumssphäre zu befriedigen. Doch dieser Konsum wird ebenfalls um so geistloser, je sinnleerer die Arbeit wird.

Die Aufhebung dieser Entfremdung liegt in der Verwandlung mühevoller, unlustbetonter, nur unter äußerem oder moralischem Zwang geleisteter Arbeit in eine freiwillige und freudig vollbrachte Art und Weise der Produktion, die trotzdem nie Spiel werden wird, sondern immer harte, ernsthafte Auseinandersetzung mit der Natur und deshalb auf Disziplin und Unterwerfung der spontanen Stimmungen unter einen leitenden Willen angewiesen bleibt.

– *Aufhebung der Entfremdung des Menschen vom gesellschaftlichen Interesse*[62]

Die dritte Dimension entfremdeter Arbeit besteht in der gestörten Beziehung des gesellschaftlich konstituierten Menschen zur Natur, insofern das Resultat gesellschaftlicher Arbeit ausschließlich als Lebensmittel des Individuums, zur Befriedigung unmittelbarer physischer Bedürfnisse der individuellen Existenz, zur Durchsetzung der egoistischen Privatinteressen des Bourgeois beansprucht wird. Nun ist aber der Einzelmensch – weil mit Selbstbewußtsein und

[61] Marx, K. Manuskripte, MEGA I, 3, S. 85.

[62] Vgl. zum Folgenden Fetscher, I. (1968), S. 182; Oppolzer, A. A. (1974), S. 106–108, 204–208; Schaff, A. (1969), S. 67–90, 105–111.

Freiheit ausgestattet – nicht nur Exemplar einer bestimmten biologischen Gattung, sondern auch durch die Gesamtheit der gesellschaftlichen Verhältnisse geprägt. Damit nimmt das Verhältnis des Menschen zur Natur einen gesellschaftlich-universellen Charakter an. Die ganze Natur wird zum unorganischen Leib des Menschen, das unmittelbare Lebensmittel der menschlichen Gesellschaft, auf das sie angewiesen ist, von dem sie lebt; der Mensch im gesellschaftlichen Zusammenhang steht bei der Bearbeitung der Natur nicht ausschließlich unter dem Zwang der unmittelbaren physischen Bedürfnisse bzw. der Beschaffung der Lebensmittel, sondern produziert auch nach den Gesetzen der Schönheit. Er tritt der bearbeiteten Natur frei und bewußt gegenüber, schaut diese an als sein Werk und seine Wirklichkeit, behandelt sie als Ausdrucksform seiner selbst und identifiziert sich mit ihr.[63]
Die Aufhebung der entfremdeten Arbeit besteht darin, daß der universelle und gesellschaftliche Charakter der menschlichen Arbeit wiederhergestellt wird, »daß der vergesellschaftete Mensch, die assoziierten Produzenten, diesen ihren Stoffwechsel mit der Natur rationell regeln, unter ihre gemeinschaftliche Kontrolle bringen, statt von ihm als von einer blinden Macht beherrscht zu werden«.[64] Das Reich der Freiheit wird ein höheres Maß an koordinierter Planung von Quantität und Qualität der Produktion entsprechend dem gesellschaftlichen Bedarf mit sich bringen.

– *Aufhebung der Entfremdung des Menschen vom Mitmenschen*
Die vierte Dimension entfremdeter Arbeit besteht darin, daß das Verhältnis der Menschen untereinander beeinträchtigt wird. Ein Mensch wird dem anderen fremd, weil er ihn ausschließlich unter dem Gesichtspunkt der eigenen Arbeit, als Instrument zur Durchsetzung eigener Interessen oder als Schranke der eigenen Selbstverwirklichung betrachtet.
Die eigentliche Selbstverwirklichung jedoch ist an die symmetrische Beziehung zum anderen Menschen gebunden. Sowohl die eigene produktive Tätigkeit wie deren Ergebnis werden durch die produktive Tätigkeit des anderen und dessen Arbeitsergebnis vermittelt. Der andere Mensch ist Ergänzung und Freund des arbeitenden Menschen, des eigenen Selbst.

[63] Vgl. Marx, K. Manuskripte, MEGA I, 3, S. 87–89.
[64] Marx, K. Kapital, MEW 25, S. 828.

Die Aufhebung der Entfremdung besteht darin, daß Arbeit als Ausdrucksform und Vermittlung gemeinsamer Interessen erlebt wird.[65] Das Ergebnis einer produktiven Tätigkeit, die als Selbstdarstellung erfahren wird, befriedigt zugleich das Bedürfnis eines anderen Menschen und verhilft diesem zu persönlicher Selbstverwirklichung. Was vom Standpunkt des Konsumbedürfnisses als Notwendigkeit erscheint, empfindet der Produzent als Selbstbestätigung und als Tat der Freiheit.

Das jüdisch-christliche Verständnis der Arbeit als Befreiung läßt sich also in zwei Richtungen auslegen: Arbeit befreit den Menschen zum Dienst vor Gott und zur Gleichheit voreinander.

3.2 Arbeit als Menschwerdung

Das Alte Testament versteht den ganzen Menschen als Ebenbild Gottes; seine körperlichen und geistigen Fähigkeiten sind Ausdrucksform und Vermittlung der Schöpfermacht Gottes in dieser Welt. Von daher ist dem AT die Gegenüberstellung von körperlicher und geistiger Arbeit fremd. Weisheit, Einsicht und andere geistigen Fähigkeiten sind vielmehr zur Ausübung handwerklicher Arbeit notwendig. Von dem für die Errichtung der Stiftshütte verantwortlichen Handwerker Bezalel heißt es: »Der Herr sprach zu Mose: Siehe, ich habe Bezalel, den Sohn Uris, den Enkel Hurs, vom Stamme Juda, beim Namen gerufen und ihn mit göttlichem Geist erfüllt, mit Weisheit, mit Verstand und mit Kenntnis für jegliche Arbeit, um Pläne zu entwerfen und sie in Gold, Silber und Kupfer auszuführen und durch Schneiden und Fassen von Steinen und durch Schnitzen von Holz allerlei Werke herzustellen.«[66]
Auf diesem Hintergrund wird die hohe und unterschiedslose Anerkennung des Handwerks verständlich. Sie äußert sich in der Bewunderung der fachlichen Leistung, der menschlichen Zuverlässigkeit und der pädagogischen Prägekraft. Abel wird als Schafhirt, Kain als Ackerbauer und Städtegründer vorgestellt. Die Kinder Kains stehen für typische Berufsbilder oder Kulturstufen: Nomaden, Musiker, Eisenverarbeiter.

[65] Vgl. Marx, K. Manuskripte, MEGA I, 3, S. 89.
[66] Ex 31, 1–5.

Auch die Schriftgelehrten sind der Handarbeit nicht aus dem Weg gegangen. Von 100 der im Talmud genannten Rabbinen ist die berufliche Tätigkeit bekannt: Flachshändler, Lederverarbeiter, Pantoffelmacher, Bäcker, Schneider, Zimmerleute und Schuhmacher. In diese Tradition fügt sich der Rabbi und Zimmermann Jesus von Nazareth ein.

Als hervorragende Vermittlungsinstanzen der jüdisch-christlichen Hochschätzung handwerklicher Arbeit und eines in Ansätzen egalitären Gesellschaftsverständnisses können das abendländische Mönchtum und die mittelalterlichen Städte angesehen werden.
Benedikt wird die (in Anlehnung an die im östlichen Mönchtum verbreitete Praxis) für jeden Mitbruder unabhängig von seiner Stellung als Priester oder Laie verbindliche Formel das »Bete und arbeite« zugeschrieben.
Die mittelalterlichen Städte haben mit dem Aufschwung der Zünfte zu Beginn des 12. Jahrhunderts eine im Unterschied zu dem vom Gegensatz Adel/Höherer Klerus und Bauern geprägten feudalen Umland in Ansätzen egalitäre, wenn auch mit ständischen Elementen verwebte Neugestaltung der innerstädtischen gesellschaftlichen Beziehungen erfahren. Das aus der biblischen Wertung gespeiste Bemühen um Heiligung der handwerklichen Arbeit hat sich in den Bestimmungen der Zunftordnungen und Handwerksinnungen niedergeschlagen. Die Aufwertung der menschlichen Arbeit als Tat der Befreiung und Entfaltung des Menschen ist in den Werken der mittelalterlichen Kunst anschaulich geworden: Portalsockel und Farbfenster der Kathedralen, Reliefs, Fresken und Buchmalereien veranschaulichen den verklärenden Zauber alltäglicher handwerklicher Arbeit des Bauern, Hirten, Lehrers, Handwerkers, des Künstlers und Denkers. Die biblische Neueinschätzung der Arbeit hat sich allerdings zunächst in einer besonderen Würdigung der Baumeister, Architekten, Bildhauer, Steinmetze, Glas- und Fenstermaler artikuliert; an der Rangstellung dieser Stände und einzelnen Künstler haben dann nach und nach die übrigen landwirtschaftlichen, gewerblichen und Dienstleistungsberufe des Mittelalters teilgenommen.

Johannes Paul II. erwähnt in seinem Rundschreiben über die menschliche Arbeit die in der Antike übliche Einteilung der Menschen nach dem Grad körperlicher Arbeit, die sie tun mußten, und nimmt für das Christentum eine grundlegende Umwälzung dieser Anschauung in Anspruch. Er verweist auf den Umstand, daß Jesus »den größten Teil seiner irdischen Lebensjahre der körperlichen Arbeit in der Werkstatt eines Zimmermanns gewidmet hat. Diese Tatsache ist als solche das beredteste ›Evangelium der Arbeit‹, das die Grundlage bildet, um die menschliche Arbeit zutreffend zu würdigen und festzustellen, daß deren Würde sich nicht so sehr nach der Art dessen, was geleistet wird, als danach bestimmt, daß derjenige, der diese Arbeit leistet, Person ist. Die Würde der Arbeit wurzelt zutiefst nicht in ihrer objektiven, sondern in ihrer subjektiven Dimension.«[67]

In der aktuellen Diskussion um die Reform der beruflichen Bildung, die zu Beginn der 70er Jahre einsetzte, hat die Integration von allgemeiner und beruflicher Bildung eine bedeutende Rolle gespielt. Allerdings scheint sich die herrschende Gleichsetzung von Bildung mit akademischer Bildung nur überwinden zu lassen, wenn eingefahrene Denkgewohnheiten des Bildungs- und Beschäftigungssystems in Frage gestellt werden. Die Industriearbeit müßte so organisiert werden, daß sie den arbeitenden Menschen mehrseitig beansprucht. Theoretische und praktische Tätigkeit, Kopf- und Handarbeit müßten einer gleichrangigen Einschätzung unterliegen. Die finanzielle Entschädigung der Arbeit sollte unabhängig von dem jeweils höheren oder geringeren Anteil an Hand- oder Kopfarbeit erfolgen. Die formale Lernfähigkeit und spezielle Qualifizierung müßten als Bildungsziele, die berufliche und gesellschaftliche Dimension müßte als Rahmenbedingung in jede Art von Ausbildung verbindlich eingehen. Unabhängig vom Schultyp hätten alle Schüler der Sekundarstufe sich einer handwerklichen Grundausbildung zu unterziehen.

Ein biblisch inspiriertes Verständnis des Menschen als der Ausdrucksform Gottes in der Welt ermöglicht die gleichrangige Bewertung aller körperlichen und geistigen Kräfte im Menschen und ebenso die gleiche Rangstellung der mit unterschiedlichen Begabungen und Interessen ausgestatteten Menschen. Die Entfaltung dieser unterschiedlichen Fähigkeiten durch Arbeit ist ein schöpferischer Prozeß der Menschwerdung des Menschen.

[67] Johannes Paul II. (1981), 6, S. 573.

3.3 Arbeit als Partnerschaft

Der jüdisch-christlichen Tradition wird in der Regel ein nicht unerheblicher Beitrag zur Unterdrückung der Frau in der modernen Industriegesellschaft angelastet. Allerdings ist nicht leicht auszumachen, in welchem Ausmaß das ›Alleinsein‹ des Mannes in der Erwerbsarbeit und der Frau in Küche und Kindererziehung der jüdisch-christlichen Religion oder der patriarchalischen Gesellschaftsordnung, innerhalb derer sie sich entwickelt hat, zuzurechnen ist. Deshalb ist der Widerstand gegen Auswüchse der Männerherrschaft, der von den religiösen Impulsen des Glaubens an einen Gott ausgegangen ist, nicht gering zu veranschlagen.
Der erste Schöpfungsbericht des Alten Testaments hebt die Gleichwertigkeit der Frau in markanten Schlagzeilen hervor: »Gott schuf den Menschen als sein Bild. Als Bild Gottes schuf er ihn. Als Mann und Frau schuf er sie.«[68] Dieselbe Option wird vom zweiten Schöpfungsbericht des AT anschaulich dargestellt: Da es nicht gut ist, wenn der Mensch allein bleibt, sieht Gott sich nach einer dem Menschen entsprechenden Hilfe um. Unter allen Lebewesen, die dem Menschen vorgestellt werden, damit er ihnen einen Namen gebe und sie, indem er sie auf den Begriff bringt, beherrsche, findet sich keine entsprechende Hilfe. Erst als Gott dem Mann die Frau zuführt, sieht dieser sich im Menschen des anderen Geschlechts vollendet widergespiegelt: »Das endlich ist Gebein von meinem Gebein und Fleisch von meinem Fleisch. Frau soll sie heißen, vom Mann ist sie genommen. Darum verläßt der Mann Vater und Mutter und bindet sich an seine Frau und sie werden ein Fleisch.«[69]
Die Stellung der Frau im Alten Testament und im Judentum resultiert nicht ausschließlich aus geschlechtsspezifischen Rollenerwartungen; Feldarbeit, Tierhaltung und Textilverarbeitung sind Tätigkeiten der Frau, die ihr aus der Arbeitsteilung einer Agrargesellschaft zuwachsen, aber doch von der Mutterrolle dominiert werden.
Unter den Menschen, die sich Jesus anschlossen und den Kreis seiner Jünger bildeten, waren auch Frauen. Die Radikalität Jesu in der Scheidungsfrage ist auch als Engagement für die Gleichstellung der Frau als Partnerin in der Ehe und als Protest gegen die Privilegien, die Männer für sich beanspruchen, zu verstehen.

[68] Gen 1, 27.
[69] Gen 2, 23 f.

Die Evangelien zeigen in den Berichten und Parabeln eine paritätische Gestaltung. Ein Glaube, wie er in Israel nicht zu finden war, wird dem Hauptmann von Kafarnaum und der kanaanäischen Frau zugesprochen. Die Wirksamkeit des Bittgebetes veranschaulichen der in der Nacht klopfende Freund wie die den Richter bedrängende Witwe. Die Bedeutung des neugeborenen Jesus verkünden der alte Simeon und die Prophetin Hanna. Die Gelegenheit zu einem längeren Einzelgespräch mit Jesus haben der Ratsherr Nikodemus und die Frau aus Samaria. Das Wohlwollen Gottes wird abgebildet durch den Hirten auf der Suche nach dem verlorenen Schaf wie durch die Hausfrau auf der Suche nach dem verlorenen Geldstück. Die Spannung zwischen dem unscheinbaren Anfang und dem unaufhaltsamen Offenbarwerden der Gottesherrschaft wird abgelesen am Senfkorn, das vom Bauern gesät wird, und am Sauerteig, den die Hausfrau bearbeitet.[70]

Das Bekenntnis des Paulus: »Es gibt nicht mehr Juden und Griechen, nicht Sklaven und Freie, nicht Mann und Frau; denn ihr seid einer in Christus Jesus«[71], ist nicht ohne gesellschaftliche Konsequenzen geblieben. Durch die Verbreitung des Christentums und die Durchsetzung der Einehe in Mitteleuropa hat die Frau eine gewisse Aufwertung erfahren. Mittelalterlicher Minnesang und Marienkult sind Ausdrucksform einer zumindest indirekten Hochschätzung der Frau. Im Handel und Handwerk der mittelalterlichen Städte erreichten einzelne Frauen sogar eine gleichrangige Stellung, wie ein Geistlicher aus dem 17. Jahrhundert berichtet: »Auf den Straßen, in den Vorstädten, in den Gassen: die kleinen Handwerkslädchen, hinter denen gearbeitet wird. Die Frauen sind dort die eigentlichen Arbeitgeber, sie beherrschen die doppelte Buchführung, sie verkaufen, sie bieten die Ware feil, zeigen die Auslagen, zählen das Geld, halten es zusammen und passen drauf auf. Die Frauen haben gewöhnlich den Schlüssel zum Geldkasten, den sie mit anderen Schlüsseln an einem Gürtel aus Leder oder einer Silberkette tragen. Kurz, die Ehemänner und Väter, sie sind tatsächlich nichts anderes als Gesellen und Lehrlinge des Handwerksgeschäftes.«[72]

[70] Vgl. Mt 8, 5–13 und 15, 21–28; Lk 11, 5–8 und 18, 1–8; Lk 2, 25–38; Joh 3, 1–12 und 4, 7–18; Lk 15, 1–10; Mt 13, 31–33.

[71] Gal 3, 28.

[72] Milhoffer, P. ([5]1980), S. 163.

Partnerschaft als Strukturmerkmal der Familie scheint gegenwärtig kaum umstritten zu sein. Partnerschaft zwischen Mann und Frau in der Arbeit ist jedoch noch nicht selbstverständlich. Dazu müßte erst zwischen Hausarbeit und Erwerbsarbeit, zwischen Männer- und Frauenberufen eine Gleichrangigkeit hergestellt werden. Außerdem dürften Geschlechtsmerkmale bzw. physiologische Besonderheiten nicht mehr das tragende Kriterium der Rollenzuweisung bzw. der Über- und Unterordnung in Familie, Wirtschaft und Gesellschaft sein. Schließlich wäre eine partnerschaftliche Rollendefinition zu finden, die die Aufgaben der Kindererziehung, der Haushaltsführung, der emotionalen Ausstattung und Freizeitgestaltung nicht nach der Zugehörigkeit zum einen oder anderen Geschlecht, sondern nach der Begabung und Neigung des jeweiligen Partners verteilt.

Das Bekenntnis zur Gleichrangigkeit aller Menschen vor Gott verringert das Gewicht natürlicher, letztlich physiologischer Besonderheiten unter den Menschen, vor allem aber solcher, die zur Fixierung der Berufsrolle der Frau und dann auch zu ihrer Diskriminierung in Wirtschaft und Gesellschaft bemüht werden. So fordert das II. Vatikanische Konzil, daß die grundlegende Gleichheit aller Menschen immer mehr zur Anerkennung gebracht wird. »Jede Form einer Diskriminierung in den gesellschaftlichen und kulturellen Grundrechten der Person, sei es wegen des Geschlechts oder der Rasse, der Farbe, der gesellschaftlichen Stellung, der Sprache oder der Religion, muß überwunden und beseitigt werden, da sie dem Plan Gottes widerspricht. Es ist eine beklagenswerte Tatsache, daß jene Grundrechte der Person noch immer nicht überall unverletzlich gelten; wenn man etwa der Frau das Recht der freien Wahl des Gatten und des Lebensstandes oder die gleiche Stufe der Bildungsmöglichkeit und Kultur, wie sie dem Mann zuerkannt wird, verweigert.«[73]

3.4 Arbeit als Dialog

Wenn der Mensch als Bild Gottes verstanden wird, dann ist menschliche Arbeit Ausdrucksform und Vermittlung der Schöpfertat Gottes. Schöpferische Arbeit des Menschen (Zweitursache) und immer-

[73] 2. Vatikanisches Konzil (1965), 29, S. 346.

währende Schöpfung Gottes (Erstursache) sind so aufeinander bezogen – ohne daß sie miteinander identisch sind oder die eine in der anderen aufgeht –, daß Martin Luther die Arbeit des Christen als ›Gottes Larve‹ bezeichnen kann. Der Mensch arbeitet als Mitarbeiter Gottes, im Dialog mit Gott. Aus dieser Feststellung lassen sich einige Konsequenzen für ein mehrseitiges Verständnis menschlicher Arbeit und göttlichen Handelns, der Präsens der Kirche in der Welt und der Berufe innerhalb der Kirche ziehen:

– Der Mensch arbeitet aus der Ruhe vor Gott, aus dem Dank gegen Gott und der Bereitschaft für Gott.[74]

– Die vom Menschen geschaffenen Werke sind weder eine Bedrohung der Macht Gottes, noch tritt der geschaffene Mensch dem Schöpfer als Rivale gegenüber. Die Christen lassen sich von der Überzeugung leiten, »daß die Siege der Menschheit ein Zeichen der Größe Gottes und die Frucht seines unergründlichen Ratschlusses sind«.[75]

– Die Christen vertrauen darauf, daß sie das Ergebnis ihres Bemühens um Menschenwürde und brüderliche Gemeinschaft in der Teilnahme an der Auferstehung des Menschen Jesus transformiert wiederfinden. Deshalb ist ihnen die Sorge um die Gestaltung dieser Erde Ausdrucksform ihrer Hoffnung auf die neue Welt,[76] das Engagement für eine von Menschen gestaltete Zukunft Ausdrucksform der Erwartung der von Gott zugesagten Zukunft.

– Die leidige Frage nach dem Vorrang des Weltauftrags oder der Heilssendung der Kirche bzw. nach der eigentlichen kirchlichen Sendung ist entschärft. Denn die Verkündigung des Evangeliums erfolgt in erster Linie nicht durch von der gesellschaftlich-praktischen Arbeit an der Welt abgehobene Worte. Und umgekehrt bildet die Arbeit des Christen an dieser Welt den konkreten Ort, wo Gott die Transformation der Welt in das Geheimnis der Auferstehung Christi wirkt, ohne daß eines mit dem anderen deckungsgleich wäre. So wird die Sorge für das menschliche Wohl und der Einsatz für Gerechtigkeit in der Welt zu einer Ausdrucksform der Verkündigung des Evangeliums und des wirksam angebotenen christlichen Heils.[77]

[74] Vgl. Bienert, W. (^{2}1956), S. 22 f.
[75] 2. Vatik. Konzil (1965), 34, S. 351.
[76] Vgl. 2. Vat. Konzil (1965), 39, S. 355.
[77] Vgl. Internationale Theologenkommission (1977), S. 187–191.

– Die Plakatierung menschlicher Tätigkeiten als profane und sakrale sowie die Aufstellung einer Rangskala zwischen Gebet und Arbeit, zwischen geistlichen und weltlichen Berufen ist überflüssig; Gott wird in allen Dingen gefunden.
– Die Berührungsangst der Kirche gegenüber der Welt sowie die Sehnsucht nach äußerer Abgrenzung um der inneren Identität willen geraten in Widerspruch zum Glauben an die Menschwerdung Gottes in Jesus von Nazaret und zur Hoffnung auf die Transformation der vom Menschen geschaffenen Welt in Gott hinein. Umgekehrt bietet sich für die Kirche ein angstfreier, symmetrischer Dialog mit der Welt an.
– Die ständische Organisationsform der Kirche, wonach die Amtsträger auf Lebenszeit für die kirchliche Binnenversorgung abgestellt sind, während den Laien die unmittelbare Gestaltung der Welt zugewiesen ist, erweist sich als überholt. Ein flexibleres Berufs- und Rollenverständnis, das die zunehmende binnenkirchliche, kultische Verengung des priesterlichen Berufsbildes überwindet, gestattet dem einzelnen einen zeitlichen Wechsel zwischen der Arbeit an der Welt und der Arbeit in der Gemeinde, hält ihm den Zugang zu beiden kirchlichen Funktionen offen.

4. Funktionsmerkmale menschlicher Arbeit

Die vorangegangenen Überlegungen haben ein mehrseitiges Verständnis menschlicher Arbeit in den Bezugsrahmen von Mensch, Natur und Gesellschaft gestellt. Dementsprechend lassen sich in einer Zusammenfassung drei Funktionsmerkmale menschlicher Arbeit angeben: die Naturalfunktion als Selbsterhaltung, die Personalfunktion als Selbstverwirklichung und die Sozialfunktion als Selbstbestätigung. Alle drei Funktionsmerkmale sind aufeinander bezogen und können nicht voneinander getrennt werden.

4.1 Naturalfunktion menschlicher Arbeit

Menschliche Arbeit hat einen naturhaft-notwendigen Aspekt. Sie dient dem physischen Überleben in einer dem Menschen von Haus aus feindlichen Umwelt. Der tägliche Lebensunterhalt muß im Kampf ums Dasein, in der beständigen Auseinandersetzung mit der

Das kreative Dreieck menschlicher Arbeit

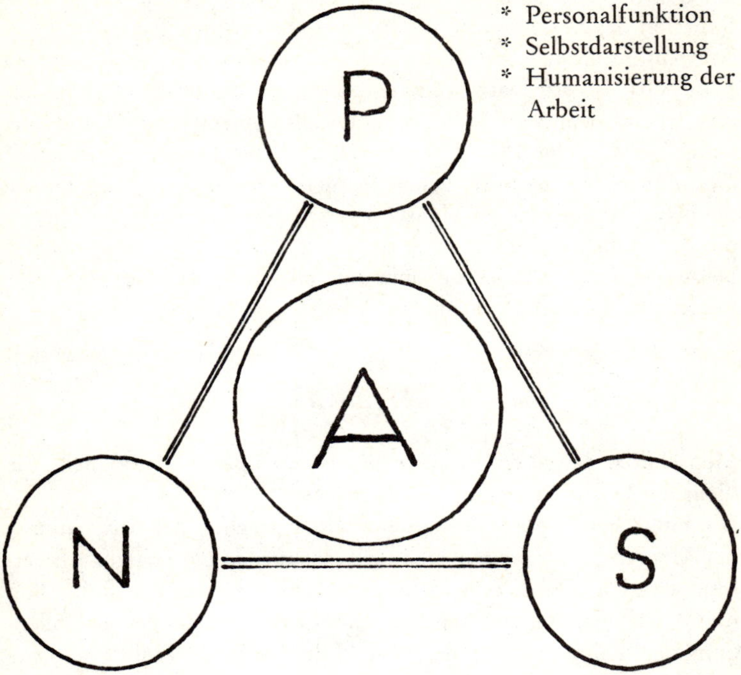

* Personalfunktion
* Selbstdarstellung
* Humanisierung der Arbeit

* Naturalfunktion
* Selbsterhaltung
* Umweltschutz

* Sozialfunktion
* Selbstbestätigung (gesellschaftl. Resonanz)
* Mitbestimmung

Natur gewonnen werden. Diese Auseinandersetzung nimmt zuweilen derart harte und entfremdende Züge an, daß die Bibel diese Situation des Menschen in die Form eines Strafurteils kleidet: »Mit Schweiß im Gesicht wirst Du Dein Brot essen«.[78] Nach dem Urteil Leos XIII. ist die Notwendigkeit eine unzertrennliche Eigenschaft der Arbeit, »weil sie den Lebensunterhalt einbringen muß und eine strenge natürliche Pflicht die Erhaltung des Daseins gebietet.«[79] Gegenüber dem ursprünglichen Ausgeliefertsein des Menschen an die Natur ist der heutige Mensch zu extremer Gewalttätigkeit gegen die Natur, dessen Teil er auch ist, fähig.
Selbsterhaltung in Übereinstimmung mit der Natur ist das erste Funktionsmerkmal menschlicher Arbeit.

4.2 Personalfunktion menschlicher Arbeit

Menschliche Arbeit hat darüber hinaus einen personalen Aspekt. Sie dient der Selbstdarstellung des Menschen.
Die biblischen Schöpfungsberichte widersprechen der Anschauung, der Mensch sei als weltentrückter Zuschauer in ein fertiges All versetzt worden. Dabei entspricht der Mensch seiner Berufung, Bild und Mitarbeiter Gottes bei der Schöpfung, Erhaltung und Vollendung der Welt zu sein. In der Arbeit findet er zu sich selbst. »So wie das menschliche Schaffen aus dem Menschen hervorgeht, so ist es auch auf den Menschen hingeordnet. Durch sein Werk formt der Mensch nämlich nicht nur die Dinge und die Gesellschaft um, sondern vervollkommnet er auch sich selbst. Er lernt vieles, entwickelt seine Fähigkeiten, überschreitet sich und wächst über sich empor.«[80] Die Arbeit ist ein Gut für den Menschen, »weil er durch die Arbeit nicht nur die Natur umwandelt und seinen Bedürfnissen anpaßt, sondern auch sich selbst als Mensch verwirklicht, ja gewissermaßen ›mehr Mensch wird‹.«[81] Deshalb lassen sich der Arbeitsprozeß und das Arbeitsergebnis nicht von der arbeitenden Person trennen: Die Arbeit »ist unmittelbarer Ausfluß der Person, die den stofflichen Dingen ihren Stempel aufprägt und sie ihrem Willen dienstbar

[78] Gen 3, 19.
[79] Leo XIII. (1891), 34, S. 56 f.
[80] 2. Vat. Konzil (1965), 35, S. 351.
[81] Johannes Paul II. (1981), 9, S. 581.

macht.«[82] »Maßstab für jedwede Arbeit ist die Würde ihres Subjekts, das ist der Person des Menschen, der sie verrichtet.«[83] Aus dieser biblisch-christlichen Option werden die unterschiedlichen Programme einer menschengerechten Arbeitsgestaltung, einer Humanisierung der Arbeit verständlich. Selbstdarstellung ist das zweite Funktionsmerkmal menschlicher Arbeit.

4.3 Sozialfunktion menschlicher Arbeit

Menschliche Arbeit hat schließlich einen gesellschaftlichen Aspekt. Einmal tendieren die unterschiedlichen Begabungen und Interessen der Menschen dahin, Arbeit gesellschaftlich, d. h. arbeitsteilig zu organisieren. Auf die Wechselwirkung zwischen einem einseitigen bzw. mehrseitigen Verständnis der Arbeit, ihrer entsprechenden Organisation und Zuteilung einerseits und der Ausbildung einer Klassen- bzw. egalitären Gesellschaft anderseits ist im vorigen Abschnitt ausführlich hingewiesen worden.

Zum andern ist der Mensch als Gemeinschaftswesen, der nicht in der Isolation seine Vollendung findet, auf gesellschaftliche Anerkennung angewiesen. »Gemeinsame, in Hoffnung, Mühen, Streben und Freude geteilte Arbeit eint die Willen, bringt die Geister einander näher und verbindet die Herzen: im gemeinsamen Werk entdekken sich die Menschen als Brüder.«[84] Diese gesellschaftliche Resonanz drückt sich in vielfältigen Formen aus: im Erweis von Solidarität, in sozialem Prestige, in wirtschaftlicher Macht, im Einkommen. Die Forderungen nach Mitbestimmung am Arbeitsplatz, im Betrieb, im Unternehmen und in der Gesamtwirtschaft, die Forderungen nach Wirtschaftsdemokratie und politischer Partizipation sind erwachsen aus den neuzeitlichen Erfahrungen gesellschaftlich organisierter Arbeit als Instrument und Ausdrucksform symmetrischer Kommunikation bei der Umgestaltung der Welt und der Konstruktion der Gesellschaft.

Selbstbestätigung oder gesellschaftliche Resonanz ist das dritte Funktionsmerkmal menschlicher Arbeit.

[82] 2. Vat. Konzil (1965), 67, S. 388.
[83] Johannes Paul II. (1981), 6, S. 573.
[84] Paul VI. (1967), 27, S. 445 f.

Literatur

Ambrosius, De paradiso, PL 14, 275–337.

Aristoteles, Politik, Philosophische Bibliothek Band 7, Leipzig [3]1922.

Augustinus, Epistulae, PL 33, 122–471.

Auszubildende 1978, Wirtschaft und Statistik 31 (1979), S. 690–697.

Beck-Gernsheim, E. (1976), Der geschlechtsspezifische Arbeitsmarkt, Frankfurt.

Bienert, W. ([2]1956), Die Arbeit nach der Lehre der Bibel – ein Beitrag zur ev. Sozialethik, Stuttgart.

Bundesverband der KAB ([5]1982), Texte zur katholischen Soziallehre, Köln.

Cato, De re rustica, herausgegeben von J. M. Gesner, Mannheim 1781.

Cicero, M. T., De officiis libri tres, Bibliotheca Scriptorum graecorum et romanorum, Leipzig 1915.

Dahrendorf, R. (1957), Soziale Klassen und Klassenkonflikt, Stuttgart.

Eid, V. (1975), Art. Wert in: Stöckle, B. (Hg.), Wörterbuch der christlichen Ethik, Freiburg, S. 270–275.

Erwerbsfähigkeit im April 1979, Wirtschaft und Statistik 32 (1980), S. 174–179.

Fetscher, I. (1968), Arbeit und Arbeitsethos in der Sicht des Marxismus in: Niedersächsische Landeszentrale für politische Bildung (Hg.) (1968), S. 169–198.

Frau und Gesellschaft (1977), Zwischenbericht der Enquête-Kommission Deutscher Bundestag in: Zur Sache – Themen parlamentarischer Beratung, Stuttgart.

Hauck, F. (1950), Art. Arbeit in: Reallexikon für Antike und Christentum Band 1, Stuttgart, S. 585–590.

Huber, H. (1958), Geist und Buchstabe der Sonntagsruhe, Salzburg.

Internationale Theologenkommission (1977), Theologie der Befreiung, Einsiedeln.

Johannes Chrysostomos, Quod regulares feminae viris cohabitare non debeant, PG 47, 513–532.

Johannes Paul II. (1981), Laborem exercens in: Bundesverband der KAB ([5]1982), S. 559–631.

Kramer, R. (1982), Arbeit, Göttingen.

Leo XIII. (1891), Rerum novarum in: Bundesverband der KAB ([5]1982), S. 31–68.

Leuninger, H. (1979), Frankfurt braucht Einwanderer, Frankfurter Hefte 34 (1979), S. 37–46.

Marx, K., Grundrisse der Kritik der politischen Ökonomie, Frankfurt/Wien.

Marx, K., Das Kapital – Kritik der politischen Ökonomie, 1. Band, Buch I in: Marx, K./Engels, F., Werke (MEW) Band 23, Berlin 1971.

Marx, K., Das Kapital – Kritik der politischen Ökonomie, 3. Band, Buch III in: Marx, K./Engels, F., Werke (MEW) Band 25, Berlin 1972.
Marx, K., Ökonomisch-philosophische Manuskripte aus dem Jahre 1844 in: Marx, K./Engels, F., Gesamtausgabe (MEGA), Erste Abteilung, Band 3, Berlin 1932, S. 29–172.
Milhoffer, P. ([5]1980), Frauenrolle und Familienrecht in: Claessens, D./Milhoffer, P. (Hg.) ([5]1980), Familiensoziologie, Königstein, S. 157–178.
Die Mischna, Text, Übersetzung und ausführliche Erklärung von Beer, G./Holzmann, O. – Traktat Abot, Text, Übersetzung und Erklärung von Marti, K./Beer, G., Gießen 1927.
Mommsen, Th. ([2]1876), Römisches Staatsrecht 1. Band, Leipzig.
Niedersächsische Landeszentrale für politische Bildung (Hg.) (1968), Von der Arbeit, Hannover.
Oppolzer, A. A. (1974), Entfremdung und Industriearbeit: Die Kategorie der Entfremdung bei Karl Marx, Köln.
Origenes, Contra Celsum, PG 11, 651–1631.
Origenes, In Lucam homilia, PG 13, 1802–1910.
Paul VI. (1967), Populorum progressio in: Bundesverband der KAB ([5]1982), S. 435–470.
Pettirsch, F. (1947), Das Verbot der opera servilia in der Hl. Schrift und in der altkirchlichen Exegese, Zeitschrift für katholische Theologie 69, S. 257–327, 417–444.
Platon, Der Staat, Philosophische Bibliothek Bd. 80, Hamburg 1961.
Rawls, J. (1975), Eine Theorie der Gerechtigkeit, Frankfurt.
Schaff, A. (1969), Marxismus und das gesellschaftliche Individuum, Wien/Frankfurt/Zürich.
Schirmer, D. u. E. (1976), Deklassiert? Arbeiterjugendliche in der Kirche, München/Mainz.
Schöll-Schwinghammer, I./Lappe, L. (1978), Arbeitsbedingungen und Arbeitsbewußtsein erwerbstätiger Frauen, Frankfurt.
Seneca, L. A., Opera omnia, Leipzig 1770.
Thomas von Aquin, De tertio praecepto legis in: Opuscula omnia IV hrsg. von P. Mandonnet, Paris 1927, S. 432–436.
Thomas von Aquin, Summa theologica – Die deutsche Thomasausgabe, Salzburg, Leipzig, Heidelberg, Graz, Wien, Köln.
Thraede, K. (1972), Art. Frau in: Reallexikon für Antike und Christentum Band 8, Stuttgart, S. 197–269.
Wallraff, H.-J. ([6]1957), Art. Arbeit in: Staatslexikon Bd. 1, Freiburg, S. 396–401; 421–427.
Xenophon, Erinnerungen an Sokrates, Xenophons Werke, 2. Abteilung, Wien 1828.
Xenophon, Von der Haushaltskunst, Xenophons Werke, 3. Abteilung, Wien 1831.
Zweites Vatikanisches Konzil (1965), Pastoralkonstitution Die Kirche in der Welt von heute in: Bundesverband der KAB ([5]1982), S. 321–425.

2. Kapitel: Recht auf Arbeit

1. Umstrittenes Grundrecht

Das politische Bemühen, ein Grundrecht auf Arbeit zu definieren und anzuerkennen, findet nicht ungeteilte Zustimmung. Das Unbehagen wird aus zwei Quellen gespeist: ein geschichtlich belasteter Kontext und ein Geflecht aktueller Bedenken.

1.1 Geschichtliche Belastung

Der geschichtliche Kontext, in dem die Formel vom Recht auf Arbeit geprägt wurde, verweist auf eine fast tragische Verkettung der revolutionären Forderung nach einem Recht auf Arbeit und dem reaktionären Resultat von Arbeitsdienst bzw. Arbeitszwang.

(1) Turgot, der physiokratische Finanzminister Ludwigs XVI., formulierte 1776 eine naturrechtliche Begründung des Rechtes zu arbeiten: »Indem Gott den Menschen Bedürfnisse gegeben und sie gleichzeitig gezwungen hat zu arbeiten, um sie zu befriedigen, hat er das Recht zu arbeiten zum Eigentum eines jeden Menschen gemacht, und dieses Eigentum ist das erste, das heiligste und unverjährbarste unter den Eigentümern der Menschen. Wir erachten es mithin als eine der ersten Pflichten unserer Gerechtigkeit, als eine der unserer Wohltätigkeit würdigen Taten, unsere Untertanen von allen Fesseln zu befreien, die jenes unveräußerliche Menschenrecht beschränken. Wir wollen deshalb alle Einrichtungen abschaffen, welche diejenigen, die es bedürfen, daran hindern, von ihrer Arbeit zu leben.«[1]
Turgots Edikt zielte unter dem Schleier der Proklamation eines allgemeinen Menschenrechtes auf die – wenn auch zunächst erfolglose – Aufhebung der mittelalterlichen Zunftordnungen und die Durchsetzung der Gewerbefreiheit. Gleichzeitig waren ›ateliers de charité‹ eingerichtet worden, staatliche Werkstätten, die den Erwerbslosen Arbeit und Brot bieten sollten, tatsächlich aber Institutionen der traditionellen Armenpflege blieben.

[1] Schminck-Gustavus, Ch. U. (1978), S. 18.

(2) Der Ausbruch der Revolution 1789 und die Zerschlagung der Feudalordnung in Frankreich ließ einen Bevölkerungsstrom vom Land in die Hauptstadt ziehen. Die Pariser Stadtverwaltung verlangte die Ausschreibung öffentlicher Arbeiten wie Aufforstung und Ödlandkultivierung. In der Nationalversammlung von 1789 fand der Artikel 17 der Menschenrechtserklärung, der das Privateigentum als unverletzliches und heiliges Recht anerkennt, eine Mehrheit, nicht jedoch der von Target vorgeschlagene Artikel: »Der Staat schuldet jedem Menschen die Mittel zum Unterhalt, sei es durch das Eigentum, sei es durch die Arbeit, sei es durch die Hilfe von seinesgleichen.«[2]

Um jedoch den brot- und arbeitslosen Massen Beschäftigung zu bieten, wurden in Paris und danach zur Entlastung der Hauptstadt auch in der Provinz ›ateliers publics‹, Staatswerkstätten, eingerichtet. Sie wurden allerdings infolge der hohen finanziellen Belastung, der Disziplinlosigkeit der Arbeiter, die häufig nur am Zahltag erschienen und sich selbst durch die Einführung des Stücklohns zu keiner anderen Arbeitsmoral bewegen ließen, vor allem jedoch infolge der sinnlosen und stumpfsinnigen Tätigkeiten – Erdbewegungen für die Männer, Spinnarbeiten für die Frauen – bereits 1791 geschlossen. Übrig blieb die traditionelle Bedürftigenhilfe: Nach dem Text der Verfassung von 1791 sollten Einrichtungen der öffentlichen Hilfe geschaffen werden, um Waisenkinder zu erziehen, Kranken zu helfen und um gesunden Armen Arbeit zu besorgen.

Nicht anders erging es zunächst einem Vorstoß Robespierres, das Recht auf Arbeit im Verfassungstext zu verankern. Erst nachdem erheblicher Widerstand überwunden war, konnte 1793 in die Menschenrechtserklärung eine Verpflichtung der Gesellschaft aufgenommen werden, »für den Unterhalt aller ihrer Glieder zu sorgen, sei es, indem sie ihnen Arbeit verschafft, sei es, indem sie allen denen die Unterhaltsmittel sichert, welche außerstande sind, zu arbeiten«.[3] Diese Deklaration konnte aber weder die bald folgende Verkündigung eines Gesetzes zur Beseitigung des Bettelunwesens noch die Einrichtung von Arbeitshäusern für Erwerbslose verhindern. Erst die Kriege gegen die Intervention der europäischen Monarchen sowie die napoleonischen Eroberungsfeldzüge beendeten vorläufig die Diskussion um das Recht auf Arbeit.

[2] Schminck-Gustavus, Ch. U. (1978), S. 19.

[3] Bentele, M. (1949), S. 114.

(3) 1848 hatte sich in Frankreich der Gegensatz zwischen liberalem Bürgertum und der sozialen Arbeiterschicht zugespitzt. Die Arbeiter verlangten die soziale Demokratie als konsequente Fortführung der großen Französischen Revolution sowie die Anerkennung des Rechtes auf Arbeit durch die Verfassung. Dem leistete das Bürgertum kategorischen Widerstand. Das energische Auftreten einer Arbeitervertretung während der Februarrevolution trotzte der provisorischen Regierung ein Dekret ab, das das Recht auf Arbeit feierlich bestätigte: »Die provisorische Regierung der Französischen Republik verpflichtet sich, die Existenz der Arbeiter durch die Arbeit sicherzustellen. Sie verpflichtet sich, allen Bürgern Arbeit zu garantieren. Sie erkennt an, daß sich alle Arbeiter wechselseitig assoziieren müssen, um die Wohltaten der Arbeit zu genießen.«[4]

›Recht auf Arbeit‹ und ›Organisation der Arbeit‹ lauteten die revolutionären Kampfparolen, in denen sich das von Louis Blanc entworfene Konzept einer alternativen Wirtschaftsordnung artikulierte. Dieses sah die schrittweise Neuorganisation der gesellschaftlichen Arbeit, die Umwandlung der Privatunternehmen in von Arbeitern geführte Genossenschaften sowie die Überwindung der privaten Konkurrenz durch eine Produktion entsprechend dem gesellschaftlichen Bedarf vor.

Die Unruhe der arbeitslosen Massen, die das Recht auf Existenz und Arbeit als Hauptsatz einer neuen Menschenrechtserklärung forderten, zwang die Regierung zur Errichtung von Nationalwerkstätten (ateliers nationaux), deren Angehörige einer quasi-militärischen Organisation unterstellt und zu Erd-, Nivellierungs- und Terrassierungsarbeiten herangezogen, von produktiven Tätigkeiten jedoch, um der Privatwirtschaft keine Konkurrenz zu machen, ferngehalten wurden. Weil infolgedessen nicht genügend Arbeit vorhanden war, die Tagessätze aber weitergezahlt wurden, stieg der Andrang der eingeschriebenen Arbeiter im Juni 1848 auf fast 100 000 Personen, der Lohnaufwand während zweier Wochen auf 2,5 Millionen Franc an. Daraufhin wurde die Schließung der Werkstätten beantragt und nach der Junischlacht vollzogen.

Wenige Tage noch vor dem Ausbruch der Barrikadenkämpfe hatte die Verfassungskommission einen Entwurf gebilligt, in dem es hieß: »Art. 2: Die Verfassung garantiert allen Bürgern Freiheit, Gleichheit, Sicherheit, Ausbildung, Arbeit, Eigentum, Unterstützung.

[4] Schminck-Gustavus, Chr. U. (1978), S. 29.

Art. 7: Mit dem Recht auf Arbeit wird jedermann das Recht, seinen Unterhalt durch Arbeit zu bestreiten, garantiert. Die Gesellschaft ist verpflichtet, unter Einsatz der ihr zur Verfügung stehenden Produktivmittel, die künftig in planvoller Weise zu organisieren sind, allen denen Arbeit zu verschaffen, die keine andere Arbeitsgelegenheit finden.
Art. 132: Die wesentlichen Garantien des Rechts auf Arbeit sind: die Freiheit der Arbeit selbst, die freiwillige Assoziation, die Gleichberechtigung der Beziehungen zwischen Arbeitgebern und Arbeitern, die kostenlose Schulbildung, Berufsausbildung, Vorsorge- und Krediteinrichtungen, die Durchführung großer öffentlicher Arbeiten durch den Staat zu gemeinem Nutzen, die dazu dienen, den Beschäftigungslosen im Falle der Erwerbslosigkeit Arbeit zu verschaffen.«[5]
Der Entwurf war durch den blutigen Ausgang der Junischlacht überholt. Der endgültige Verfassungstext erwähnte lediglich das armenpflegerische Recht auf Unterstützung. Dieses Ergebnis war zweifellos auf die leidenschaftliche Rede des liberalen Abgeordneten Alexis de Tocqueville zurückzuführen, der der Sozialdemokratie im Sinn des Sozialismus die Berechtigung absprach, sich als Fortsetzung der Französischen Revolution auszugeben, und der von den Grundsätzen der Freiheit her das Recht auf Arbeit ablehnte, weil dieses zum Sozialismus führe, dieser aber Unfreiheit bringe und der wahren Demokratie gerade entgegengesetzt sei: »Im Sozialismus sah Alexis de Tocqueville die große Gefahr, die sich hinter einem verfassungsmäßigen Recht auf Arbeit verberge. Die große Revolution dürfe nicht in dieser sozialistischen Gesellschaft enden, in der das Individuum nichts mehr bedeute und der materielle Wohlstand das einzige Ziel sei. Er nennt den Sozialismus, gekennzeichnet durch einen dauernden und maßlosen Appell an die materiellen Leidenschaften des Menschen, durch seinen hartnäckigen Angriff auf das Prinzip des Privateigentums und durch ein tiefes Mißtrauen gegenüber der Freiheit und der menschlichen Vernunft.«[6]

(4) Reichskanzler Bismarck spielte 1884 in Deutschland den politischen Anwalt eines Rechts auf Arbeit, allerdings um damit die Bereitschaft des Parlaments zu erhöhen, das Sozialistengesetz zu

[5] Schminck-Gustavus, Chr. U. (1978), S. 33 f.
[6] Bentele, M. (1949), S. 125.

verlängern. »Geben Sie dem Arbeiter das Recht auf Arbeit, solange er gesund ist, geben Sie ihm Arbeit, solange er gesund ist, sichern Sie ihm Pflege, wenn er krank ist, sichern Sie ihm Versorgung, wenn er alt ist, ... Ja, ich erkenne ein Recht auf Arbeit unbedingt an und stehe dafür ein, solange ich auf diesem Platze sein werde ... Ist es nicht in unseren ganzen sittlichen Verhältnissen begründet, daß der Mann, der vor seine Mitbürger tritt und sagt: gebt mir Arbeit! und daß der Staat verpflichtet ist, ihm Arbeit zu geben!? ... Wenn ähnliche Notstände eintreten, so, glaube ich, ist der Staat auch noch heute verpflichtet, und der Staat hat so weitreichende Aufgaben, daß er dieser seiner Verpflichtung, arbeitslosen Bürgern, die Arbeit nicht finden können, solche zu verschaffen, wohl nachkommen kann. Er läßt Aufgaben ausführen, die sonst aus finanziellen Bedenklichkeiten vielleicht nicht ausgeführt werden würden; ich will sagen, große Kanalbauten, oder was dem analog ist. Es gibt ja eine Menge außerordentlich nützlicher Einrichtungen anderer Art.«[7]

Wie sich Fürst Bismarck die Realisierung dieses Rechts auf Arbeit vorstellte, mag seine Berufung auf die Bestimmungen des allgemeinen Landrechts für die preußischen Staaten verdeutlichen. Dort heißt es in dem Kapitel, das von Armenanstalten und anderen milden Stiftungen handelt:

»§ 1. Dem Staate kommt es zu, die für die Ernährung und Verpflegung derjenigen Bürger zu sorgen, die sich ihren Unterhaltung nicht selbst verschaffen, und denselben auch von andern Privatpersonen, welche nach besonderen Gesetzen dazu verpflichtet sind, nicht erhalten können.

§ 2. Denjenigen, welchen es nur an Mitteln und Gelegenheit, ihren und der Ihrigen Unterhalt selbst zu verdienen, ermangelt, sollen Arbeiten, die ihren Kräften und Fähigkeiten gemäß sind, angewiesen werden.

§ 3. Diejenigen, die nur aus Trägheit, Liebe zum Müßiggange oder andern unordentlichen Neigungen, die Mittel, sich ihren Unterhalt selbst zu verdienen, nicht anwenden wollen, sollen durch Zwang und Strafen zu nützlichen Arbeiten unter gehöriger Aufsicht angehalten werden.«[8]

Diese von Friedrich Engels durchschaute Bismarcksche Propagan-

[7] Mutafoff, Chr. (1897), S. 107, 108, 109, 109 f.

[8] Hattenhauer, H. (1970), S. 663.

daformel[9] wird durch einen einige Tage später in der ›Norddeutschen Allgemeinen Zeitung‹, dem Organ Bismarcks, erschienenen Kommentar bestätigt, der das Plädoyer zugunsten des Rechts auf Arbeit im Sinn der in England herrschenden Gesetze erläuterte: Arbeitsfähige sollten, falls sie die ihnen zugewiesene Arbeit ablehnten, in ein Arbeitshaus oder Gefängnis gebracht werden, Arbeitslose gegen einen angemessenen Lohn oder Verpflegung zum Ausbessern von Wegen, Steineklopfen und Holzhauen herangezogen werden.

(5) Die Jahre nach dem Ersten Weltkrieg veranschaulichen noch einmal die Verkettung von Wirtschaftskrise, Forderung des Rechts auf Arbeit und Organisation der Arbeitsdienste. Als die von der Front zurückkehrenden Soldaten mit den während des Krieges in die Betriebe nachgerückten Frauen und Jugendlichen um die Arbeitsplätze konkurrierten, kam es zu verstärkter Arbeitslosigkeit. 1923 setzte die Diskussion um die wirtschaftlichen und erzieherischen Vorteile des Arbeitsdienstes ein, auf den konservative Kreise die deutsche Jugend vorzubereiten suchten. In der Zeitschrift der Metallarbeiterjugend von 1926 wurde eine Zuschrift ›von Zentrumsseite‹ wiedergegeben: »Daß der Krieg und seine böse Folgezeit vielfach notorische Faulenzer erzogen hat, ist kein Geheimnis mehr. Darum her mit der Arbeitspflicht. Allen, die guten Willens sind, soll

[9] Vgl. Engels, F., Brief an A. Bebel, MEW 36, S. 160; Brief an E. Bernstein, MEW 36, S. 151 f.
Das 1834 in England angenommene Armengesetz sah die Unterbringung der Armen in Arbeitshäusern vor, die einem Zuchthausregime ähnelten und vom Volk ›Bastillen für die Armen‹ genannt wurden.
»Man muß übrigens Bismarck sein, um so eine Dummheit zu begehn, angesichts einer selbst mit Ausnahmsgesetzen nicht niederzuhaltenden Arbeiterbewegung. Vorderhand haben unsre Leute recht, ihn möglichst tief hineinzureiten mit Drängen auf Verwirklichung, sobald der Mann sich etwas mehr engagiert hat (was er aber sicher so bald nicht tut), wird sich die ganze Flunkerei in – preußische Polizeiwirtschaft auflösen ... Genauso wurde das Recht auf Arbeit während der Baumwollkrise 1861–64 hier in Lancashire durch Munizipalwerkstätten realisiert. Und in Deutschland realisiert man es ebenfalls in den Hunger- und Prügel-Arbeiterkolonien, für die der Philister jetzt schwärmt. Als separate Forderung gestellt, kann das Recht auf Arbeit gar nicht anders verwirklicht werden. Man verlangt von der kapitalistischen Gesellschaft, es zu realisieren, sie kann das nur innerhalb ihrer Existenzbedingungen, und wenn man das Recht auf Arbeit von ihr verlangt, so verlangt man es unter diesen bestimmten Bedingungen, man verlangt also Nationalwerkstätten, Arbeitshäuser und Kolonien.«

geholfen werden.«[10] Als aber durch den wirtschaftlichen Aufschwung bis zur Weltwirtschaftskrise die Arbeitslosigkeit merklich zurückging, wurde es um den Arbeitsdienst still.

1931, als die Zahl der erwerbslosen Jugendlichen ca. 1 Million betrug, wurde durch die Juli-Notverordnung der freie Arbeitsdienst eingerichtet. Die Regierung sah darin »eine willkommene Gelegenheit, die erwerbslose Jugend, der vielfach jede Beschäftigung nach Entlassung aus der Schule fehlte, von der Straße und damit vom Einfluß des politischen Radikalismus wegzunehmen und sie mit einer geregelten Arbeit vertraut zu machen«.[11] Von seiten der SPD und der Arbeiterjugend wurde starker Widerstand angemeldet. Man wehrte sich gegen die niedrige Produktivität, da bei den Erdarbeiten keine Maschinen eingesetzt werden durften, sowie gegen die niedrige Entschädigung, weil der Privatwirtschaft keine Konkurrenz entstehen sollte, obwohl diese durch die rücksichtslose Rationalisierung laufend Arbeitskräfte freisetzte, und schließlich gegen die Disziplinierung der Arbeiterjugend, während es Schüler und Studenten verstanden, sich dem Aufruf zum Arbeitsdienst zu entziehen.

Obschon der Arbeitsdienst zunächst aus pädagogischen Motiven entstanden war und nicht für politische und staatliche Ziele mißbraucht werden sollte, erhielt er 1932 unter der Regierung Papen bereits eine neue Verfassung; das neu gegründete ›Reichskuratorium für Jugendertüchtigung‹ sorgte dafür, daß die deutsche Jugend zunehmend mit Geländesport und den Eigenschaften eines wehrhaften Mannes vertraut gemacht wurde.

»Der Nationalsozialismus brauchte nur zuzugreifen, um aus diesem Ertüchtigungswerk wie aus dem zunächst friedlichen Zielen gewidmeten Freiwilligen Arbeitsdienst eine Schule der Militarisierung der Jugend zu machen.«[12] So verdeutlicht der Staatssekretär für den Arbeitsdienst unter Hitler 1933 dessen Aufgaben: »Nach der Arbeitsdienstpflicht müßte dann eigentlich noch die militärische Dienstpflicht kommen, und erst, wenn der Deutsche diese doppelte Schule durchgemacht hat, solle er als Staatsbürger anerkannt werden und nach meiner Anschauung auch dann erst die Erlaubnis zur Eheschließung bekommen.«[13]

[10] Arbeitspflicht für Erwerbslose? (1926), S. 254 f.

[11] Preller, L. (1949), S. 439.

[12] Preller, L. (1949), S. 452.

[13] Achten, U. (1978), S. 55.

Die positiven Wirkungen einer gefährlichen Erinnerung auf die Lernfähigkeit scheinen begrenzt zu sein. 1977 schrieb Domkapitular Prälat Emil Janik, der Chefredakteur des Passauer Bistumsblatts: »Nicht alles, was die Machthaber des Dritten Reiches unternahmen, war grundfalsch. So konnte man die Durchführung eines männlichen und weiblichen Arbeitsdienstes doch sicher begrüßen. Ein solcher Arbeitsdienst wäre auch heute, wo man so viel über die Gefährdung der Jugend spricht, nicht ganz überflüssig. Junge Mädchen könnten zum Beispiel in einem verpflichtenden Arbeitsdienst zur Mithilfe in Familien, Krankenhäusern und Altersheimen herangezogen werden. Auch für Jungmänner gäbe es, schon vor dem Wehrdienst, eine Reihe von Möglichkeiten in einem Arbeitsdienst. Interessant ist in diesem Zusammenhang, daß nach einer neuesten Umfrage 53% der Westdeutschen sich für einen staatlich verordneten Arbeitsdienst ausgesprochen haben, damit arbeitslose Jugendliche von der Straße wegkommen.«[14]

Die Formel vom Recht auf Arbeit ist geschichtlich belastet. Nicht selten ist die Forderung, das Recht auf Arbeit einzulösen, umgeschlagen in eine übertriebene Erwartungshaltung dem Staat gegenüber, die dieser wiederum zum Arbeitsdienst für den Staat umfunktioniert hat.

1.2 Aktuelle Bedenken

(1) Ein soziales Grundrecht auf Arbeit scheint *überflüssig* zu sein, weil die Sozialstaatsklauseln in Artikel 20 I GG und Artikel 28 I GG sowie mehrere Bundesgesetze indirekt den Staat beauftragen und ermächtigen, »den gesellschaftlich und wirtschaftlich schwächeren Gruppen zu helfen und so der Idee sozialer Gerechtigkeit zu entsprechen«.[15] Die Idee sozialer Gerechtigkeit umfaßt aber als Mindestinhalt die Sicherung des Existenzminimums. Der notwendige Lebensbedarf und ein menschenwürdiges Existenzminimum lassen sich aber wohl auf die Möglichkeit, Arbeit zu finden, erweitern. Damit wäre also indirekt ein Recht auf Arbeit anerkannt.
Außerdem bestimmt das Gesetz zur Förderung der Stabilität und des Wachstums von 1967 in § 1: »Bund und Länder haben bei ihren

[14] Passauer Bistumsblatt Nr. 4 vom 23. 1. 1977, S. 11.
[15] Rath, M. (1974), S. 51.

wirtschafts- und finanzpolitischen Maßnahmen die Erfordernisse des gesamtwirtschaftlichen Gleichgewichts zu beachten. Die Maßnahmen sind so zu treffen, daß sie im Rahmen der marktwirtschaftlichen Ordnung gleichzeitig zur Stabilität des Preisniveaus, zu einem hohen Beschäftigungsstand und außenwirtschaftlichem Gleichgewicht bei stetigem und angemessenem Wirtschaftswachstum beitragen.«[16] Bund und Länder haben sich damit zu einer fortwährenden Vollbeschäftigungspolitik verpflichtet und ebenfalls indirekt das Recht auf Arbeit anerkannt.

Darüber hinaus dient das Arbeitsförderungsgesetz von 1969 dem Ziel eines möglichst hohen Beschäftigungsstandes. § 14 I 1 AFG lautet: »Die Bundesanstalt hat dahin zu wirken, daß Arbeitsuchende Arbeit und Arbeitgeber die erforderlichen Arbeitskräfte erhalten.«[17]

Schließlich ist das soziale Grundrecht auf Arbeit indirekt wirksam geworden, indem die liberalen Freiheitsrechte durch gesetzliche Auflagen eingeschränkt worden sind; dieser Gesetzesvorbehalt könnte ausgebaut werden. Bereits jetzt enthalten zahlreiche Bundesgesetze einen Beschäftigungszwang in der Form der Neu- und Wiedereinstellung von Arbeitnehmern bzw. ihrer Weiterbeschäftigung. § 3 III SchwBG bestimmt, daß private und öffentliche Arbeitgeber von einer vorgesehenen Betriebsgröße an einen bestimmten Prozentsatz ihrer Arbeitsplätze an Schwerbehinderte vergeben müssen; § 9 (1) des Heimkehrergesetzes weist die Arbeitsämter an, in freie Arbeitsstellen bevorzugt Heimkehrer zu vermitteln. Nach § 1 des Arbeitsplatzschutzgesetzes ruht das Arbeitsverhältnis eines Arbeitnehmers, solange er zum Grundwehrdienst eingezogen ist. In diesen Bundesgesetzen ist indirekt und de facto ein Recht auf Arbeit für den einzelnen Arbeitnehmer bereits anerkannt, unabhängig, ob es in der Verfassung steht oder nicht. Außerdem liegt die Vermutung nahe, daß weder die Aufnahme des Rechts auf Arbeit in einzelne Verfassungen europäischer Staaten noch die Existenz der europäischen Sozialcharta einen zusätzlichen Arbeitsplatz geschaffen hat. Die Aufnahme eines Rechtes auf Arbeit in das Grundgesetz erscheint also als überflüssig.

(2) Ein soziales Grundrecht auf Arbeit scheint in sich *widersprüchlich*, denn die modernen Verfassungen enthalten eine Reihe von Per-

[16] Bundesgesetzblatt 1967 I, S. 582.
[17] Bundesgesetzblatt 1969 I, S. 585.

sonrechten wie das Recht auf Leben, körperliche Unversehrtheit, Meinungs- und Bekenntnisfreiheit. Diese Rechte schützen zentrale Bereiche der persönlichen und gesellschaftlichen Freiheit, die in besonderer Weise den Übergriffen des Staates ausgesetzt sind, vor einer solchen Bedrohung. Es handelt sich um negative Abwehrrechte, weil die Freiheit des einzelnen nicht durch den Staat hergestellt wird, sondern ihm vorausliegt und eine unüberschreitbare Grenze staatlicher Intervention darstellt. Sie gelten in ihrem Wesenskern und innerhalb der Schranken des für alle geltenden Gesetzes absolut. Sie sind unmittelbar geltendes Recht, das den Gesetzgeber bindet; die Bindung unterliegt gerichtlicher Kontrolle. Diese liberalen Grundrechte haben die Entwicklung zur modernen Demokratie eingeleitet und den Rechtsstaat begründet.

Demgegenüber formuliert das Recht auf Arbeit einen positiven Leistungsanspruch. Sein Inhalt bedarf allerdings näherer Festlegung und Abgrenzung, unterliegt wegen seiner Dynamik einem steten Wandel der Anschauungen. Wegen seiner Abhängigkeit vom wirtschaftlichen Leistungsvermögen ist es immer relativ. Insofern es grundsätzlich unter dem Ausführungsvorbehalt steht, entzieht es sich unmittelbarer Kontrolle. Soziale Grundrechte wie das Recht auf Arbeit entspringen der Vorstellung vom Sozialstaat im Dienst des einzelnen Menschen.

Liberale und soziale Grundrechte erscheinen als unvereinbar: »Errichten die Freiheitsrechte Schranken für den Staat, so drängen die sozialen Grundrechte den Staat zur steten Einflußnahme auf Wirtschaft und Gesellschaft; bezwecken die Freiheitsrechte die Garantie von Freiheit, so die sozialen Grundrechte die Gewährleistung von Sicherheit; sind die Freiheitsrechte absolut angelegt, so können die sozialen Grundrechte nur hic et nunc entsprechend dem Entwicklungsgrad von Wirtschaft und Gesellschaft realisiert werden; bestimmen die Freiheitsrechte einen Zustand, so die sozialen Grundrechte einen Prozeß; besitzen die Freiheitsrechte eine individualistische Grundstruktur, so die sozialen eine gemeinschaftsbezogene; zielen die Freiheitsrechte auf Ausgrenzung, so die sozialen Grundrechte auf Förderung und Betreuung.«[18]

Das Fehlen eines Rechts auf Arbeit im Grundgesetz ist also nicht zufällig. Soziale Grundrechte passen nicht in das traditionelle Verfassungskonzept der westlichen Demokratien.

[18] Tomandl, Th. (1967), S. 10 f.

(3) Ein soziales Grundrecht auf Arbeit im Verfassungsrang ist *schädlich* unter ökonomischem, politischem und verfassungsrechtlichem Aspekt.
Es liegt nahe, den Rechtsanspruch auf Arbeit durch eine aktive Vollbeschäftigungspolitik mit quantitativer Zielvorgabe z. B. einer Arbeitslosenquote von 0,5 % einzulösen. Nun ist das makroökonomische Beschäftigungsziel in das Zielsystem des magischen Dreiecks eingebettet. Es ist also nicht ausgemacht, daß die vorrangige Verwirklichung des Beschäftigungszieles gleichzeitig zu einer Annäherung an das Ziel der Preisniveaustabilität und des außenwirtschaftlichen Gleichgewichts führt. Eine einseitige Akzentuierung der staatlichen Wirtschaftspolitik könnte die Privatwirtschaft verunsichern, sie gegenüber der wirtschaftlichen Entwicklung mißtrauisch machen, die Investitionsneigung senken und damit Arbeitsplätze gefährden.
Darüber hinaus ist das Ausmaß der Beschäftigung im Unternehmen gekoppelt an zahlreiche Bedingungen wie Absatzlage, Finanzierungsmöglichkeiten, technischen Fortschritt und an autonome Entscheidungen über Investition und Produktion. Die Einflußmöglichkeiten des Staates auf diese unternehmerischen Entscheidungen und deren Rahmenbedingungen und damit auf die Beschaffung von Arbeitsplätzen sind in einem Wirtschaftssystem, das grundsätzlich durch dezentrale Angebots- und Nachfragesignale gesteuert wird, reichlich begrenzt.

Verlangt man jedoch zur Durchsetzung des Rechtes auf Arbeit in der konkreten Formulierung eines ›angemessenen Einkommens‹ oder eines ›zumutbaren Arbeitsplatzes‹ die Aufhebung dieser von der Wirtschaftsverfassung vorgegebenen Beschränkung, müßte die Interventionstätigkeit des Staates erheblich ausgeweitet werden. Es ist jedoch nicht ausgeschlossen, daß die ausschließliche Ausrichtung der Wirtschaftspolitik auf die Arbeitsplatzsicherung zu ›Schattenarbeit‹, beruflicher Immobilität und zu hohen Verlusten an wirtschaftlicher Effizienz und Wachstum führt.
Um auch diese Konsequenzen auszuschalten, müßte dem Staat die uneingeschränkte Verfügungsmacht über die ganze Wirtschaft eingeräumt werden, indem er als einziger Arbeitgeber auftritt. Damit wäre das herrschende Wirtschaftssystem in eine zentrale Planung sowohl des Güter- als auch des Arbeitsmarktes mit Lenkung der Berufstätigkeit und der Ausbildung transformiert.

Politische Konsequenzen sind zu vermuten, insofern die Garantie eines Rechtes auf Arbeit Erwartungen an die staatliche Wirtschaftspolitik weckt, die diese nicht erfüllen kann. Die Diskrepanz zwischen den hochgesteckten Verfassungsnormen der Weimarer Republik und den tatsächlichen Chancen ihrer Verwirklichung angesichts der hohen Arbeitslosigkeit Ende der zwanziger Jahre hat den Staat zum Verräter an den eigenen Ideen abgestempelt und dem Nationalsozialismus das Argument der durch die Parteien unerfüllten Verfassung geliefert. Auch aus diesem Grund haben die Väter des Grundgesetzes auf die Festschreibung eines sozialen Grundrechts auf Arbeit in die Verfassung verzichtet.

Die Verwirklichung des Rechtes auf Arbeit über eine Vollbeschäftigungsgarantie ist nicht denkbar ohne einschneidende Eingriffe in die klassischen Freiheitsrechte z. B. der Entfaltung der Persönlichkeit und damit der Vertrags-, Unternehmer- und Gewerbefreiheit, der Eigentumsgarantie sowie der Freiheit der Berufswahl und der Koalitionsfreiheit. Auf diese Weise würden die liberalen Freiheitsrechte relativiert und entwertet.
Außerdem beruht der Rechtsstaat auf dem Grundsatz der Gewaltenteilung; Übergriffe des einen Organs in die Zuständigkeit des anderen müssen ausgeschlossen und Machtmißbrauch verhindert werden. Die gerichtliche Überprüfung der vom Gesetzgeber erlassenen Rechtsnormen ist aber nur möglich, wenn die Anspruchsgrundlagen klar und eindeutig gefaßt sind und als vollzugsreife Bestimmungen angewendet werden können. Die konkrete Ausgestaltung des sozialen Grundrechts auf Arbeit ist aber an die wirtschaftliche Leistungsfähigkeit des Staates gebunden, die wiederum von der konjunkturellen Situation im In- und Ausland abhängen mag. Diese Relativität erschwert außerordentlich eine rechtliche Kontrolle des Grundrechtes. Um diese Schwierigkeit zu umgehen, könnte man konkrete Ansprüche unmittelbar als Verfassungsnorm festschreiben, wodurch allerdings eine wiederholte Novellierung der Verfassung fällig wäre.
Leistungsansprüche, die unbegrenzt proklamiert werden, deren Einlösung jedoch unbestimmt bleiben muß und sich der rechtlichen Kontrolle entzieht, beeinträchtigen und gefährden die Rechtsstaatlichkeit und vor allem die Rechtssicherheit.

2. Notwendiges Grundrecht

Der von juristischen Argumenten flankierte Widerstand gegen eine verfassungsrechtliche Ausgestaltung sozialer Grundrechte beruft sich auf die Verfassung selbst. Verfassungsgrundsätze sind indessen ihrer Wortwahl und Sprachgestalt nach »Lapidarformeln«[19], die einer ausfüllenden Interpretation bedürfen. Diese Interpretation fällt nun unterschiedlich aus, je nachdem welches Menschenbild, welche Staatsauffassung und welche Grundrechtstheorie vorausgesetzt sind. Gegenwärtig lassen sich fünf Grundrechtstheorien, die in ihrer Auffassung über die normative Zielrichtung und inhaltliche Reichweite der Grundrechte voneinander abweichen und von der Rechtsprechung wie von der wissenschaftlichen Literatur je nach Bedarf herangezogen werden, benennen.

Während die liberale Theorie in den Grundrechten Abwehrrechte des einzelnen gegenüber dem Staat sieht, begreift die institutionelle Theorie die Grundrechte als objektiv vorgegebene Ordnungsstrukturen, die bestimmte Lebensverhältnisse z. B. der Familie oder der Schule normieren. Eine wertbezogene Theorie erblickt in den Grundrechten Ausdrucksformen einer gemeinsamen Wertentscheidung des politischen Systems und zugleich Wesenselemente eines Integrationsvorgangs, der das Bewußtsein des einzelnen in eine gesellschaftliche Wertordnung einbindet. Die funktionale Theorie definiert den Sinn der Grundrechte durch das öffentliche Interesse, insofern sie den Prozeß einer staatlichen Ordnung von unten nach oben sowie einer demokratischen Willensbildung gewährleisten, während nach der sozialstaatlichen Theorie die Grundrechte soziale Leistungsansprüche an den Staat formulieren.[20]

Die verschiedenen Grundrechtstheorien sind letztlich auf die abweichende Interpretation des Verhältnisses von menschlicher Person, Staat und Gesellschaft in den amerikanischen und französischen Menschenrechtserklärungen des 19. Jahrhunderts zurückzuführen. Während die amerikanische Deklaration eine privatautonome Sphäre des einzelnen gegenüber staatlichen Übergriffen abzuschirmen sucht, damit so die spontanen Kräfte der gesellschaftlichen Selbstregulierung freigesetzt werden, begreift die französische Deklaration die Freiheitsrechte des einzelnen ausschließlich als

[19] Böckenförde, E. W. (1976), S. 221.
[20] Vgl. Böckenförde, E. W. (1976), S. 224–240.

gesellschaftliche Rechte; der Lebenszusammenhang des Menschen wird nur durch die Gesellschaft konstituiert, eine optimale Gesamtverfassung kann den Verfallserscheinungen der menschlichen Natur und Gesellschaft wehren.

2.1 Formale und reale Freiheit

Das Grundgesetz hat die eben erwähnte bipolare Struktur übernommen. Zum einen verkörpert sein Grundrechtsteil – gerade unter dem Eindruck der elementaren Freiheitsverletzungen des NS-Staates – die Idee der klassischen Freiheitsrechte, »die die Freiheit als staatlichem Zugriff prinzipiell vorausliegend begreift und sie auf der Ebene des Rechts nicht als bestimmten und umgrenzten Wert, als objektiviertes Institut oder als Mittel zu (demokratischen oder öffentlichen) Zwecken, sondern um ihrer selbst willen, eben als Freiheit gewährleistet«.[21]

Zum anderen waren die Väter des Grundgesetzes nicht blind gegenüber der wachsenden Kluft zwischen einer Verfassungsnorm auf liberaler Grundlage und der sozialen Realität der Industriegesellschaft. Sie waren sich bewußt, daß mit der Verkündigung formaler Freiheitsrechte die realen Voraussetzungen von Freiheit und Rechtssicherheit, deren der einzelne zur Entfaltung seiner Persönlichkeit bedarf, noch nicht garantiert sind, und daß die aus liberalem Vorverständnis konsequente Trennung von Staat und Gesellschaft (bzw. Wirtschaft) durch die geschichtliche Entwicklung überholt und in ein Beziehungsgeflecht wechselseitiger Abhängigkeiten umgeformt worden ist. Aus dieser Einsicht heraus haben sie die Sozialstaatsklausel[22] in die Verfassung eingefügt und damit den Staat zur Intervention in die freien gesellschaftlichen Abläufe ermächtigt und verpflichtet, um die sozialen Ungleichheiten, die bei der Aufrechterhaltung formaler Freiheitsrechte weiter bestehen oder neu auftreten, zu korrigieren und die Ausübung individueller Freiheit für alle zu gewährleisten.

[21] Böckenförde, E. W. (1976), S. 243.

[22] »Die Bundesrepublik ist ein demokratischer und sozialer Bundesstaat.« Art. 20 I GG. »Die verfassungsmäßige Ordnung in den Ländern muß den Grundsätzen des republikanischen, demokratischen und sozialen Rechtsstaates im Sinne dieses Grundgesetzes entsprechen.« Art. 28 I GG.

Die in die Verfassung eingefügte Sozialstaatsklausel soll den Gesetzgeber zu besonderen sozialpolitischen Aktivitäten anregen (Stimulanzfunktion), die Rechtsprechung normieren, ihre Entscheidungen an der sozialen Gerechtigkeit ausrichten (Auslegungsfunktion), die Verwaltung in Planung und Ermessensentscheidungen festlegen (Bindungsfunktion) und dem einzelnen unter bestimmten Voraussetzungen und in engen Grenzen einen Anspruch auf Verwirklichung sozialer Gerechtigkeit vermitteln (Anspruchsfunktion).[23]

Das zweipolige Staatsideal ist nicht die Außerkraftsetzung des bürgerlich-liberalen Rechtsstaates, sondern dessen soziale Einbindung. Wie der Rechtsstaatsbegriff ein Produkt der bürgerlichen Revolution war, so ist der Sozialstaatsbegriff ein Produkt der industriellen Revolution.[24] Wie der bürgerliche Rechtsstaat das Gerechtigkeitsbewußtsein der damaligen Menschen gegenüber der absoluten Monarchie zum Ausdruck brachte und im Vergleich zu dieser einen Fortschritt, aber nicht die letzte Stufe der Demokratie darstellte, so ist der Sozialstaat, der die allgemeinen Voraussetzungen sichert, die dem einzelnen erst die Wahrnehmung seiner individuellen Freiheit gestatten, eine schöpferische Weiterentwicklung. Wie der Rechtsstaatsgrundsatz staatliche Eingriffe in den Prozeß individueller und gesellschaftlicher Selbststeuerung auszuschalten bemüht war, so rechtfertigt der Sozialstaatsgrundsatz die Staatsintervention zum Schutz und zur Entfaltung der Freiheit des einzelnen.

Rechtsstaatsgrundsatz und Sozialstaatsgrundsatz bedingen sich gegenseitig. Die zweipolige Spannungseinheit der beiden Staatsideale kann nicht zugunsten eines einzigen Poles ausgehöhlt werden. Rechtsstaatlicher Rigorismus entartet zum reinen Legalitätsprinzip, zur Gefährdung sozialer Sicherheit, und umgekehrt: Das Verlangen nach totaler sozialer Absicherung gefährdet die Freiheit. Der soziale Rechtsstaat ruht auf der gesellschaftlichen Anerkennung sowohl der Freiheits- wie auch der Gleichheitsrechte.

Auch wenn der Sozialstaatsgrundsatz als solcher keinen unmittelbar wirksamen subjektiven Rechtsanspruch und die Idee sozialer Gerechtigkeit keinen individuellen Anspruch auf staatliche Fürsorge oder auf ein Existenzminimum darstellen, sind die sozialen Grundrechte doch eine konsequente Fortentwicklung des Sozialstaats-

[23] Vgl. Rath, M. (1974), S. 51 f.

[24] Vgl. Huber, E. R. (1968), S. 596 f.

grundsatzes und dessen Konkretisierung. Die verfassungsrechtliche Ausgestaltung sozialer Grundrechte liegt in dessen innerer Logik begründet. So ergibt sich eine überzeugende Symmetrie vom Rechtsstaatsgrundsatz zu den freiheitlichen Grundrechten und vom Sozialstaatsgrundsatz zu den sozialen Grundrechten.
Wenn schon im allgemeinen die sozialen Grundrechte ein Produkt der industriellen Revolution sind, dann reflektiert im besonderen das soziale Grundrecht auf Arbeit die tatsächliche Wirtschafts- und Gesellschaftsordnung und durchbricht die Fiktionen liberaler Verfassungsnormen sowie ihrer Voraussetzungen.

2.2 *Privatautonomie und Chancenverteilung*

Die liberale Wirtschaftstheorie nahm zunächst an, daß der einzelne über sein wirtschaftliches Handeln souverän entscheidet, daß er den Beruf, der seinen Fähigkeiten und Neigungen entspricht, frei wählt, und daß er die Sicherung der Zukunft sowie die Ausbildung seiner Kinder eigenverantwortlich regelt. Die Konkurrenz der auf dem Markt Anbietenden und Nachfragenden sowie der sich im Ausgleich von Angebot und Nachfrage einspielende Preis schienen zu garantieren, daß Einkommen, Aufstiegschancen und gesellschaftliche Rangstellung dem einzelnen ausschließlich nach dessen produktiver Leistung zugeteilt würden.
Dieses selbständige, unabhängige Individuum, dessen wirtschaftliche Betätigung der Staat lediglich zu schützen hätte, ist in der gegenwärtigen Gesellschaft nicht der Regelfall. Denn das freie Spiel der wirtschaftlichen Kräfte läßt jeden Wettbewerbsteilnehmer an dem Punkt starten, wo er sich zu Beginn des Spiels gerade befindet. Der wirtschaftliche Wettbewerb hat kein Instrument, milieu- und kapitalbedingte Startvorteile des einzelnen fair zu neutralisieren. Darüber hinaus ist die dauerhafte Existenz des freien Kräftespiels nicht automatisch gesichert, weil der wirtschaftliche Wettbewerb eine immanente Tendenz zur Selbstaufhebung hat, insofern temporäre Startvorteile kumuliert, in ständige Privilegien umgeformt und zu Marktpositionen ausgebaut werden können, denen keine produktiven Leistungen entsprechen.
So hängt die Chance des Arbeiters, einen Arbeitsplatz zu finden oder den bisherigen zu behalten, weniger von seiner persönlichen Leistungsbereitschaft als vielmehr von den sozialen Bedingungen

seiner Umwelt ab; die Chance junger Menschen, eine Berufsausbildung zu finden, die den eigenen Interessen und Begabungen entspricht, hängt weniger vom eigenen Einsatz als vielmehr davon ab, ob sie als Junge oder Mädchen bzw. wo sie geboren sind, welche Ausbildung, welchen Beruf und welches Einkommen ihre Eltern haben.

Die individuellen Freiheitsrechte gelten sowohl für den, der eine unkündbare Beamtenstellung und ein Eigenheim hat, der mit dem Hauptschulabschluß einen Ausbildungsplatz findet oder der in der Stadt geboren ist, wie auch für den, dem gerade gekündigt wurde, der in einer Mietwohnung lebt, der als Arbeitsloser in das Berufsleben eintritt oder der im Grenzgebiet aufgewachsen ist.

Wenn also die Lebenschancen des heutigen Menschen weniger als Resultat individueller Leistungen, sondern mehr auf Grund der Zugehörigkeit zu einer bestimmten Schicht ungleich verteilt sind, wäre es unzureichend, nur die Freiheit des einzelnen zu sichern.

Darüber hinaus hat die kapitalistische Marktwirtschaft die Gruppe der Produzenten in Kapitalgeber und Arbeitnehmer aufgespalten, da Unternehmen vom Eigentum an Produktionsmitteln her definiert und organisiert sind, während die Masse der Erwerbstätigen von den Produktionsmitteln getrennt ist. Diese sind so von der Arbeit als einziger Erwerbsquelle, die auf dem Arbeitsmarkt als Ware gehandelt wird, abhängig und dazu im Produktionsprozeß dem Weisungsrecht des Arbeitgebers unterworfen. Ihre Einflußnahme auf Investitions- und Produktionsentscheidungen, auf die tarifpolitischen Strategien der Gewerkschaften und die wirtschaftspolitischen Ziele des Staates sind außerordentlich gering bzw. gar nicht vorhanden.

Wenn also die Wahrnehmung des Eigentumsrechtes an Produktionsmitteln nur auf einen engen Kreis der Erwerbstätigen beschränkt bleibt, wäre es unzureichend, nur die Eigeninitiative des einzelnen z. B. über die Privateigentumsgarantie zu sichern. Ein dem Privateigentumsrecht äquivalentes Grundrecht auf Arbeit erscheint plausibel.

2.3 *Konjunkturschwankungen*

Die liberale Wirtschaftstheorie nahm an, daß in einer arbeitsteiligen Wirtschaft die Abstimmung zwischen Produktion und Konsum,

d. h. die Koordination dezentraler Entscheidungen darüber, wer was, wie, wo und wann für wen produziert, weder durch den Befehl eines Wirtschaftsdiktators noch durch eine langwierige Verhandlungsrunde vorgenommen werden muß, sondern durch ein anonymes Signal erfolgen kann, das – einer unsichtbaren Hand vergleichbar – in der Lage ist, Informationen über Volumen und Richtung der Konsumnachfrage weiterzuleiten und Handlungsimpulse bei den Produzenten auszulösen, die dieser Nachfrage entsprechen. Der Preis- und Einkommensmechanismus wurde als eine solche Signalsteuerung angesehen, die richtige Produktionsentscheidungen belohnt und falsche bestraft und so das einzelwirtschaftliche Interesse in eine gesamtwirtschaftliche Rationalität einbindet. Die gesamtwirtschaftliche Rationalität wurde durch eine Gleichgewichtslage charakterisiert, bei der Angebot und Nachfrage auf dem Güter- und Arbeitsmarkt übereinstimmen, bzw. jedes Angebot sich eine hinreichende Nachfrage schafft und Vollbeschäftigung herrscht. Störungen des Gleichgewichts sollten – einem kybernetischen System vergleichbar – durch Rückkoppelungen neutralisiert werden, die das ursprüngliche Gleichgewicht wenn auch mit veränderten Daten und Variablen wieder herstellen.
Die Erfahrungen der Weltwirtschaftskrise in den dreißiger Jahren haben jedoch die Erkenntnis verbreitet, daß das marktwirtschaftliche Regelsystem ausschließlich für solche Güter gilt, die knapp sind und deren Produktion Kosten verursacht. Da aber die Herstellungskosten des modernen Geldes (Buch- und Papiergeld) weit unter dem nominal ausgewiesenen Anspruch auf einen Teil des Sozialproduktes bleiben, die Geldmenge also nach wirtschaftspolitischem Ermessen manipulierbar ist, können Güter- und Geldkreislauf so stark voneinander abweichen, daß die Elemente des marktwirtschaftlichen Rechensystems verfälscht, die Marktteilnehmer zur Fehlallokation verleitet und konjunkturelle Schwankungen unvermeidbar werden. Keynes hat auch unter Hinweis auf den nicht neutralen Charakter des Geldes, auf eine gegenüber der Güternachfrage selbständige Nachfrage nach Geld ein Gleichgewicht bei Unterbeschäftigung analysiert.
In einer solchen Situation kann der Staat nicht auf die Selbstheilungskräfte der Privatwirtschaft vertrauen und sich auf die ihm von der liberalen Wirtschaftstheorie zugewiesene Nachtwächterrolle zurückziehen. Er muß die depressive Konjunkturphase durch eine expansive Staatsnachfrage überwinden und die konjunkturelle Insta-

bilität der Privatwirtschaft durch eine kompensatorische Wirtschaftspolitik entschärfen bzw. ganz vermeiden. Lediglich die Freiheitsrechte des einzelnen Bürgers zu sichern, wäre unzureichend.

2.4 Raumwirtschaftliches Gefälle

Die liberale Wirtschaftstheorie nahm schließlich an, daß die produktiven Leistungen des einzelnen einen legitimen und erschöpfenden Maßstab der gesellschaftlichen Anerkennung und Einkommensverteilung darstellen, daß sie individuell zurechenbar sind und nicht gleichzeitig und gemeinsam in Anspruch genommen werden können. Der tendenzielle Ausgleich der Faktorpreise, der als Resultat einer effizienten Allokation der Produktionsfaktoren erwartet wurde, sollte mit der funktionellen auch die personelle Einkommensverteilung festlegen. Analog ließen sich die Verteilung der wirtschaftlichen Aktivitäten im Raum und damit die räumliche Einkommensverteilung durch die den einzelnen Unternehmen zurechenbaren Kosten der Raumüberwindung erklären. Der tendenzielle Ausgleich der Faktorpreise würde ein räumliches Gleichgewicht schaffen und erhalten.

Die Erfahrungen der Nachkriegsjahre haben jedoch die Vermutung bestätigt, daß die Marktwirtschaft nicht automatisch eine sozialgerechte Einkommensverteilung gewährleistet, sondern eine einseitige personelle wie regionale Akumulation von Einkommen, Produktionsmitteln und wirtschaftlicher Macht begünstigt.

In der Tat beruht die Funktionsfähigkeit des marktwirtschaftlichen Regelsystems einmal auf dem Äquivalenzprinzip, insofern produktive Leistungen und Gegenleistungen verrechnet werden, und zum anderen auf dem Ausschließungsprinzip, insofern authentische Nachfrage und ursachenadäquate Kostenrechnung solche Güter voraussetzen, deren Verfügung durch den einen die Verfügung durch einen anderen ausschließt, so daß jeder Marktteilnehmer gezwungen ist, die Intensität seiner eigenen Nachfrage aufzudekken, und sich nicht an die Nachfrage eines anderen anhängen kann; demgegenüber sind öffentliche Güter dadurch gekennzeichnet, daß sie mehreren gleichzeitig zugänglich sind und gemeinsam genutzt werden können. Öffentliche Güter kann die Marktwirtschaft nicht bereitstellen.

Infolgedessen werden die in den einzelnen Ballungsgebieten vorhan-

denen Kommunikationsvorteile quasi zum Nulltarif in Anspruch genommen, solange deren Alternativkosten den Charakter eines öffentlichen Gutes haben, solange es den einzelnen Unternehmen gelingt, einen Teil der unmittelbaren oder Folgekosten, die durch die Inanspruchnahme des Verdichtungsraumes entstehen, auf unbeteiligte Dritte oder auf die Allgemeinheit abzuwälzen. So ist unter den tatsächlichen Gegebenheiten die raumwirtschaftliche Entwicklung durch einen Entwicklungsvorsprung der Verdichtungsgebiete gekennzeichnet, der von den peripheren Gebieten wohl nachgeholt, vielleicht manchmal auch eingeholt, aber kaum überholt wird.
Unter diesen räumlich ungleichen wirtschaftlichen und sozialen Bedingungen lediglich die freie wirtschaftliche Betätigung der Menschen in den Verdichtungsgebieten wie in den Randgebieten in gleicher Weise zu gewährleisten, wäre ganz und gar unzureichend. Das soziale Grundrecht auf Arbeit wird als ein geeignetes Mittel angesehen, diese Lücke zu schließen.

2.5 *Gesellschaftlicher Konsens*

Die Diskussion um eine Weiterentwicklung des Rechts- und Sozialstaats verdichtet sich in den Programmaussagen von Parteien sowie in den Optionen der katholischen Soziallehre.

(1) Politische Programme
Das Berliner Programm der CDU von 1971 spricht jedermann ein Recht auf Arbeit zu: »Wir wollen produktive Vollbeschäftigung, weil jedermann ein Recht auf Arbeit und auf Teilhabe am wirtschaftlichen Fortschritt hat.«[25] Das Grundsatzprogramm der CSU von 1968 erklärt unter der Überschrift ›Der arbeitende Mensch‹: »Das Recht auf angemessene und ein würdiges Leben sichernde Arbeit wird von der CSU als soziales Grundrecht anerkannt, dessen Gewährleistung allen Bereichen der staatlichen Politik aufgegeben ist.«[26] Die Freiburger Thesen vom Bundesparteitag der F.D.P. 1971 stellen fest: »Wie auf dem Felde der Bildungspolitik tritt der Soziale Liberalismus auch auf dem der Gesellschaftspolitik ein für die Ergänzung der bisherigen liberalen Freiheitsrechte und Menschen-

[25] Hergt, S. (^{8}1975), S. 115.
[26] Hergt, S. (^{8}1975), S. 193 f.

rechte durch soziale Teilhaberechte und Mitbestimmungsrechte, nicht mehr nur an der verfassungsmäßigen Organisation des Staates, sondern an der arbeitsteiligen Organisation der Gesellschaft.«[27]

Ein Beschluß des Münchener Parteitags der SPD von 1982 leitet das Recht auf Arbeit aus der Sozialstaatlichkeit ab und definiert es als Recht auf einen angemessenen Arbeitsplatz zu menschengerechten Arbeitsbedingungen.

Für den DGB gehört das Recht auf Arbeit zu den Grundrechten des Menschen.[28]

Die Verwirklichung des Rechts auf Arbeit scheint also übereinstimmendes Ziel der gesellschaftspolitisch relevanten Gruppen in der Bundesrepublik zu sein.

(2) Sozialethische Markierungen

Die Einstellung katholischer Soziallehre soll in zwei Schritten erläutert werden. Zunächst wird die Ergänzungsbedürftigkeit der freiheitlichen Grundrechte thematisiert, dann werden die Äußerungen zum Recht auf Arbeit vorgestellt.

Leo XIII. veranschaulicht die Unzulänglichkeit einer formalen Garantie von Freiheitsrechten sowie die Notwendigkeit einer sozialen Korrektur am Lohnarbeitsverhältnis; wenn der Arbeitsvertrag auf dem Einverständnis von Partnern in ungleicher wirtschaftlicher Situation beruht, dann gewährleistet die unter staatlicher Garantie der Vertragsfreiheit zustande gekommene Vereinbarung zwischen Arbeitgeber und Arbeitnehmer noch nicht die Gerechtigkeit des Vertragsinhalts.[29] Johannes XXIII. erwartet eine harmonische Abstimmung zwischen den beiden Formen staatlichen Wirkens, die Rechte der menschlichen Person zu wahren wie auch deren Ausübung zu fördern, und damit der Gefahr einer schrankenlosen Inanspruchnahme von Freiheitsrechten Einhalt zu gebieten. »Das allgemeine Wohl verlangt von den Regierungen ein Zweifaches: einmal die Festlegung und Wahrung, dann aber auch die Förderung der Rechte des einzelnen. Hier jedoch ist darauf zu achten, daß beide Funktionen sich im Gleichgewicht halten. So muß vermieden werden, daß durch die Überbetonung des Rechtsschutzes zugunsten

[27] Hergt, S. (^{8}1975), S. 214.

[28] Vgl. Lohmann, U. (1974), S. 172; Grundsatzprogramm des DGB 1981, S. 4.

[29] Vgl. Leo XIII. (1891), 34, S. 57; Paul VI. (1967), 59, S. 457.

bestimmter Personen oder Personenkreise priviligierte Gruppen entstehen; und daß man anderseits nicht beim Bemühen um die Förderung der Rechte der Bürger in absurder Weise ihre wirkliche Ausübung verhindert.«[30] Paul VI. rechnet mit der Möglichkeit, daß die bürgerliche Gleichheit vor dem Gesetz zum Vorwand für schreiende Diskriminierung und ständige Ausbeutung dient. »Ohne Neubelebung der Solidarität kann einseitig betonte Gleichheit zu einem überspannten Individualismus führen, wo jeder nur seine eigenen Rechte geltend macht auf Kosten des Gemeinwohls.«[31]

Leo XIII. unterscheidet den persönlichen Charakter der Arbeit, insofern die Arbeitsanstrengung dem persönlichen Entschluß des Arbeitenden entspringt, und deren notwendigen Charakter, insofern sie den Lebensunterhalt einbringen muß. Wenn ein natürliches Recht, den Lebensunterhalt zu gewinnen, besteht, bestimmte Gruppen von Menschen dazu aber ausschließlich auf die Arbeit ihrer Hände angewiesen sind, läßt sich für diese Gruppe von Menschen ein Recht auf Arbeit nicht mehr bestreiten.[32]
Pius XI. kommt im Rahmen grundsätzlicher Erwägungen über Lohnarbeitsverhältnis und Ungerechtigkeit auf das Problem der während seiner Amtszeit als Folge der Weltwirtschaftskrise verbreiteten Massenarbeitslosigkeit zu sprechen: »Ein anderer Punkt von kaum geringerer Tragweite und von ganz besonderer Dringlichkeit im Augenblick darf nicht übersehen werden, nämlich, daß alle Arbeitsfähigen und Arbeitswilligen auch wirklich Arbeitsgelegenheit finden.«[33]
Pius XII. wiederholt die von Leo XIII. erwähnte Doppelfunktion der menschlichen Arbeit, die durch den Einsatz der persönlichen Kräfte geleistet wird und die notwendigen Mittel zur Erhaltung des Lebens, was eine naturgegebene strenge persönliche Pflicht darstellt, beschafft. »Der naturgegebenen persönlichen Arbeitspflicht entspricht folgerichtig das naturgegebene persönliche Recht, durch Arbeit für das eigene Leben und das Leben der Seinen Vorsorge zu treffen.«[34] Das Recht auf Arbeit wird zwar zunächst wie ein freiheitliches vorgesellschaftliches Grundrecht formuliert, doch wird

[30] Johannes XXIII. (1963), 65, S. 289 f.
[31] Paul VI. (1971), 23, S. 501.
[32] Vgl. Leo XIII. (1891), 34, S. 56 f.
[33] Pius XI. (1931), 74, S. 118 f.
[34] Pius XII. (1941), S. 160 f.

gleichzeitig die Intervention des Staates zur Arbeitsbeschaffung und Arbeitsverteilung gefordert, wenn die unmittelbar beteiligten Arbeitgeber und Arbeitnehmer diesen ihren Auftrag nicht erfüllen können.

Johannes XXIII. präzisiert das Recht auf Arbeit: »Wenn Wir uns nun dem Bereich der Wirtschaft zuwenden, so ergibt sich für den Menschen auf Grund des Naturrechts nicht nur, daß ihm Arbeitsmöglichkeit gegeben werden muß, sondern auch, daß er seine Arbeit frei übernimmt.«[35] Dem Staat wird die Aufgabe zugewiesen, die Bedingungen zu schaffen, in denen es den einzelnen Menschen möglich ist, ihre Persönlichkeitsrechte wahrzunehmen: »Nicht minder müssen die Inhaber der staatlichen Gewalt dafür sorgen, daß den Arbeitsfähigen eine ihren Kräften entsprechende Beschäftigung vermittelt werde.«[36]

Die Pastoralkonstitution des II. Vatikanischen Konzils leitet aus der Würde der menschlichen Person eine Anzahl von freiheitlichen und sozialen Grundrechten ab: »Es muß also alles dem Menschen zugänglich gemacht werden, was er für ein wirklich menschliches Leben braucht, wie Nahrung, Kleidung und Wohnung, sodann das Recht auf eine freie Wahl des Lebensstandes und auf Familiengründung, auf Erziehung, Arbeit.«[37] Ein alternativer Begründungszusammenhang setzt beim Stellenwert der Arbeit an: Menschliche Arbeit hat Vorrang vor allen anderen Produktionsfaktoren; sie ist unmittelbarer Ausfluß der menschlichen Person, Teilhabe an der Schöpfertätigkeit Gottes, Gemeinschaft mit dem arbeitenden Jesus. »Daraus ergibt sich für jeden einzelnen sowohl die Verpflichtung zu gewissenhafter Arbeit wie auch das Recht auf Arbeit; Sache der Gesellschaft aber ist es, nach jeweiliger Lage der Dinge für ihren Teil behilflich zu sein, daß ihre Bürger Gelegenheit zu ausreichender Arbeit finden können.«[38]

Johannes Paul II. erblickt in der Arbeit »eine Quelle von Rechten des Arbeitenden selbst«.[39] Unter den Menschenrechten, die der Arbeit entspringen, nimmt das Recht auf Arbeit einen herausragenden Platz ein. Zwar ist es nicht ausdrücklich formuliert, aber in der Darlegung der gesellschaftlichen Verflechtung und Organisation

[35] Johannes XXIII. (1963), 18, S. 275.
[36] Johannes XXIII. (1963), 64, S. 289.
[37] 2. Vatikanisches Konzil (1965), 26, S. 344.
[38] 2. Vat. Konzil (1965), 67, S. 389.
[39] Johannes Paul II. (1981), 16, S. 599.

der Arbeit sowie im Aufweis einer echten Verpflichtung des mittelbaren Arbeitgebers unzweideutig angemeldet. Während der unmittelbare Arbeitgeber das Arbeitsverhältnis konkret festlegt und den Arbeitsvertrag unterschreibt, umfaßt der mittelbare Arbeitgeber Personen und Institutionen, kollektive Arbeitsverträge und Verhaltensgrundsätze, eine »Vielzahl der für die ganze Zielrichtung der Arbeitspolitik maßgeblichen nationalen und internationalen Instanzen«,[40] die entscheidenden Einfluß auf die Arbeitsbedingungen ausüben. Die erste Pflicht des mittelbaren Arbeitgebers, vor allem des für eine gerechte Arbeitspolitik unter Berücksichtigung weltwirtschaftlicher Bindungen und Abhängigkeiten verantwortlichen Staates ist nun »die Sorge um Arbeitsgelegenheit, mit anderen Worten allen Arbeitsfähigen angemessene Beschäftigung zu sichern. Das gerade Gegenteil eines gerechten und geordneten Zustandes auf diesem Gebiet ist die unfreiwillige Arbeitslosigkeit, der Mangel an Arbeitsplätzen für Arbeitsfähige. Es kann sich dabei um eine allgemeine oder eine auf einzelne Sektoren beschränkte Arbeitslosigkeit handeln. Pflicht der Institutionen, die hier unter dem Namen des mittelbaren Arbeitgebers verstanden werden, ist es, die Arbeitslosigkeit zu bekämpfen, die in jedem Fall ein Übel ist und, wenn sie große Ausmaße annimmt, zu einem echten sozialen Notstand werden kann.«[41]

3. Definiertes Grundrecht

Die Proklamation eines sozialen Grundrechtes auf Arbeit macht die Aufgabe nicht überflüssig, dieses Recht in einer juristisch präzisen Weise zu definieren. Dabei stehen die objektive Rechtsnorm und der subjektive Rechtsanspruch zur Diskussion.

Objektive Rechtsnormen formulieren Staatsaufgaben als unmittelbar geltendes Recht. Im Unterschied zu solchen Rechtsnormen, die auf ein staatliches Unterlassen gerichtet und dadurch unmittelbar vollziehbar sind, verpflichten Rechtsnormen wie das Recht auf Arbeit den Staat zu einem positiven Tun und werden erst durch Ausführungsgesetze unmittelbar vollziehbares Recht. So verpflichten § 1 StabG und § 1 AFG die Bundesregierung, durch wirtschafts-

[40] Joh. Paul II (1981), 18, S. 603.
[41] Joh. Paul II. (1981), 18, S. 603 f.

politische Maßnahmen einen hohen Beschäftigungsstand zu erzielen und zu sichern. Der Schutz vor Arbeitslosigkeit, jedem Arbeitsfähigen und Arbeitswilligen Arbeitsgelegenheit zu verschaffen, wird damit bindende Anweisung an die Staatsorgane, die abweichende Ermessensentscheidungen gesetzwidrig machen. Aber trotz der wahrnehmbaren Reflexwirkung auf die betroffenen Arbeitnehmer können diese die Einhaltung der staatlichen Verpflichtung gerichtlich nicht durchsetzen.

Der subjektive Rechtsanspruch ist demgegenüber durch das Merkmal der Durchsetzbarkeit charakterisiert. Dem arbeitsfähigen und arbeitswilligen Arbeitnehmer wird ein einklagbarer, gerichtlich durchsetzbarer Anspruch auf Verschaffung einer Arbeitsgelegenheit eingeräumt. Anspruchsträger, Anspruchsinhalt und Anspruchspartner sind eindeutig zu identifizieren.

3.1 Anspruchsträger

Als fundamentaler Ansatzpunkt zur Definition des Anspruchsträgers empfiehlt sich das Merkmal der Arbeitslosigkeit. Verschiedene Arten der Arbeitslosigkeit werden nach deren Ursachen unterschieden:

Saisonale Arbeitslosigkeit ist die Folge jahreszeitlich bedingter simultaner Schwankungen der Nachfrage und Produktion sowie einer entsprechenden Freisetzung und Wiedereinstellung von Arbeitskräften.

Friktionelle Arbeitslosigkeit ist die Folge einer Umschichtung der Bedürfnis- und Nachfragestruktur im Zeitablauf. Dabei setzt der schrumpfende Wirtschaftszweig bei rückläufiger Produktion Arbeitskräfte frei, während der expandierende Wirtschaftszweig eine verstärkte Nachfrage nach Arbeitskräften anmeldet. In der Regel sind jedoch die Qualifikationsanforderungen, die der expandierende Sektor an die Arbeitskräfte stellt, mit den in den schrumpfenden Sektoren bisher gefragten und erworbenen nicht deckungsgleich; und in der Regel sind auch die schrumpfenden Unternehmen, die die Arbeitskräfte freisetzen, in anderen Regionen ansässig als die expandierenden Unternehmen, die Arbeitskräfte suchen.

Konjunkturelle Arbeitslosigkeit ist die Folge eines gesamtwirtschaftlichen Nachfrageausfalls. Partielle Nachfragerückgänge im Bereich des privaten Konsums oder der Investitionen oder des Staates oder

des Auslandes werden nicht durch entsprechende Nachfrageausweitungen kompensiert.
Technologische Arbeitslosigkeit ist die Folge sogenannter Rationalisierungsinvestitionen unter der Voraussetzung, daß das Wachstum der gesamtwirtschaftlichen Nachfrage hinter dem durch den Rationalisierungsprozeß erzielten Wachstum der Arbeitsproduktivität zurückbleibt.
Strukturelle Arbeitslosigkeit ist die Folge eines zu geringen Kapitalbestandes der Gesamtwirtschaft. Im Vergleich zur Gesamtzahl der Arbeitskräfte ist die Gesamtzahl der Arbeitsplätze unzureichend.

Für den einzelnen Arbeitslosen mag es nicht unerheblich sein, welche Art von Arbeitslosigkeit ihn getroffen hat. Auch für die wirtschaftspolitischen Entscheidungsträger kommt es sehr darauf an, zu wissen, um welche Art von Arbeitslosigkeit es sich handelt, und welche Maßnahmen zur Beseitigung der Arbeitslosigkeit noch am ehesten Erfolg versprechen. Für die grundrechtliche Definition jedoch sind sowohl die Ursachenfrage wie die Schuldfrage von geringer Bedeutung, weil der tatsächliche Ausgangspunkt, die Beschäftigungslosigkeit, in allen Fällen gleich ist.
Nach herrschender Auffassung liegt Arbeitslosigkeit vor, wenn ein Arbeitnehmer
– vorübergehend nicht in einem Beschäftigungsverhältnis steht,
– der Arbeitsvermittlung zur Verfügung steht, d. h. arbeitsfähig ist, also eine Beschäftigung ausüben kann und darf und arbeitswillig ist, also jede zumutbare Beschäftigung anzunehmen bereit ist.[42]
Aus dieser Definition ergeben sich vier Abgrenzungen:
(1) Selbständige können beschäftigungslos werden, aber nicht im eigentlichen Sinn arbeitslos. Denn ein charakteristisches Merkmal des Selbständigen besteht darin, daß er das Risiko seiner Geschäftstätigkeit allein trägt.
(2) Arbeitsunfähige sind zwar ohne Beschäftigung, aber nicht eigentlich arbeitslos, wenn sie nicht mehr im arbeitsfähigen Alter stehen oder auf Grund von Krankheiten, Unfällen oder anderen Ereignissen vorübergehend oder für immer leistungsunfähig geworden sind. Für diesen Personenkreis besitzt das Recht auf Arbeit keine Aktualität.
(3) Arbeitsunwillige sind zwar auch beschäftigungslos, aber nicht

[42] Vgl. Lampert, H. (1975), S. 194.

arbeitslos. Für diesen Personenkreis ist das Recht auf Arbeit ohne Bedeutung.

(4) Das Recht auf Arbeit läßt sich grundsätzlich nicht auf Inländer beschränken. Eine ausschließliche Geltung für deutsche Arbeitnehmer bzw. Arbeitnehmer aus EG-Mitgliedsländern könnte allenfalls aus praktischen Erwägungen als Übergangsregelung hingenommen werden. Schon jetzt ist innerhalb der EG jede Diskriminierung von Angehörigen eines Mitgliedlandes verboten. Darüber hinaus hat das Recht auf Arbeit den Charakter eines allgemeinen Menschenrechtes arbeitsfähiger und arbeitswilliger abhängig Beschäftigter.

Durch diese Merkmale erscheint der Anspruchsträger eines Rechtes auf Arbeit definiert.

3.2 Anspruchsinhalt

Der Anspruchsinhalt eines sozialen Grundrechts auf Arbeit hat drei Dimensionen:

(1) Recht auf Arbeitsgelegenheit

Für den Großteil der abhängig Beschäftigten ist Arbeit einzige Einkommensquelle, ausschließliches Instrument der Existenzsicherung. Recht auf Arbeit meint deshalb den Anspruch auf »die Verschaffung der Gelegenheit und Möglichkeit, einen Arbeitsplatz zu finden und damit seinen Lebensunterhalt produktiv zu erwerben«.[43] Damit unterscheidet sich das Recht auf Werte schaffende Tätigkeit und auf einen tariflichen Lohn als deren Äquivalent von einem Recht lediglich auf eine von wirtschaftlicher Nützlichkeit unabhängige Beschäftigung. Diese würde eher eine sozialtherapeutische Maßnahme darstellen, insofern sie dem Arbeitslosen nur das Gefühl nimmt, Almosenempfänger zu sein. Das Recht auf Arbeit, das auf den Abschluß eines einzelnen Arbeitsvertrags zielt, darf auch nicht mit jenem Recht auf Beschäftigung verwechselt werden, das aus dem bereits abgeschlossenen Arbeitsvertrag resultiert und den Anspruch des Arbeitnehmers gegenüber dem Arbeitgeber anmeldet, »nicht nur den vereinbarten Lohn zu verlangen, sondern auch tatsächlich beschäftigt zu werden«.[44] Darüber hinaus darf das Recht

[43] Lohmann, U. (1974), S. 178.
[44] Rath, M. (1974), S. 12.

auf Arbeit, das den Zugang zum Betrieb erst eröffnen soll, nicht mit dem Recht auf den Arbeitsplatz verwechselt werden. Dieses formuliert den Anspruch des Arbeitnehmers, solange wie er es wünscht, Betriebsangehöriger zu bleiben, oder radikaler: einen Arbeitsplatz, den er jeweils innehat, zu behalten. Dem konkreten Arbeitsverhältnis soll ein besonderer Bestandsschutz und dem Arbeitnehmer die Betriebszugehörigkeit gesichert werden.
Das Recht auf Arbeit ist das Recht auf Verschaffung einer Arbeitsgelegenheit, der Schutz vor Arbeitslosigkeit und nicht wie das Recht auf Beschäftigung der Schutz vor Sinnlosigkeit oder wie das Recht auf den Arbeitsplatz der Schutz vor Kündigung.

(2) Das Recht auf menschenwürdige Arbeit
Nachdem die Erwartungen zahlreicher Arbeitnehmer, man könne belastende Arbeitsbedingungen in Kauf nehmen, um durch höheres Einkommen und durch höheren Konsum in der Freizeit zur Selbstverwirklichung zu gelangen, enttäuscht worden sind, nachdem sich vielmehr herausgestellt hat, daß die Aufspaltung des Menschen in einen Konsumenten und Produzenten nicht möglich ist und daß ein unter entmenschlichten Bedingungen arbeitender Mensch auch in seiner Freizeit nicht zur Selbstverwirklichung kommt, wird das Recht auf Arbeit zu einem Anspruch auf menschenwürdige Arbeitsbedingungen. Dieses Recht wird besonders virulent zu einem Zeitpunkt, da Rationalisierungsinvestitionen überwiegend noch unter einzelwirtschaftlichen und dazu noch kurzfristigen Rentabilitätsgesichtspunkten durchgesetzt und von verschärften Verteilungskämpfen begleitet sind, so daß sie nur wenig zu einer Humanisierung des Arbeitsplatzes beitragen. Die Forderung der Arbeitnehmer nach Ausweitung der Eigeninitiative und Eigenverantwortung, nach Beteiligung am betrieblichen und unternehmerischen Entscheidungsprozeß leistet der sich in Anlehnung an amerikanische Vorstellungen verbreitenden Tendenz, Arbeit ausschließlich als Erwerbsmittel, als Job zu begreifen, Widerstand.

(3) Recht auf sichere Arbeit
Dem einzelnen Arbeitnehmer wird zweifellos ein gegenüber den Aufbaujahren nach dem Krieg höheres Maß an beruflicher und auch räumlicher Beweglichkeit zuzumuten sein. Aber trotzdem müssen vorrangig wirtschaftspolitische Barrieren beseitigt werden, die nur scheinbar und kurzfristig sichere Arbeitsgelegenheiten verspre-

chen, langfristig eher eine Gefährdung bestehender Arbeitsplätze sind.

Eine erste Gefährdung liegt in dem von der staatlichen Wirtschaftspolitik unbekümmert zugelassenen Konzentrationsprozeß, der Kommunen und ganze Regionen von bestimmten Industriezweigen abhängig gemacht hat. Diese Konzentration hat über die nationalen Grenzen hinweg ein Machtpotential auf der Kapitalseite entstehen lassen, dem kein wirksames Gegengewicht auf der Seite der Arbeitnehmer und ihrer Gewerkschaften, die sich darüberhinaus noch infolge nationaler und ideologischer Rivalitäten gegenseitig blockieren, entspricht. Gegen diese markt- und regionbeherrschenden Unternehmen müßten Kräfte des Wettbewerbs neu belebt werden.

Eine zweite Gefährdung liegt in dem Versuch, den im Rahmen internationaler Arbeitsteilung fälligen Strukturwandel durch staatliche Subventionspolitik zu verhindern oder wenigstens auf unabsehbare Zeit hinauszuschieben. Die lange Zeit aufrechterhaltene Unterbewertung der DM hat Deutschland überindustrialisiert gelassen. Auch im traditionellen Montanbereich sind trotz der Vorwarnungen Ende der sechziger Jahre notwendige Strukturanpassungen über Jahre hinweg hinausgezögert worden. Was für Deutschland gilt, trifft auch für Europa als Ganzes zu: Wir können nicht gleichzeitig Stahlwerke und Roheisen exportieren, nicht gleichzeitig Textilmaschinen und T-Shirts. So lange die Stundenverdienste der Arbeiterinnen in Süd-Korea 10% dessen ausmachen, was in der Bundesrepublik zu zahlen ist, führt kein Weg daran vorbei, in Europa solche Arbeitsplätze aufzugeben, denn jeder Arbeitsplatz, der unter diesen Voraussetzungen in Europa gesichert bleibt, verurteilt mindestens vier Asiaten zu Arbeitslosigkeit und Hunger. Demgegenüber bezieht sich das Recht auf Arbeit auf solche Arbeitsgelegenheiten, die nicht auf nationale Produktionsreservate, Handelsbarrieren, Kartellabsprachen oder Selbstbeschränkungsabkommen angewiesen sind, sondern den manchmal schmerzlichen Anpassungsprozeß im Rahmen der internationalen Arbeitsteilung bejahen und deshalb eine Zukunftschance haben.

Eine dritte Gefährdung sicherer Arbeitsplätze liegt vor, wenn die beruflichen Fähigkeiten und Neigungen der kommenden Generation sich lediglich dem Ersatzbedarf der laufenden Produktion anzupassen haben – entsprechend dem Ausbildungsplatzangebot, das die Erwachsenengeneration zur Verfügung stellt. Dagegen schafft eine zukunftsorientierte Wirtschaftspolitik Anreize, den

Produktionsapparat schrittweise auf die Interessenlage und Bedürfnisse der jungen Generation und damit auf die zukünftige Nachfrage umzustellen. Gleichzeitig resultiert aus dem Recht auf Arbeit ein Recht auf zukunftsorientierte Ausbildung, nämlich das Recht der jungen Generation, nicht auf die Nachfrage von gestern, sondern auf die von morgen hin ausgebildet zu werden.
Arbeitsgelegenheit, menschenwürdige Arbeit und sichere Arbeit sind die inhaltlichen Dimensionen des Rechtes auf Arbeit.

3.3 Anspruchspartner

Anspruchspartner eines Rechts auf Arbeit ist ein privater Arbeitgeber oder der Staat.
Ein *privates* Recht auf Arbeit müßte jedem Arbeitslosen die Berechtigung zugestehen, »nach seiner eigenen freien Wahl von jedem beliebigen privaten Arbeitgeber die (sofortige) Einstellung als Arbeitnehmer zu verlangen«;[45] damit wäre allerdings die allgemeine Vertragsfreiheit abgeschafft und durch einen gesetzlichen Kontrahierungszwang ersetzt.
Eine *öffentlich-rechtliche* Ausgestaltung dagegen bezeichnet den Staat als Anspruchspartner. Dieser kann den gegen ihn gerichteten Anspruch auf zweifache Weise einlösen:
– Er richtet im erforderlichen Ausmaß staatseigene Betriebe ein, wird selbst als Arbeitgeber tätig und stellt Arbeitsplätze bereit;
– er schafft ein gesetzliches Instrumentarium, durch das private Unternehmen angewiesen werden können, Arbeitsverträge abzuschließen, oder durch das sie angeregt werden, Arbeitsplätze bereitzustellen, indem Investitionszulagen mit der Auflage, Arbeitslose einzustellen, gekoppelt werden.
Wenn der Staat als Anspruchspartner identifiziert ist, kann er absolut oder relativ in Anspruch genommen werden. Ein absoluter Anspruch würde den Staat bindend verpflichten, innerhalb einer festzulegenden Frist einen Arbeitsplatz bereitzustellen. Ein relativer Anspruch dagegen würde diese Verpflichtung der rechtzeitigen Bereitstellung eines Arbeitsplatzes von bestimmten Voraussetzungen, d. h. von näher zu umschreibenden wirtschaftlichen Möglichkeiten abhängig machen, wobei jedoch mehr gesamtwirtschaftliche

[45] Rath, M. (1974), S. 102.

und sozialpolitische Gesichtspunkte als kurzfristige einzelwirtschaftliche Rentabilitätsgesichtspunkte zu berücksichtigen wären. Eine ausschließliche Identifizierung des Staates als Anspruchsgegner scheitert an der wechselseitigen Abhängigkeit von Staat und Gesellschaft. Zwar kann der Staat aus der Hauptverantwortung für die Vollbeschäftigungspolitik, Wettbewerbspolitik, Geldpolitik, sektorale und regionale Strukturpolitik sowie für die Berufsbildungspolitik nicht entlassen werden, aber einmal gliedert sich der Staat in eine Mehrzahl selbständiger Institutionen wie Bundesregierung, Bundesländer, Parlament und Bundesbank, zum anderen tragen die Arbeitgeberverbände und Gewerkschaften, die Industrie- und Handelskammern sowie die für die Investitionsentscheidung zuständigen Unternehmensleitungen eine analoge Verantwortung.

4. Verfassungsgrundrecht

Die Ergänzung der freiheitlichen Grundrechte durch soziale Grundrechte, insbesondere durch das Recht auf Arbeit ist als notwendig ausgewiesen worden. Das Recht auf Arbeit läßt sich auch vergleichsweise eindeutig definieren. Welche Gründe lassen sich angeben, daß es in den Verfassungsrang erhoben wird?

4.1 Verfassungsrang

(1) Das Grundgesetz hat im Hinblick auf soziale Grundrechte einen »weißen Fleck«.[46] Dieser Mangel läßt sich weder durch den Hinweis auf die Sozialstaatsklausel allein noch durch allgemeine Gesetze wie das Stabilitätsgesetz, das Arbeitsplatzförderungsgesetz, das Schwerbehindertengesetz, das Heimkehrergesetz und das Arbeitsplatzschutzgesetz noch durch die Belehrung, das beste Mittel, um das Recht auf Arbeit zu verwirklichen, sei eine gute Wirtschaftspolitik bzw. eine gute Sozialpolitik, beheben. Die Sozialstaatsklausel, die Verpflichtung zur Sozialpolitik und die soziale Gesetzgebung selbst sind kein Ersatz für die verfassungsrechtliche Ausgestaltung der sozialen Grundrechte. Denn der Konflikt zwischen den beiden gesellschaftlichen Zielvorstellungen und zwischen den beiden

[46] Lohmann, U. (1974), S. 183.

Grundrechtstheorien kann nicht, um die Widerspruchsfreiheit und Harmonie des Verfassungstextes zu retten, allein im Vorraum der Verfassung ausgetragen werden. Vielmehr sollte die Verfassung selbst modellhaft darstellen, wie freiheitliche und soziale Grundrechte in einer dialektischen Spannungseinheit symmetrisch aufeinander bezogen sind.[47]

(2) Die Kombination der freiheitlichen und sozialen Grundrechte auf der Ebene der Verfassung selbst ist möglich, weil die radikale Unvereinbarkeit der beiden Grundrechtstypen eine Fiktion darstellt. Denn die Hereinnahme angeblich zeitgebundener sozialer Grundrechte erfordert nicht eine ständige Novellierung der Verfassung; umgekehrt sind auch freiheitliche Grundrechte nicht so eindeutig definiert und so allgemeingültig, daß sie nicht doch in der konkreten geschichtlichen Situation auslegungs- und ausfüllungsbedürftig wären. Zum anderen stellen die sozialen Grundrechte nicht nur dann einen Eingriff in die klassischen Freiheitsrechte der Privatautonomie, Berufsfreiheit und Eigentumsgarantie dar, wenn diese als absolute Rechte plakatiert werden. Die Vorstellung absoluter Rechte selbst ist kaum nachvollziehbar, stehen die Freiheitsrechte doch unter dem allgemeinen Gesetzesvorbehalt und unter der Schranke der Rechte Dritter, die Eingriffe in die Grundrechte zulassen, wenn entsprechend einer verantwortlichen Güterabwägung ein höher geschütztes Interesse zu berücksichtigen ist. Schließlich muß bei jedem Grundrechtstyp ein Kompromiß zwischen Beständigkeit und Bestimmtheit, zwischen Rechtsklarheit und Wirklichkeitsnähe gefunden werden.

(3) Diesen Kompromiß sind die Länderverfassungen in Hessen, Nordrhein-Westfalen, Berlin, Bayern, Saarland, Bremen und Rheinland-Pfalz bereits eingegangen.
Artikel 28 (2) der Hessischen Verfassung lautet: »Jeder hat nach seinen Fähigkeiten ein Recht auf Arbeit, unbeschadet seiner persönlichen Freiheit, die sittliche Pflicht zur Arbeit.« Artikel 24 I der Nordrhein-Westfälischen Verfassung erklärt: »Im Mittelpunkt des Wirtschaftslebens steht das Wohl des Menschen. Der Schutz seiner Arbeitskraft hat den Vorrang vor dem Schutz des materiellen Besitzes. Jedermann hat ein Recht auf Arbeit.« Artikel 12 I der Verfas-

[47] Vgl. Horner, F. (1974), S. 224.

sung von Berlin sagt: »Jedermann hat das Recht auf Arbeit. Dieses Recht ist durch eine Politik der Vollbeschäftigung und Wirtschaftslenkung zu verwirklichen. Wenn Arbeit nicht nachgewiesen werden kann, besteht ein Anspruch auf Unterhalt aus öffentlichen Mitteln.« Artikel 45 der Saarländischen Verfassung lautet: »Die menschliche Arbeitskraft genießt den Schutz des Staates. Jeder hat nach seinen Fähigkeiten ein Recht auf Arbeit.« Artikel 166 des Freistaates Bayern formuliert: »(1) Arbeit ist die Quelle des Volkswohlstandes und steht unter dem besonderen Schutz des Staates. (2) Jedermann hat das Recht, sich durch Arbeit eine auskömmliche Existenz zu schaffen. (3) Er hat das Recht und die Pflicht, eine seinen Anlagen und seiner Ausbildung entsprechende Arbeit im Dienst der Allgemeinheit nach näherer Bestimmung der Gesetze zu wählen.« Artikel 49 der Verfassung des Landes Bremen bestimmt: »(1) Die menschliche Arbeitskraft genießt den besonderen Schutz des Staates. (2) Der Staat ist verpflichtet, geeignete Maßnahmen zu treffen, daß jeder, der auf Arbeit angewiesen ist, durch Arbeit seinen Lebensunterhalt verdienen kann.« Artikel 55 der Verfassung von Rheinland-Pfalz lautet: »(1) Die menschliche Arbeitskraft ist als persönliche Leistung und wertvollstes Wirtschaftsgut des Volkes gegen Ausbeutung, Betriebsgefahren und sonstige Schädigungen zu schützen. (2) Jeder Arbeitsfähige hat in Übereinstimmung mit den Forderungen des Gemeinwohls nach seinen Fähigkeiten das Recht und unbeschadet seiner persönlichen Freiheit die Pflicht zur Arbeit.«

(4) Die allgemeine Erklärung der Menschenrechte der Vereinten Nationen bestimmt in Artikel 23 I: »Jeder hat das Recht auf Arbeit, freie Wahl seiner Beschäftigung, angemessene und befriedigende Arbeitsbedingungen und Schutz gegen Arbeitslosigkeit.«

(5) Die von 13 Mitgliedsstaaten des Europarates unterzeichnete europäische Sozialcharta erklärt in Artikel 1 unter der Überschrift ›Recht auf Arbeit‹:

»Um die wirksame Ausübung des Rechts auf Arbeit zu gewährleisten, verpflichten sich die Vertragsparteien,

1. Zwecks Verwirklichung der Vollbeschäftigung die Erreichung und Aufrechterhaltung eines möglichst hohen und stabilen Beschäftigungsstandes zu einer ihrer wichtigsten Zielsetzungen und Aufgaben zu machen;

2. Das Recht des Arbeitnehmers wirksam zu schützen, seinen

Lebensunterhalt durch eine frei übernommene Tätigkeit zu verdienen;
3. Unentgeltliche Arbeitsvermittlungsdienste für alle Arbeitnehmer einzurichten oder aufrechtzuerhalten;
4. Eine geeignete Berufsberatung, Berufsausbildung und berufliche Wiedereingliederung sicherzustellen oder zu fördern.«[48]

4.2 Rechtstechnische Gestaltung

Wenn ein soziales Grundrecht auf Arbeit in den Verfassungsrang erhoben und in das Grundgesetz eingefügt werden soll, muß über die rechtstechnische Ausgestaltung entschieden werden. Denkbar sind die Möglichkeiten einer Einrichtungsgarantie, eines subjektiv-öffentlichen Rechtes, einer objektiven Rechtsnorm.
Eine *Einrichtungsgarantie* könnte für die Institutionen der Arbeitslosenversicherung oder der öffentlichen Arbeitsvermittlung ausgesprochen werden. Damit würden diese Einrichtungen unter den besonderen Bestandsschutz der Verfassung gestellt und in ihrem Kernbestand erhalten.
Ein *subjektiv-öffentliches Recht* würde dem betroffenen Arbeitslosen einen zwangsweise durchsetzbaren Anspruch auf Verschaffung einer Arbeitsgelegenheit vermitteln. Der Hinweis auf die bereits ausgesprochenen juristischen Bedenken, nämlich den relativen Charakter, die mangelnde Vollzugsreife, die nicht vorhandene Erzwingbarkeit, den Interpretationsspielraum der als Ersatzgesetzgeber fungierenden Gerichte sowie deren mögliche Kompetenzüberschreitung bestätigt die Vermutung, daß ein subjektiver, relativer und mittelbarer Rechtsanspruch gegenüber dem allerdings nicht allein verantwortlichen Staat den Charakter eines subjektiv-öffentlichen Rechtes auf Arbeit dermaßen aushöhlt, daß praktisch eine objektive Rechtsnorm daraus geworden ist.
Dazu kommen die wirtschaftlichen Bedenken: Das Arbeitsplatzangebot wird mitbedingt durch Kapitalausstattung, Rohstoffverfügbarkeit, Absatzerwartungen, technische Entwicklung und wirtschaftliche Infrastruktur. Diese Faktoren unterliegen nur zum geringen Teil dem unmittelbaren Einfluß des Staates, der darüber hinaus nicht ausschließlich Anspruchspartner eines Rechts auf

[48] Vgl. die Zusammenstellung bei Rath, M. (1974), S. 60 f.; S. 63 f.

Arbeit ist. Die Proklamation eines sozialen Grundrechts auf Arbeit muß den Einwand entkräften, daß die wirksame Einlösung dieses Anspruchs die zentrale Lenkung der Berufsausübung und Berufsausbildung zur Voraussetzung, die Verminderung persönlicher Leistungsbereitschaft und das Weiterschleppen überholter Berufe zur Folge haben wird. Dann wäre nämlich die rechtliche Ausgestaltung des sozialen Grundrechts auf Arbeit als subjektiv-öffentlicher Rechtsanspruch gegenproduktiv.

Die Rechtsfigur der *objektiven Verfassungsnorm* erscheint vorzugswürdig, wenn man die Ergänzungen und Einschränkungen bedenkt, die bei der verfassungsrechtlichen Ausgestaltung eines subjektiv-öffentlichen Anspruchs auf Arbeitsgelegenheit notwendig werden.

Tatsächlich sind die Verfassungen der Länder und die europäische Sozialcharta diesen Weg gegangen. Gegenüber seinem einfachen Gesetzesauftrag weist die in den Verfassungsrang aufgenommene objektive Rechtsnorm, jedem arbeitsfähigen und -willigen abhängig Beschäftigten eine Arbeitsgelegenheit bereitzustellen, eine größere politische und moralische Verbindlichkeit auf, insofern der Schutz der Arbeitskraft zum vorrangigen Staatsziel erklärt und damit unmittelbar geltendes Verfassungsrecht wird. Direkt gebunden werden allerdings nur die nachfolgende Gesetzgebung und die Verwaltung sowie die Geschäftstätigkeit der Bundesbank, insofern abweichende Ermessensentscheidungen verfassungswidrig sind, doch darüber hinaus werden sich die wirtschaftspolitischen Entscheidungen der Sozialpartner an dieser Leitnorm ausrichten. So werden die dadurch ausgelösten direkten und indirekten Reflexwirkungen bei den betroffenen Arbeitern wahrnehmbar sein.

Infolgedessen empfiehlt es sich, das soziale Grundrecht auf Arbeit in den Verfassungsrang zu erheben und als objektive Rechtsnorm auszugestalten.

Literatur

Achten, U. (1978), Scheinalternativen zum Recht auf Arbeit in: Achten, U. u. a. (1978), S. 45–74.

Achten, U. u. a. (1978), Recht auf Arbeit – eine politische Herausforderung, Neuwied und Darmstadt.

Arbeitspflicht für Erwerbslose? (1926), Metallarbeiterjugend 7, S. 254 f.

Bentele, M. (1949), Das Recht auf Arbeit in rechtsdogmatischer und ideengeschichtlicher Betrachtung, Zürich.
Böckenförde, E.-W. (1976), Staat, Gesellschaft, Freiheit – Studien zur Staatstheorie und zum Verfassungsrecht, Frankfurt am Main.
Brakelmann, G. (1979), Das Recht auf Arbeit in: Moltmann, J. (Hg.) (1979), S. 9–39.
Bundesverband der KAB ([5]1982), Texte zur Katholischen Soziallehre, Köln.
Engels, F. (1967), Brief an August Bebel vom 6. 6. 84, MEW 36, Berlin, S. 158–161.
Engels, F. (1967), Brief an Eduard Bernstein vom 23. 5. 84, MEW 36, Berlin, S. 150–152.
Forsthoff, E. (Hg.) (1968), Rechtsstaatlichkeit und Sozialstaatlichkeit, Darmstadt.
Hattenhauer, H. (Hg.) (1970), Allgemeines Landrecht für die preußischen Staaten von 1794, Frankfurt-Main/Berlin.
Hergt, S. (Hg.) ([8]1975), Parteiprogramme, Opladen.
Horner, F. (1974), Die sozialen Grundrechte, Salzburg/München.
Huber, E. R. (1968), Rechtsstaat und Sozialstaat in der modernen Industriegesellschaft in: Forsthoff, E. (Hg.) (1968), S. 589–618.
Johannes XXIII. (1963), Pacem in terris in: Bundesverband der KAB ([5]1982), S. 271–320.
Johannes Paul II. (1981), Laborem exercens in: Bundesverband der KAB ([5]1982), S. 559–631.
Leo XIII. (1891), Rerum novarum in: Bundesverband der KAB ([5]1982), S. 31–68.
Lohmann, U. (1974), Zur rechtlichen Vereinbarkeit und wirtschaftlichen Realisierbarkeit eines Rechts auf Arbeit in der BRD in: Rath, M. (1974), S. 167–214.
Moltmann, J. (Hg.) (1979), Recht auf Arbeit – Sinn der Arbeit, München.
Mutafoff, Chr. (1897), Zur Geschichte des Rechts auf Arbeit, Bern.
Nell-Breuning, O. von (1978), Das Recht auf Arbeit, Stimmen der Zeit 196, S. 523–532.
Paul VI. (1967), Populorum progressio in: Bundesverband der KAB ([5]1982), S. 435–470.
Pius XI. (1931), Quadragesimo anno in: Bundesverband der KAB ([5]1982), S. 91–150.
Pius XII. (1941), Pfingstbotschaft 1941 in: Bundesverband der KAB ([5]1982), S. 153–165.
Preller, L. (1949), Sozialpolitik in der Weimarer Republik, Stuttgart.
Rath, M. (1974), Die Garantie des Rechts auf Arbeit, Kommission für wirtschaftlichen und sozialen Wandel Bd. 25, Göttingen.
Schminck-Gustavus, Ch. U. (1978), Recht auf Arbeit – Zur Geschichte einer konkreten Utopie in: Achten, U. u. a. (1978), S. 15–43.
Singer, R. (1895), Das Recht auf Arbeit in geschichtlicher Darstellung, Jena.

Tomandl, Th. (1967), Der Einbau sozialer Grundrechte in das positive Recht, Tübingen.
Zweites Vatikanisches Konzil (1965), Pastoralkonstitution Die Kirche in der Welt von heute in: Bundesverband der KAB ([5]1982), S. 321–425.

3. Kapitel: Aussperrung

Aussperrungen sind jahrzehntelang sowohl von den Gewerkschaten wie von der Öffentlichkeit widerspruchslos hingenommen worden. So wurden in den 28 Jahren seit Bestehen der Bundesrepublik (1949–1977) mindestens 75 Aussperrungsfälle registriert.[1] Seitdem aber in den letzten Jahren häufiger und vor allem flächendeckend ausgesperrt wurde, ist die Aussperrung selbst zum Problem und zum Gegenstand der Kritik geworden. Besonders intensiv wurde über Rechtmäßigkeit und Berechtigung der Aussperrung gestritten, als nach dem Arbeitskampf 1978 über 30 000 Metallarbeiter aus Baden-Württemberg und ca. 11 000 Mitglieder der IG Druck und Papier einzeln vor den Arbeitsgerichten auf Lohnfortzahlung während der Zeit der Aussperrung und damit gegen die Rechtmäßigkeit der Aussperrung geklagt haben.

Durch die Grundsatzurteile des Bundesarbeitsgerichts vom 10. 6. 1980, die die Aussperrung in der Druckindustrie 1978 als rechtswidrig, die Aussperrung in der Metallindustrie von Nord-Württemberg/Nord-Baden 1978 als rechtmäßig erklärten, scheint der aktuelle Rechtsstreit beendet zu sein; nicht abgeschlossen sondern eher neu belebt ist die grundsätzliche Diskussion um Rechtmäßigkeit und Berechtigung der Aussperrung.

Als archimedischer Punkt im Streit um die Aussperrung erscheint die Definition der Parität, die zwischen denen, die dieses Instrument einsetzen, und denen, gegen die es eingesetzt wird, herrscht.[2]

Dabei können drei Definitionen unterschieden werden: eine juristisch-formale, eine ökonomisch-funktionale und eine politisch-strukturelle, denen tendentiell und schwerpunktartig drei Grundsatzurteile des Bundesarbeitsgerichts aus den Jahren 1955, 1971 und 1980 zugeordnet werden. Entsprechend dem gewählten Vorverständnis bei der Definition fällt die Entscheidung aus, ob die Aussperrung zu garantieren, einzuschränken oder zu verbieten sei. Definition und Verständnis der Parität werden jeweils einem Beur-

[1] Vgl. Kalbitz, R. (1978), S. 349.

[2] »Bei fast allen literarischen Stellungnahmen spielt jedoch die ›Kampfparität‹ eine zentrale und entscheidende Rolle.« Söllner, A. (1980), S. 21.

teilungsmaßstab unterworfen, der aus Konvergenzlinien katholischer Soziallehre gewonnen wird.

1. Juristisch-formale Parität

Das Parlament der Bundesrepublik hat sich bei der rechtlichen Normierung des Arbeitskampfes auffallend zurückgehalten. Die im Laufe der Zeit dadurch entstandene Gesetzeslücke haben die Gerichte ausfüllen müssen, denen so die Rolle eines Ersatzgesetzgebers zugefallen ist. Deshalb ist das deutsche Arbeitskampfrecht weitgehend Richterrecht. Die Richter haben auf zweifache Weise die Frage zu entscheiden versucht, ob eine paritätische Gewährleistung von Streik und Aussperrung herzustellen sei. Einmal haben sie die grundlegenden Normen der Verfassung auf die Lösung arbeitsrechtlicher Probleme hin ausgelegt; zum anderen haben sie mit Hilfe der dem Verfassungsrecht immanenten, wenn auch nicht ausdrücklich genannten Wertentscheidungen das Arbeitsrecht so fortgebildet, wie es der Gesetzgeber, hätte er diese Aufgabe nicht ständig vor sich hergeschoben, getan haben würde.[3] Deshalb läßt sich die Vorstellung einer formalen Parität sowohl in der Auslegung des Verfassungsrechts wie in der Rechtsprechung des BAG des Jahres 1955 belegen.

1.1 Auslegung des Verfassungsrechts

Die Auslegung des Verfassungsrechts im Sinne einer formalen Parität und dementsprechend im Sinne einer verfassungsmäßigen Aussperrungsgarantie bezieht sich hauptsächlich auf Art 9 III GG und auf Art 29 V der Hessischen Verfassung.

1.1.1 Artikel 9 III GG

Art 9 III GG wird »als fundamentale Organisationsnorm für die Sozialordnung«[4] in Anspruch genommen. Sein Wortlaut scheint nahezulegen, daß das Grundrecht der Koalitions*bildung* für Arbeitgeber und Arbeitnehmer gleichermaßen gilt. Diese symmetrische

[3] Vgl. Goll, U. (1980), S. 23.
[4] Rüthers, B. (1980), S. 22.

Deutung erstreckt sich auch auf einen, allerdings nicht näher definierten Kernbereich der Koalitions*betätigung*, die allgemein den Einsatz wirksamer Kampfmittel einschließt.[5] Ob die Aussperrung der Arbeitgeber diesem vom Grundgesetz geschützten Kernbereich zuzurechnen ist, bleibt unentschieden.[6] Zwei abweichende Interpretationsrichtungen kommen zu unterschiedlichen Ergebnissen:

(1) Eine dynamisch-aktualisierende Auslegung des Grundgesetzes sieht in der Aussperrung das »kollektive Arbeitskampfmittel der Arbeitgeberkoalition, das dem bestehenden Streikrecht entspricht«;[7] die Grundrechtsgewährleistung für jedermann kann der Arbeitgeberseite kein Kampfmittel vorenthalten, das der Arbeitnehmerseite zugebilligt wird.[8]
Die Parität von Streik und Aussperrung wird aus der geschichtlichen Entwicklung abgeleitet: »Die Aussperrung gehört zu den historisch gewachsenen Arbeitskampfmitteln.«[9] Ähnlich wie der durch Art 9 III GG geschützte Kernbereich der Koalitionskampfmittel erst auf Grund rechtsgeschichtlicher Entwicklungen und im Zuge rechtsdogmatischer Neuorientierungen definiert werden konnte, so ist auch eine verfassungsmäßige Aussperrungsgarantie »aus historisch gewordenen Betätigungsformen«[10] zu gewinnen. Diese geschichtlichen Entwicklungslinien scheinen durch die laufende Gesetzgebung des Bundes bestätigt zu werden, die mit der Ratifizierung der Euro-

[5] »Nach der ganz überwiegenden Meinung in der Lehre enthält Art. 9 Abs. 3 GG eine Einrichtungsgarantie des Arbeitskampfes, die einen Kernbereich rechtmäßiger Verbandsarbeitskämpfe beider Seiten umfaßt. Dazu gehören nach dieser auch hier vertretenen Auffassung mindestens im Grundsatz die historisch gewachsenen Hauptkampfmittel beider Seiten, also Streik und Aussperrung.« Rüthers, B. (1980), S. 51; vgl. Seiter, H. (1979), S. 341.

[6] Das Bundesverfassungsgericht hat in seiner Entscheidung zum Mitbestimmungsgesetz vom 1. 3. 1979 herausgestellt, daß das Koalitionsrecht keinen inhaltlich unbegrenzten und ungrenzbaren Handlungsspielraum einräumt und keine Bestandsgarantie des gegenwärtigen Tarifvertrags- und Arbeitskampfsystems darstellt.

[7] LAG Hamm (1979), S. 1415.

[8] Vgl. Mayer-Maly, Th. (1979), S. 97.

[9] LAG Hamm (1979), S. 1415.

[10] Seiter, H. (1978), S. 145. Seiter bezieht sich auf Raiser und dessen Skepsis gegenüber der geschichtlichen Entwicklung des Arbeitskampfes als Begründung einer Aussperrungsgarantie: »Gleichwohl reicht aber der Hinweis auf die historisch gewordene Realität nicht aus, deren normative Geltung zu begründen.« Raiser, Th. (1975), S. 46.

päischen Sozialcharta, mit der Notstandsklausel des Artikels 9 III 3 GG, der unter dem Oberbegriff des Arbeitskampfes auch die Aussperrung unter den Schutz der Verfassung stellt,[11] zumindest mit § 25 des 1969 neugefaßten Kündigungsschutzgesetzes, mit dem Arbeitsförderungsgesetz von 1969 und mit § 18 des 1974 gefaßten Schwerbehindertengesetzes die Aussperrung als ein im Grundsatz zulässiges Arbeitskampfmittel der Arbeitgeber einschlußweise gesetzlich anerkannt habe.[12] Schließlich wird die ständige Rechtsprechung des BAG als Rechtsgrundlage der Aussperrung herangezogen; durch sie seien Normen entstanden, die trotz des gewohnheitsrechtlichen und richterrechtlichen Ursprungs die Rechtspraxis binden.[13]

(2) Eine am Wertverständnis der Entstehungszeit des Grundgesetzes orientierte Auslegung des Art 9 III GG läßt dessen Äquidistanz gegenüber Arbeitgebern und Arbeitnehmern sowie die formale Parität zwischen Streik und Aussperrung nicht gelten. Der Parlamentarische Rat sei sich nämlich über die verfassungsrechtliche Garantie des Streiks einig gewesen, ohne eine gleichrangige Gewährleistung der Aussperrung zu beabsichtigen, auch wenn er wegen gewisser Unklarheiten in der Begrenzung des Streikrechts (Beamtenstreik, politischer Streik) die Formulierung ›Arbeitskampf‹ vorgezogen habe. Außerdem habe sich eine Privilegierung des Streiks allein schon dadurch ergeben, daß vor Inkrafttreten des Grundgesetzes in allen Ländern verfassungsrechtliche Garantien des Streiks bestanden, eine Aussperrung (außerhalb Bayerns) dagegen nicht ohne vorherige Kündigung der Arbeitsverträge hätte erfolgen können, diese aber uneingeschränkt dem Genehmigungsvorbehalt des Arbeitsamtes unterlag.[14]

[11] Vgl. Seiter, H. (1979), S. 340; Rüthers, B. (1980), S. 32, 48. Eine derartige Interpretation scheint jedoch der sowohl im Rechtsausschuß wie auch im Plenum des Bundestages und im Bundesrat zum Ausdruck gebrachten Absicht des Gesetzgebers zu widersprechen, die Streitfrage der Aussperrung durch diese Grundgesetzänderung nicht entscheiden zu wollen. Vgl. Wohlgemuth, H. H. (1979)-1, S. 208.

[12] Vgl. Rüthers, B. (1980), S. 45.

[13] Vgl. Söllner, H. (1980), S. 20; Rüthers, B. (1980), S. 49.

[14] Vgl. Kempen, O. E. (1979), S. 193; Wohlgemuth, H. H./Bobke, M. H. (1979), S. 178; Wolter, H. (1979)-1, S. 195; Wahsner, R. (1980), S. 16.

1.1.2 Artikel 29 V Hess. Verf.

Die Hessische Verfassung verbietet unmißverständlich die Aussperrung. Die aktuelle Geltung dieser Norm wird jedoch mit folgenden Gründen bestritten:

– Nach Artikel 31 GG haben bundesrechtliche Vorschriften vor jedem Landesrecht, auch vor den Verfassungsbestimmungen Vorrang.

– Das Bundesrecht zum Arbeitskampf setzt sich wegen der Zurückhaltung des Gesetzgebers aus Gesetzesrecht und Richterrecht zusammen.[15] »Richterrecht zum Bundesrecht ist Teil des Bundesrechts.«[16]

– Die Arbeits- und Sozialordnung, die die Hessische Verfassung errichten wollte, ist insgesamt nicht verwirklicht worden, die Arbeits- und Sozialordnung der Bundesrepublik (Grundgesetz, Gesetzgebung, Richterrecht) hat überwiegend eine andere Gestalt angenommen. Das Bundesarbeitsgericht hat bestimmte Formen der Aussperrung als rechtmäßig anerkannt; der einfache Gesetzgeber geht von der Zulässigkeit des Arbeitskampfs, der Streik und Aussperrung einschließt, aus.

– Ein generelles Verbot der Aussperrung »ist mit den tragenden Grundsätzen des geltenden Tarifrechts unvereinbar. Insoweit kann im Land Hessen nichts anderes gelten als im übrigen Bundesgebiet«.[17]

Demgegenüber wird die Weitergeltung des Aussperrungsverbotes in Hessen so begründet:

– Eine Verfassungsrechtliche Garantie der Aussperrung liegt weder in Artikel 9 III GG vor, noch zählt sie zum Kernbereich der Koalitionsbetätigung. Umgekehrt umfaßt die Grundrechtsgewährleistung solche Positionen, deren Garantie – ohne im Grundgesetz wörtlich erwähnt zu sein – zum festen Bestandteil der damaligen verfassungs- und arbeitsrechtlichen Situation gehörte.

– Nach Artikel 142 GG bleiben unabhängig von der Vorschrift des Artikels 31 GG Bestimmungen der Länderverfassungen in Kraft, wenn sie in Übereinstimmung mit den Artikeln 1–18 GG Grundrechte gewährleisten.

[15] Vgl. Rüthers, B. (1980), S. 61.
[16] BAG (1980), S. 1268.
[17] BAG (1980), S. 1269.

– Das Bundesarbeitsgericht hat zwar eine Kompetenz zur lückenausfüllenden Fortbildung des Arbeitskampfrechtes, nicht jedoch zu einer Rechtssprechung, die sich über eindeutige, durch Plebiszit mit überwältigender Mehrheit gebilligte Verfassungsbestimmungen, die die Gesetzeslücke bereits geschlossen haben, hinwegsetzt.[18]

– Das Bundesarbeitsgericht, das nur zur Rechtsauslegung und Rechtsergänzung befähigt ist, kann sich nicht selbst in den Rang eines Bundesrechts erheben, dem in Konkurrenz mit der Verfassung eines Bundeslandes Vorrang zukommt.

1.2 Die Entscheidung des BAG 1955

Die Entscheidung des BAG vom 28. 1. 1955 bewegt sich auf der Linie der formalen Parität, setzt aber deutliche Markierungspunkte für Streik und Aussperrung.

Zunächst wird die bürgerlich-rechtliche Betrachtungsweise, die Streikbeteiligung von Arbeitnehmern, die ihre Arbeitsverhältnisse nicht vorher ordnungsgemäß gekündigt hatten, als Vertragsbruch zu bewerten, aufgehoben.[19] Unter Berufung auf die »Einheitstheorie« wird der Streik als Kollektivhandlung anerkannt. Allerdings werden auch die Voraussetzungen eines legitimen gewerkschaftlichen Streiks angegeben: er muß um die tarifliche Regelung der Arbeitsbedingungen geführt werden, gegen den Arbeitgeber gerichtet sein, die tarifliche Friedenspflicht beachten, in Bezug auf Ziele, Mittel und die Hinordnung der Mittel auf die Ziele sozial adäquat sein und als ultima ratio zum Einsatz kommen.

Dann wird in Parallele zur Streikgarantie die Aussperrung als »Rechtsinstitut der Arbeitsverfassung«[20] legitimiert. Ihr wird der Charakter einer Kollektivhandlung zugebilligt, weil die andere Gruppe als solche getroffen werden soll. Zwei Grundsätze erläutern die Aussperrungsgarantie:

– der Grundsatz der *Kampfparität*: »Es gilt der Grundsatz der Waffengleichheit, der Kampfparität.«[21] Der Staat darf die Kampfmittel der beiden Sozialpartner nicht ungleich behandeln. »Dem Streik der Gewerkschaften entspricht die Aussperrung«.[22] Aus dem Grundsatz der Kampfparität wird auf die Berechtigung zur lösenden Aussper-

[18] Vgl. Mückenberger, U. (1980), S. 258.
[19] Vgl. BAG (1955), S. 882, 884.
[20] Richardi, R. (1978), S. 2058.
[21] BAG (1955), S. 884.
[22] BAG (1955), S. 885.

rung sowie auf eine Wiedereinstellung im freien Ermessen des Arbeitgebers geschlossen.

– der Grundsatz der *Kampffreiheit*: »Es besteht Freiheit des Arbeitskampfes, Streikfreiheit und Aussperrungsfreiheit.«[23] »Dabei darf jede Gruppe in den Grenzen des legitimen Kampfes das ihr gemäße, historisch überkommene, der Natur der Sache entspr. Kampfmittel wählen.«[24]

1.3 Aussperrungsfreiheit und Gerechtigkeit

Die im vorigen nachgezeichnete Diskussion sowohl um die verfassungsrechtliche Garantie der Aussperrung aus Artikel 9 III GG wie auch um die Fortbildung der Rechtsordnung zur rechtlichen Absicherung der Aussperrung als Gegenstück zum Streik hat verdeutlicht, daß die Paritätsformel ein Paritätspostulat enthält; das vorrangige Interesse richtet sich nicht darauf, daß Arbeitgeber und Arbeitnehmer sowie ihre jeweiligen Kampfinstrumente tatsächlich gleich stark sind, sondern daß sie von der Rechtsordnung als gleichgewichtig angesehen werden.[25]

Katholische Soziallehre steht dem Konzept der formalen Parität sehr skeptisch gegenüber.

Leo XIII. hat 1891 in einem klassischen Abschnitt seines Sozialrundschreibens, der sich mit der Frage der Lohngerechtigkeit auseinandersetzt, darauf aufmerksam gemacht, daß allein die Gewährleistung der Vertragsfreiheit zwischen Arbeitgebern und Arbeitnehmern, also die Gewährleistung formaler Parität, noch nicht die Gerechtigkeit des Vertragsinhalts garantiere. Selbst wenn der Arbeitnehmer eine Leistung zusagt auf Grund persönlichen Entschlusses, selbst wenn die Vereinbarung über den Lohn zwischen Arbeitgeber und Arbeitnehmer beiderseitig frei erfolgt, so bleibt doch unabhängig vom freien Willen der Vertragspartner die Forderung der Gerechtigkeit bestehen, daß das Lohneinkommen zumin-

[23] BAG (1955), S. 883.

[24] BAG (1955), S. 885.

[25] »Daher sind alle Analysen über eine tatsächlich vorhandene Parität oder Imparität juristisch unergiebig.« Richardi, R. (1978), S. 2061, Anm. 57. »Wer als Jurist von einer Parität der Sozialpartner spricht, meint nicht, daß die Arbeitgeber- und die Arbeitnehmerseite allgemein oder in konkreten Situationen gleich stark seien, sondern daß sie von der Rechtsordnung als gleichgewichtig angesehen werden.« Mayer-Maly, Th. (1979), S. 98.

dest den Lebensunterhalt des Arbeiters und seiner Familie decken muß.[26]

Paul VI. greift in seinem Entwicklungsrundschreiben diese Überlegung auf, indem er das Konzept der formalen Parität für Partner in vergleichbarer wirtschaftlicher Lage gelten läßt, für Partner in ungleichen wirtschaftlichen Bedingungen als überaus fragwürdig zurückweist. »Noch immer gilt die Lehre Leos XIII. in ›Rerum novarum‹: Das Einverständnis von Partnern, die in zu ungleicher Situation sind, genügt nicht, um die Gerechtigkeit eines Vertrags zu garantieren. Die Regel, wonach Verträge durch das Einverständnis der Partner zustande kommen, ist den Forderungen des Naturrechts untergeordnet.[27]

Diese Unterscheidung zwischen formaler Kampffreiheit, Koalitionsfreiheit und dem Gerechtigkeitspostulat unter Berücksichtigung der sozioökonomischen Situation der Vertragspartner signalisiert bereits eine andere Paritätsdefinition, die im folgenden Abschnitt zur Diskussion steht.

2. Ökonomisch-funktionale Parität

Das BAG-Urteil von 1955 hat die Unzulänglichkeit einer formalen Parität von Streik und Aussperrung nicht verbergen können. Insgesamt fallen drei Unebenheiten der Gerichtsentscheidung auf:

– die unterschiedliche Begründung der Kollektivhandlung, beim Streik der Gewerkschaften aus den Ursachen, bei der Aussperrung des einzelnen Arbeitgebers aus den Konsequenzen;

– der inflationäre Gebrauch des Arguments der Kampfparität, aus der die lösende Aussperrung wie das freie Ermessen bei der Wiedereinstellung abgeleitet wird;

– der Rückgriff auf Generalklauseln, die den Streik »aus dem Wesen des gewerkschaftlichen Streiks als kollektiver Kampfmaßnahme«, aus der »freiheitlichen, sozialen Grundordnung der Deutschen Bundesrepublik«,[28] aus dem »Gesamtzusammenhang unserer wirtschafts- und sozialverfassungsrechtlichen Grundprinzipien« sowie aus der »Natur der Sache«[29] legitimieren und Arbeitskämpfe

[26] Vgl. Leo XIII. (1891), 34, S. 57.
[27] Paul VI. (1967), 59, S. 457.
[28] BAG (1955), S. 883.
[29] BAG (1955), S. 885.

trotz der volkswirtschaftlichen Schäden und der Beeinträchtigung des sozialen Friedens als sozial adäquat zulassen, weil vorhersehbar und berechenbar, »und die deutsche freiheitliche Rechtsordnung derartige Kämpfe als ultima ratio anerkennt«.[30]

In der Folgezeit trat immer mehr ein Paritätsbegriff in den Vordergrund, der durch ökonomische Merkmale charakterisiert und funktional stärker auf die Tarifautonomie bezogen ist. Diese ›materielle Parität‹ wird im Unterschied zur formalen Waffengleichheit aus Verfassungsrecht und Rechtsprechung als Gleichheit der Verhandlungschancen durch eine Bestandsaufnahme der realen Machtverhältnisse zwischen den Tarifpartnern, durch die »faktisch-reale Situation«[31] durch die »typischen sozio-ökonomischen Faktoren«[32], durch all jene Gesichtspunkte, »die typischerweise Einfluß auf die Verhandlungschancen haben«,[33] also durch eine »Vielzahl ökonomischer, politischer, sozialer und psychischer Faktoren«[34] bestimmt. Um den Gehalt dieses materiellen Paritätsbegriffes zu erläutern, wird zunächst dessen wirtschaftstheoretischer und wirtschaftspolitischer Kontext dargestellt, danach der Reflex dieser veränderten Sichtweise in der Rechtsprechung des BAG nachgezeichnet.

2.1 Gegenmacht auf dem Arbeitsmarkt

Für den ökonomisch-funktionalen Paritätsbegriff sind die Merkmale Marktmacht und Tarifautonomie konstitutiv: in ihnen schimmert auf dem Hintergrund einer preistheoretischen Marktformenlehre das wirtschaftspolitische Konzept der Gegenmachtbildung durch.
Deshalb werden zunächst das für die Paritätsdiskussion relevante theoretische Modell, dann die strategischen Elemente und schließlich die soziökonomischen Indikatoren vorgestellt.

2.1.1 Der Arbeitsmarkt als strategisches Feld

Nach J. K. Galbraith haben die Konzentrationstendenzen in der

[30] BAG (1955), S. 883.
[31] Säcker, F. J. (1974), S. 111.
[32] Konzen, H. (1977), S. 528.
[33] Wohlgemuth, H. H. (1979)-2, S. 113.
[34] Raiser, Th. (1978), S. 203.

Wirtschaft das klassische Kontrollinstrument wirtschaftlicher Macht, den Wettbewerb der Anbieter, entschärft bzw. unwirksam werden lassen. Die Machtgebilde auf der Anbieterseite können dann nur noch durch gegengewichtige Marktmacht auf der Gegenseite (countervailing power) in Schach gehalten werden; die quasi-automatisch sich vollziehende Bildung von Gegenmacht erzeugt bilaterale Monopole. Die Marktform des bilateralen Monopols ist dadurch gekennzeichnet, daß sich auf einem Markt ein Anbieter und ein Nachfrager gegenüberstehen und die Preisbildung und damit die Verteilung des gesellschaftlichen Produktionsergebnisses innerhalb bestimmter, ableitbarer Grenzen unbestimmt bleibt. Die Grenzen werden markiert durch die jeweilige Ausbeutungsposition eines der beiden Monopolisten, wenn dieser in der Lage ist, Angebotspreis und -menge so zu fixieren, daß er den Gesamtgewinn an sich zieht und den Gewinn des Gegners auf Null reduziert. Welcher Preis und damit welche Verteilung des Gesamtgewinns aber für den Regelfall innerhalb dieser beiden Grenzpunkte zustande kommt, hängt von der Verteilung der relativen Machtposition der beiden Monopolisten ab[35] und kann allenfalls im Rahmen spieltheoretischer Modelle analysiert werden.

Bei der Übertragung dieses theoretischen Ansatzes auf den Arbeitsmarkt werden für den Bereich der Tarifautonomie und die Bestimmung der Parität folgende fünf Konsequenzen gezogen:[36]

- Auf dem Arbeitsmarkt herrscht ein bilaterales Monopol, das von Gewerkschaften und Arbeitnehmerverbänden gebildet wird; deren Interessen sind ausschließlich auf die Regelung der Arbeits- und Wirtschaftsbedingungen gerichtet.
- Gewerkschaften und Arbeitgeberverbände übernehmen eine arbeitsmarktstabilisierende und -ordnende Funktion.
- Innerhalb der durch die jeweilige Ausbeutungsposition markierten Grenzen findet ein strategisches Spiel um das für die jeweilige Partei optimale Ergebnis statt, dessen konkreter Inhalt jedoch nicht determiniert, vor und während der Verhandlungsrunde also grundsätzlich offen ist; selbst wenn die Machtverhältnisse zu Beginn der

[35] Vgl. Ott, E. ([5]1975), S. 174–177.

[36] Vgl. Bieback, K.-J. (1979), S. 252, 256, 268; Wolter, H. (1979)-2, S. 232 f.; Raiser, Th. (1978), S. 203; Söllner, A. (1980), S. 22; Eichmanns, M. (1977), S. 136; Richardi, R. (1978), S. 2061 f.; Seiter, H. (1979), S. 342, 419.

Tarifauseinandersetzungen gleich sind, unterliegt der Ausgang der Verhandlungen einem wirtschaftlichen Restrisiko, das den kämpfenden Parteien nicht abgenommen wird.
– Zur Erhaltung dieses einen verbindlichen Interessenausgleich auf dem Arbeitsmarkt absteckenden Rahmens verfügt jede Partei über eine Menge von Kampfinstrumenten, die nach strategisch-taktischen Erwägungen eingesetzt werden.
– Der Staat wahrt innerhalb der durch die jeweilige Ausbeutungsposition abgesteckten Grenzen strenge Neutralität.

2.1.2 Taktische Kampfführung

Die Marktform des bilateralen Monopols sowie die Neutralitätsverpflichtung des Staates bilden lediglich die strukturellen Daten, um zu gewährleisten, daß wenigstens potentiell für jeden Tarifpartner die wenn auch wechselnde Chance besteht, die eigenen Interessen zur Geltung zu bringen. Darüber hinaus aber müssen die Tarifpartner mit Kampfinstrumenten ausgerüstet sein, die ihnen die wirksame Durchsetzung ihrer Interessen gestatten. Und es muß auch sichergestellt sein, daß sie ihr Verhalten am Grundsatz der Verhältnismäßigkeit ausrichten und den Einsatz ihrer Kampfmittel nach taktischen Gesichtspunkten dosieren.

(1) Taktisches Kampfmittel Streik

Der Streik ist bereits durch zahlreiche Rechtsnormen in ein taktisches Kampfmittel umgeformt worden: nur als letztes Mittel darf er in Anspruch genommen werden, wenn alle anderen Möglichkeiten der gewerkschaftlich organisierten Arbeitnehmer, ihre Arbeitsbedingungen zu verbessern, erschöpft sind. Der Streiktermin ist durch die bis zum Auslaufen des Tarifvertrags bestehende Friedenspflicht voraussehbar und kalkulierbar. Die Tarifverhandlungen, in denen die Mindestarbeitsbedingungen festgeschrieben werden, erstrecken sich in der Regel auf einen Wirtschaftszweig innerhalb eines Tarifgebietes. Kommt bei den Tarifverhandlungen keine Einigung zustande, ist dem Arbeitskampf häufig eine freiwillige Schlichtung vorgeschaltet. Bleibt auch diese erfolglos, rufen die Gewerkschaften durch einen ordnungsgemäßen Beschluß des zuständigen Gremiums ihre Mitglieder zu einer Urabstimmung auf, ob sie zur Durchsetzung der gewerkschaftlichen Forderungen bereit sind zu streiken. Nur wenn die erforderliche Mehrheit (häufig 75% der abgegebenen Stimmen) vorhanden und der Streikbeschluß durch ein entsprechendes Organ der Gewerkschaft genehmigt worden ist, kommt es zum Arbeitskampf.

Auch die Durchführung des Streiks unterliegt strengen Spielregeln: im Normalfall können nur Gewerkschaften streiken; spontane Arbeitsniederlegungen gelten als rechtswidrig. Gestreikt wird fast ausnahmslos gegen Arbeitgeber und für Ziele, die Gegenstand eines Tarifvertrages werden können. Der Streik muß den Grundsätzen einer fairen Kampfführung entsprechen, darf nicht auf die Vernichtung des Gegners gerichtet sein, die Verhältnismäßigkeit der Mittel ist einzuhalten.

Als ein Kampfinstrument von besonderer strategischer Wirkung wird der *Teilstreik*, der *Schwerpunktstreik* und der *Objektstreik* angesehen. Beim Teilstreik sind im Unterschied zum Vollstreik, der alle Arbeitgeber eines Wirtschaftszweigs in einem Tarifgebiet erfaßt, nur ausgesuchte Betriebe oder Teilbetriebe von der Arbeitsniederlegung betroffen; »Schwerpunktstreiks sind solche Teilstreiks, ›bei denen der Streik einzelne Betriebe oder Betriebsteile erfaßt, deren Produkte für die Produktion anderer Betriebe benötigt werden, in denen also der Stillstand dieses Betriebes den Stillstand anderer Betriebe bedingt‹.«[37] Objektstreiks richten sich auf einzelne Anlagen oder Einrichtungen, z. B. das Computerzentrum einer Bank.

(2) Taktisches Kampfmittel Aussperrung[38]

Analog der variabel gestalteten Streikpraxis haben sich unterschiedliche Aussperrungstypen herausgebildet:[39]

– Nach den strategischen Zielen werden voneinander abgegrenzt die Angriffsaussperrung, durch die die Arbeitgeber ohne vorherigen Streik eine Veränderung der Arbeitsbedingungen, z. B. eine Herabsetzung der Tariflöhne, durchzusetzen suchen, sowie die Abwehraussperrung als Reaktion auf Teil- und Schwerpunktstreiks, außerdem die Sympathieaussperrung als Versuch, den zwischen anderen Tarifpartnern geführten Arbeitskampf zu beeinflussen, ohne daß eigene Kampfziele verfolgt werden.

[37] AG Neumünster (1979), S. 200.

[38] Unter Aussperrung soll »die als Arbeitskampfmaßnahme planmäßig erfolgende Ausschließung einer Mehrzahl von Arbeitnehmern von der Arbeit auf Grund eines Kampfentschlusses der Arbeitgeberseite unter Verweigerung der Lohnzahlung« (LAG Frankfurt [1979], S. 2268) verstanden werden.

[39] Vgl. Eichmanns, M. (1977), S. 138–140; Mückenberger, U. (1979), S. 321; Kalbitz (1978), S. 350 Anm. 9.

– Nach den Wirkungen werden einander gegenübergestellt die lösende Abwehraussperrung, die überhaupt nur unter erschwerten Voraussetzungen zulässig bzw. zweckmäßig ist, da es nicht im Interesse der Arbeitgeber liegen kann, ihre Belegschaft, die langjährige Erfahrung im Umgang mit hochwertigen Anlagen hat, zugunsten anderer Arbeitsuchender auszutauschen, und die suspendierende Abwehraussperrung zur Ausweitung des Kampfrahmens, die innerhalb des Tarifgebietes oder flächendeckend angesetzt wird.
– Nach der Reichweite werden unterschieden die Einzelaussperrung, die die Beschäftigten eines Betriebes oder Unternehmens trifft, und die Flächen- bzw. Verbandsaussperrung, die gleichzeitig von sämtlichen Unternehmen eines Tarifgebietes auf Verbandsbeschluß hin ausgesprochen wird.

2.1.3 Indikatoren der Parität

Die Marktform des bilateralen Monopols bildet den theoretischen Modellrahmen, die verschiedenen Streikformen und Aussperrungsvarianten stellen das potentielle Arsenal abgestufter Kampftaktiken dar, um die ökonomisch-funktionale Parität zu gewährleisten. Um jedoch herauszufinden, ob und unter welchen Bedingungen die ökonomisch-funktionale Parität der Tarifpartner tatsächlich vorhanden ist, ob insbesondere die Aussperrung bzw. welcher Aussperrungstyp zur Aufrechterhaltung einer realen Parität unverzichtbar erscheint, müssen die realen sozio-ökonomischen Auswirkungen des je verschiedenen Kampfmitteleinsatzes geprüft werden. Diese Prüfung soll an einigen exemplarisch ausgewählten Indikatoren vorgenommen werden.

(1) Persönliche Risiken

Die persönlichen Risiken des Streiks und der Aussperrung sind ungleich verteilt. Der Arbeitnehmer trägt das Einkommensrisiko, insofern das Streikgeld nur einen Teil des Einkommens kompensiert, während die Sozialbeiträge des Arbeitgebers entfallen und der gesetzliche Versicherungsschutz nach vier bis sechs Wochen erlischt; der Lohnverlust wirkt sich unmittelbar auf die Lebenshaltung aus. Dazu kommt das Arbeitsplatzrisiko bei Rationalisierungsinvestitionen, die ohne Mitwirkung des Betriebsrats möglich sind, oder bei verzögerter bzw. verweigerter Wiedereinstellung. Demgegenüber gibt es kein vergleichbares persönliches Risiko des Arbeitgebers, weder des Einzelunternehmers noch des Managers einer Publikumsgesellschaft.

Eine solche Gegenüberstellung mag problematisch erscheinen, weil die Funktion des Arbeitnehmer- und Unternehmereinkommens nicht vergleichbar ist, das Risiko des Arbeitgebers in erster Linie in der Gefährdung der Rentabilität, im Verlust der Marktposition und in der Abwanderung qualifizierter Mitarbeiter besteht, und weil der Arbeitskampf in erster Linie als kollektive Angelegenheit anzusehen ist, die finanziellen Belastungen allenfalls der Kampfparteien zu vergleichen sind. Andererseits ist es vertretbar, Kollektivhandlungen nach ihren Auswirkungen auf den betroffenen einzelnen Arbeitnehmer oder Arbeitgeber zu beurteilen. Denn einmal ist das Arbeitskampfverhalten der Gewerkschaften an die Willensbildung der Mitglieder und damit an deren individuelles Kampfrisiko gekoppelt. Zum anderen kalkuliert die Aussperrung gerade das individuelle Existenzrisiko gerade derjenigen Arbeitnehmer, die keiner Gewerkschaft angehören, als Druckmittel ein.

(2) Finanzielle Belastungen der Verbände

Die Gewerkschaften sehen in den finanziellen Belastungen der von Aussperrungen begleiteten Arbeitskämpfe eine ernsthafte Bedrohung ihres Handlungsspielraumes und ihrer Existenz.[40] Nun ist ein quantitativer Vergleich des Jahresüberschusses einer Gewerkschaft mit dem Gewinn vor Steuern z. B. des Springer-Konzerns oder eines kleinen und mittleren Unternehmens ebensowenig aussagefähig und zulässig wie eine Gegenüberstellung der Einnahmeüberschüsse einer Einzelgewerkschaft anstatt aller DGB-Gewerkschaften mit dem zentralen Unterstützungsfonds der BDA oder des

[40] Der Arbeitskampf 1976 in Baden-Württemberg hat die IG-Metall 46 Millionen DM gekostet, das sind mehr als ein Jahresüberschuß aus dem gesamten Organisationsbereich der IG-Metall. 1978 soll die IG-Metall 130 Millionen DM (davon 48 Millionen DM für streikende Mitglieder) an Solidarleistungen ausgezahlt haben, das dreifache des jährlichen Beitragsüberschusses; 1978/79 mußten für den Arbeitskampf bei Eisen und Stahl noch einmal 120 Millionen DM aufgewendet werden.
Die IG Druck und Papier hat 1976 33 Millionen DM für den Arbeitskampf ausgegeben, wobei die Kosten für Streik und Aussperrung in etwa gleich waren. Damit waren die Vermögensbestände dieser Gewerkschaft faktisch aufgezehrt. Für den Arbeitskampf 1978 mußten noch einmal 15 Millionen DM, davon 12 Millionen DM für ausgesperrte Mitglieder aufgewendet werden, obwohl der Aussperrungsbeschluß des Arbeitgeberverbandes gerade von der Hälfte der Unternehmen befolgt worden war. Vgl. Wohlgemuth, H. H. (1979)-1, S. 201.

Gesamtvermögens der beiden Tarifpartner, da dieses nur begrenzt zur Finanzierung von Arbeitskämpfen zur Verfügung steht. Auch Umsatzrückgänge und Gewinneinbußen sind als Alternativkosten wenig belegfähig, wenn Streikschäden durch Lagerhaltung aufgefangen werden können, wenn durch den Streik eine merkliche Kostensenkung eintritt, oder wenn die streikbedingte Kostensteigerung durch spätere Gewinnsteigerung ausgeglichen werden kann.

Die angebliche Bedrohung der gewerkschaftlichen Streikkasse durch die Aussperrung mag als Hnweis gelten, daß die Tarifauseinandersetzungen auch als »Kampf gegensätzlicher Kampfkassen«[41] zu begreifen sind.

Nun kann eine Einzelgewerkschaft zweifellos die in den vergangenen Jahren ohne Streik angesammelten Rücklagen in Anspruch nehmen und darüber hinaus auf die Solidargemeinschaft des DGB setzen. Außerdem ist nicht ausgemacht, daß die Streikkosten bei einem Verzicht auf Aussperrung wesentlich niedriger ausfielen.

Immerhin stammen die Streikgelder aus dem Lohneinkommen der organisierten Arbeitnehmer. Damit ist die gewerkschaftliche Durchsetzungskraft von einer möglichst hohen Mitgliederzahl abhängig; das relativ hohe Sicherungsbedürfnis der Mitglieder von Großorganisationen sowie deren Interesse an Streikentschädigung setzt dieser Durchsetzungskraft jedoch deutliche Grenzen. Deshalb sind die Gewerkschaften, die sich für das zentralisierte Kollektivvertragssystem entschieden haben, nur zögernd bereit, Mitgliedsbeiträge zu erhöhen, Sonderabgaben festzusetzen, ihren Mitgliedern gar den Verzicht auf die Erstattung des Einkommensausfalls zuzumuten, um sie in einen Arbeitskampf »auf der Basis klassenkämpferischen Bewußtseins«[42] zu führen.

Wenn allerdings eine kampfgebietausweitende Verbandsaussperrung, die die gewerkschaftliche Streikkasse so weitgehend leert, daß die Kampfkraft der Gewerkschaft entscheidend gelähmt und für die nächsten Tarifrunden mit einer ernsthaften Streikdrohung nicht mehr zu rechnen ist, den Charakter einer Vernichtungsaussperrung annimmt, wäre dieses Kampfmittel mit der Paritätsformel nicht mehr vereinbar.

[41] Rüthers, B. (1980), S. 40.
[42] Däubler, W. (1979), S. 21.

(3) Streikentschärfung

Die Aussperrung bildet einen Riegel gegen die sonst fällige politische Schlichtung, weil sie eine unkontrollierte Ausweitung des Streiks, die nur noch durch eine Intervention des Staats gebremst werden könnte, verhindere.

Nun ist das Streikgeschehen durch rechtliche Normen kanalisiert, die die Kosten eines offenen Konfliktes erhöhen und ihn sowohl zeitlich wie inhaltlich begrenzen. Außerdem steht die gewerkschaftliche Tarifpolitik stark im Schatten der staatlichen Wirtschaftspolitik, insbesondere der Ziele und Projektionen des Jahreswirtschaftsberichts bzw. der Analysen von Bundesbank und Sachverständigenrat.

Die Kampfstrategie, die 1963, 1971 und 1978 in den von Teilstreiks und Massenaussperrungen gekennzeichneten Arbeitskämpfen der Metallindustrie angewendet wurde, bestätigt allerdings eher die Vermutung, daß durch die Aussperrung eine politische Vermittlung oder Schlichtung herausgefordert, von der Arbeitgeberseite gar angestrebt worden ist.[43]

(4) Arbeitskampfdauer

»Kampfverkürzung durch Kampfausweitung«[44], eine Abkürzung des Arbeitskampfes zum Vorteil der Arbeitnehmer wird als Wirkung der Aussperrung angeführt.

Doch die Erfahrungen aus dem Arbeitskampf 1976 der Druckindustrie, als die Arbeitnehmer nach der bundesweiten Aussperrung den Streik wiederaufnahmen, sowie die Erfahrungen aus dem Stahlstreik 1978/79 deuten darauf hin, daß die Aussperrung eine eher eskalierende Wirkung hat, daß sie die Streikbereitschaft steigert und Sympathiestreiks provoziert.

(5) Einkommensverteilung

Der Anstieg der bereinigten Lohnquote von 60,4% 1960 auf 64,5% 1978 wiederlege die Hypothese einer Unterlegenheit der Arbeitnehmer im Arbeitskampf.

Nun ist die bereinigte Lohnquote, die die Einkommen der Spitzenmanager enthält, nicht jedoch die gewachsenen Vermögenseinkommen der abhängig Beschäftigten, ein wenig aussagefähiger Maßstab

[43] Vgl. Moneta, J. (1979), S. 78, 86, 96, 128.
[44] Seiter, H. (1976), S. 1373.

der personellen Einkommensverteilung der Tarifpartner. Außerdem hängt die Höhe der Veränderungsrate von der Wahl des Basisjahres ab. Die leichten Schwankungen der Lohnquote signalisieren die unterschiedliche Verhandlungsposition der Gewerkschaften im konjunkturellen Aufstieg und Abschwung; aus ihnen eine gleichgewichtige Lohnquote zu ermitteln, scheint gewagt. Die relative Konstanz der Lohnquote spiegelt die herrschende Auffassung über die funktionelle Aufteilung der Arbeitnehmereinkommen überwiegend für den Konsum und der Unternehmereinkommen überwiegend für Spartätigkeit und Investition wieder oder die fehlende Phantasie der Gewerkschaften, eine expansive Lohnpolitik durch vermögenspolitische Maßnahmen zu flankieren. Im übrigen identifiziert das Lohnquotenargument die jeweils eigene Vorstellung über die wünschenswerte Lohnquote mit einer paritätischen Machtstellung des Tarifpartners.

(6) Schwerpunktstreik

Die Arbeitskampfstatistik weist nach, daß sich das Volumen von Streik und Aussperrung stark verändert hat. Während in den fünfziger Jahren 9,8 Mio. Arbeitstage durch Streik und 73 000 Arbeitstage durch Aussperrungen verlorengingen, betrugen in den sechziger Jahren die Streiktage 2,2 Mio., die Aussperrungstage 1,35 Mio. Zwischen 1970 und 1978 lag die Zahl der Streiktage bei 6,4 Mio., die der Aussperrungstage bei 5,2 Mio.[45] Bei den Arbeitskämpfen der siebziger Jahre war die Zahl der Ausgesperrten durchschnittlich dreimal so hoch wie die der Streikenden.[46] Eine detaillierte Analyse

[45] Vgl. Müller, Ch. (1979), S. 12.

[46] Vgl. Unterhinninghofen, H./Bobke, M. H. (1979), S. 233. Die Zahlenangaben sind problematisch, weil jede der beiden Kampfparteien eine eigene Buchführung zum Kampfgeschehen aufweist. Zum Vergleich die von Rüthers aus verschiedenen Quellen zusammengestellten Zahlenangaben, wobei in den Zahlen der Ausgesperrten die jeweils im Aussperrungszeitpunkt Streikenden nicht enthalten sind: In der Metallindustrie von Nordwürttemberg/Nordbaden standen 1963 ca. 140 000 Streikenden ca. 200 000 Ausgesperrte, 1971 ca. 120 000 Streikenden ca. 240 000 Ausgesperrte, 1978 zunächst 80 000 später 90 000 Streikenden ca. 120 000 Ausgesperrte gegenüber.
In der Druckindustrie standen 1976 erst ca. 16 000, dann 75 000 Streikenden ca. 90 000 Ausgesperrte, 1978 unbefristet 4300, befristet weiteren 6600 Streikenden ca. 33 000 Ausgesperrte gegenüber. In der Stahlindustrie von Nordrhein-Westfalen standen 1978 ca. 40 000 Streikenden ca. 30 000 Ausgesperrte gegenüber. Vgl. Rüthers, B. (1980), S. 101 f.

der Arbeitskämpfe 1949–1976 macht sichtbar, daß Aussperrungen durchschnittlich doppelt so viele Arbeitnehmer einbezogen haben wie die entsprechenden Streiks, daß die aussperrungsbedingten Ausfalltage doppelt so hoch gewesen sind wie die streikbedingten Ausfalltage, und daß die Dauer der Streiks um ein Drittel unter der Dauer der Aussperrungen gelegen hat.[47]

Aus der Differenz der von Streik und Aussperrung betroffenen Arbeitnehmer, der Dauer und der Ausfalltage bei Streik und Aussperrung läßt sich jedoch keine Imparität der Arbeitskampfgegner herauslesen. Die Zahlen geben nur darüber Auskunft, daß die Arbeitskämpfe der 70er Jahre durch gewerkschaftliche Schwerpunkt- oder Teilstreiks und durch den Versuch der Unternehmer geprägt sind, den Arbeitskampf auf sämtliche Unternehmen des Tarifgebiets auszuweiten; der gegenwärtig dominierende Aussperrungstyp ist also die Verbandsaussperrung als Antwort auf Schwerpunkt- oder Teilstreiks.

Durch die Kampftaktik des Schwerpunktstreiks, der eine Engführung des Arbeitskampfes erlaubt, aber eine beachtliche Hebelwirkung besitzt, fühlen sich die Arbeitgeber unter Druck gesetzt. Den Gewerkschaften wird vorgeworfen, die organisatorische Verflechtung der arbeitsteiligen Industrieproduktion auszunutzen, um »mit einer minimalen Anzahl von Streikenden ein Maximum an Störwirkung«[48] zu erzielen. Oder sie beeinträchtigen durch einen billigen Spezialistenstreik in einem Teilgebiet die Produktion des ganzen Unternehmens. Oder sie bestreiken ein einzelnes vielleicht sogar schwaches Unternehmen, um einen modellhaften Firmentarif zu erzwingen. Oder sie greifen nur ganz wenige Unternehmen eines Tarifbereichs heraus, zwingen eines nach dem anderen zur Kapitulation, um durch diese Form der ›Geiselnahme‹ den Arbeitgeberverband konzessionsbereit zu machen. Oder sie drohen einem einzelnen Unternehmen den ›Vernichtungsstreik‹ an, um ein Tarifdiktat durchzusetzen. So ist der IG Druck und Papier vorgeworfen worden, sie habe 1978 einen Vernichtungsstreik insbesondere gegen die Süddeutsche Zeitung geführt.

Die flexible Streikpraxis der Gewerkschaften ist unbestritten eine ernsthafte Herausforderung zu gestufter Reaktion der Arbeitgeber. Ob allerdings der Wettbewerb der Unternehmen untereinander die

[47] Vgl. Kalbitz, R. (1978), S. 365.
[48] Rüthers, B. (1980), S. 105.

Solidarität der Unternehmer dermaßen aufzehrt, daß einzelne Unternehmen der geballten Streikmacht der Gewerkschaften wehrlos ausgeliefert sind, erscheint fraglich. So ist die betriebliche Streikabwehr im Stahlkonflikt 1978 durch Solidaritätsabsprachen vor- und nachgelagerter Branchen ergänzt worden; selbst der Arbeitgeberverband des privaten Bankgewerbes hat die Mitgliedsinstitute zu solidarischem Verhalten aufgefordert, um die Gefahr eines Einstiegs in die 35-Stunden-Woche abzuwehren. Außerdem werden die strategischen Perspektiven der Arbeitskämpfe tendentiell über die BDA zentralisiert. Die BDA ist 1976 bei der Abstimmung der tarifpolitischen Entscheidungen der Druckindustrie eingeschaltet gewesen, sie hat 1978 die Ablehnung eines bereits unterzeichneten Tarifvertrags der nordrhein-westfälischen Brauereiindustrie durchgesetzt, sie hat einen verbindlichen Koordinierungskatalog von Regeln und Verhaltensnormen (Tabu-Katalog) gegen die Einräumung bestimmter sozialer Verbesserungen durch Tarifvertrag herausgegeben, von dem nicht ohne vorherige Konsultation des Vorstandes der Bundesvereinigung abgewichen werden kann.[49]

Anderseits erscheint es theoretisch plausibel, wenn die Arbeitgeber die kampfgebietausweitende Verbandsaussperrung als Abwehrmaßnahme gegen Streikformen anwenden, die den Arbeitnehmern ein Verhandlungsübergewicht gewähren und die Gefahr eines Tarifdiktates mit sich bringen. Allerdings sollte die übliche Pauschalargumentation durch gesonderte Überprüfung der verschiedenen Streiktaktiken überwunden werden:
Wenn und insofern der *Schwerpunktstreik* dazu führt, daß betrieblich und überbetrieblich eine Weiterbeschäftigung nichtstreikender Arbeitnehmer weder technisch noch wirtschaftlich möglich ist, ist die Aussperrung berechtigt, um den Arbeitnehmern das fairer Weise von ihnen zu tragende Arbeitskampfrisiko, nämlich den Lohnausfall, zuzuweisen. Analog ist im Fall des gezielten Herausbrechens einzelner Unternehmer aus der Kampffront des Arbeitgeberverbandes bzw. im Fall des ›Vernichtungsstreiks‹ eine kampfgebietausweitende Verbandsaussperrung, die über den Rahmen der eben erwähnten betrieblichen und überbetrieblichen Streikauswirkungen hinausgeht, vertretbar.

[49] Vgl. Hensche, D. (1979), S. 30; Moneta, J. (1979), S. 123; Wohlgemuth, H. H. (1979)-1, S. 204.

Für den *Teilstreik* ist eine vergleichbare Notwendigkeit der Verbandsaussperrung nicht gegeben: denn die betriebs- und volkswirtschaftlichen Nachteile sowie die Schädigung unbeteiligter Dritter halten sich in Grenzen. Die Auswahl der Unternehmen beim Teilstreik erfolgt überdies nach taktischen Gesichtspunkten, die insgesamt die ›Nadelstichwirkung‹ entschärfen: der gewerkschaftliche Organisationsgrad muß relativ hoch, das Solidaritätsbewußtsein entwickelt, die Wirtschaftskraft des Unternehmens darf nicht gefährdet, sein Einfluß auf den Arbeitgeberverband muß relativ groß sein. Teilstreiks sind in der Regel alles andere als billige Spezialistenstreiks.
Beim *Vernichtungsstreik* mag es sich um einen theoretisch möglichen und interessanten Grenzfall handeln, in der Logik der gewerkschaftlichen Kampftaktik ist er jedoch ziemlich widersinnig. Denn die Arbeitnehmer werden nicht für die Verbesserung der Arbeitsbedingungen kämpfen, wenn die Arbeitsmöglichkeit selbst verloren geht. Bisher ist kein Unternehmen bekannt geworden, daß dem Würgegriff eines Punktstreiks zum Opfer gefallen wäre; auch die Süddeutsche Zeitung ist durch den Streik nicht in Existenznot geraten.[50]

2.2 Die BAG-Entscheidungen von 1971 und 1980

Die Hinwendung zum ökonomisch-funktionalen Paritätsbegriff äußert sich in den Entscheidungsgründen der BAG-Urteile vom 21. 4. 1971 und vom 10. 6. 1980. Darüber hinaus werden neue Orientierungslinien gesetzt, die sich in drei Kampfgeboten und drei Aussperrungsregeln zusammenfassen lassen.

2.2.1 Kampfgebote

Die Koalitionsbetätigung untersteht den Kampfgeboten der realen Parität, der tarifbezogenen Parität, der Verhältnismäßigkeit.[51]

[50] Der streikbedingte Anzeigenverlust war bereits vier Wochen nach Streikende bis zu 10% wettgemacht; der Umsatz lag in den ersten acht Monaten des Jahres 1978 um 5% über dem der Vergleichsmonate im Vorjahr, die Auflage erreichte 1978 einen bisherigen Rekord. Vgl. Hensche, D. (1979), S. 56; Wolter, H. (1979)-1, S. 200.

[51] Das BAG-Urteil von 1980 scheint die grundsätzliche Zulässigkeit der Aussperrung nach Paritätsgesichtspunkten zu beurteilen, während das Gebot der

(1) Reale Parität

Das BAG-Urteil von 1980 greift auf die tatsächlichen wirtschaftlichen und sozialen Gegebenheiten zurück, um das Kräfteverhältnis der sozialen Gegenspieler am Verhandlungstisch zu beurteilen. »Das erforderliche Verhandlungsgleichgewicht läßt sich aber weder formal fingieren noch normativ anordnen, es muß wenigstens in groben Zügen tatsächlich feststellbar sein. Deshalb hat der Große Senat den Grundsatz der formalen Parität aufgegeben, um zu einer materiellen Paritätsbetrachtung überzugehen.«[52] Die Erfassung der realen Kräfteverhältnisse schließt jedoch nicht alle konkreten, auf den Einzelfall bezogenen Besonderheiten des Arbeitskampfs ein; der Grundsatz der Parität »muß in generellen und abstrakt formulierten Regeln ausgedrückt werden und kann deshalb nur Kriterien erfassen, die einer typisierenden Betrachtung zugänglich sind.«[53]

(2) Tarifbezogene Parität

Das BAG-Urteil von 1971 begründet die Zulässigkeit gleichwertiger Kampfmaßnahmen der Arbeitnehmer und Arbeitgeber mit der Tarifautonomie. »Könnte die eine Seite, nämlich die Arbeitnehmerschaft, vertreten durch die Gewerkschaft, allein das Kampfgeschehen bestimmen und wäre der Arbeitgeber auf ein Dulden und Durchstehen des Arbeitskampfs beschränkt, so bestünde die Gefahr, daß die Regelung der Arbeitsbedingungen nicht mehr auf einem System freier Vereinbarungen beruht, das Voraussetzung für ein Funktionieren und innerer Grund des Tarifvertragssystems ist. Vorbehaltlich der konkreten, insbesondere auch der wechselnden wirtschaftlichen Situation, die vorgegeben ist, muß im Prinzip sichergestellt sein, daß nicht eine Tarifvertragspartei der anderen von vornherein ihren Willen aufzwingen kann, sondern daß möglichst gleiche Verhandlungschancen bestehen. Auf andere Weise

Verhältnismäßigkeit herangezogen wird, um das konkrete Ausmaß einer Abwehraussperrung festzulegen. Tatsächlich stellt jedoch bereits die Frage, ob und inwieweit Abwehraussperrungen erforderlich sind, um Paritätsstörungen auszugleichen, eine Verhältnismäßigkeitsprüfung dar. »Der Begriff der Verhältnismäßigkeit wird also zweimal verwendet: Einmal zum Zwecke der Auslotung materieller Parität, zum zweiten – selbständig – zum Zwecke der Begrenzung des Ausmaßes der einzelnen Arbeitskampfmittel.« Lieb, M. (1980), S. 2190.

[52] BAG (1980), S. 1269.

[53] BAG (1980), S. 1269.

kann die Tarifautonomie unter Ausschluß der staatlichen Zwangsschlichtung nicht funktionieren.«[54]

Das Urteil von 1980 sieht ebenfalls in der Tarifautonomie, die zwischen Arbeitgebern und Arbeitnehmern einen tatsächlichen Machtausgleich schafft und deshalb eine materielle Richtigkeitsgewähr bietet, die Grundlage des Arbeitskampfs. Der Arbeitskampf wird »als Institution der Tarifautonomie vorausgesetzt, weil sonst weder das Zustandekommen noch die inhaltliche Sachgerechtigkeit tariflicher Regelungen gewährleistet wären«.[55] »Der innere Zusammenhang des Paritätsprinzips mit der Tarifautonomie«[56] schränkt indessen den Untersuchungsbereich der materiellen Parität ein; so bleibt das Problem der ›Gesamtparität‹, wie nämlich weitere wirtschaftliche und politische Faktoren das Kräfteverhältnis der Arbeitgeber und Arbeitnehmer auch in anderen Bereichen beeinflussen, ausgeklammert: »Es geht nur um eine tarifbezogene Parität.«[57]

(3) Verhältnismäßigkeit

Das BAG-Urteil von 1971 hat den Grundsatz der Kampfmittelfreiheit, weil von Streik und Aussperrung infolge der gesellschaftlichen Verflechtung auch Nichtstreikende, unbeteiligte Dritte und die Allgemeinheit berührt werden, abgelöst: Arbeitskämpfe »stehen unter dem Gebot der Verhältnismäßigkeit«.[58] Aus diesem Gebot werden drei Folgerungen gezogen, die sich auf den Zeitpunkt, die Intensität und das Ziel des Arbeitskampfes beziehen: Der Arbeitskampf muß geeignet und als letztes Mittel erforderlich sein, um rechtmäßige Kampfziele und danach den Arbeitsfrieden zu erreichen; er muß nach den Regeln einer fairen Auseinandersetzung geführt werden und darf nicht auf die Vernichtung des Gegners abstellen; anschließend muß der Arbeitsfriede wiederhergestellt werden.

Das BAG-Urteil von 1980 hat das Gebot der Verhältnismäßigkeit durch die Merkmale der »Geeignetheit, Erforderlichkeit und Proportionalität«[59] präzisiert.

[54] BAG (1971), S. 1669.
[55] BAG (1980), S. 1266.
[56] BAG (1980), S. 1269.
[57] BAG (1980), S. 1269 f.
[58] BAG (1971), S. 1668.
[59] BAG (1980), S. 1272.

2.2.2 Aussperrungsregeln

Aus dem Gebot der Verhältnismäßigkeit bzw. dem Grundsatz der Kampfparität werden Regeln abgeleitet, die festsetzen, unter welchen Voraussetzungen der einzelne Arbeitgeber oder die Arbeitgeberkoalition die Aussperrung als taktisches Kampfmittel einsetzen dürfen. Diese Regeln errichten drei Aussperrungsschranken: die äußere Schranke bezieht sich auf das Arbeitsverhältnis und den Kreis der betroffenen Arbeitnehmer, die innere Schranke auf Bedingungen der Arbeitgeberkoalition selbst, die numerische Schranke setzt das Gebot der Verhältnismäßigkeit in eine Zahlengröße um.

(1) Die äußere Schranke

Das BAG-Urteil von 1971 läßt eine in der Regel nur suspendierende Aussperrung zu, die die Hauptpflichten des Arbeitsverhältnisses bis zum Ende des Arbeitskampfes ruhen läßt, wenngleich der Arbeitgeber den Zeitpunkt der Wiederaufnahme der Arbeit den betriebs- und marktmäßigen Erfordernissen anpassen kann, die sich aus der Arbeitsunterbrechung ergeben.

Außerdem ist gegenüber einem geschützten Personenkreis (Betriebsrat, Arbeitnehmervertreter, Aufsichtsrat, Schwerbeschädigte und Frauen, die dem Mutterschutz unterliegen) keine andere als die suspendierende Aussperrung zulässig. Die Voraussetzungen einer lösenden Aussperrung werden schärfer gefaßt, wenn nämlich der Arbeitskampf von Seiten der Arbeitnehmer besonders intensiv geführt wird, wenn durch Rationalisierungsinvestitionen während des Arbeitskampfes Arbeitsplätze eingespart oder anderweitig besetzt werden, oder wenn ein rechtswidriger Streik abgewehrt werden soll. Aber auch dann unterliegt der Wiedereinstellungsanspruch des Arbeitnehmers dem billigen Ermessen und nicht dem freien Belieben des Arbeitgebers.

Das BAG-Urteil von 1980 untersagt eine Aussperrung, die selektiv nach der Gewerkschaftszugehörigkeit ausgesprochen wird. »Jede Schlechterstellung eines Gewerkschaftsmitglieds gegenüber Nichtorganisierten ist ein Angriff auf die positive Koalitionsfreiheit, wenn die Differenzierung nicht durch sachliche Gründe gerechtfertigt ist.«[60]

[60] BAG (1980), S. 1355.

(2) Die innere Schranke

Das BAG-Urteil von 1971 bejaht auf dem Boden der Sphärentheorie die Verhältnismäßigkeit und Zulässigkeit einer Aussperrung arbeitswilliger organisierter und nicht organisierter Arbeitnehmer als Antwort auf Schwerpunktstreiks. Da die Nichtorganisierten sich an einem Streik beteiligen können, dürfen sie auch ausgesperrt werden. »Der Arbeitgeber kann die Arbeitnehmerschaft als Einheit sehen und werten.«[61]

Das BAG-Urteil von 1980 kommt zu einem vergleichbaren Ergebnis, allerdings über einen anderen Argumentationsweg. Das Gericht geht davon aus, daß es den Gewerkschaften gelingt, durch einen eng geführten Teilstreik den Kampfrahmen zu begrenzen; dadurch werden die Mitglieder des Arbeitgeberverbandes, die normalerweise potentiell und tatsächlich Konkurrenten sind und dies auch bleiben, solange ihre marktbedingten Interessengegensätze das gemeinsame Interesse an einem für sie günstigen Tarifabschluß zurücktreten lassen, gegeneinander ausgespielt. Um einer solchen Verzerrung des Wettbewerbs, einer solchen Bedrohung der Verbandssolidarität und einer solchen Verschiebung des Kräfteverhältnisses zugunsten der Arbeitnehmer, die in der Regel um so stärker auftreten, je enger der Kampfrahmen gesteckt ist, zu begegnen, um die gewerkschaftliche Übermacht auszugleichen und um die Verhandlungsparität zurückzugewinnen, sollen die Arbeitgeber zu einer kampfgebietausweitenden suspendierenden Aussperrung berechtigt sein.

(3) Die numerische Schranke

Die Quantifizierung des Grundsatzes der Verhältnismäßigkeit im engeren Sinn (Proportionalität) durch das BAG-Urteil von 1980 geschieht in zwei Schritten:

»Zunächst ist davon auszugehen, daß das Tarifgebiet regelmäßig auch als angemessene Grenze des Kampfgebietes angesehen werden muß.«[62] Daraus ergibt sich, »daß bei Teilstreiks innerhalb des umstrittenen Tarifgebiets Abwehraussperrungen auf dieses Tarifgebiet beschränkt werden müssen. Eine weitergehende Ausdehnung des Kampfgebietes ist regelmäßig nicht erforderlich, um das Verhandlungsgleichgewicht herzustellen.«[63]

[61] BAG (1971), S. 1670.
[62] BAG (1980), S. 1275.
[63] BAG (1980), S. 1275.

Ein eng geführter Teilstreik liegt dann vor, wenn durch einen Streikbeschluß weniger als 25% der Arbeitnehmer eines Tarifgebietes zur Arbeitsniederlegung aufgefordert werden. »Hier muß die Arbeitgeberseite den Kampfrahmen erweitern können, wobei eine Ausdehnung um 25% der betroffenen Arbeitnehmer nicht unproportional erscheint. Eine weitergehende Reaktion wird regelmäßig nicht proportional sein. Werden mehr als ein Viertel der Arbeitnehmer des Tarifgebiets zum Streik aufgerufen, ist das Bedürfnis der Arbeitgeber zur Erweiterung des Kampfrahmens entsprechend geringer.«[64]

2.3 *Aussperrungsschranken und Sozialpartnerschaft*

Als Zwischenergebnis der Diskussion um die ökonomisch-funktionale Parität von Aussperrung und Streik kann einerseits eine theoretische Unsicherheit festgestellt werden, ob über zahlreiche sozioökonomische Indikatoren die Existenz einer punktuell und statisch vorhandenen Parität bzw. Imparität oder ob über eine Prozeßanalyse der zwischen den Tarifpartnern auftretenden temporären Ungleichgewichte deren Symmetrie bzw. dauerhafte Einseitigkeit nachgewiesen werden könne. Andererseits legen die BAG-Urteile von 1971 und 1980 vier vorsichtige Schlußfolgerungen nahe:

– Weder ein generelles Verbot jeder Aussperrung noch eine generelle Zulassung jeder Aussperrung sind vertretbar. Die Angriffsaussperrung sowie die lösende Aussperrung sind in der Regel nicht erforderlich, um die Verhandlungsparität der Arbeitgeber herzustellen.

– Bei einem eng geführten Teilstreik unterliegt die suspendierende Abwehraussperrung dem »Verbot der Unverhältnismäßigkeit«.[65] Deshalb wird einmal die Reichweite der Aussperrung auf das Tarifgebiet des Streiks beschränkt,[66] zum anderen wird zwischen strei-

[64] BAG (1980), S. 1274.

[65] Seiter, H. (1979), S. 346.

[66] Die Neutralitätsanordnung der BfA scheint eine vergleichbare Grenzziehung vorzunehmen; danach ruht der Anspruch auf Arbeitslosengeld, sofern 1. der Betrieb, in dem der Arbeiter zuletzt beschäftigt war, unter den räumlichen und fachlichen Geltungsbereich des umkämpften Tarifvertrags fällt und 2. dieser Arbeitskampf um Arbeitsbedingungen geführt wird, die für den arbeitslosen nichtbeteiligten Arbeitnehmer zuletzt gegolten haben oder auf ihn angewendet worden sind oder bei Arbeitsaufnahme für ihn gelten oder auf ihn angewendet würden.

kenden und ausgesperrten Arbeitnehmern bzw. zwischen streik- und aussperrungsbedingten Ausfalltagen eine quantitative Paritätsbeziehung hergestellt. Infolgedessen wäre die Flächenaussperrung als ein gegenüber arbeitswilligen und arbeitsfähigen Arbeitnehmern aggressiver, offensiver Aussperrungstyp untersagt.

– Bei einem Schwerpunktstreik bleibt die suspendierende Abwehraussperrung, falls sie nicht überhaupt vermeidbar ist, auf den technisch-ökonomischen Funktionsbereich des Streiks beschränkt. Entsprechend der an die Betriebsrisikolehre angelehnten Argumentationsfigur der arbeitskampfrechtlichen Lohnverweigerung, die den Arbeitgeber von der Lohnfortzahlungspflicht befreit, wenn infolge des Streiks die Weiterarbeit des Arbeitnehmers unmöglich oder wirtschaftlich nicht mehr sinnvoll erscheint, werden von der Aussperrung auch nur die Arbeitnehmer betroffen, deren Weiterbeschäftigung auf Grund des Streiks wirtschaftlich unmöglich geworden ist.

– Eine über diesen technisch-ökonomischen Funktionsbereich hinausgehende personelle Differenzierung der einheitlichen Sphäre der Arbeitnehmer in Organisierte und Nichtorganisierte ist nicht zulässig, solange die Nichtorganisierten de facto am Ergebnis des Arbeitskampfs beteiligt sind, und solange nach dem Grundsatz der negativen Koalitionsfreiheit der Nichtbeitritt zu einer Koalition weder Nachteile noch sachfremde Vorteile mit sich bringen sollte.

Aus der Sicht katholischer Soziallehre ist das Zwischenergebnis der ökonomisch-funktionalen Paritätsdiskussion zustimmungsfähig. Das eigene Konzept sozialpartnerschaftlichen Interessenausgleichs läßt sich aus vier Tendenzlinien belegen:

2.3.1 Marktregelung

Die katholische Soziallehre erhebt seit den enttäuschenden Erfahrungen Bischof Kettelers mit den Produktivassoziationen bzw. mit einer unmittelbaren Abschaffung des Kapitalismus keine kategorischen Einwände gegen die kapitalistische Wirtschaftsweise, die von Arbeitsteilung, industrieller Technologie, von Marktwirtschaft und Geldwirtschaft geprägt, von Herrschaft und Abhängigkeit jedoch, die allein aus der Verfügungsmacht über Produktionsmittel resultieren, frei ist. Die kapitalistische Wirtschaftsweise als solche wird nicht verurteilt, »sie ist nicht in sich schlecht«.[67] Der Industrialisie-

[67] Pius XI. (1931), 101, S. 128.

rung und der durch sie bedingten Organisierung der Arbeit sind wirtschaftliches Wachstum und menschlicher Fortschritt zu verdanken.[68] Der Unternehmer wird in seiner Funktion als Eigentümer oder als Betriebsleiter oder als erster Arbeiter anerkannt.[69]
Ebenso werden – trotz ernsthafter Vorbehalte gegen die Funktionsfähigkeit einer ungeordneten, sich selbst überlassenen und dann automatisch in einen brutalen Machtkampf oder ein einseitiges Machtgefälle ausartenden Konkurrenzwirtschaft – die Spielregeln eines freien Wettbewerbs unter der Voraussetzung bejaht, daß dieser in eine politische Rahmenordnung, die sich am Gesamtinteresse orientiert, eingebunden bleibt, und daß die wirtschaftliche Position der Marktteilnehmer in etwa gleich ist.[70] Schließlich wird auch die marktwirtschaftliche Regelung der Arbeitsbeziehungen trotz der sehr kritischen Beurteilung eines Klassenkampfs auf dem sogenannten Arbeitsmarkt[71] nicht grundsätzlich verworfen: Obwohl für den heutigen Stand der gesellschaftlich organisierten Wirtschaft eine Annäherung des Lohnarbeitsverhältnisses an ein Gesellschaftsverhältnis erwägenswert sein mag, »kann nicht der Lohnvertrag in sich als ungerecht bezeichnet«[72] werden. Insofern das Produktionsergebnis nicht durch die Alleinursächlichkeit eines der beiden Produktionsfaktoren Arbeit und Kapital zustande kommt, ist der vermeintliche Anspruch der Arbeitnehmer bzw. Kapitaleigner auf den vollen Ertrag abzüglich der für die Kapitalerhaltung bzw. Reproduktion der Arbeitskraft erforderlichen Summe haltlos. Die gerechte Lohnfindung ist das Ergebnis eines Balanceaktes, der die drei Komponenten: die Ansprüche an die Lebenshaltung des Arbeitnehmers und seiner Familie, die Lebensfähigkeit des Unternehmens und das gesamtwirtschaftliche Gleichgewicht aufeinander abstimmt.[73] Gesamtarbeitsverträge zwischen den Arbeitnehmer- und Arbeitgeberverbänden gelten als hervorragendes Instrument, den Klassenkampf in soziale Partnerschaft zu überführen.[74]

[68] Vgl. Paul VI. (1967), 25 f., S. 444 f.
[69] Vgl. Pius XI. (1931), 53, 69, S. 110, 116; Leo XIII. (1891), 3–12, S. 32–39; 2. Vatikanisches Konzil (1965), 67, S. 388.
[70] Vgl. Pius XI. (1931), 88, 109, S. 124, 129 f.; Johannes XXIII. (1961), 38, S. 210; Paul VI. (1967), 58, S. 457.
[71] Vgl. Piux XI. (1931), 83, S. 122.
[72] Pius XI. (1931), 64, S. 115.
[73] Vgl. Piux XI. (1931), 54 f., 71–75, S. 111 f., 117–120.
[74] Vgl. Johannes XXIII. (1961), 97, S. 226 f.

2.3.2 Gewerkschaften

Die Würdigung der Gewerkschaften durch die Katholische Soziallehre ist das Ergebnis eines langwierigen Lernprozesses. Zwar ist das Recht der Arbeiter, Koalitionen zu bilden, 1891 von Leo XIII. gegen die Übergriffe des Staates verteidigt worden,[75] und das Zweite Vatikanische Konzil hat bestätigt: »Eines der grundlegenden Rechte der menschlichen Person ist das Recht der im Arbeitsverhältnis stehenden Menschen, in voller Freiheit Organisationen zu gründen, die sie echt vertreten und imstande sind, zur rechten Gestaltung des Wirtschaftslebens einen wirksamen Beitrag zu leisten, wie auch in diesen Organisationen sich frei zu betätigen, ohne Gefahr zu laufen, deswegen irgendwelchen Nachteilen ausgesetzt zu sein;«[76] aber Paul VI. gesteht ein, daß die Kirche eine gewisse theoretische und historische Vorliebe für korporative Ordnungsentwürfe erst habe überwinden müssen, um die gewerkschaftliche Organisation als Interessenvertretung der Arbeiter, als Sozialpartner und als Ordnungsfaktor begreifen zu lernen.[77] Daß die Lebenslage der Arbeiter ohne Gewerkschaften nicht verbessert werden kann, wird von der Würzburger Synode der deutschen Bistümer bestätigt. »Es müßte selbstverständlich sein, daß der katholische Arbeiter sich gewerkschaftlich organisiert. Seine Mitarbeit ist einmal Ausdruck seiner solidarischen Verbundenheit im gemeinsamen Einsatz für Menschlichkeit in den Arbeits- und Lebensbedingungen, zum andern ist sie ein Dienst im Sinne des Weltauftrags der Kirche.«[78] Johannes Paul II. hat den Gewerkschaften einen eigenen Abschnitt seines Sozialrundschreibens gewidmet. Nachdem vorher darauf hingewiesen war, daß die soziale Lage der Arbeiter im vorigen Jahrhundert eine Bewegung der Solidarität hervorgebracht hat, die damals notwendig, berechtigt und erfolgreich gewesen ist, und die heute immer wieder zur Stelle sein muß, wo die Arbeitnehmer gesellschaftlich benachteiligt, ausgebeutet und dem Elend oder gar Hunger überlassen werden,[79] wird das Recht auf gewerkschaftlichen Zusammenschluß als ein (soziales) Grundrecht anerkannt. »Die heutigen Gewerkschaften sind erwachsen aus dem Kampf der Arbeitnehmer, der Arbeiterschaft im Ganzen und vor allem der

[75] Vgl. Leo XIII. (1891), 36–38, S. 59–61.
[76] II. Vatikanisches Konzil (1965), 68, S. 390.
[77] Vgl. Paul VI. (1966), 5, S. 431; Paul VI. (1971), 14, S. 496.
[78] Gemeinsame Synode (1976), S. 340.
[79] Vgl. Johannes Paul II. (1981), 8, S. 577 f.

Industriearbeiter, bei dem es ihnen darum ging, ihre legitimen Rechte gegenüber den Unternehmern und Eigentümern der Produktionsmittel zu verteidigen. Ihre Aufgabe ist die Verteidigung der existentiellen Interessen der Arbeitnehmer in allen Bereichen, wo ihre Rechte ins Spiel kommen.«[80] Als Interessenvertretung der Arbeitnehmer müssen die Gewerkschaften jedoch nicht notwendiger Ausdruck der »Klassenstruktur« einer Gesellschaft und die geborenen Träger eines Klassenkampfes sein, der das gesellschaftliche Leben unausweichlich beherrscht. Ihr Kampf für die berechtigten Ansprüche der Arbeitnehmer darf weder als bloßer Kampf gegen andere abgewertet werden, noch zielt er auf die Vernichtung des Gegners, sondern ist ein regelrechter Einsatz für soziale Gerechtigkeit. Deshalb sind die Gewerkschaften auch mehr als boße Interessenvertretung, nämlich »ein positiver Faktor der sozialen Ordnung und Solidarität, den man nicht einfach übergehen kann«.[81] Ihre Forderungen nach gesellschaftlicher Reform liegen im Gesamtinteresse der Gesellschaft, wenn sie sich »um die Verbesserung alles dessen annehmen, was in der Regelung des Eigentums an den Produktionsmitteln oder in der Art und Weise, wie diese eingesetzt werden und über sie verfügt werden kann, fehlerhaft ist«.[82]
Andererseits wird eine Arbeitsteilung zwischen Gewerkschaften und politischen Parteien empfohlen: die Gewerkschaften sollen »nicht von den Willensentscheidungen politischer Parteien abhängen oder in zu enger Verbindung mit ihnen stehen. In diesem Fall werden sie nämlich leicht ihrem eigentlichen Auftrag, der Sicherung der berechtigten Ansprüche der Arbeiter im Rahmen des Gemeinwohls des ganzen Landes, untreu und werden statt dessen Werkzeug im Kampf für andere Zwecke.«[83]

2.3.3 Streik

Die Einstellung der Katholischen Soziallehre zum Streik hat im Zeitablauf verschiedene Einfärbungen erfahren. Leo XIII. wehrte sich gegen den unversöhnlichen Klassengegensatz, dem er eine von Harmonie und Gleichgewicht geprägte Gesellschaft entgegenzustellen scheint. Der Streik wurde als Übel angesehen, das Arbeitnehmer und Arbeitgeber schädigt, den Wohlstand beeinträchtigt und den

[80] Johannes Paul II. (1981), 20, S. 610.
[81] Johannes Paul II. (1981), 20, S. 611.
[82] Johannes Paul II. (1981), 20, S. 612.
[83] Johannes Paul II. (1981), 20, S. 612.

Frieden stört. Man müsse die Ursachen des Konflikts zwischen Arbeitnehmern und Arbeitgebern beseitigen.[84] Pius XI. unterscheidet zwischen einem Klassenkampf, der von Feindschaft und Haß geprägt ist, und einer Klassenauseinandersetzung zur Durchsetzung von Gerechtigkeit, die als Ausgangspunkt für die Verwirklichung des sozialen Friedens anzusehen ist.[85] Das Zweite Vatikanische Konzil betont den Vorrang friedlicher Lösungen vor kämpferischen Auseinandersetzungen zwischen wirtschaftlichen und sozialen Interessengruppen. Der Streik als letztes Mittel erscheint jedoch unentbehrlich, »um Rechte der Arbeiter zu verteidigen oder berechtigte Forderungen durchzusetzen. So schnell als möglich muß dann aber versucht werden, den Weg zur Wiederaufnahme von Verhandlungen und gemeinsamen Überlegungen über eine Verständigung zu finden«.[86] Paul VI. fragt nach den Grenzen des Streiks, dessen Rechtmäßigkeit als letztes Verteidigungsmittel unbestritten ist, indem er auf die Gefahr hinweist, daß Gewerkschaften der Versuchung nachgeben könnten, eine günstige Machtkonstellation auszunutzen, um politische Veränderungen herbeizuführen oder Forderungen durchzusetzen, die der Gesamtwirtschaft Belastungen auferlegen, die das Maß des Vertretbaren übersteigen.[87]
Johannes Paul II. bejaht den gewerkschaftlichen Streik als äußerstes Mittel, um die berechtigten Forderungen der Arbeitnehmer durchzusetzen. Das Streikrecht wird anerkannt, die Beteiligung am Streik darf keine nachteiligen Folgen für die Arbeiter haben. Gleichzeitig wird jedoch vor dem Mißbrauch des Streikrechts gewarnt, wenn das Eigeninteresse ohne Rücksicht auf das Gesamtinteresse der Gesellschaft vertreten bzw. wenn politischer Druck ausgeübt wird.[88]

2.3.4 Subsidiarität

Die Bejahung der Tarifautonomie und die Abneigung gegen staatliche Zwangsschlichtung[89] erscheint als praktischer Anwendungsfall des Grundsatzes der Subsidiarität: was die gesellschaftlichen Gruppierungen aus eigener Kraft leisten können, soll der Staat nicht an sich reißen, damit er unabhängig und unparteiisch seine spezifischen

[84] Vgl. Leo XIII. (1891), 31, S. 53.
[85] Vgl. Pius XI. (1931), 114, S. 132.
[86] II. Vatikanisches Konzil (1965), 68, S. 390.
[87] Vgl. Paul VI. (1971), 14, S. 496.
[88] Vgl. Johannes Paul II. (1981), 20, S. 613.
[89] Vgl. Pius XI. (1931), 95, S. 126.

hoheitlichen Aufgaben wahrnehmen kann;[90] der Vorbehalt gegen übermäßige staatliche Einmischung und das Plädoyer für die Erhaltung paritätischer Substrukturen innerhalb der Gesellschaft ist auf die modernen Formen politischer Beeinflussung wie Jahreswirtschaftsbericht, Bundesbankberichte, Berufung auf Sachverständigengutachten auszudehnen: der Staat »soll die Glieder des Sozialkörpers unterstützen, darf sie aber niemals zerschlagen oder aufsaugen«.[91] Zusammenfassend kann also festgestellt werden, daß von seiten Katholischer Soziallehre gegen dieses Konzept sozialökonomischer Analyse und sozialpartnerschaftlichen Interessenausgleichs, der in überschaubaren Schritten die grundlegenden Ansprüche des modernen Menschen auf Gleichheit und Mitbestimmung als Ausdrucksform von Menschenwürde und Freiheit in die vorhandenen gesellschaftlichen Strukturen einzubauen versucht, keine Einwände erhoben werden. Die Regeln einer fairen Marktwirtschaft, die gewerkschaftliche Gegenmacht als Interessenvertretung und Ordnungsfaktor, das Streikrecht sowie die Tarifautonomie als Anwendungsfall des Subsidiaritätsprinzips finden Zustimmung.

3. Politisch-strukturelle Parität

Die Entscheidungen des BAG von 1971 und 1980 sind zwar in die herrschende gesellschaftliche Mentalität und die mehrheitliche Interessenlage der Diskussion um die ökonomisch-funktionale Parität eingebettet, lassen aber eine Reihe von Fragen unbeantwortet:

Ein ziemlicher *Formalismus der Urteilsbegründung* ist beibehalten worden. Die Generalklauseln des BAG-Urteils von 1955: »Freiheitliche soziale Rechtsordnung« und »Natur der Sache« sind durch das »Gebot der Verhältnismäßigkeit« ersetzt worden. Dieses Gebot sichert den Schutz unbeteiligter Dritter und den Schutz der Allgemeinheit, den Schutz der einzelnen ausgesperrten Arbeitnehmer und auch den gegenseitigen Schutz der Sozialpartner; es wird auf die Ziele des Arbeitskampfes wie auf die Proportion zwischen Kampfzielen und Kampfmitteln angewendet. 1971 begründet es die Zulässigkeit der Aussperrung, die zunächst nur suspendierende Wirkung

[90] Vgl. Pius XI. (1931), 79 f., S. 120 f.
[91] Pius XI. (1931), 79, S. 121.

der Aussperrung, den möglichen Übergang zur lösenden Aussperrung und die Wiedereinstellungspflicht nach billigem Ermessen, 1980 steckt es das Kampfgebiet und die numerische Schranke des Kampfrahmens ab.

Die *materielle Paritätsbetrachtung* des BAG-Urteils von 1980 verlangt zwar die Bewertung der tatsächlichen wirtschaftlichen und sozialen Gegebenheiten, die für das »Kräfteverhältnis der sozialen Gegenspieler am Verhandlungstisch« relevant sind, wird aber nicht konsequent durchgeführt, denn obwohl nach Meinung des Gerichts »rechtstatsächliche Untersuchungen der Folgen von Teilstreiks für die Konkurrenzsituation und die Verbandssolidarität fehlen«,[92] wird auf der Basis grober Erfahrungswerte eine wesentliche Verschiebung des Kräftegleichgewichts zugunsten der Gewerkschaft durch das Auftreten von Wettbewerbsverzerrungen und ein Abbröckeln der Arbeitgebersolidarität angenommen – »zwar nicht zwangsläufig, aber doch typischerweise bei eng begrenzten Teilstreiks«.[93] Die Überlegungen des Gerichts zur materiellen Parität scheinen nicht frei von Unebenheiten zu sein: zunächst wird festgestellt, daß Tarifverträge eine materielle Richtigkeitsgewähr bieten »und keiner Seite ein unzumutbares Übergewicht vermitteln«.[94] Ohne das Druckmittel des Streiks wäre ein Kräftegleichgewicht nicht gewährleistet; die Gewerkschaften sind auf den Streik angewiesen, »um ihre Unterlegenheit am Verhandlungstisch auszugleichen«.[95] Dann aber spricht das Gericht von räumlich und zeitlich begrenzten Arbeitsniederlegungen, die »zu einer so starken Unterlegenheit der angegriffenen Arbeitgeber führen, daß diese ihrerseits um der Verhandlungsparität willen ein Abwehrkampfmittel benötigen«.[96] Aber nicht jeder Teilstreik stört die Verhandlungsparität der Arbeitgeber übermäßig, d. h. es gibt Teilstreiks, deren Kostenersparnisse beiden Parteien Vorteile verschaffen und die Gewerkschaften nicht übermäßig begünstigen; ebensowenig bringen Teilstreiks in Schlüsselbetrieben, die den Kampfrahmen automatisch auf die mittelbar betroffenen Betriebe ausweiten, den Gewerkschaften einseitige Vorteile. Nur »wenn sich Teilstreiks als wirksamer Angriff auf die Solidarität

[92] BAG (1980), S. 1272.
[93] BAG (1980), S. 1271.
[94] BAG (1980), S. 1266.
[95] BAG (1980), S. 1267.
[96] BAG (1980), S. 1267.

der Arbeitgeber darstellen«,[97] verschiebt sich das Kräftegleichgewicht wesentlich. Warum die Arbeitgeber aber dann auf die Aussperrung, das im Arbeitskampf letzte Mittel angewiesen sind, solange noch andere, nämlich verbandsrechtliche Mittel zur Verfügung stehen, um die Solidarität aufrecht zu erhalten, läßt das Gericht unbeantwortet.

Die *tarifbezogene Paritätsbetrachtung* erleichtert zwar die Entscheidungsfindung des Gerichts, bleibt jedoch eine symptomatische und eingeschränkte Sichtweise. Denn einmal kann sich eine kollektive Kampf- und Ausgleichsordnung nicht darauf beschränken, ein wirtschaftliches Machtgefälle und gesamtpolitische Ungleichheiten zwischen den sozialen Gegenspielern lediglich festzuschreiben. Auch das BAG-Urteil von 1980 erkennt die unterschiedliche wirtschaftliche Ausgangslage der Gewerkschaften und der Arbeitgeberkoalition an, wenn es feststellt: »Gewerkschaften sind auf die Bereitschaft zum Abschluß von Tarifverträgen auf seiten bestimmter Arbeitgeber oder Arbeitgeberverbände angewiesen ... Arbeitgeber und ihre Verbände sind weitaus weniger als die Gewerkschaften darauf angewiesen, durch Mittel des Arbeitskampfes ihren Interessen und Forderungen Nachdruck zu verleihen.«[98] Zum anderen scheint das Gericht die verteilungspolitische Bedeutung der Tarifrunden zu unterschätzen. Zwar ist nicht zu bestreiten, daß die Freiheit der Investitionsentscheidungen und die Preisgestaltung der Unternehmensleitungen durch Tarifpolitik und Arbeitskampfmittel nicht beeinflußbar sind. Aber über den Tarifvertrag soll wenigstens versucht werden, die Verteilungssituation, die sich durch die Preis- und Investitionspolitik der Unternehmen zu Lasten der Arbeitnehmer verschieben mag, zu korrigieren.

Die Rechtfertigung der Aussperrung durch die beim eng geführten Teilstreik auftretende *Wettbewerbsverzerrung und Störung der Verbandssolidarität* scheint die bisherige Argumentationskette auf den Kopf zu stellen, insofern die Aussperrung nicht eingesetzt wird, um auf die Gegenseite Druck bzw. Gegendruck auszuüben, sondern um ein Ausscheren bestreikter Unternehmen aus der eigenen Kampffront zu verhindern. Nun verdeutlicht die hohe Nichtbefolgungs-

[97] BAG (1980), S. 1271.
[98] BAG (1980), S. 1266.

quote des Aussperrungsbeschlusses im Druckgewerbe, daß die kampfgebietausweitende Abwehraussperrung gar nicht geeignet ist, die Verbandssolidarität herzustellen, während bei wirksamer organisierbaren und kontrollierbaren Mitgliedsfirmen eine Aussperrung als Solidarisierungsmittel überflüssig wäre. Außerdem erklärt das BAG lapidar: »Während die Interessen der Mitglieder einer Gewerkschaft weitgehend übereinstimmen und zu einem hohen Maß an Solidarität führen, sind die Mitglieder eines Arbeitgeberverbandes normalerweise potentielle oder tatsächliche Konkurrenten.«[99] Immerhin ist das Solidaritätsbewußtsein der Arbeitnehmer weder zufällig noch auf Grund einer Naturgesetzlichkeit entstanden, sondern aus leidvoller Erfahrung, unter zahlreichen Enttäuschungen und durch gemeinsame Praxis gegen die fortwährende Bedrohung durch die Konkurrenz individueller Interessen gebildet worden. Außerdem muß die Solidarität der Arbeitnehmer auch größer sein als die der Arbeitgeber, weil sie einen wesentlichen Faktor der Gegenmachtbildung bereits gegen den einzelnen mit Tarif- und Kampffähigkeit ausgestatteten Arbeitgeber darstellt. Den abhängig Beschäftigten ihre Solidarität als ausgleichsbedürftigen ›Platzvorteil‹ anzulasten, erscheint geschmacklos.

Wenn das Gericht davon ausgeht, daß der Teilstreik rechtmäßig und daß die Aussperrung nur als letztes Mittel, nachdem alle anderen Arbeitskampfmittel erschöpft sind, zulässig ist, hätte es die Frage eingehender prüfen müssen, ob nicht »der Interessengegensatz der Arbeitgeber während der Dauer eines Arbeitskampfes mit verbandsrechtlichen Mitteln aufgehoben werden könnte«[100] und die Aussperrung damit entbehrlich wäre.

Schließlich müßte untersucht werden, ob die vom BAG als typisch angesehene Konkurrenzsituation wirklichkeitsgerecht ist, oder ob es nicht gerade Branchen und Tarifgebiete gibt, in denen sich nur wenige oder überhaupt keine Konkurrenten bestreikter Unternehmen finden lassen.

Die *25%-Regel* bezieht sich auf die betroffenen Arbeitnehmer eines Tarifgebietes, während die Solidaritätsstörung die Arbeitgeberseite trifft. Um die behauptete Paritätsstörung zu beheben, müßte eigentlich ein hinreichend großer Anteil der Arbeitgeber in den Arbeits-

[99] BAG (1980), S. 1271.
[100] BAG (1980), S. 1271.

kampf verwickelt werden, und die numerische Schranke müßte, solange im Arbeitgeberverband jedes Unternehmen nicht mit der Beschäftigtenzahl gewichtet wird sondern jeweils eine Stimme hat, auf die betroffenen Mitgliedsunternehmen bezogen sein. Insofern die Abwehraussperrung mit der Konkurrenzsituation der Arbeitgeber begründet wird, ist das Tarifgebiet eine sehr fragwürdige Kampfgrenze, weil sich der Wettbewerb nicht bloß innerhalb der Grenzen des Tarifgebiets abspielt. Nun bietet das BAG-Urteil selbst die Inanspruchnahme eines kampftaktischen Spielraums an, z. B. die Aussperrung auf die unmittelbaren Konkurrenten zu konzentrieren oder die aussperrenden Unternehmer auszuwechseln oder den Kampfrahmen über die numerische Schranke hinaus befristet auszuweiten. Doch wenn – wie im Normalfall – die Arbeitgeber außerhalb des Tarifgebiets damit rechnen können, daß sie von Kampfmaßnahmen verschont bleiben, wäre die Gefahr einer tendentiellen Entsolidarisierung der Arbeitgeberseite nicht behoben, die numerische Schranke würde das Gegenteil von dem, was sie hätte bezwecken sollen, bewirken.

Die *kollektivrechtliche Anerkennung* des Arbeitskampfes ist gegenüber der bürgerlich-rechtlichen Regelung sicher ein Fortschritt. Andererseits stellt die Verlagerung der Paritätsdiskussion auf die Kollektivebene und der nicht entscheidbare Streit um die Parität der Koalitionen eine Verengung dar, weil sie den Bezug des Arbeitskampfes zum persönlichen Verhalten der davon betroffenen Menschen leicht aus dem Blick verliert. Zunächst ist das Kollektivhandeln des einzelnen aussperrenden Arbeitgebers und der streikenden Arbeitnehmer eine unterschiedliche Ausdrucksform persönlicher Entscheidungen. Dann ist das Ausmaß des persönlichen Engagements der gewerkschaftlich organisierten Arbeitnehmer in Urabstimmung, Streikbeschluß und Streikdurchführung nicht auf eine Stufe zu stellen mit dem Aussperrungsbeschluß der Arbeitgeberkoalition und deren Durchsetzung. Schließlich sind davon noch einmal verschieden die persönlichen Entscheidungen der nichtorganisierten Arbeitnehmer zur Streikbeteiligung bzw. Nichtbeteiligung sowie ihre Betroffenheit vom Aussperrungsbeschluß. Eine solche differenzierende, person- und handlungsorientierte Sichtweise stimmt zwar mit dem BAG-Urteil darin überein, daß eine selektive Aussperrung, die nur Gewerkschaftsmitglieder trifft, die positive Koalitionsfreiheit beeinträchtigt, ist aber nicht bereit, aus dem Gebot der

Differenzierung in der Gewährung von Vorteilen (beim Tarifvertrag) auf ein Verbot in der Differenzierung in der Zufügung von Nachteilen (bei der Aussperrung) zu schließen. Sie gibt zu, daß weder die Sphärentheorie noch das Menschenbild »eines isolierten souveränen Individuums«[101] als ausschließliches Erklärungsmodell des Arbeitskampfes in Frage kommen, ist jedoch nicht imstande, aus der Behauptung des BAG: »Nichtorganisierte Arbeitnehmer sind potentiell Kampfbeteiligte. Sie können sich einem Streik anschließen und infolge dessen auch ausgesperrt werden«[102] zu folgern, daß sie sich auch tatsächlich einem Streik anschließen, daß sie es tun müssen und daß sie deshalb auch ausgesperrt werden müssen.

Die *Aufforderung an die Tarifpartner,* »durch tarifliche Arbeitskampfordnungen die Unklarheiten zu beseitigen, die das geltende Arbeitskampfrecht belasten«[103], insbesondere – ohne an die Rechtsprechung des BAG gebunden zu sein – autonom Arbeitskampfordnungen zu vereinbaren, die den Grundsatz der Verhältnismäßigkeit konkretisieren, wird wohl ein Wunsch mit geringer Erfüllungswahrscheinlichkeit bleiben, solange die Gewerkschaften gegen das Aussperrungsrecht Widerstand leisten, die Arbeitgeber aber zu einem Verzicht auf dieses Recht nicht bereit sind, und solange die für einen zustimmungsfähigen Kompromiß erforderliche tatsächliche Parität der Chancen am Verhandlungstisch zwar wiederholt definiert und mit Hilfe typischer Annahmen behauptet bzw. postuliert, aber noch nicht überzeugend nachgewiesen ist.

Die vorangegangenen Erwägungen haben den Bezugsrahmen der Aussperrungsdiskussion bereits erweitert und die tarifbezogene Parität in die politisch-strukturellen Bedingungen der Tarifpartner, die aus der unterschiedlichen Verfügungsmacht über Produktionsmittel und Arbeitskraft resultieren, eingefügt. Im folgenden Abschnitt werden die besonderen Akzente der Paritätsdiskussion, die sich aus der Klassenlage und dem geschichtlichen Befreiungs-

[101] »Indem Artikel 9 Abs. 3 GG die Betätigung der Koalition und vor allem die Tarifautonomie gewährleistet, verlangt die Verfassung in bestimmten Bereichen ein Zurücktreten individueller Interessen gegenüber kollektiven Regelungen und Maßnahmen, zumal es letztlich um die Interessenwahrung des einzelnen geht.« BAG (1980), S. 1275.
[102] BAG (1980), S. 1355.
[103] BAG (1980), S. 1273.

kampf der Arbeitnehmer ergeben, systematisiert. Danach sollen diejenigen Passagen des BAG-Urteils von 1980 nachgezeichnet werden, die diese Sichtweise – wenn auch begrenzt – übernehmen.

3.1 Klassenlage und Befreiungskampf

Die Kritik an den Entscheidungsgründen des BAG-Urteils von 1980 bewegt sich zum einen Teil entsprechend den erfahrungsgemäßen Erwartungen des BAG selbst.[104] Zum anderen Teil ist der Widerstand gegen die Einbindung der Aussperrung in eine ausschließlich sozialpartnerschaftliche, tarifbezogene Auseinandersetzung auf drei spezifische Ursachen zurückzuführen: auf die aktuelle Verschärfung des sozialen Klimas, auf eine nach dem Abtreten der Nachkriegsgeneration unter den Managern und Gewerkschaftsführern gefährliche Erinnerung und auf die wachsende Sensibilisierung der Arbeitnehmer für ihre systematische Unterlegenheit innerhalb einer kapitalistischen Marktwirtschaft.

3.1.1 Verschärfung des sozialen Klimas

Die tiefgreifende wirtschaftliche Strukturkrise hat die gegenwärtige Aussperrungsdebatte stark beeinflußt. Die kumulierte Wirkung von Rohölpreiserhöhung, Stabilisierungspolitik der Bundesbank und Kursfreigabe des US-Dollars hat 1974/75 zu einer für die Bundesrepublik ungewöhnlich hohen Arbeitslosigkeit geführt. Der strukturelle Anpassungsdruck hat eine Reihe von Produktionsauslagerungen in Niedriglohnländer, der Rezessionsdruck hat Rationalisierungsinvestitionen erzwungen, deren Produktivitätssteigerung über der Nachfrageausweitung lag; beide Unternehmensstrategien haben zu erheblicher Freisetzung von Arbeitskräften beigetragen. Sowohl den Gewerkschaften wie den einzelnen betroffenen Arbeitnehmern wurde bewußt, daß die potentiell vorhandene Parität der Tarifpartner auf dem Arbeitsmarkt nur sehr beschränkt ihr Beschäftigungs-, Einkommens-, Gesundheits- und Qualifikationsrisiko absichern und ihr Interesse an sicheren und humanen Arbeitsbedingungen

[104] »Nur der allgemeine ›Rechtsgeltungswille‹ führt zu einer normativen Wirkung. Diese Voraussetzung wird von der Arbeitskampfrechtsprechung des Bundesarbeitsgerichts nicht erfüllt. Die vom Bundesarbeitsgericht entwickelten Grundsätze waren von Anfang an umstritten.« BAG (1980), S. 1268.

durchsetzen kann, daß diese ökonomisch-funktionale Parität mehr als kompensiert wird durch das Übergewicht des betrieblichen Weisungsrechts und der unternehmerischen Entscheidungskompetenz über Investitionen und Arbeitsplätze, die von denen ausgeübt werden, die über die Produktionsmittel verfügen und/oder Eigentümer der Produktionsmittel sind.

3.1.2 Gefährliche Erinnerung

Die Erfahrung eines auf der Verfügungsmacht über Produktionsmittel beruhenden Übergewichts der Arbeitgeber kann als Übergangsphase eines geschichtlichen Prozesses verstanden werden, wenn einige markante Stationen der Geschichte der Arbeiterbewegung ins Bewußtsein zurückgeholt werden: zum Beispiel die Koalitions- und Streikverbote gegen Fabrikarbeiter durch die Preußische Gewerbeordnung von 1845, die Aufhebung dieser Verbote im Deutschen Reich seit 1871, die zunächst spontanen Zusammenschlüsse von Arbeitern und dann die Bildung einer umfassenden Organisation der sozialistischen Gewerkschaftsbewegung 1868, die Inanspruchnahme der staatlichen Strafgesetze gegen Koalitionsbildungen und Streikbewegungen und die Entstehung der Zentralverbände der Arbeitgeber 1904, die gegen Ende des ersten Weltkrieges aufgenommenen Verhandlungen zwischen Arbeitgebern und Gewerkschaften über die Zentralarbeitsgemeinschaft, die Aufnahme eines Koalitionsrechts mit primärer Schutzrichtung zugunsten der Arbeitnehmer in die Weimarer Reichsverfassung sowie die dort abgesicherte Ausdehnung der Koalitionsfreiheit auf jedermann (nicht nur die Arbeiter) und auf alle Berufe (nicht nur die gewerblichen Arbeitnehmer). Analoge Eindrücke kann die Geschichte der Aussperrungspraxis vermitteln. So wurden zum Beispiel 1889 Arbeitnehmer ausgesperrt als Antwort auf den Beschluß, den 1. Mai als Tag der Arbeit zu feiern. Vor dem 1. Weltkrieg sollte der Abschluß von Tarifverträgen überhaupt verhindert werden. 1928 wurde trotz eines rechtsverbindlichen staatlichen Schlichtungsspruchs ausgesperrt. Seit 1945 dienten Aussperrungen dazu, den Anstieg der Lohnkosten zu verhindern, Rationalisierungsmaßnahmen zu erleichtern sowie parteipolitischen und gewerkschaftspolitischen Disziplinierungsmaßnahmen Nachdruck zu verleihen.

3.1.3 Systematische Unterparität

Die aktuellen Erfahrungen ausgesperrter Arbeitnehmer und die geschichtliche Erinnerung an die organisierten Streikbewegungen lassen sich begreifen und einordnen durch eine Reflexion der systematischen Unterparität der Arbeitnehmer in einer kapitalistischen Marktwirtschaft.

(1) Kapitalistische Marktwirtschaft

Eine systemtheoretische Analyse kann an drei Stellen die strukturelle Unterparität der Arbeitnehmer nachweisen:

– Marktwirtschaft ist ein dezentrales Regelsystem der Abstimmung von Konsum und Produktion. Das Entscheidungsproblem, wer was wo und für wen produziert, wird weder durch einen zentralen Befehl noch durch korporative Verhandlungen gelöst sondern durch eine anonyme Signalsteuerung, die in der Lage ist, Informationen über die Nachfrage weiterzuleiten und Anreize für eine an diese Nachfrage angepaßte Produktion zu bieten. Das Einkommen übernimmt diese Signalfunktion: Einkommenserwartungen lösen Produktionsentscheidungen aus. Entspricht die Produktionsentscheidung der Konsumentennachfrage, werden die Produzenten durch Einkommen belohnt; widerspricht die Produktionsentscheidung der Nachfrage, werden sie durch Einkommensverluste bestraft.

In einer kapitalistischen Marktwirtschaft sind die Produzenten gespalten in solche, die die Entscheidung über Produktionsvolumen und Produktionsrichtung verantworten, und in solche, die an diesem Entscheidungsprozeß keinen Anteil haben. Die erste Gruppe, die Kapitaleigner, beziehen das erfolgsabhängige Signaleinkommen (Gewinneinkommen), die zweite Gruppe, die Arbeitnehmer, erhalten das vom Produktionserfolg unabhängige Festeinkommen (Lohneinkommen). Die Abstimmung der Produktion auf die Nachfrage erfolgt in einem solchen System ausschließlich über das Gewinneinkommen.

– Neben der gespaltenen Einkommensentstehung wird auch die Einkommensverwendung als gespalten unterstellt: die durch die Produktion entstandenen und den Arbeiterhaushalten zufließenden Lohneinkommen werden überwiegend für Konsumzwecke, die den Arbeitgeberhaushalten zufließenden Gewinneinkommen werden überwiegend für Spartätigkeit und Investitionszwecke ausgegeben; die Gewinneinkommen der Arbeitgeberhaushalte entscheiden damit zugleich über das zukünftige Niveau der Beschäftigung sowie über das zukünftige Angebot an Arbeits- und Ausbildungsplätzen.

– Eine angebotsorientierte staatliche Beschäftigungspolitik wird versuchen, die Gewinneinkommen anzuheben in der Hoffnung, über diese die Investitionsneigung zu erhöhen. Dazu setzt sie Investitionsprämien aus oder greift zu einer Politik des billigen Geldes mit inflationären Auswirkungen, so daß die Preiserhöhungsspielräume der Unternehmen erweitert bzw. deren Reallohnkosten gesenkt werden.

(2) Wirtschaftliche Abhängigkeit
Die konkrete Lebenslage der abhängig Beschäftigten spiegelt die eben modellhaft-abstrakt aufgewiesene Kopplung von personeller Einkommensentstehung (Arbeitnehmer/Kapitalgeber) und funktioneller Einkommensverwendung (Konsum/Investition) wieder, die in einer kapitalistischen Marktwirtschaft zur strukturellen Unterparität führt. Der Arbeitnehmer ist zur Bestreitung des Lebensunterhalts (fast) ausschließlich darauf angewiesen, seine Arbeitskraft anzubieten, während der Arbeitgeber als Eigentümer notfalls liquidierbarer Produktionsmittel warten kann. Dieser Überhang an ökonomischer Macht des Arbeitgebers wird durch die Koalitionsbildung, den Tarifvertrag und das Streikrecht, ohne die die Arbeitnehmer überhaupt kein geeignetes Druckmittel hätten, um die Arbeitgeber zum Abschluß eines Tarifvertrages zu bewegen, gerade kompensiert. Das Aussperrungsrecht würde dagegen den Status-quo-ante wiederherstellen, genau den Zustand eindeutiger Unterparität, der bei gleichzeitigem Verzicht auf Aussperrung und Streik eintreten müßte.

(3) Angreiferrolle
In der kapitalistischen Marktwirtschaft weist das Rollenspiel der Arbeitnehmer und Kapitaleigner beim Kampf um die Verteilung des Produktionsergebnisses oder um die Verbesserung der Arbeitsbedingungen den Arbeitnehmern systematisch die Offensivrolle zu. Denn bereits während der Laufzeit des bestehenden Tarifvertrages kann sich der Arbeitgeber durch Rationalisierungsinvestitionen, durch Neuorganisation und/oder Intensivierung der Arbeit lautlos, d. h. ohne Auseinandersetzungen einen größeren Teil der Wertschöpfung aneignen und den relativen Status quo zu Lasten der Arbeitnehmer verändern. Obwohl den Gewerkschaften während der Dauer der durch den Tarifvertrag bestimmten Friedenspflicht das Dulden und Durchstehen des laufenden Produktivitätszuwachses und der entsprechenden Gewinnerhöhung zugemutet wird, steht

der Streik, der gerade zur Wiederherstellung der Ausgangsgerechtigkeit geführt wird, unter dem Anschein eines agressiven Aktes.

(4) Öffentliche Meinung
Die öffentliche Meinung neigt dazu, diese den Gewerkschaften systematisch zufallende Rolle als eine gegen den Arbeitsfrieden gerichtete Agression auszulegen und auf dem Hintergrund des Leitbildes einer harmonischen Gesellschaft moralisch zu disqualifizieren. Eine Analyse der politischen Kommentare von FAZ, Die Welt und Süddeutsche Zeitung zwischen 1960 und 1970 stellt eine Tendenz gegen die Gewerkschaften und deren als gemeinwohlgefährdend dargestellte Aktionen fest.[105] So ist es verständlich, daß nach einer Umfrage aus dem Jahr 1976 nur ca. 20% der Bevölkerung dafür sind, daß die Gewerkschaften zur Durchsetzung ihrer tarifpolitischen Forderungen notfalls streiken.[106]

(5) Demonstration von Eigentümermacht
Gerade die Arbeitnehmer, die nicht organisiert aber arbeitswillig sind, erfahren die Aussperrung angesichts der eigenen Ohnmacht in erster Linie als Demonstration von Eigentümerbefugnissen. Nun scheint der vieldiskutierte Funktionsverlust des Eigentums an Produktionsmitteln in der Kapitalgesellschaft der Behauptung struktureller Unterparität der Arbeitnehmer in einer kapitalistischen Marktwirtschaft zu widersprechen; denn die Antagonie zwischen Arbeitnehmern und Kapitaleignern ist längst überlagert von dem Interessengegensatz zwischen den Arbeitnehmern und denen, die im Unternehmen das Direktionsrecht und die Leitungskompetenz de facto aus eigener Legitimation, wenngleich rechtlich im Auftrag der Kapitaleigner ausüben. Trotzdem tritt die Aussperrung immer auch als Ausübung des Hausherrenrechts in Erscheinung; die Unternehmer begegnen den Gewerkschaften nicht bloß in der Rolle des Tarifpartners. Die Rechte und Pflichten aus dem Arbeitsvertrag und

[105] Von 713 ausgewerteten Kommentaren zum Tarifkonflikt in der Metallindustrie 1963 waren 47% arbeitgeberfreundlich, 41% unentschieden und 12% arbeitnehmerfreundlich. Vgl. Zachert, U. u. a. ([2]1979), S. 121.
[106] Vgl. Wohlgemuth, H. (1978), S. 327 f. 79% der Befragten lehnen die Durchsetzung der gewerkschaftlichen Forderungen notfalls mit Streik ab, obwohl 1978 ca. 78% der Bevölkerung in der Bundesrepublik das abstrakte Streikrecht der Gewerkschaften bejahen, und 61% sich gegen das Aussperrungsrecht der Arbeitgeber aussprechen. Vgl. Raiser, Th. (1978), S. 202.

das Eigentum an den Produktionsmitteln müssen zwar präzise auseinandergehalten werden; aber solange die Aussperrungsbefugnis dem einzelnen Arbeitgeber zusteht, und solange die rechtlich wirksame Aussperrungserklärung vom einzelnen Arbeitgeber ausgesprochen wird, bleibt unklar, welche Aspekte der Aussperrung im Unterschied zum Streik, den die Arbeitnehmer kollektiv beschließen und organisieren, auf der Koalitionsfreiheit und Tarifautonomie basieren und welche auf der Position des einzelnen Arbeitgebers als des Eigentümers der Produktionsmittel.

3.2 Entscheidungselemente des BAG-Urteils von 1980

Die Hauptlinien des BAG-Urteils von 1980 sind an einer tarifbezogenen Parität orientiert und weisen das Konzept einer sogenannten ›Gesamtparität‹ zurück. Andererseits hat sich das Gericht einem politisch-strukturellen Paritätsverständnis, wie es im vorherigen Abschnitt dargelegt wurde, nicht total verschlossen. An den Argumentationsrändern und auch in der Nähe des Beweiskerns scheint diese Sichtweise als plausibel erachtet und übernommen zu sein. So eröffnet das BAG-Urteil für die zukünftige Diskussion um die Aussperrung drei beachtenswerte Perspektiven: die ungleiche Bewertung von Streik und Aussperrung, die Beeinträchtigung der Menschenwürde des Arbeitnehmers durch die Aussperrung und die Wahrnehmung von Aussperrungsalternativen.

3.2.1 Streik und Aussperrung sind ungleich

Das BAG-Urteil anerkennt den Streik der Arbeitnehmer als originäres Arbeitskampfmittel und das Streikrecht als »einen notwendigen Bestandteil der freiheitlichen Kampf- und Ausgleichsordnung«.[107]
Die Gewerkschaften sind auf die Bereitschaft zum Abschluß von Tarifverträgen durch die Arbeitgeber angewiesen. Andererseits kann man nicht voraussetzen, daß die Gegenseite das gleiche Interesse am Abschluß von Tarifverträgen hat und deshalb verhandlungsbereit ist. Daraus folgert das Gericht: »Ohne das Druckmittel des Streiks könnte die Tarifautonomie nicht wirksam werden.«[108]
Streik und Aussperrung sind aber nicht »in formal-spiegelbildlicher

[107] BAG (1980), S. 1266.
[108] BAG (1980), S. 1266.

Weise«[109] ausgestaltet; die Aussperrung wird nicht mehr als »originäres, gleichrangiges Kampfmittel, wie es der Konzeption des Großen Senats entsprochen hätte, sondern lediglich als komplementäres, kompensierendes, bloßes Reaktionsmittel«[110] zugelassen: »Was für den Streik gesagt wurde, gilt nicht ohne weiteres und uneingeschränkt für die Aussperrung. Arbeitgeber und ihre Verbände sind weitaus weniger als die Gewerkschaften darauf angewiesen, durch Mittel des Arbeitskampfes ihren Interessen und Forderungen Nachdruck zu verleihen.«[111]

Das Gericht weist unter Berufung auf den Verhandlungsfall nach, daß Aussperrungen zunächst entbehrlich sein können, daß die Zeit vielfach für die Arbeitgeber arbeite. »In solchen Lagen benötigt zunächst nur die zuständige Gewerkschaft ein Kampfmittel, um ihre Unterlegenheit am Verhandlungstisch auszugleichen.«[112] Deshalb dürfen den Arbeitgebern auch keine Abwehrkampfmittel zugestanden werden, die das Streikrecht wirkungslos machen, das durch den Streik angestrebte Verhandlungsgleichgewicht stören, die Ausübung des Streikrechts mit einem untragbaren Risiko belasten und dessen kompensatorische Kraft zunichte machen. Für das BAG-Urteil von 1980 scheint der grundsätzliche Vorrang des Streikrechts gegenüber dem Aussperrungsrecht unbestritten zu sein.

3.2.2 Die Aussperrung berührt die Menschenwürde

Das BAG-Urteil von 1980 argumentiert überwiegend auf der Kollektivebene, wenn es die Auseinandersetzung um die tarifbezogene Parität der sozialen Gegenspieler zu schlichten sucht und dabei »ein Zurücktreten individueller Interessen gegenüber kollektiven Regelungen und Maßnahmen«[113] in Kauf nimmt.

An vereinzelten Stellen jedoch gelingt der Durchbruch zu einer Betrachtungsweise, die die persönliche Lebenslage des einzelnen Arbeitnehmers sowie sein Interesse am Arbeitsplatz als einen schutzwürdigen und schutzbedürftigen Freiheitsraum in den Blick nimmt. So wird gegenüber dem Streik die Aussperrung »schon aus sozialen Gründen an strengere Voraussetzungen gebunden«.[114] Außerdem

[109] Seiter, H. (1981), S. 71.
[110] Lieb, M. (1980), S. 2189.
[111] BAG (1980), S. 1266.
[112] BAG (1980), S. 1267.
[113] BAG (1980), S. 1275.
[114] BAG (1980), S. 1267.

wird zugestanden, »daß Arbeitskämpfe von den betroffenen Arbeitnehmern große persönliche Opfer verlangen«:[115] von den Organisierten eine spürbare Beschneidung ihres Lebensstandards, von den Nichtorganisierten ein Angewiesensein auf die Sozialhilfe. Daneben wird der Stellenwert der Arbeit und des Arbeitseinkommens für die Sicherung der Existenzgrundlage gewürdigt: »Lohn ist die Lebensgrundlage des Arbeitnehmers. Sein Verlust ist nur kurzzeitig durchzuhalten und die dafür erforderliche Opferbereitschaft nur sehr schwer erreichbar.«[116] Darüber hinaus wird die Arbeit als Ausdrucksform der Menschenwürde anerkannt: »Die Möglichkeit zu arbeiten und die wirtschaftliche Existenzgrundlage zu sichern, sind für die Würde des Menschen wesentlich.«[117] Und schließlich wird die gesellschaftliche Verantwortung, das Interesse des einzelnen Arbeitnehmers am Arbeitsplatz gegen massive Beeinträchtigungen abzuschirmen, zugegeben: bei der Begrenzung der Aussperrungsbefugnis ist zu beachten, »daß der Durchgriff des Arbeitskampfes auf die persönliche Sphäre der Betroffenen in einer gesellschaftlichen und rechtlichen Ordnung, die die Menschenwürde an die Spitze ihrer Wertigkeiten stellt, schwer wiegt.«[118]

3.2.3 Die Aussperrung ist entbehrlich

Das BAG-Urteil von 1980 hält an der Auffassung fest, daß ein allgemeines Aussperrungsverbot nicht zulässig sei. Andererseits enthält die Urteilsbegründung mehrfache Hinweise auf die Entbehrlichkeit der Aussperrung.

Zunächst gibt das Gericht zu, daß beim Arbeitskampf die Zeit vielfach für die Arbeitgeber arbeite. Diese könnten sich »darauf beschränken, die Tarifforderungen der Gewerkschaft ganz oder teilweise zurückzuweisen, so können Aussperrungen zunächst entbehrlich sein«.[119] Außerdem wird den Arbeitgebern vorgehalten, sie hätten wie die Gewerkschaften Möglichkeiten, bei eng geführtem Teilstreik die Kosten des Arbeitskampfes solidarisch auszugleichen. »Sie können Kampffonds bilden und die entstehenden Unkosten und Gewinneinbußen jedenfalls teilweise erstatten.«[120] Nicht jeder

[115] BAG (1980), S. 1275.
[116] BAG (1980), S. 1270.
[117] BAG (1980), S. 1275.
[118] BAG (1980), S. 1275.
[119] BAG (1980), S. 1267.
[120] BAG (1980), S. 1271.

eng geführte Teilstreik macht die Aussperrung erforderlich; nicht einmal der Teilstreik in Schlüsselbetrieben. Für diesen Fall werden die Arbeitgeber auf die mittelbaren Betriebsrisikofolgen verwiesen: »Durch sie weitet sich praktisch jeder Arbeitskampf im Lauf der Zeit mehr oder weniger stark aus, ohne daß ein einziger Arbeitnehmer ausgesperrt werden müßte.«[121] Denn alle Arbeitnehmer, die als Folge eines Teilstreiks aus technischen oder wirtschaftlichen Gründen nicht beschäftigt werden können, verlieren nach der Lehre vom Betriebsrisiko ihren Beschäftigungs- und Lohnanspruch. Zwar steht den Arbeitgebern nicht ein der Aussperrung vergleichbarer kampftaktischer Spielraum zur Verfügung, weil die Unmöglichkeit oder Unzumutbarkeit der Weiterbeschäftigung bewiesen werden muß, aber »das Ruhen des Beschäftigungs- oder Lohnanspruchs führt wirtschaftlich zum gleichen Ergebnis wie eine Aussperrung«.[122] Schließlich rechnet das BAG-Urteil beim eng geführten Teilstreik, der die Solidarität der Arbeitgeber bedroht, mit der Entbehrlichkeit der Aussperrung: »Dennoch wäre eine Ausdehnung des Kampfrahmens durch Aussperrungen entbehrlich, wenn der Interessengegensatz der Arbeitgeber während der Dauer eines Arbeitskampfes mit verbandsrechtlichen Mitteln aufgehoben werden könnte.«[123] Dabei denkt das Gericht an Streikhilfeabkommen, die Hilfeleistungen bei Lieferschwierigkeiten und ein Verbot der Kundenabwerbung enthalten.

3.3 Aussperrungsverbot und Systemkritik

Die aktuellen Erfahrungen fremdbestimmter Arbeiter, das geschichtliche Bewußtsein der Gewerkschaftsbewegung, die Reflexion systematischer Unterlegenheit der Arbeitnehmer in einer kapitalistischen Marktwirtschaft sowie die dreifache Perspektive, die das BAG-Urteil von 1980 eröffnet hat, werden in zwei Forderungen übersetzt: Einmal soll der Sozialstaat aus der Neutralitätsreserve, die gegenüber den Arbeitskampfkoalitionen berechtigt sei, heraustreten und den ihm zustehenden Schutzauftrag zugunsten des sozial Schwächeren wahrnehmen, das heißt das Interesse des Arbeitnehmers an seinem Arbeitsplatz gegen eine Beeinträchtigung durch die

[121] BAG (1980), S. 1271.
[122] BAG (1980), S. 1271.
[123] BAG (1980), S. 1271.

Aussperrung abschirmen, der ursprünglichen Intention des Artikels 9 III GG mit Hilfe der historischen Auslegung des Artikels 159 WRV Geltung verschaffen und die Aussperrung gesetzlich verbieten. Zum anderen soll das Aussperrungsverbot die Arbeitgeber nicht wehrlos den gewerkschaftlichen Forderungen ausliefern: Vorratsproduktion, Produktionsverlagerung in andere eventuell ausländische Betriebe, Stornierung von Aufträgen, Auftragsvergabe, Inanspruchnahme von Lieferhilfeabkommen, Kündigungsschutzverträge und Einfügung von Arbeitskampfklauseln in allgemeine Lieferbedingungen bleiben als Abwehrmaßnahmen im unternehmerisch-dispositiven Bereich bestehen.
Als eigentliche Aussperrungsalternativen werden jedoch die Massenänderungskündigung und das Lohnverweigerungsrecht vorgeschlagen. Durch Massenänderungskündigungen sollen die Arbeitgeber übertarifliche Lohnbestandteile vor Beendigung der Friedenspflicht und tarifliche Lohnbestandteile nach deren Ende abbauen können. Das Recht zur Lohnverweigerung im Rahmen der arbeitskampfrechtlich entwickelten Betriebsrisikolehre soll den unmittelbar und mittelbar vom Arbeitskampf betroffenen Arbeitgebern zugestanden bleiben, denen die Entgegennahme der Arbeitsleistung infolge eines Streiks nicht mehr möglich ist oder nach den Grundsätzen sinnvoller Betriebsführung nicht mehr zugemutet werden kann.

Gegen diese alternativen Kampfinstrumente werden mehrere Vorbehalte geltend gemacht:
Die Massenänderungskündigung sei ein typisch individualrechtliches und gerade nicht arbeitskampfrechtliches Instrument.[124] Die Betriebsrisikolehre aus § 615 BGB habe im Bewußtsein der Schutzbedürftigkeit des Arbeitnehmers das arbeitskampfunabhängige Betriebs- und Wirtschaftsrisiko dem Arbeitgeber zugewiesen, während das Arbeitskampfrisiko die Fern- und Folgewirkungen von Streik und Aussperrung umfasse; die Ebene des kollektivrechtlich zu wertenden Arbeitskampfes könne der Ebene der individualrechtlich zu wertenden Leistungsstörungen nicht aufgepfropft werden, vielmehr sei eine strikte Trennung zwischen individualrechtlicher Risikoverteilung und arbeitskampfrechtlicher Risikoentlastung geboten.[125] Unabhängig davon sei die kampftaktische Funktion der

[124] Vgl. Richardi, R. (1979), S. 2062; Löwisch, M. (1980)-1, S. 7.
[125] Vgl. Eisemann, H. (1981), S. 358, 362, 367.

Lohnverweigerung nach der Betriebsrisikolehre als sehr begrenzt einzustufen. Der Anwendungsbereich erstrecke sich allenfalls auf die mittelbar betroffenen Betriebe im umkämpften Tarifgebiet und außerhalb des Tarifgebietes nur dann, wenn die zuständigen Verbände mit den unmittelbar kämpfenden Verbänden identisch oder eng verbunden sind, also gerade nicht in erster Linie auf den technisch-ökonomischen Funktionsbereich des Streiks, der ohnehin nur schwierig nachgewiesen werden könne.[126] Die Lohnverweigerung nach der Betriebsrisikolehre sei auch schon deshalb kein Ersatz für die kampfgebietausweitende Aussperrung, weil außerhalb des umkämpften Tarifgebietes und der Neutralitätszone nach § 116 III AFG die Arbeitgeber zwar das Produktionsrisiko zu tragen hätten, das Lohnrisiko der Arbeitnehmer aber auf die Bundesanstalt abgewälzt werde; eine solche Schadensverteilung beeinträchtige die Parität der Verhandlungschancen. Demgegenüber wird geltend gemacht, daß um der Parität willen das Risiko einer abbröckelnden Arbeitgeberkoalition bei Lohnfortzahlung dem möglichen Abbröckeln der Arbeitnehmerkoalition bei Lohnverweigerung gleichgestellt werden müsse. Wenn schließlich die Lohnverweigerung dem Paritätsgebot unterstellt werde, dann sei ein offener Schlagabtausch mit dem echten Arbeitskampfmittel Aussperrung, die jedoch auf die Fälle arbeitskampfbedingter Unmöglichkeit der Beschäftigung begrenzt bleiben müsse, vorzuziehen. »Der Arbeitgeber trägt das Arbeitskampfrisiko, der Rest ist Aussperrung.«[127]
Die Einwände gegen die arbeitsrechtliche Ausgestaltung dieser Instrumente im einzelnen sind wohl berechtigt, aber nicht unüberwindbar. Selbst bei gleicher Reichweite ist der Kampfcharakter von Massenänderungskündigung und Lohnverweigerung mit der einer suspendierenden Aussperrung nicht zu vergleichen; in einem psychologisch und menschlich sicher schwerwiegenden Punkt unterscheiden sie sich eindeutig von der Aussperrung; sie stellen nicht wie diese eine unmittelbar aus dem Eigentumsrecht an Produktionsmitteln abgeleitete Machtdemonstration dar.

Katholischer Soziallehre sind zwei Einstellungen vertraut, die auf die Diskussion um die politisch-strukturelle Parität der Tarifpartner, auf das Aussperrungsverbot und die gleitende Transformation

126 Vgl. Seiter, H. (1981), S. 78.
127 Eisemann, H. (1981), S. 367.

der kapitalistischen Marktwirtschaft eingehen: eine traditionelle Sensibilität für die Lebenslage einzelner Menschen, die von Arbeitskampfwirkungen unmittelbar betroffen sind sowie eine prophetisch-radikale Kritik an den Situationen der Not und Unfreiheit, die aus dem Mißbrauch wirtschaftlicher Macht entstehen. Diese Einstellungen sollen in drei Schritten erläutert werden.

3.3.1 Kapitalismuskritik

Die Kapitalismuskritik der Katholischen Soziallehre ist notorisch; sie hat wiederholt heftigen Widerspruch aus dem weltwirtschaftlichen Norden erfahren. Dabei wurde bisher unter Kapitalismus die Fehlform einer kapitalistischen Wirtschaftsweise verstanden, nämlich »wenn das Kapital die Lohnarbeiterschaft in seinen Dienst nimmt, um die Unternehmungen und die Wirtschaft insgesamt einseitig nach seinem Gesetz und zu seinem Vorteil ablaufen zu lassen, ohne Rücksicht auf die Menschenwürde des Arbeiters, ohne Rücksicht auf den gesellschaftlichen Charakter der Wirtschaft, ohne Rücksicht auf Gemeinwohl und Gemeinwohlgerechtigkeit«[128], d. h. ein Wirtschaftssystem, »in dem der Profit der eigentliche Motor des wirtschaftlichen Fortschritts, der Wettbewerb das oberste Gesetz der Wirtschaft, das Eigentum an den Produktionsmitteln ein absolutes Recht«[129] ist, und das charakterisiert wird durch Zusammenballung wirtschaftlicher Macht in der Hand weniger, insbesondere der Banken, durch Herrschafts- und Abhängigkeitsverhältnisse innerhalb der Privatwirtschaft, zwischen Privtwirtschaft und Nationalstaat sowie zwischen staatlichen und privaten Interessen auf internationaler Ebene.[130]

Johannes Paul II. rückt den Kapitalismus als geschichtlich einmalige Erscheinung des vergangenen Jahrhunderts in die Nähe des politisch-sozialen Systems des Liberalismus, das »die wirtschaftliche Initiative ausschließlich der Kapitalbesitzer stärkte und sicherte, den Rechten des arbeitenden Menschen jedoch nicht genügend Rechnung trug, entsprechend der These, die menschliche Arbeit sei lediglich ein Produktionsmittel, das Kapital hingegen sei die Grundlage, die Wirksache und der Zweck oder das Ziel der Produktion«.[131]

[128] Pius XI. (1931), 101, S. 128.
[129] Paul VI. (1967), 26, S. 445.
[130] Vgl. Pius XI. (1931), 105–108, S. 129.
[131] Johannes Paul II. (1981), 8, S. 577.

Nun kann sich der Irrtum des Frühkapitalismus wiederholen, »wo immer der Mensch den sachlichen Produktionsmitteln gleichgestellt und bloß als Instrument behandelt wird«.[132] So steht der Kapitalismus grundsätzlich für die Perversion der eigentlichen in der Bibel verankerten Wertordnung, der Mensch wird bloßes Werkzeug.

3.3.2 Arbeit und Eigentum

In der Eigentumsfrage sind beachtliche Akzentverschiebungen festzustellen. Während Leo XIII. das freiheitliche Grundrecht des Menschen, Eigentum zu erwerben, gegen die Angriffe des Kommunismus/Sozialismus verteidigt, Pius XI. den funktionalen Aspekt des Eigentums entfaltet und die Gleichrangigkeit von Individual- und Sozialfunktion betont hat, stellt Paul VI. in Anlehnung an das Zweite Vatikanische Konzil den Vorrang der kollektiven Bestimmung der Güter dieser Erde vor jeder Eigentumsordnung heraus. Johannes Paul II. wehrt sich dagegen, den Gegensatz zwischen Arbeit und Kapital als ein Verhältnis anonymer Kräfte zu betrachten. »Hinter beiden Begriffen stehen Menschen, lebende, konkrete Menschen; auf der einen Seite diejenigen, die die Arbeit tun, ohne Eigentümer der Produktionsmittel zu sein, auf der anderen Seite jene, die sich als Unternehmer betätigen und entweder selbst Eigentümer dieser Mittel sind oder in deren Vollmacht handeln.«[133] Das Eigentumsrecht wird entsprechend dem seit dem Konzil gewählten Ansatz unmittelbar auf die Arbeit hin, mittelbar auf die Versorgung mit lebenswichtigen Gütern hin funktionalisiert: »Die christliche Tradition hat dieses Recht nie als absolut und unantastbar betrachtet. Ganz im Gegenteil, sie hat es immer im umfassenden Rahmen des gemeinsamen Rechtes aller auf Nutzung der Güter der Schöpfung insgesamt gesehen, das private Eigentumsrecht als dem Recht auf die gemeine Nutzung, der Bestimmung der Güter für alle untergeordnet.«[134] Eigentum, namentlich Eigentum an Produktionsmitteln wird vor allem durch Arbeit erworben und damit es der Arbeit diene. Man darf die Produktionsmittel nicht gegen die Arbeit oder um des Besitzes willen besitzen; »der einzige Grund, der ihren Besitz rechtfertigt – sei es in der Form des Privateigentums, sei es in dem des öffentlichen oder kollektiven Eigentums – ist dieser, der

[132] Johannes Paul II. (1981), 7, S. 575.
[133] Johannes Paul II. (1981), 14, S. 594.
[134] Johannes Paul II. (1981), 14, S. 594.

Arbeit zu dienen und dadurch die Verwirklichung des ersten Prinzips der Eigentumsordnung zu ermöglichen, nämlich die Bestimmung der Güter für alle und das Recht auf ihren gemeinen Nutzen«.[135]

3.3.3 Vorrang der Arbeit

Johannes Paul II. lehnt die Trennung von Arbeit und Kapital als zwei Produktionsfaktoren oder anonymen Kräften ab, die in einen Gegensatz zueinander gestellt werden; er setzt sich für eine Arbeitsordnung ein, »die den Gegensatz zwischen Arbeit und Kapital schon in ihrer Grundlage überwindet und darauf angelegt ist, das oben dargestellte Prinzip zu verwirklichen, wonach der Arbeit ein wesentlicher und wirksamer Vorrang zukommt«.[136] Der Gegensatz zwischen Arbeit und Kapital hat seinen Ursprung nämlich nicht in der Struktur des Produktionsprozesses selbst; dieser zeigt eine wechselseitige Durchdringung und ein unlösliches Aufeinander-angewiesen-Sein. Außerdem tritt der arbeitende Mensch in ein doppeltes Erbe ein: seine Arbeit ist abhängig von den Naturschätzen, die er nicht geschaffen, sondern vorgefunden hat, und von den Menschen, die den vorhandenen Produktionsapparat, dessen er sich bedient, erarbeitet haben. Die Zuordnung von Arbeit undKapital führt konsequent zum »Prinzip des Vorranges der Arbeit vor dem Kapital«.[137] Denn einmal nimmt die Arbeit immer den ersten Platz als Wirkursache ein, während das Kapital, das heißt die Gesamtheit der Produktionsmittel, bloß Instrument oder Instrumentalursache ist. Zum anderen sind die Produktionsmittel, von den einfachsten Werkzeugen bis zu den ultramodernen Computern nach und nach vom Menschen erarbeitet worden: das Kapital ist zugleich Frucht der Arbeit von Generationen und entsteht ununterbrochen neu durch die Arbeit mit diesen Produktionsmitteln.[138] Und schließlich besteht das Kapital nur aus einer Summe von Dingen, während allein der Mensch als Subjekt der Arbeit Person ist. »Man muß den Primat des Menschen im Produktionsprozeß, den Primat des Menschen gegenüber den Dingen unterstreichen und herausstellen.«[139]

[135] Johannes Paul II. (1981), 14, S. 595.
[136] Johannes Paul II. (1981), 13, S. 590.
[137] Johannes Paul II. (1981), 12, S. 587.
[138] Vgl. Johannes Paul II. (1981), 14, S. 595.
[139] Johannes Paul II. (1981), 12, S. 589.

Zusammenfassend kann gesagt werden, daß katholische Soziallehre kein »Gefüge von offenen Sätzen«[140] wäre, wenn einige ihrer Leitideen dem Paritätsverständnis, das durch Klassenlage und Befreiungskampf eingefärbt ist, nicht mit einer gewissen Sympathie begegneten. Die Kritik am Kapitalismus, am absolut verstandenen Privateigentumsrecht sowie die Option für den Vorrang der Arbeit im Produktionsprozeß veranschaulichen, daß katholische Soziallehre den jeweiligen Status quo eines gesellschaftlichen Systems nicht als letztverbindlichen Maßstab für Humanität und Sozialität ansieht, der nicht in ein System transformiert werden könnte, das realistischerweise ein Mehr an Freiheit und Gerechtigkeit verspricht.

Literatur

AG Neumünster (1979), Urteil vom 10. 10. 1978, Arbeit und Recht 27, S. 200.

Bieback, K.-J. (1979), »Parität der Sozialpartner«, »Neutralität des Staates« und Aussperrung in: Bieback, K.-J. u. a. (1979), S. 252–285.

Bieback, K.-J. u. a. (1979), Streikfreiheit und Aussperrungsverbot, Neuwied und Darmstadt.

BAG (1955), Urteil vom 28. 1. 1955, Neue Juristische Wochenschrift 8, S. 882–887.

BAG (1971), Urteil vom 21. 4. 1971, Neue Juristische Wochenschrift 24, S. 1668–1672.

BAG (1980), Urteil vom 10. 6. 1980, Der Betrieb 33, S. 1266–1276, 1355 f.

Bundesverband der KAB ([5]1982), Texte zur katholischen Soziallehre, Köln.

Bundesverfassungsgericht (1975), Urteil vom 19. 2. 1975, Arbeit und Recht 23, S. 350 f.

Däubler, W. (1979), Legalität und Legitimität der Aussperrung, Bielefeld.

Eichmanns, M. (1977), Der Grundsatz der Kampfparität – der augenblickliche Stand der Debatte, Recht der Arbeit 30, S. 135–140.

Eisemann, H., Betriebsrisiko und Aussperrung, Arbeit und Recht 24 (1981), S. 357–367.

Gemeinsame Synode der Bistümer in der Bundesrepublik Deutschland (1976), Kirche und Arbeiterschaft, Offizielle Gesamtausgabe, Freiburg, S. 313–364.

[140] Wallraff, H.-J. (1965), S. 27.

Goll, U. (1980), Staat und Aussperrung: Zum Verfahren und den Maßstäben einer rechtlichen Entscheidung, Recht der Arbeit 33, S. 22–25.
Hengsbach, F. (Hg.) (1980), Aussperrung und Streik – ungleiche Mittel, Mainz.
Hensche, D. (1979), Arbeitskämpfe in der Druckindustrie 1976 und 1978. Erhaltung des Realeinkommens und Sicherung der Arbeitsplätze in: Bieback, K.-J. u. a. (1979), S. 23–66.
Johannes XXIII. (1961), Mater et Magistra in: Bundesverband der KAB (⁵1982), S. 201–270.
Johannes Paul II. (1981), Laborem exercens in: Bundesverband der KAB (⁵1982), S. 559–631.
Kalbitz, R. (1978), Aussperrungen in der BRD, Kritische Justiz 11, S. 349–367.
Kempen, O. E. (1979), Zur Vorgeschichte der Aussperrungsrechtsprechung des Bundesarbeitsgerichts seit 1945 in: Bieback, K.-J. u. a. (1979), S. 184–199.
Konzen, H. (1977), Der Arbeitskampf im Verfassungs- und Privatrechtssystem, Archiv für civilistische Praxis 177, S. 473–542.
Krejci, H. (1980), Aussperrung – Verfassungs- und Privatrechtsfragen nach deutschem Recht, Wien.
LAG Frankfurt (1979), Urteil vom 17. 4. 1979, Neue Juristische Wochenschrift 32, S. 2268–2271.
LAG Hamm (1979), Urteil vom 29. 4. 1979, Der Betrieb 32, S. 1415.
Leo XIII. (1891), Rerum novarum in: Bundesverband der KAB (⁵1982), S. 31–68.
Lieb, M. (1980), Gedanken zur Aussperrung, Der Betrieb 33, S. 2188–2195.
Löwisch, M. (1980)-1, Besteht ein Grund, die Rechtsprechung des Bundesarbeitsgerichts zur Aussperrung zu ändern?, Recht der Arbeit 33, S. 1–14.
Löwisch, M. (1980)-2, Probleme einer regionalen Arbeitskampfbegrenzung, Zeitschrift für Arbeitsrecht 11, S. 437–452.
Mayer-Maly, Th. (1979), Aussperrung und Parität, Der Betrieb 32, S. 95–100.
Moneta, J. (1979), »Wer aussperrt, sperrt auch ein!«, Die vier Kraftproben der IG Metall: 1963, 1971, 1978 in: Bieback, K.-J. u. a. (1979), S. 67–143.
Mückenberger, U. (1980), Der Arbeitskampf als staatlich inszeniertes Ritual, Blätter für Steuerrecht, Sozialversicherung und Arbeitsrecht 35, S. 241–246, 257–263.
Müller, Ch. (1979), Die Flächenaussperrung verbieten, Stimme der Arbeit 21, S. 12–15.
Ott, E. (⁵1975), Preistheorie in: Ehrlicher, W. u. a. (Hg.), Kompendium der Volkswirtschaftslehre, Bd. I, Göttingen, S. 114–182.
Paul VI. (1966), Ansprache bei der 75-Jahr-Feier von »Rerum Novarum in: Bundesverband der KAB (⁵1982), S. 427–433.
Paul VI. (1971), Octogesima adveniens in: Bundesverband der KAB (⁵1982), S. 487–523.

Paul VI. (1967), Populorum progressio in: Bundesverband der KAB (51982), S. 435–470.
Pius XI. (1931), Quadragesimo anno in: Bundesverband der KAB (51982), S. 91–150.
Raiser, Th. (1975), Die Aussperrung nach dem Grundgesetz, Berlin.
Raiser, Th. (1978), Der Kampf um die Aussperrung, Zeitschrift für Rechtspolitik 11, S. 201–205.
Reuter, D. (1975), Streik und Aussperrung, Recht der Arbeit 28, S. 275–288.
Richardi, R. (1978), Die Verhältnismäßigkeit von Streik und Aussperrung, Neue Juristische Wochenschrift 31, S. 2057–2066.
Rüthers, B. (1980), Rechtsprobleme der Aussperrung, Berlin.
Säcker, F. J. (1974), Gruppenparität und Staatsneutralität als verfassungsrechtliche Grundprinzipien des Arbeitskampfrechts, Heidelberg.
Seiter, H. (1978), Die Aussperrung nach dem Grundgesetz, Juristenzeitung 33, S. 413–422.
Seiter, H. (1976), Kodifizierung des Arbeitskampfrechts?, Neue Juristische Wochenschrift 29, S. 1369–1375.
Seiter, H. (1981), Die neue Aussperrungsrechtsprechung, Recht der Arbeit 34 (1981), S. 65–93.
Seiter, H. (1979), Die Rechtsgrundlagen der suspendierenden Abwehraussperrung, Juristische Arbeitsblätter 11, S. 337–347.
Söllner, A. (1980), Zur Zulässigkeit der Aussperrung nach geltendem Recht aus rechtsgeschichtlicher Sicht, Recht der Arbeit 33, S. 14–22.
Unterhinninghofen, H./Bobke, M. H. (1979), Aussperrung – legitimes Abwehrmittel oder Mißbrauch wirtschaftlicher Macht?, Das Mitbestimmungsgespräch 25, S. 233–238.
Wahsner, R. (1980), Auf dem Weg zum Aussperrungsverbot?, Frankfurter Hefte 35, S. 13–23.
Wallraff, H.-J. (1965), Die katholische Soziallehre – ein Gefüge von offenen Sätzen in: Achinger, H. u. a. (Hg.), Normen der Gesellschaft, Mannheim, S. 27–48.
Wohlgemuth, H. H. (1979)-2, Aussperrung und Grundgesetz, Betriebsberater 34, S. 111–115.
Wohlgemuth, H. H. (1979)-1, Die juristischen und politischen Vorstellungen der Arbeitgeber und Gewerkschaften zu der Verfassungsmäßigkeit der Aussperrung und der Forderung nach einem Aussperrungsverbot in: Bieback, K.-J. u. a. (1979), S. 200–223.
Wohlgemuth, H. H. (1978), Kampfparität und öffentliche Meinung, Arbeit und Recht 26, S. 325–329.
Wohlgemuth, H. H./Bobke, M. H. (1979), Zum Rückgriff auf die geschichtliche Entwicklung bei der Grundrechtsauslegung am Beispiel des Art. 9 Abs. 3 GG, Blätter für Steuerrecht, Sozialversicherung und Arbeitsrecht 34 (1979), S. 177–180.
Wolter, H. (1979)-1, Aussperrung, Parität und Verhältnismäßigkeit, Arbeit und Recht 27, S. 193–203.
Wolter, H. (1979)-2, Aussperrung und Verhältnismäßigkeit – Kritik

des »obersten Gebots« des Arbeitskampfrechts in: Bieback, K.-J. u. a. (1979), S. 224–251.

Zachert, U./Metzke, M./Hamer, W. ([2]1979), Die Aussperrung – Zur rechtlichen Zulässigkeit und praktischen Durchsetzungsmöglichkeit eines Aussperrungsverbots, Köln.

Zweites Vatikanisches Konzil (1965), Pastoralkonstitution Die Kirche in der Welt von heute in: Bundesverband der KAB ([5]1982), S. 321–425.

4. Kapitel: Berufliche Ausbildung

Das Jahrzehnt 1970–1980 war für die berufliche Ausbildung in der Bundesrepublik eine bewegte Zeit.

1970 wurde charakterisiert als das Jahr der ›Lehrlingsrevolte‹. Ende Februar platzte bei Siemens in München eine Freisprechungsfeier, als 133 junge Menschen, darunter 3 Jugendvertreter, protestierten, »gegen eine Ausbildung, in der durch körperliche Züchtigung Angst, Minderwertigkeitskomplexe und seelische Hemmungen hervorgerufen werden, die das Selbstbewußtsein der Lehrlinge in starkem Maße mindern«.[1] Vergleichbare Protestaktionen gab es bei der August-Thyssen-Hütte in Duisburg und bei den Farbwerken Hoechst in Frankfurt.

1975 erreichte die Arbeitslosenquote der Jugendlichen unter 20 Jahren während des laufenden Jahrzehnts ihren höchsten Stand. Was aber die Statistik verschweigt, spiegelt sich in den Empfindungen arbeitsloser Jugendlicher: »Als Arbeitsloser bist du mit dir selbst nicht zufrieden. Man kommt in einen Strudel und man merkt kaum, daß der Sog einen immer tiefer reißt. Dieser Sog wird von Tag zu Tag immer größer. Je größer dieser Sog, desto beschissener ist es da rauszukommen. Du bist von allen abhängig. Du kommst dir irgendwie nicht mehr als Mensch vor. Du wirst automatisch nicht akzeptiert von der Gesellschaft.«[2]

1980 war das Jahr mit der in diesem Jahrzehnt höchsten Zahl neu abgeschlossener Ausbildungsverträge. Hinter dieser Zahl bleibt jedoch eine von 1000 Wahrheiten unerkannt, die ein 14jähriges Mädchen beim Namen nennt: »Ich habe mich bei einer Bäckerei als Verkäuferin (Lehre) beworben. Mir wurde gesagt, daß ich mit größter Wahrscheinlichkeit damit rechnen kann, daß ich eingestellt werde, da sie unbedingt noch jemand für den Verkauf benötigen. Ich mußte dann fast jeden Samstag kommen und beim Verkauf mithelfen, sozusagen als Probearbeit, meinte die Chefin.«[3]

Persönliche Erfahrungen stehen unter dem Vorbehalt, daß sie Randerscheinungen übergewichten. Außerdem ist anzunehmen, daß

[1] Lehrzeit (1970): Der Spiegel (1970), S. 60.
[2] Laturner, S./Schön, B. (1975), S. 14 f.
[3] Nationalleitung der CAJ (1980), S. 54.

unmittelbare Betroffenheit die Wahrnehmung größerer Zusammenhänge sowie ein ausgewogenes Urteil erschwert. Wer aber die berufliche Ausbildung auf ein Problem individueller Moral reduziert und wer die Opfer der Jugendarbeitslosigkeit zu deren Ursachen abstempelt, verschleiert die quantitativen und qualitativen Strukturprobleme der beruflichen Ausbildung. Deshalb soll im folgenden versucht werden, die drei strukturellen Ebenen der beruflichen Ausbildung: den ökonomischen Sachverhalt, das pädagogische Konzept und den politischen Konflikt zu sichten und nach sozialethischen Maßstäben zu beurteilen.

1. Der ökonomische Sachverhalt

Die berufliche Ausbildung ist ein knappes Gut, das von Jugendlichen nachgefragt und von den Betrieben angeboten wird. Wenn die Erwartungen der Nachfrager mit denen der Anbieter übereinstimmen, ist der ›Ausbildungsmarkt‹ im Gleichgewicht.

1.1 Die Nachfrage nach Ausbildungsplätzen

Das *Nachfragevolumen* wird im Berufsbildungsbericht nach dem Ausbildungsplatzförderungsgesetz als Summe der zwischen dem 1. Oktober des abgelaufenen und dem 30. September des laufenden Jahres abgeschlossenen Ausbildungsverträge und der bei der Arbeitsverwaltung gemeldeten, aber noch nicht in Ausbildungsverhältnisse vermittelten Jugendlichen aufaddiert und als »realisierte Nachfrage« ausgegeben. Gegen diese Nachfragedefinition werden starke Einwände erhoben. Denn als realisierte Nachfrage im engeren Sinn können wohl nur die Jugendlichen mit abgeschlossenem Ausbildungsvertrag und aufgenommener Ausbildung bezeichnet werden. Darüber hinaus muß neben der nicht realisierten Nachfrage der beim Arbeitsamt gemeldeten und nicht vermittelten Jugendlichen die nicht realisierte Nachfrage der Jugendlichen, die sich ohne Vermittlung des Arbeitsamtes um einen Ausbildungsplatz bemüht aber keinen gefunden haben, sowie die latente Nachfrage der Jugendlichen berücksichtigt werden, die ihren Ausbildungswunsch bereits aufgegeben oder zeitweilig aufgeschoben haben oder in andere Bildungsgänge ausgewichen sind. Dieses erweiterte Konzept führt zu einem Nachfragevolumen, das 1979 um 11% über dem nach dem Ausbildungsplatzförderungsgesetz errechneten lag.[4] Definiert man schließlich die Nachfrage unter Einschluß aller Jugendlichen, die nach allgemein angenommenen bildungspolitischen Zielsetzungen einen Ausbildungsplatz haben sollten (Soll-Nachfrage), so lag deren Volumen 1979 um 30% über dem offiziell errechneten.[5]

Die *Nachfragestruktur* wird durch drei Merkmale charakterisiert. Sie ist *abgeleitet:* Weniger die authentischen Ausbildungswünsche der Jugendlichen entsprechend ihren Fähigkeiten und Neigungen kommen zum Zuge, sondern mehr die in der sozialen und regionalen Umgebung herrschenden Berufsbilder, die in der Nähe vorhandenen Ausbildungsbetriebe und das dem Arbeitsamt gemeldete Ausbildungsangebot.[6] Das wachsende Interesse der Hochschulberechtigten an einer beruflichen Ausbildung führt zu einem verschärften Verdrängungswettbewerb, der Haupt- und Realschüler auf Ausbildungsberufe zweiter Wahl verweist.[7]
Die Nachfrage ist *konzentriert:* Die zeitliche Konzentration ist durch das Auftreten der geburtenstarken Jahrgänge bedingt. Die berufliche Konzentration ist demgegenüber mehr als 20 Jahre alt. Die 20 am stärksten besetzten Ausbildungsberufe erreichten 1975 bei den Jungen 65%, bei den Mädchen 86% aller Ausbildungsberufe. »Eine wesentliche Abschwächung der Konzentration der Auszubildenden auf wenige der anerkannten Ausbildungsberufe zeichnet sich nicht ab.«[8] (Vgl. Tabelle 1.)

Die Nachfrage ist *fehlgesteuert:* 1979 waren von den deutschen Erwerbspersonen mit beruflicher Ausbildung 39% im Handwerk

[4] Vgl. Stegmann, H./Holzbauer, I. (1979), S. 126–130; Stegmann, H./Holzbauer, I. (1978), S. 159; Alex, L. (1980), S. 172.

[5] Vgl. Behr, B. (1980), S. 321, 323 f.

[6] Vgl. Heller, H. (1980), S. 158; Saterdag, H./Kraft, H. (1979), S. 1131; Offe, C. (1975), S. 116; Gaulke, K. P. (1976), S. 15–19, 85 f.

[7] Nach einer Sonderstudie des Bundesinstituts für Berufsbildung über die schulische Vorbildung der Auszubildenden 1978 im Bereich Industrie und Handel dominieren Auszubildende mit höherer schulischer Vorbildung (Realschule, Berufsfachschule, Sekundarstufe II, sonstige höhere Schulen) in folgenden Berufen: Bankkaufmann 97%, Versicherungskaufmann 94%, Physiklaborant 83%, Chemielaborant 77%. Vgl. Althoff, H. u. a. (1980), S. 20.

[8] Berufsbildungsbericht (1978), S. 38; vgl. Berufsbildungsbericht (1977), S. 15 f.

Tabelle 1

Rangfolge der am stärksten besetzten Ausbildungsberufe 1979

%

Rangziffer	Jungen		Mädchen	
1	Kraftfahrzeugmechaniker	9,2	Verkäuferin (1. Stufe)	11,6
2	Elektroinstallateur	5,3	Friseuse	11,2
3	Maschinenschlosser	4,3	Verkäuferin im Nahrungsmittelhandw.	6,8
4	Tischler	3,8	Bürokaufmann	6,4
5	Maler und Lackierer	3,6	Industriekaufmann	5,6
6	Maurer	3,6	Arzthelferin	5,4
7	Gas- und Wasserinstallateur	3,1	Einzelhandelskaufmann (2. Stufe)	4,0
8	Kaufmann im Groß- und Außenhandel	2,8	Zahnarzthelferin	3,8
9	Bäcker	2,5	Bankkaufmann	3,5
10	Fleischer	2,2	Kaufmann im Groß- und Außenhandel	3,2
1–10		40,5		61,4

Quelle: Wirtschaft und Statistik 83 (1980), S. 637 u. 640.

ausgebildet, aber nur 20% im Handwerk beschäftigt.[9] Bei den 1976–1979 vorrangig abgeschlossenen Ausbildungsverträgen zeigen sich Ausbildungsschwerpunkte im kaufmännischen Bereich, während qualifizierte Fachkräfte gerade im gewerblichen Bereich gesucht werden; den Ausbildungsschwerpunkten im handwerklich-gewerblichen Bereich steht eine Nachfrage nach Fachkräften im Bereich der Industrie gegenüber; der Ausbildungsschwerpunkt Nahrungsmittelhandwerk und Friseur korrespondiert mit Vermittlungsschwierigkeiten ausgebildeter Jugendlicher in den Bereichen der Textil-, Bekleidungs-, Leder- und Ernährungsberufe, der Körper-

[9] Vgl. Berufsbildungsbericht (1980), S. 50.

pflege und Gästebetreuer.[10] Mehr als ein Drittel aller betrieblich Ausgebildeten haben den Ausbildungsbetrieb während des ersten Jahres nach Beendigung der Ausbildung verlassen; ein solcher Betriebswechsel erfolgt nicht unabhängig von der Betriebsgröße. Für ein Viertel der Betriebswechsler während des ersten Jahres ist der Betriebswechsel zugleich ein Wechsel der Berufsgruppe, wobei die 10 am stärksten besetzten Ausbildungsberufe beachtliche Berufswechslerquoten aufweisen.

40% der betrieblich ausgebildeten deutschen Erwerbspersonen haben, wie 1979 ermittelt wurde, einmal den Beruf gewechselt, die Hälfte davon dysfunktional, d. h. sie haben wenig, sehr wenig oder gar nichts von der betrieblichen Ausbildung verwerten können. Besonders davon betroffen sind die Lederhersteller und -bearbeiter, die Back- und Konditoreiwarenhersteller, die Bergleute, die Raumausstatter und die Textilverarbeiter und -hersteller.[11]

1.2 Das Angebot an Ausbildungsplätzen

Das Angebot an Ausbildungsplätzen war in den vergangenen 10 Jahren erheblichen Veränderungen unterworfen. 1970–1974 ging es von 646 000 auf 342 000 Ausbildungsstellen zurück; seit 1975 dagegen erfolgte eine deutliche Ausweitung von 450 000 (1974) auf 652 000 (1980) neu abgeschlossene Ausbildungsverträge.

Das *rückläufige Angebot bis 1974* kann aus mehreren Einflußgrößen erklärt werden. Die *Konjunktur* wirkt prozyklisch in den meisten Unternehmen, in der Mehrzahl der Industriezweige und in einzelnen Handwerksbereichen, sie wirkt antizyklisch in der Mehrzahl der Handwerksbetriebe und in einzelnen Industriezweigen. Nicht immer wird eine Verminderung der Ausbildungsstellen im Bereich der Industrie- und Handelskammern durch eine Vermehrung im Handwerkskammerbereich (Schwammfunktion des Handwerks) aufgefangen.[12]

Der *Strukturwandel* ist eine weitere Einflußgröße. Wenn man berücksichtigt, daß der Ausbildungsschwerpunkt in Handwerksbe-

[10] Vgl. Werner, R. (1980), S. 327, 330.

[11] Vgl. Berufsbildungsbericht (1980), S. 50, 116 f.

[12] Vgl. Sachverständigenkommission (1974), S. 358; Weitz, R. (1976), S. 117.

trieben und in Kleinbetrieben liegt, so ist dem spürbaren Konzentrationsprozeß, durch den kleine und mittlere Unternehmen in Großkonzerne eingegliedert worden sind, ein Teil der Verminderung des Ausbildungsplatzangebotes anzulasten. Der Strukturwandel zwischen den Wirtschaftszweigen kann zu Reibungsverlusten führen, insofern die Schaffung neuer Ausbildungsplätze in den Wachstumsbranchen mit dem Verlust an Ausbildungsplätzen in den traditionellen Branchen nicht Schritt hält. Vor allem aber hat die abrupte Veränderung der ökonomischen Rahmenbedingungen zu Beginn der 70er Jahre (Ölpreisschock, Dollarkursfreigabe, monetäre Stabilisierungspolitik, Sättigungsgrenzen beim Massenkonsum, Entwicklungsländerkonkurrenz) zahlreiche Unternehmer verunsichert und den Rückgang des Ausbildungsplatzangebotes mitverursacht.

Das *zusätzliche Angebot seit 1975* ist eine beachtliche Leistung der Ausbildungsbetriebe. Ob diese Angebotsausweitung auch unter qualitativem Aspekt positiv beurteilt werden kann, muß die Struktur der neu geschaffenen Ausbildungsplätze aufzeigen.
Eine Strukturanalyse nach *Ausbildungsbereichen* ergibt, daß seit 1973 neben der Landwirtschaft der Handwerkskammerbereich überdurchschnittlich an der Ausweitung des Ausbildungsplatzangebotes beteiligt ist. Die Aufgliederung des zusätzlichen Angebotes nach *Berufen* zeigt, daß 1974–1977 überdurchschnittliche Zuwachsraten bei den Berufen Maurer, Verkäuferin im Nahrungsmittelhandwerk, Bäcker, Kraftfahrzeugmechaniker, Fleischer, Tischler, Verwaltungsangestellter im öffentlichen Dienst, Koch, Friseur, Maler und Lackierer auftraten. Diese Berufe sind häufig dadurch charakterisiert, daß sie einen überdurchschnittlichen Anteil an Berufswechslern und auch an solchen, die nichts oder nur wenig aus ihrem alten Beruf verwerten können, sowie an Facharbeitern, die aus dem Ausbildungsberuf in eine Hilfsarbeiter- oder Angelerntentätigkeit abgestiegen sind, aufweisen.[13] Allerdings scheint dieses starke Übergewicht traditioneller Handwerksberufe in den Jahren 1976–1979 zugunsten eines zusätzlichen Ausbildungsplatzangebotes in gewerblich-industriellen Berufen abgebaut worden zu sein (vgl. Tab. 2). Die Strukturanalyse nach *Wirtschaftszweigen* stellt ein ausgesprochenes Mißverhältnis zwischen den positiven Veränderungsraten der Ausbildungsverhältnisse und den negativen Veränderungsraten der

[13] Vgl. Stegmann, H./Holzbauer, I. (1979), S. 130 f.

Tabelle 2

Neu abgeschlossene Ausbildungsverträge mit überdurchschnittlichen Zuwachsraten nach Ausbildungsberufen

Ausbildungsberuf	Veränderung in %
1977/1974 (31. 12.)	
Maurer	92
Verkäuferin im Nahrungsmittelhandwerk	68
Bäcker	66
Kfz-Mechaniker	52
Fleischer	47
Tischler	42
Verwaltungsangestellter im Öffentl. Dienst	40
Koch	37
Friseur	32
Maler und Lackierer	31
Alle Ausbildungsberufe	22
1979/1976 (30. 9.)	
Verkäuferin im Nahrungsmittelhandwerk	71
Technikerberufe im Öffentl. Dienst	68
Tischler	68
Bauzeichner	63
Schlosser	62
Zentralheizungs- und Lüftungsbauer	60
Bäcker	59
Maler und Lackierer	59
Koch	56
Bürogehilfin	53
Alle Ausbildungsberufe	29

Quelle: Berufsbildungsbericht (1979), S. 93;
(1980), S. 91.

Tabelle 3

Sozialversicherungspflichtig beschäftigte Arbeitnehmer und Auszubildende in ausgewählten Wirtschaftszweigen

Wirtschaftszweig	Veränderungsrate 1976–1979 (in %)	
	Beschäftigte	Auszubildende
Land- und Forstwirtsch.	+ 6,1	+ 52,9
Chemische Industrie	– 1,9	+ 11,3
Stahl- und Leichtmetallindustrie, Maschinen- u. Fahrzeugbau	+ 3,7	+ 14,2
Elektrotechnik, Feinmechanik	+ 0,7	+ 9,7
Säge- u. Holzverarbeitung	+ 4,4	+ 44,6
Leder und Schuhe	– 4,2	+ 61,5
Nahrungs- u. Genußmittel	– 3,1	+ 46,2
Baugewerbe	– 1,0	+ 25,5
Gaststätten u. Beherbergung	+ 7,5	+ 40,3
Reinigung u. Körperpflege	– 1,6	+ 30,4

Quelle: Berufsbildungsbericht (1981), S. 128.

Beschäftigung fest. 1975–1979 weisen die Wirtschaftszweige Landwirtschaft, Leder und Schuhe sowie Nahrungs- und Genußmittel weit überdurchschnittliche Zuwachsraten bei den Auszubildenden auf, während gleichzeitig die Zahl der Beschäftigten sinkt[14] (vgl.

[14] »Gerade in den angesprochenen Bereichen ist die Entwicklung in Ausbildung und Beschäftigung gegenläufig.
– Bei den Tischlern stieg die Zahl der Auszubildenden von 1974 bis 1977 um 42 Prozent. Die Erwerbstätigenstatistik belegt in diesem Handwerk einen Rückgang von 11 Prozent zwischen 1970 und 1976.
– Bei den Malern und Lackierern schnellte die Zahl der Ausbildungsplätze um 30 Prozent hoch. Die Erwerbstätigenzahl in diesem Bereich ist um 23,5 Prozent geschrumpft.« Faulstich, P. (1979), S. 302.
»Auffällig ist auch der starke Rückgang gewerblicher Fachkräfte im Nahrungsmittelgewerbe (–17,6 v. H.) und die gleichzeitige Zunahme der Auszubildenden in diesem Bereich um ein Viertel (+25,9 v. H.). Während die Zahl der Fleischer von 1967 bis 1976 insgesamt von 219 890 auf 222 881 geringfügig anstieg (+1,4 v. H.) und die Gesamtzahl der beschäftigten Bäkker von 211 266 auf 195 173 absank, nahmen die Auszubildendenzahlen in diesen beiden Berufen besonders stark zu.« Görs, W. (1979), S. 176.

Tab. 3). Die *räumliche* Analyse identifiziert Regionen mit ungünstiger Versorgungslage (die Küstengebiete, mittleres Hessen, westliches Rheinland-Pfalz, Saarland, Nord-Bayern) sowie Regionen mit ungünstiger Entwicklungstendenz des Ausbildungsplatzangebotes (Rheinland-Pfalz, Nordhessen, Südliches Westfalen).[15] 1976–1978 herrschte in 45 Arbeitsamtsbezirken ein fortwährendes Angebotsdefizit an Ausbildungsplätzen. Eine *geschlechtsspezifische* Strukturanalyse des zusätzlichen Angebots belegt die relative Benachteiligung der jungen Frauen. Der Ausbildungsmarkt ist überwiegend geschlechtsrollenspezifisch aufgeteilt: 1977 wurden den Fertigungsberufen 75 % der auszubildenden jungen Männer und 8 % der auszubildenden jungen Frauen, den Dienstleistungsberufen dagegen 87 % der jungen Frauen und 19 % der jungen Männer zugewiesen.[16] Was in der Öffentlichkeit gern als ›Modeberuf‹ abgestempelt wird, erweist sich in Wirklichkeit als Auffangbecken für solche jungen Frauen, die sonst kaum einen Ausbildungsplatz bekommen; deren Arbeitsmarktrisiko ist außerordentlich hoch, insofern die Zahl der Auszubildenden (zum Beispiel bei den Friseuren) in keinem Verhältnis zum tatsächlichen Nachwuchsbedarf steht. Erst in jüngster Zeit wurden Modellversuche, die pädagogisch begleitet und staatlich mit jährlich DM 6 Mill. subventioniert werden, gestartet, um das gerblich-technische Berufsspektrum für junge Frauen zu erhöhen.

1.3 Berufliche Ausbildung in der Marktwirtschaft

Angebot und Nachfrage nach Ausbildungsstellen unterliegen einer Aufwand/Ertrags-Kalkulation. Gegen die berufliche Ausbildung wird eingewendet, sie diene den Profitinteressen der Unternehmer und sei ausschließlich an der Rentabilität des Ausbildungsbetriebes orientiert. Die Ausbildungsbetriebe senkten ihre Lohnkosten, indem sie Facharbeiter durch Auszubildende austauschten.

Eine von der Bundesregierung berufene Sachverständigenkommission hat die Gesamtkosten der beruflichen Ausbildung zu ermitteln versucht. Für das Jahr 1972 wurden Bruttokosten von DM 8,77

[15] Vgl. Berufsbildungsbericht (1980), S. 34.
[16] Vgl. Berufsbildungsbericht (1980), S. 114; Berufsbildungsbericht (1979), S. 39.

Mrd., Nettokosten von DM 5,3 Mrd. festgestellt. Die Kostenbelastung wechselt jedoch nach Kammerbereich, Berufsgruppe, Ausbildungsgang und Betriebsgröße.[17] Die Kostenverteilung nach *Kammerbereichen* ergab, daß 1972 die Kosten pro Auszubildenden und Jahr in einem IHK-Betrieb mit über 1000 Beschäftigten 2,6 mal so hoch, in einem IHK-Betrieb mit unter 1000 Beschäftigten dagegen 2 mal so hoch wie in einem HWK-Handwerksbetrieb waren. 16% der HWK-Handwerksbetriebe erzielten sogar Nettoerträge bis zu DM 2500. Die Kostenverteilung nach *Berufsgruppen* schwankte 1972 pro Auszubildenden und Jahr zwischen DM 86.— im Gesundheitswesen und DM 4600 in Betrieben, die der Industrie- und Handelskammer bzw. der Handwerkskammer angeschlossen sind. Die Kostenverteilung nach *Ausbildungsgängen* wies 1972 für den Maschinenschlosser einen Betrag von DM 8400.— pro Auszubildenden und Jahr auf, während andererseits beim Friseur ein entsprechender Betrag von DM 1700.— anzusetzen war; bei den Ausbildungsgängen Bürokaufmann, Elektroanlageninstallateur und Friseur lagen für ca. ein Fünftel der Ausbildungsbetriebe die Ausbildungkosten unter den Ausbildungserträgen. Die Kostenverteilung nach der *Betriebsgröße* zeigte, daß für identische Ausbildungsgänge die Ausbildungkosten in Großunternehmen um ein mehrfaches höher liegen als in Betrieben mit unter 1000 Beschäftigten.

Die Kostenerfassung bzw. die Aufwand/Ertrags-Rechnungen dekken die ungleiche Kostenbelastung der Betriebe auf. Sie belegen, daß den Betrieben, die eine qualifizierte Ausbildung anbieten, erhebliche Ausbildungskosten entstehen, während die nicht oder nicht qualifiziert ausbildenden Betriebe, die die ausgebildeten Fachkräfte übernehmen, Ausbildungserträge in Gestalt höherer Arbeitsproduktivität abschöpfen und so Wettbewerbsvorteile genießen. Wenn man realistischerweise davon ausgeht, daß es den Ausbildungsbetrieben auf Grund ihrer Marktstellung nicht gelingt, die Ausbildungskosten über höhere Produktpreise auf die Verbraucher abzuwälzen, und wenn man es als unerwünscht ansieht, daß sie die Äquivalenz von Ausbildungskosten und -leistungen durch eine Senkung der Ausbildungsqualität herbeiführen, dann wird das Dilemma und die Grenze einer marktwirtschaftlichen Steuerung des Ausbil-

[17] Vgl. Sachverständigenkommission (1974), S. 92 f., 96, 100, 130, 138, 168 f., 172, 183.

dungsmarktes sichtbar: die Durchsetzung der einzelwirtschaftlichen Rentabilität mindert die Qualität der beruflichen Ausbildung und umgekehrt: die qualifizierte Ausbildung eines Ausbildungsbetriebes führt zu ungleicher Kostenbelastung und relativer Benachteiligung.

2. Das pädagogische Konzept

Das pädagogische Konzept der beruflichen Ausbildung wird an den Merkmalen der gesellschaftichen Abwertung und an den Konstruktionselementen des dualen Systems abgelesen.

2.1 Gesellschaftliche Abwertung

Die gesellschaftliche Abwertung der beruflichen Ausbildung drückt sich in deren pädagogischer Abseitsstellung, sozialer Selektion und finanzieller Benachteiligung aus.
Die *pädagogische Abseitsstellung* geht bereits auf die von Aristoteles vorgenommene Einstufung wissenschaftlicher, künstlerischer und handwerklicher Fähigkeiten zurück. Im Mittelalter gab es für die wissenschaftliche und künstlerische Betätigung formalisierte Ausbildungsgänge, während die Vermittlung handwerklicher Fähigkeiten nach dem Grundsatz des Vor- und Nachmachens erfolgte. Als die Neuhumanisten gegen die Philosophie der Aufklärung die Idee einer allgemeinen Menschenbildung propagierten, blieb die Vorstellung einer persönlichen Bildung durch den Beruf auf der Strecke. Die Humboldt'sche Bildungsidee einer scharfen Trennung von allgemeiner Menschenbildung und spezieller Berufsausbildung und deren schulorganisatorische Konsequenz bestimmt den pädagogischen Dualismus bis heute: einmal als Gleichsetzung von Bildung mit Allgemeinbildung, während die berufliche Bildung einer bestimmten Erwerbstätigkeit zugeordnet wird, und zum anderen als insitutionelle Trennung allgemeinbildender und berufsbildender Lernprozesse in entsprechenden Schultypen.[18]

[18] Vgl. Kell, A./Lipsmeier, A. (1976), S. 38 f.; Maier, H. (1975), S. 17. »Humboldt formuliert es unmißverständlich: ›Denn beide Bildungen – die allgemeine und die spezielle – werden durch verschiedene Grundsätze geleitet. Durch die allgemeine sollen die Kräfte, d. h. der Mensch selbst gestärkt, geläutert und geregelt werden; durch die spezielle soll er nur Fertigkeiten zur Anwendung erhalten.‹« Fiedler, R. ([2]1973), S. 103 f.

Die *soziale Selektion* innerhalb einer Klassengesellschaft ist die unmittelbare Folge des pädagogischen Dualismus der Neuhumanisten. Denn die Alternative: Allgemeinbildung oder Berufsbildung verschleiert die Tatsache, daß beide Bildungsgänge auf das Beschäftigungssystem bezogen sind: »Allgemeine Bildung ist berufliche Bildung für die Herrschenden, berufliche Bildung ist allgemeine Bildung für die Beherrschten.«[19] Das Vehikel der sozialen Selektion ist das dreigliedrige Schulsystem, insofern die Volksschule der Mehrzahl der Bevölkerung eine volkstümliche Bildung vermitteln, das Gymnasium den Zugang zu Führungspositionen in Wirtschaft und Gesellschaft ermöglichen, die Realschule eine Kombination in Form einer gehobenen praxis- und berufsorientierten Bildung realsieren wollte.
Die *finanzielle Benachteiligung* der beruflichen Ausbildung zeigt sich darin, daß 1972 die gesellschaftlichen Nettokosten für einen Gymnasiasten mit anschließendem Studium siebenmal so hoch wie für einen Auszubildenden mit dreijähriger Ausbildungszeit waren. Vergleicht man die Pro-Kopf-Ausgaben der öffentlichen Haushalte im Bildungs- und Wissenschaftsbereich für Auszubildende, Schüler und Studenten, dann stand 1971 den Hochschulen das 12fache und den allgemeinbildenden Schulen das doppelte der Finanzmittel der Berufsschulen zur Verfügung.[20]

Die *Bildungsreform der 60er Jahre* scheint wahrnehmbare Spuren in der Gesellschaft hinterlassen zu haben: gegenüber 1965 hat sich die Zahl der Realschüler, Gymnasiasten und Studienanfänger 1978 in etwa verdoppelt. Die Bedeutung der Schichtzugehörigkeit bei der Wahrnehmung der Bildungschancen ist geringer geworden: der Anteil der Studierenden, deren Vater Arbeiter ist, stieg von 7% 1968 auf 13% 1976. Außerdem hat sich der Ausbildungsstand der Erwerbstätigen erhöht, wie auch der Anteil derjenigen, die unmittelbar nach dem Abitur ein Hochschulstudium aufnehmen wollen, zurückgegangen und gleichzeitig der Anteil der Auszubildenden mit Hauptschulabschluß gerade im kaufmännischen Bereich erheblich gesunken ist.
Trotzdem ist die Überlegenheit des abgeschlossenen Hochschulstu-

[19] Frister, E. (1978), S. 135.
[20] Vgl. Winterhager, W. D. (1975), S. 552; Kell, A./Lipsmeier, A. (1976), S. 225.

diums gegenüber dem beruflichen Ausbildungsabschluß unangetastet. Betriebliche Führungskräfte der ersten Ebene sind mehrheitlich Absolventen der Hochschulen und Fachhochschulen. Die Lebenseinkommenserwartungen eines Hochschulabsolventen waren 1978 doppelt so hoch wie die eines Hauptschulabsolventen. Außerdem konzentriert sich das Interesse der Hochschulberechtigten in der beruflichen Ausbildung auf ganz wenige Berufe im kaufmännischen und technischen Bereich; dadurch wird die Schichtung der Ausbildungsberufe nach der schulischen Vorbildung festgeschrieben.[21] Und schließlich kann man auch nach der Bildungsexpansion, also 1977 mit überdurchschnittlichen Hauptschülerquoten bei Kindern von Arbeitern, mit überdurchschnittlichen Realschülerquoten bei Kindern von Angestellten, mit überdurchschnittlichen Gymnasiastenquoten bei Kindern von leitenden Angestellten und gehobenen Beamten rechnen. Unter Arbeiterkindern ist die Wahrscheinlichkeit des Besuchs einer weiterführenden Schule (Realschule und Gymnasium) nur halb so groß und die des Gymnasiumbesuchs nur ein Viertel so groß wie unter Nichtarbeiterkindern.[22]

2.2 *Das duale System*

Duales System meint zunächst die Dualität der Lernorte Betrieb und Schule, damit verbunden die Dualität der pädagogischen Methoden, nämlich des organisierten Lernens in Distanz zur alltäglichen Praxis und des situativen Lernens im technischen und sozialen Kontext, und schließlich die Dualität der sich ausbalancierenden Kompetenzen. Die Kombination verschiedener Elemente könnte als besondere Chance der beruflichen Ausbildung angesehen werden. Tatsächlich belasten zwei erhebliche Mängel das duale System: die Dominanz der Privatwirtschaft und das Übergewicht der laufenden Produktion.

2.2.1 Die Dominanz der Privatwirtschaft

Die berufliche Ausbildung wird von der Privatwirtschaft beherrscht. Das kann an der Entstehungsgeschichte des dualen Systems, an der Stellung der Berufsschule, an den konkurrierenden Zuständigkei-

[21] Vgl. Althoff, H. u. a. (1980), S. 19 f., 23, 27.
[22] Vgl. Saterdag, H./Kraft, H. (1979), S. 113 f.

ten, an der Letztverantwortung und -kontrolle sowie an dem Qualitätsgefälle abgelesen werden.

Wie die *Entstehungsgeschichte* lehrt, ist das duale System »eine historisch zufällig entstandene Realität«[23]. Der Industrialisierungsprozeß im 19. Jahrhundert sprengte die mittelalterlichen Standesschranken und Zunftordnungen. Die Gewerbeordnung von 1968 löste die drei Stufen der Handwerkermeisterlehre (Lehrling, Geselle, Meister) und mit ihnen die traditionellen Lernformen in Betrieb und Familie auf; an deren Stelle trat der Grundsatz der unbeschränkten Vertrags- und Gewerbefreiheit: Lehrzeit und Lerninhalt mußten frei ausgehandelt werden. Das Handwerk war jedoch über die für den Mittelstand ungünstigen Auswirkungen der Gewerbefreiheit besorgt, die Großindustrie war mit dem aus dem Handwerk kommenden Nachwuchs und dessen Arbeitsdisziplin unzufrieden, die staatstragenden Schichten waren über die zunehmenden Wahlerfolge der Sozialisten beunruhigt. Diesen gesellschaftlichen Kräften gelang es um die Jahrhundertwende, eine Novellierung der Gewerbeordnung zugunsten des mittelständischen Handwerks, eine Kontrolle der Berufsausbildung und die Einrichtung einer beruflichen Fortbildungsschule während der Arbeitszeit durchzusetzen. 1938 wurde die allgemeine Berufsschulpflicht für Jugendliche unter 18 Jahren in der Berufsschule als Teilzeitschule eingeführt. So ist aus zahlreichen Einzelschritten eine betriebliche Berufsausbildung mit begleitender Schule entstanden, die im Nachhinein den Titel ›duales System‹ erhielt.
Der *Stellenwert der Berufsschule* ist dem des Betriebes nachgeordnet. Als Teilzeitberufsschule an ein bis zwei Tagen der Woche begleitet sie die betriebliche Ausbildung. Von dem allgemeinbildenden Lehrangebot sind nur die für die Berufsausbildung wesentlichen Teile prüfungsrelevant. Die Berufsschulen vor allem im ländlichen Raum sind personell und sachlich mangelhaft ausgestattet, so daß nur ein Teil der gesetzlich vorgeschriebenen Wochenstunden erteilt werden kann. Der Unterricht ist bei ca. 300 Ausbildungsberufen zu wenig differenziert, die Zusammenfassung zu Fachklassen ist nicht überall möglich.
Um das Gewicht des Lernortes Schule zu verstärken, sind Berufsfachschulen eingerichtet worden, die als Vollzeitschulen eine theo-

[23] Dams, Th. (1973), S. 19.

retische und praktische Berufsausbildung vermitteln. In einzelnen Ländern wird der Berufsschulunterricht zu größeren Zeitabschnitten, die mit der betrieblichen Ausbildung wechseln, zusammengefaßt (Blockunterricht).

Die *Konkurrenz der Zuständigkeiten* hat eine Zersplitterung der öffentlichen Verantwortung bewirkt: der Bund ist verantwortlich für den betrieblichen, die Länder für den schulischen Teil der beruflichen Bildung. Die Länder haben die Rechtsaufsicht über die Kammern, das Weisungsrecht in den Berufsschulen. Als Berufstätiger untersteht der Auszubildende der Arbeits- und Sozialgerichtsbarkeit; tarifpolitisch wird er von den Gewerkschaften vertreten. So ist unter dem wohlklingenden Namen des dualen Systems mittlerweile ein vierfacher Kompetenzenwirrwar entstanden:
– der Gegensatz zwischen privatwirtschaftlichen Kompetenzen im Betrieb und öffentlich-rechtlichen Kompetenzen der Kammern;
– der Gegensatz öffentlich-rechtlicher Kompetenzen der Selbstverwaltungseinrichtungen und staatlicher Kompetenzen;
– der Gegensatz der Bundeskompetenz für das Recht der Wirtschaft insbesondere der Ausarbeitung von Ausbildungsordnungen und der Länderkompetenz zur Aufstellung der Rahmenlehrpläne;
– der Gegensatz betrieblicher Kompetenz zur Aufstellung des Ausbildungsplans und der schulischen Kompetenz der Stoffverteilung.
Formal könnte man ein labiles Kräftegleichgewicht vermuten; denn das Schulrecht wirkt über die Regelung der Berufsschulpflicht in die privatrechtlichen Ausbildungsverhältnisse hinein. Tatsächlich aber ist die Dominanz der Privatwirtschaft wirksam; denn die Selbstverwaltungseinrichtungen der Wirtschaft, die nicht der Fachaufsicht des Staates unterworfen sind, beschneiden über ihre Prüfungskompetenzen die Zuständigkeit des Staates bei der Abfassung der Lehrpläne und der Schulaufsichtskontrolle.

Die *Letztverantwortung und Letztkontrolle* liegt in den Händen der Privatwirtschaft. Die rechtliche Grundlage der beruflichen Ausbildung ist der Ausbildungsvertrag, der zwischen dem Ausbildungsbetrieb und dem Auszubildenden abgeschlossen wird. Auch die Durchführung der Ausbildung ist Sache des Betriebsleiters, des Ausbildenden. Die Kontrolle der beruflichen Ausbildung liegt bei den vom Berufsbildungsgesetz »zuständige Stelle« genannten Kammern, die zwar öffentlich-rechtliche Körperschaften aber reine (mit Ausnahme der Handwerkskammern) Arbeitgebereinrichtungen sind. Sie setzen Ausbildungsberater ein, die in regelmäßigen Abständen die Ausbildungsbetriebe besuchen und die Durchführung der Ausbildung überwachen sollen, sie errichten Prüfungsausschüsse und regeln den organisatorischen Ablauf der Prüfungen.

Ein erhebliches *Qualitätsgefälle* der beruflichen Ausbildung ist angesichts der Dominanz privatwirtschaftlicher Interessen nicht verwunderlich. Für das Jahr 1972 hat die Sachverständigenkommission Kosten und Finanzierung der beruflichen Bildung die Bereitschaft der Betriebe, die gesetzlichen Vorschriften des Berufsbildungsgesetzes von 1969 einzuhalten, ermittelt. Diese Bereitschaft wechselt nach der Betriebsgröße, nach Wirtschaftszweigen und nach Ausbildungsgängen. Würde man nur die Betriebe zur Ausbildung zulassen, die von 100 möglichen Punkten eines ›Index‹, der die Einhaltung der gesetzlichen Vorschriften mißt, mindestens 70 Punkte erreichen, dann müßten unter den IHK-Betrieben mit über 1000 Beschäftigten 2%, unter den IHK-Betrieben mit unter 1000 Beschäftigten 20% und unter den HWK-Handwerksbetrieben 44% aller Ausbildungsbetriebe ausscheiden. Analog ist die Kommission vorgegangen, um die Qualität der beruflichen Bildung zu messen, die ebenfalls in Abhängigkeit von der Betriebsgröße, von Wirtschaftszweigen und Berufsgängen variiert. Würde man nur die Betriebe zur Ausbildung zulassen, die von 500 möglichen Punkten des von der Kommission aufgestellten Qualitätsindex' mindestens 80 Punkte erreichen, dann entsprechen fast alle Ausbildungsgänge in IHK-Betrieben mit über 1000 Beschäftigten dieser Norm, nicht jedoch 16% der Ausbildungsgänge in IHK-Betrieben mit unter 1000 Beschäftigten und 44% der Ausbildungsgänge in HWK-Handwerksbetrieben.[24]

2.2.2 Das Übergewicht der laufenden Produktion

Die Chance des dualen Systems, den Lernstil einer systematischen Grundbildung und einer situativen Fachbildung zu kombinieren, ist zugunsten einer Bindung an die laufende Produktion vertan worden. Diese Produktionsbindung des Auszubildenden führt zur

[24] Vgl. Sachverständigenkommission (1974), S. 207, 212, 214, 216, 249, 254, 261, 264.

Überspezialisierung; sie wird durch das System der Stufenausbildung noch verstärkt.
Andererseits werden neue Wege erprobt, die betriebs- und produktionsgebundene Fachbildung zu ergänzen: überbetriebliche Ausbildungsstätten und das Berufsgrundbildungsjahr.

Die *Überspezialisierung* ist Folge einer dem Auszubildenden abverlangten Entscheidung, sowohl betrieblich wie beruflich eine Einbahnstraße einzuschlagen. Beruflich hat er sich in der Regel für einen der 300 Ausbildungsberufe zu entscheiden; betrieblich liegt der Ausbildungsschwerpunkt eindeutig im Handwerk. Ein Großteil dieser kleinen und mittleren Unternehmen sieht seine Überlebenschance darin, als hochspezialisierter Zulieferer von Großunternehmen aufzutreten. So wird das Lernpotential der Auszubildenden kaum ausgeschöpft, deren Zukunftsperspektiven bleiben eingeengt.

Die Ursprungsidee der *Stufenausbildung* bestand darin, Lernprozesse in Schritten zu organisieren und sie in eine Grundausbildung, die verwandte Berufe umgreift, und in eine allgemeine und spezielle Fachausbildung aufzugliedern. Darüber hinaus wollte man dem individuellen Leistungsvermögen gerecht werden, den Entscheidungsdruck bei der Festlegung auf einen Beruf abbauen und die diskriminierenden Anlernberufe beseitigen.
Die Umsetzung dieser Idee in die Praxis hat jedoch erhebliche Nachteile aufgedeckt:
– die Betriebe gestalten die Stufenpläne überwiegend nach kurzfristigen betrieblichen Anforderungen. Der in den 60er Jahren als Modell vorgewiesene Krupp-Stufenplan orientierte sich ausschließlich am betrieblichen Nachwuchsbedarf.[25]
– die erste Stufe vermittelt in der Regel eine weit engere als die in den Monoberufen übliche Spezialbildung; gleichzeitig erhöht sie die Abhängigkeit des Jugendlichen vom Betrieb und die Gefahr der Dequalifizierung.[26]
– die gestufte Ausbildung wird als Instrument persönlicher Selektion angewendet. Über die Fortsetzung der Ausbildung entscheiden nicht die Auszubildenden sondern der Ersatzbedarf oder das Wohl-

[25] Vgl. Breustedt, O. (1965), S. 629.
[26] Vgl. Kiesau, G. (1979), S. 144; Pätzold, G. (1977), S. 10.

wollen des Ausbildungsbetriebes nach meist undurchsichtigen Kriterien. Bei der Stufenausbildung der Verkäuferin beträgt die Durchlässigkeit von der ersten zur zweiten Stufe ca. 11%.[27]
– die Stufenausbildung ist gerade in Industriezweigen, die von Konjunktur- und Strukturkrisen betroffen sind, eingeführt worden: in der Bekleidungs-, Maschenwaren-, Spinnerei-, Weberei-, Bau- und pelzverarbeitenden Industrie.

Die Errichtung *überbetrieblicher Ausbildungsstätten* vor allem durch das Handwerk hat Ende der 70er Jahre stark zugenommen. Das Interesse des Handwerks an der Auslagerung der betrieblichen Grundbildung ist plausibel: Die staatlich mitfinanzierten Einrichtungen senken die Kosten der betrieblichen Ausbildung, erhöhen die Qualifikation der Arbeitskräfte, lassen die Mitsprache der Kammern bei der Festlegung der Ausbildungsinhalte unangetastet. Eine am allgemeinen Interesse orientierte Beurteilung wird darauf hinweisen, daß die überbetrieblichen Ausbildungsstätten die Ausbildung auch an pädagogischen Zielen orientieren, daß sie Jugendlichen einen Ausbildungsplatz anbieten, die diesen sonst nur schwer gefunden hätten, und daß sie in strukturschwachen Gebieten das Ausbildungsplatzangebot erweitern.

Das *Berufsgrundbildungsjahr* (BGJ) geht auf die Leitidee zurück, zu Beginn nicht in einzelnen Berufen, sondern auf Berufsfeldebene auszubilden. Die Kultusministerkonferenz beschloß 1973 das BGJ als 11. Schuljahr und zugleich als erste Stufe der Berufsbildung mit einem berufsfeldübergreifenden Lernbereich und einem berufsfeldbezogenen fachtheoretischen und fachpraktischem Lernbereich. Die Betriebe zeigten allerdings wenig Neigung, das BGJ, dem in seiner vollschulischen Form von Seiten des Staates hohe Priorität eingeräumt worden war, als Teilabschnitt auf die betriebliche Ausbildung anzurechnen und deren Absolventen überhaupt einzustellen. So beschloß die Kultusministerkonferenz 1978 eine neue Anrechnungsverordnung, eine Erweiterung der Zahl der Berufsfelder, eine Erhöhung des Anteils des berufsfeldbezogenen Lernbereichs und der fachpraktischen Stundenzahl. Und schließlich wurde das BGJ mit dem Auftreten der geburtenstarken Jahrgänge durch arbeitsmarkt-

[27] Vgl. Probleme (1977), S. 15; Kiesau, G. (1979), S. 143.

und sozialpolitische Zielsetzungen teilweise zum unverbindlichen Berufsvorbereitungsjahr entwertet.[28]

Das BGJ wollte ursprünglich den pädagogischen Leitideen ein größeres Gewicht verleihen, der Spezialisierung der Ausbildungsinhalte entgegenwirken, einer produktionsunabhängigen Grundausbildung mehr Gestaltungsräume eröffnen und die Alleinverfügung der Arbeitgeber über die berufliche Bildung tendentiell ablösen.[29] Mit der Zeit ist das BGJ jedoch zum Parkraum der geburtenstarken Jahrgänge, zum Aufbewahrungsort für Jugendliche ohne Ausbildungschancen und zur Entlastung des Arbeits- und Ausbildungsstellenmarktes umfunktioniert worden. Gerade die Sonderformen, deren Absolventen von der Anrechnungspflicht ausgenommen und von der Berufsschulpflicht entbunden werden konnten, haben sich zu einem Reservoir dequalifizierter billiger Arbeitskräfte mit abgeschlossener einjähriger Anlernphase entwickelt. Die Novellierung der Anrechnungsverordnung, insbesondere die Beschränkung der Anrechnungspflicht gerade bei den Ausbildungsberufen mit hohem Arbeitsmarktrisiko (zweijährige Ausbildungsberufe, Verkäuferin, Kfz.-Mechaniker, Kfz.-Elektriker, Radio- und Fernsehtechniker) hat sogar die Unterordnung der pädagogischen Reformideen unter die Interessen der Arbeitgeber an wirtschaftlicher Verwertbarkeit der beruflichen Ausbildung besiegelt. Der Staat übernimmt einen Teil der Berufsausbildung, entlastet die Kleinbetriebe und erhöht deren Arbeitsproduktivität, ohne dafür auf die Koordinierung des ersten Ausbildungsjahres mit dem zweiten und dritten im Betrieb bzw. auf die Fortsetzung der Berufsausbildung überhaupt einwirken zu können.

3. Der politische Konflikt

Die Konkurrenz der ökonomischen und pädagogischen Perspektiven bzw. die tatsächliche Dominanz des Ausbildungsplatzangebotes und der privatwirtschaftlichen Interessen spiegeln sich in der politischen Auseinandersetzung der 70er Jahre um die Reform der beruflichen Bildung. Die Soziographie dieses Konflikts soll an den drei

[28] Berufsbildungsbericht (1978), S. 48; Berufsbildungsbericht (1979), S. 35, 42 f.

[29] Vgl. v. Auer, F. (1980), S. 224 f.; Kuda, E. (1980), S. 317.

Schlüsselprojekten der Reform, der gemeinsamen Finanzierung, der öffentlichen Kontrolle und der Koordinierung der Zuständigkeiten nachgezeichnet werden.

3.1 Die gemeinsame Finanzierung

Die Sachverständigenkommission Kosten und Finanzierung der beruflichen Bildung hatte 1973 aus der ungleichen Verteilung der Ausbildungskosten und aus den starken Qualitätsabweichungen im Umkehrschluß einen Zusammenhang zwischen der Qualität der beruflichen Ausbildung und der Finanzierungsart gefolgert. Sie war für einen zentralen Berufsbildungsfonds eingetreten, dessen Mittel durch eine Umlage von 1 % der Lohn- und Gehaltssumme bei allen Arbeitgebern aufgebracht werden sollten.[30]
Die Parteien folgten der Einschätzung der Sachverständigen und forderten ein Finanzierungssystem, das die bestehenden Ungerechtigkeiten bei der Verteilung der Ausbildungslasten, die Wettbewerbsverzerrungen sowie die Konzentration der Ausbildungsmöglichkeiten in den Ballungsräumen beseitigte.
Die Auseinandersetzung zwischen wirtschaftspolitischen und bildungspolitischen Interessen erfolgte innerhalb der SPD/F.D.P.-Koalition, insbesondere zwischen Wirtschaftsminister Friderichs und Bildungsminister Rohde.[31] Mit Rücksicht auf die labile Situation der Weltwirtschaft und das ungünstige Investitionsklima im Inland zog der Bildungsminister das Fondsmodell eines überbetrieblichen Lastenausgleichs zurück. Ein Berufsbildungsfonds sollte nur noch dann eingerichtet werden, wenn die Wirtschaft selbst nicht in der Lage sei, Ausbildungsplätze in ausreichender Zahl anzubieten. Der Gesetzentwurf sah vor, daß bei einem Angebotsüberhang von weniger als 12,5 % bis zum 30. 9. des vergangenen Jahres und bei einer Erwartung, daß sich die Situation nicht wesentlich ändere, finanzielle Beihilfen unter anderem für zusätzlich bereitgestellte und neu eingerichtete Ausbildungsplätze gewährt werden; die Mittel sollten durch ene Berufsbildungsabgabe von 0,25 % der Lohn- und Gehaltssumme (bei einem Freibetrag von DM 400 000) aufgebracht werden.

[30] Vgl. Sachverständigenkommission (1974), S. 395, 399 ff.
[31] Vgl. Faulstich, P. (1977), S. 188.

Das Kuratorium der deutschen Wirtschaft für Berufsbildung wandte sich 1975 offen gegen diese Finanzierungsregelung.[32] Man berief sich dabei auf die noch nicht abgeschlossene theoretische Diskussion um die geeignete Bemessungsgrundlage der Berufsbildungsabgabe sowie auf die Belastungswirkungen und deren Verteilung.[33] Vor allem aber bringe die Abgabe weder zusätzliche Finanzmittel noch zusätzliche Ausbildungsplätze. Sie benachteilige die Betriebe, die bisher schon ausbildeten, treffe die Falschen, weil die abgabepflichtigen Unternehmen (10% aller Unternehmen) 80% aller Arbeitnehmer beschäftigten, und belaste die deutsche Wirtschaft zusätzlich in einer ohnehin angespannten Ertragslage.[34]
Der deutsche Bundesrat schloß sich 1975 der Argumentation des Kuratoriums an.
So wurde das Berufsbildungsgesetz zwar mit den Stimmen der SPD/F.D.P.-Koalition im Bundestag verabschiedet, aber mit den Stimmen der CDU/CSU im Bundesrat abgelehnt. Die Finanzierungsregelung passierte 1976 als Ausbildungsplatzförderungsgesetz, das nicht auf die Zustimmung des Bundesrates angewiesen war, den Bundestag. In den folgenden Jahren verzichtete man allerdings darauf, die Berufsbildungsabgabe, obwohl die gesetzlichen Voraussetzungen regelmäßig erfüllt waren, zu erheben. Am 10. 12. 1980 erklärten die Karlsruher Richter das Ausbildungsplatzförderungsgesetz für verfassungswidrig.

Nach der Ablehnung des Berufsbildungsgesetzes und während der Nichtanwendung des Ausbildungsplatzförderungsgesetzes hat sich eine quantitativ orientierte Berufsbildungspolitik praktisch durchgesetzt; die bildungs- und gesellschaftspolitischen Zielsetzungen wurden den arbeitsmarktpolitischen Erfordernissen und privatwirtschaftlichen Interessen untergeordnet. Bei Aufrechterhaltung unternehmerischer Vertragsfreiheit wurden Ausbildungsplätze staatlich

[32] Vgl. Kuratorium (1975)-1, S. 55. Träger des Kuratoriums der deutschen Wirtschaft für Berufsbildung sind der Bundesverband der deutschen Industrie (BDI), die Bundesvereinigung deutscher Arbeitgeberverbände (BDA), der deutsche Industrie- und Handelstag (DIHT), der Zentralverband des deutschen Handwerks (ZDH) und die Hauptgemeinschaft des deutschen Einzelhandels (HDE).

[33] Vgl. Weitz, R. (1976), S. 73 f., 80 f., 133, 263; Hegelheimer, A. (1977), 153, 178, 181, 189.

[34] Vgl. Kuratorium (1975)-1, S. 22 f.; Kuratorium (1975)-2, S. 56; Kuratorium (1976), S. 4–6.

subventioniert, um jugendliche Problemgruppen unterzubringen – und zwar gerade in den Ausbildungsberufen, die schon bisher einen Angebotsüberhang aufwiesen, und für Ausbildungsbetriebe mit relativ niedrigen Ausbildungkosten, geringer Ausbildungsqualität und hohem Verwertungsrisiko, während die Berufsvorbereitungslehrgänge zur Förderung der Berufsreife und zur Verbesserung der Eingliederungsmöglichkeiten sowie die Grundausbildungslehrgänge, die von der Bundesanstalt für Arbeit initiiert wurden, sozialpädagogischen und sozialtherapeutischen Charakter trugen.[35]

3.2 Öffentliche Kontrolle

Über eine Aufwertung der beruflichen Bildung gegenüber alternativen Bildungsgängen sowie ihre Integration in das staatliche Bildungssystem sollte die Chancenverteilung aller Jugendlichen gewährleistet sein. Deshalb wurde eine stärkere öffentliche Kontrolle zum politischen Programm erhoben.

Die Parteien waren sich zu Beginn der 70er Jahre in folgenden Punkten einig:
– die berufliche Ausbildung muß den jungen Menschen sowohl zur beruflichen Qualifikation wie auch zur gesellschaftlichen Mündigkeit führen;
– sie muß gegenüber der starren Anbindung an die betrieblichen Produktionsabläufe stärker pädagogisch und bildungspolitisch ausgerichtet werden;
– sie soll in eine berufsfeldbezogene Grundbildung (BGJ) und eine berufsqualifizierende Fachbildung strukturiert werden;
– sie soll individuelle Schwerpunkte und Wahlfächer entsprechend den persönlichen Fähigkeiten und Neigungen der Jugendlichen zulassen;
– neben der strukturellen ist die personelle Reform gleichrangig, Zahl und Qualität der Lehrer und Ausbildungsstätten muß verbessert werden;
– die berufliche Ausbildung ist eine Sache öffentlicher Verantwortung.

[35] Vgl. Kuda, E. (1980), S. 316; Berufsstartprobleme (1980), S. 149 f.

Die Bundesregierung beschloß 1973 Markierungspunkte für die Neufassung des Berufsbildungsgesetzes: unter anderem die staatliche Verantwortung für alle Lernorte, die vollständige Integration der beruflichen und allgemeinen Bildung als gleichberechtigte Teile eines umfassenden Bildungssystems, die Gliederung der beruflichen Bildung in eine berufliche Grundbildung auf Berufsfeldbreite und eine berufliche Fachbildung mit zunehmender Spezialisierung. So erklärte der erste Referentenentwurf 1974 die Berufsausbildung als öffentliche Aufgabe unter staatlicher Aufsicht, um ihre Qualität sowie theoretische und praktische Ausgewogenheit sicherzustellen; ihr Ziel sei neben der beruflichen Qualifikation die Fähigkeit und Bereitschaft des Jugendlichen, in einem demokratischen und sozialen Rechtsstaat verantwortlich zu handeln.

Die ablehnende Haltung der Arbeitgeberverbände, der rapide Rückgang des Lehrstellenangebots, der Anstieg der Jugendarbeitslosigkeit, der Regierungswechsel Brandt/Schmidt sowie ein Brief der fünf Unternehmerverbände an den Bundeskanzler, der die Bereitstellung von 40 000 Ausbildungsplätzen zusagte, wenn die Kernpunkte der Reform gestrichen würden,[36] bewirkten, daß der Regierungsentwurf des Berufsbildungsgesetzes zwar die Ausbildung auf das Ziel beruflicher Qualifikation und Mobilität beschränkte, lediglich eine Abstimmung zwischen beruflicher und allgemeiner Bildung vorsah und ausschließlich den betrieblichen Teil der beruflichen Bildung regelte, aber an der Gliederung der Ausbildungsgänge, der Höherqualifikation der Ausbildungsbetriebe und des Ausbildungspersonals auch unter pädagogischen Gesichtspunkten, an der Flexibilität des Prüfungssystems sowie an staatlichen Prüfungsausschüssen festhielt.

Der Konflikt der ökonomischen und pädagogischen Interessen wurde auf zwei Argumentationsebenen ausgetragen. Die unmittelbare Argumentation des Kuratoriums der deutschen Wirtschaft für Berufsbildung kritisierte den Gesetzentwurf, weil er den betrieblichen Gegebenheiten nicht angepaßt sei, die überbetrieblichen Ausbildungsstätten als eigene Lernorte unterstelle, die Eignungsanfor-

[36] Diese als »Erpresserbrief« bekanntgewordene Intervention kommentierte Wirtschaftsminister Friderichs, »daß die Berufsausbildung nicht gegen die Wirtschaft reformiert werden könne«. Frankfurter Allgemeine Zeitung vom 24. 1. 1975, S. 11.

derungen an Ausbildungsstätten und Ausbildungspersonal überziehe, das Prüfungsverfahren aufsplittere und den Gewerkschaften einen Mitbestimmungsanspruch in den Prüfungsausschüssen einräume.[37] Der Bundesrat übernahm bis in den Wortlaut hinein diese Argumentation.
Die mittelbare Argumentation des Kuratoriums bestand auf der Gewerbefreiheit sowie auf der Selbstverwaltung der Kammern gegenüber staatlicher Intervention oder Mitwirkung Dritter. Die Rechte des Berufsbildungsausschusses seien ein tiefer Eingriff in die Selbstverwaltungsstruktur der Kammern; vor allem jedoch würden die staatlichen Prüfungsausschüsse die Autonomie und einheitliche Kompetenz der Kammern aufheben.[38]
Der deutsche Bundesrat hat diese mittelbare Argumentation des Kuratoriums verstärkt aufgegriffen, indem er die Rechte des Berufsbildungsausschusses vor allem bei der Einstellung und Kündigung der Ausbildungsberater, bei der Erstellung und beim Vollzug des Haushalts und bei allgemeinen Verwaltungsanweisungen monierte. »Der Regierungsentwurf enthält unvertretbare Eingriffe in die Selbstverwaltung der Kammern.«[39]

3.3 Koordinierung der Zuständigkeiten

Neben der Qualitätsanhebung der beruflichen Ausbildung durch gerechte Verteilung der Ausbildungslasten und neben der Aufwertung der beruflichen Ausbildung gegenüber alternativen Bildungsangeboten gehörte die Überwindung des chaotischen Kompetenzenwirrwars aus Gründen der Pädagogik und Rechtssicherheit zum zentralen politischen Programm.

Die Parteien vertraten zu Beginn der 70er Jahre übereinstimmend eine radikale Neuordnung der Kompetenzen, unterschieden sich jedoch in der Regelung der Bund-Länder-Beziehungen: während die CDU für eine Umstrukturierung des Bundesausschusses für Berufsbildung auf Bundesebene und für eine Zusammenarbeit zwischen staatlichen Aufsichtsbehörden, den mit Vertretern der Arbeitgeber, Arbeitnehmer und Berufsschullehrer paritätisch besetzten

[37] Vgl. Kuratorium (1975)-1, S. 18 f.
[38] Vgl. Kuratorium (1975)-1, S. 16 f., 19.
[39] Industriegewerkschaft Metall (1976), S. 249.

Bezirksausschüssen für berufliche Bildung und den Kammern auf regionaler Ebene eintrat,[40] forderte die F.D.P. »die Übertragung der Zuständigkeiten für die gesamte berufliche Bildung auf den Bund«.[41]

Die Auseinandersetzungen innerhalb der Koalition verwandelten das ursprünglich als zentrale Koordinierungsinstanz der verschiedenen Kompetenzen vorgesehene staatliche Bundesamt für Berufsbildung zunächst in eine Bundesanstalt für berufliche Bildung mit paritätischen Leitungsgremien und schließlich in einen Bundesausschuß für die berufliche Bildung, der die Aufsicht über die berufliche Bildung bei den Kammern beließ.

Der Regierungsentwurf des Berufsbildungsgesetzes enthielt 1975 folgende Ordnung der Kompetenzen:[42]

- das Bundesinstitut für berufliche Bildung wirkt nach Weisung des zuständigen Bundesministers unter anderem bei der Vorbereitung der Ausbildungsordnungen, des Berufbildungsberichtes und bei der Durchführung der Berufsbildungsstatistik mit. Seine Organe sind neben dem Generalsekretär der Hauptausschuß, in dem Arbeitgeber, Arbeitnehmer, Länder und Bund paritätisch vertreten sind, und ein Länderausschuß, in dem jedes Land eine Stimme, Bund, Arbeitgeber und Arbeitnehmer je drei Stimmen haben.
- Landesausschüsse für berufliche Bildung beraten die Landesregierung in allen Fragen der beruflichen Bildung.
- die Kammern sind die für die Berufsbildung zuständige Stelle. Sie errichten einen drittelparitätisch besetzten Bildungsausschuß, der ein Zustimmungsrecht bei der Bestellung der Ausbildungsberater und ein Informationsrecht bei der Haushaltsplanung der beruflichen Bildung hat.
- staatliche Prüfungsausschüsse, die drittelparitätisch besetzt sind, werden am Sitz der zuständigen Stelle errichtet.

Das Kuratorium der deutschen Wirtschaft argumentierte gegen den Regierungsentwurf unmittelbar mit der mangelnden Wirksamkeit einer Mitwirkung gesellschaftlicher Gruppen bei der Berufsausbildung, mit dem aufwendigen Apparat der Berufsbildungsverwaltung sowie mit der unzureichenden Abstimmung von Ausbildungsord-

[40] Vgl. CDU, S. 64 f.
[41] F.D.P., S. 47.
[42] Vgl. Berufsbildungsgesetz (1975), S. 69, 72–74, 77 f., 79, 81, 84 f.

nungen und Rahmenlehrplänen. Mittelbar wurde allerdings die unzureichende Abgrenzung der Bund-Länder-Kompetenzen herausgestellt, so daß sich die Konfrontation wirtschaftspolitischer und bildungspolitischer Interessen auf die verfassungsrechtliche Ebene verlagerte: »Eine Reihe von Vorschriften über die Berufsbildungsverwaltung scheint uns im übrigen verfassungswidrig zu sein.«[43] Damit war der Bundesratsmehrheit die Argumentationsfigur zugespielt, wegen verfassungsrechtlicher Bedenken gegen die wahrgenommene Gesetzgebungskompetenz des Bundes, insbesondere gegen das Bundesinstitut für Berufsbildung, das den Weisungen eines Bundesministers unterstehe, und in dem die Länder stimmrechtlich unterrepräsentiert seien, dem Berufsbildungsgesetz die Zustimmung zu verweigern.

3.4 Reformpolitik in der Sackgasse

Die Nachzeichnung des politischen Konfliktes um die Reform der beruflichen Bildung insbesondere um die genannten Konfliktpunkte hat drei Einsichten vermittelt:
(1) Berufliche Bildung ist kein autonomer pädagogischer Bereich, der erschöpfend durch die Erzieher-Zögling-Beziehung bzw. Meister-Lehrling-Beziehung definiert würde, sondern Gegenstand eines Verteilungskampfes um Lebenschancen innerhalb der Gesellschaft.
(2) Die gegenwärtige staatliche Bildungspolitik ist nicht imstande, unter Mitwirkung der Parteien die individuellen Interessen auf ein sogenanntes Gesamtinteresse hin zu integrieren, sondern ist selbst massivem ökonomischem Druck privater Interessenverbände ausgesetzt.
(3) Der ursprüngliche Konsens aller Parteien über die Notwendigkeit einer grundlegenden Berufsbildungsreform, insbesondere den Vorrang bildungspolitischer Zielsetzungen gegenüber ökonomischen Interessen sowie den Vorrang öffentlicher Verantwortung gegenüber der Privatwirtschaft hat zwei strittige Fragen, nämlich die Finanzierungsregelung und die Bund-Länderkompetenz, ausgeblendet.
Den Interessenvertretern der Privatwirtschaft gelang es im Verlauf

[43] Kuratorium (1975)-1, S. 14.

der Reformdiskussion, über diese Problemfelder den Parteienkonsens auseinander zu brechen und unter den Parteien Bündnispartner zu gewinnen, um die Dominanz ökonomischer Interessen sowie der Privatautonomie aufrecht zu erhalten.
So fanden ›Stellvertreterkriege‹ statt: um die Finanzierungsregelung zwischen den Koalitionspartnern SPD und F.D.P. in Gestalt des Bildungsministers Rohde und des Wirtschaftsministers Friderichs, um die Bund-Länderkompetenz zwischen CDU/CSU und SPD/F.D.P. in Gestalt der Bundesratsmehrheit und der Bundestagsmehrheit.
Auf der Strecke blieben die Reform der beruflichen Bildung und die gleichwertigen Lebenschancen derjenigen Jugendlichen, die sich der beruflichen Ausbildung unterziehen.

4. Das sozialethische Urteil

In Anlehnung an die drei Konfliktfelder, die die ökonomische, pädagogische und politische Dimension umspannen, lassen sich die Fragestellungen, die einer Beurteilung durch Wertentscheidungen katholischer Soziallehre unterworfen werden sollen, formulieren.

Erstens geht es um die Spannung zwischen der Marktökonomie und der Wirtschaftspolitik: wird die berufliche Ausbildung dem Wettbewerb des Marktes überlassen oder ist sie Gegenstand wirtschaftspolitischer Gestaltung? Zweitens geht es um die Spannung zwischen staatlicher Wirtschaftspolitik und privater Verbandspolitik: in welchem Ausmaß wird das private Interesse der öffentlichen Verantwortung unterstellt? Drittens geht es um die Spannung zwischen Wirtschaftspolitik und Bildungspolitik: in welchem Verhältnis werden ökonomische Bedürfnisse und pädagogische Leitbilder einander zugeordnet?

4.1 Vorrang der Wirtschaftspolitik gegenüber dem Wettbewerb

4.1.1 Grenzen des Wettbewerbs

Angebot und Nachfrage nach Ausbildungsplätzen unterliegen weithin dem Spiel eines marktwirtschaftlichen Wettbewerbs, unter anderem den Gesetzen einzelwirtschaftlicher Rentabilität. Funktionsfähig im Hinblick auf das Gesamtinteresse der Gesellschaft wäre dieser Wettbewerb jedoch nur, wenn die wechselnde Gleichheit der Startbedingungen zwischen Anbietern und Nachfragern von Ausbildungsplätzen gewährleistet ist, und wenn die privaten Kosten und Erträge der beruflichen Ausbildung den gesellschaftlichen Kosten und Erträgen entsprechen. Beides ist im Ausbildungsbereich nicht der Fall. Deshalb ist der marktwirtschaftliche Wettbewerb kein geeignetes Steuerungsinstrument für den Bereich der beruflichen Bildung.

Leo XIII. wehrt sich im Namen von Menschlichkeit und Gerechtigkeit gegen die Ausbeutung der Arbeiter durch Arbeitgeber, die die Arbeitsanforderungen über die persönliche Leistungsfähigkeit hinaus hochtreiben und die Menschen wie Sachen behandeln.[44] Außerdem weist er auf den Doppelcharakter der menschlichen Arbeit hin: sie ist einerseits etwas Persönliches, insofern im Rahmen des Arbeitsvertrages gegen die Zahlung eines Entgelts frei über sie verfügt wird. Anderseits ist sie etwas Notwendiges, weil der Arbeiter seinen Rechtsanspruch auf die zum Lebensunterhalt notwendigen Güter nur über die Arbeit und den Lohn einlösen kann. Wenn sich der Arbeiter den Bedingungen des Arbeitgebers unterwerfen muß, so ist er ein Opfer ungerechter Gewalt.[45]
Pius XI. erkennt den Nutzen des Wettbewerbs als Steuerungselement der Wirtschaft innerhalb bestimmter Grenzen an, verurteilt aber den »Grundirrtum der individualistischen Wirtschaftswissenschaft«,[46] der Wettbewerb sei ein umfassendes Steuerungssystem, das der Staat frei und ungehindert sich selbst überlassen müsse. Er verweist auf die Erfahrung, das der freie Wettbewerb zu seiner Selbstaufhebung geführt habe und an die Stelle der Marktwirtschaft die Vermachtung der Wirtschaft getreten sei.[47]
Johannes Paul II. warnt vor der ständigen Gefahr eines Kapitalismus, die Arbeit wie einen ›Warentyp eigener Art‹ zu behandeln »oder wie eine anonyme, für die Produktion erforderliche ›Kraft‹«.[48]

[44] Vgl. Leo XIII. (1891), 33, S. 55.
[45] Vgl. Leo XIII. (1891), 34, S. 57.
[46] Pius XI. (1931), 88, S. 124.
[47] Vgl. Pius XI. (1931), 109, S. 129 f.
[48] Johannes Paul II. (1981), 7, S. 574.

Überträgt man die Herausnahme des Arbeiters aus dem marktwirtschaftlichen Wettbewerb auf die Jugendlichen in der Berufsausbildung, so liegt die Folgerung eines überbetrieblichen Lastenausgleichs in Form eines Berufsbildungsfonds, in den alle Betriebe entsprechend ihrer Wertschöpfung bzw. Gehalts- und Lohnsumme einzahlen, und aus dem ausbildende Betriebe entsprechend der Qualität ihrer Ausbildung entlastet werden, nahe. Dadurch könnte das vorhandene Qualitätsgefälle der beruflichen Ausbildung abgebaut, die sachliche, personelle und finanzielle Überforderung kleiner und mittlerer Unternehmen vermieden werden.

4.1.2 Beschäftigungspolitik

Der Zusammenhang zwischen Konjunktur und Jugendarbeitslosigkeit ist unbestritten; gerade jugendliche Arbeitnehmer sind von Einstellungsstops betroffen, während die Bestimmungen des gesetzlichen Kündigungsschutzes überwiegend den älteren Kollegen zugutekommen. Auch werden in der Rezession zunächst die angelernten und ungelernten Arbeitnehmer entlassen. Auch wenn der Zusammenhang zwischen Konjunkur und Ausbildungsplatzangebot nicht eindeutig ist, so entscheiden die Träger der Wirtschaftspolitik bei ihren Initiativen zur Sicherung der Vollbeschäftigung mit über die Beschäftigung jugendlicher Arbeitnehmer und das Angebot an Ausbildungsplätzen.

Pius XI. erinnert die für die Wirtschaftspolitik Zuständigen insbesondere die Tarifpartner an ihre Verantwortung zur Sicherung der Vollbeschäftigung. Der Festsetzung des Lohnniveaus wird dabei entscheidende Bedeutung zugemessen, weil sowohl zu niedrige als auch übersteigerte Tariflöhne Arbeitslosigkeit verursachen.[49] Johannes XXIII. traut der Wirtschaftspolitik mehr als früher zu, konjunkturelle Störungen zu entschärfen und den Eintritt von Massenarbeitslosigkeit wirksam zu verhindern. Daraus folgert er die gegenüber früher wachsende Verpflichtung des Staates, sich umfassend und planmäßig wirtschaftspolitisch zu betätigen.[50] Das Zweite Vatikanische Konzil unterstreicht die Aufgabe der Gesellschaft, für hinreichende Arbeitsmöglichkeiten zu sorgen;[51] die Träger von Investi-

[49] Vgl. Pius XI. (1931), 74, S. 118 f.
[50] Johannes XXIII. (1961), 54, S. 215.
[51] Vgl. II. Vatikanisches Konzil (1965), 67, S. 389 f.

tionsentscheidungen werden auf die Tragweite ihrer Entschlüsse für die kommende Generation hingewiesen: »Die Investitionen ihrerseits müssen dahin zielen, in ausreichendem Maße Arbeits- und Verdienstgelegenheiten zu schaffen nicht allein für die gegenwärtige, sondern auch für die künftige Bevölkerung.«[52]
Johannes Paul II. verpflichtet den mittelbaren Arbeitgeber zu einer wirksamen Bekämpfung der Arbeitslosigkeit, die zu einem echten sozialen Notstand werden kann. »Zu einem besonders bitteren Übelstand wird sie, wenn sie vor allem die Jugendlichen trifft, die nach einer entsprechenden allgemeinbildenden, technischen und beruflichen Vorbereitung keinen Arbeitsplatz finden können und ihren ehrlichen Arbeitswillen verbunden mit ihrer Bereitschaft, die ihnen zukommende Verantwortung für die wirtschaftliche und soziale Entwicklung der Gesellschaft zu übernehmen, schmerzlich enttäuscht sehen.«[53]

Die Übertragung dieser Aussagen auf den Bereich der beruflichen Bildung formuliert drei Forderungen an Gewerkschaften, Unternehmer, Staat. Die Gewerkschaften sollten einsehen, daß eine rein quantitative, expansive Lohnpolitik zur Ausweitung der Nachfrage auf längere Sicht an Konsum- und Nachfragegrenzen stößt und damit kein wirksames Instrument zur Sicherung der Vollbeschäftigung und schon gar nicht zur Veränderung der Einkommensverteilung zugunsten der Arbeitnehmer darstellt. Die Unternehmer sollten die über die Existenz des einzelnen Unternehmens hinausgehende Tragweite ihrer Investitionsentscheidungen berücksichtigen. Der Wettbewerbsvorteil der Industrieländer liegt auf längere Sicht in der Bereitstellung jener Güter, zu deren Produktion qualifizierte Arbeitskräfte mit hohem technischen Verständnis benötigt werden. Deshalb legen die Ausbildungsinvestitionen der Unternehmer die Grundlage für die künftige Wettbewerbsfähigkeit der Unternehmen selbst wie der ganzen Volkswirtschaft. Der Staat sollte den kurzfristig durchaus plausiblen Zusammenhang zwischen Vollbeschäftigung und Ausbildungsplatzangebot umkehren und durch Ausbildungsinvestitionen langfristig die Vollbeschäftigung sichern.

[52] II. Vatikanisches Konzil (1965), 70, S. 392.
[53] Johannes Paul II. (1981), 18, S. 604.

4.1.3 Sozialpolitik

Die berufliche Bildung ist gegenüber der Allgemeinbildung gesellschaftlich benachteiligt. Dazu sind die finanziellen Lasten der beruflichen Ausbildung ungleich verteilt.

Leo XIII. hebt hervor, daß der Staat für alle Bevölkerungsschichten unabhängig von Besitzverhältnissen und sozialer Stellung da sein muß. Der Rechtsschutz zugunsten der arbeitenden Schichten, die den größten Teil der Bevölkerung bilden, ist nichts weiter als eine Forderung der Gerechtigkeit. Darüber hinaus sollte der Staat in besonderem Maß den öffentlichen Schutz der arbeitenden Schicht zuwenden und auf die Interessen der Kleinen und Schwachen Rücksicht nehmen, weil einmal der Wohlstand eines Volkes auf der Leistung der arbeitenden Menschen gründet, und zum anderen die Gruppe der Reichen sich mit eigenen Mitteln zu helfen weiß, während die Lohnarbeiter ohne die Sicherung eigener Mittel allein im Schutz des Staates ihre Unterstützung finden.[54]
Johannes XXIII. beurteilt den wirtschaftlichen Wohlstand eines Volkes weniger an der Gütermenge als vielmehr an deren gerechter Verteilung.[55]

Die Verteilungsperspektive katholischer Soziallehre läßt sich in drei Forderungen für den Bereich der beruflichen Ausbildung übersetzen:
- die Gleichwertigkeit der beruflichen Bildung innerhalb des Bildungssystems, im gesellschaftlichen Bewußtsein sowie in einer umgeschichteten Lohn- und Gehaltsstruktur;
- die Integration von beruflicher und allgemeiner Bildung in der Sekundarstufe II;
- die Aufhebung einseitiger Abhängigkeit der Berufsausbildung vom Einzelbetrieb sowie die Ergänzung der betrieblichen Ausbildung durch überbetriebliche Ausbildungsstätten oder Ausbildungsverbundsysteme unter finanzieller Beteiligung aller Betriebe.

4.2 Vorrang der politischen Autorität gegenüber der Privatwirtschaft

4.2.1 Demokratische Herrschaft

Private Wirtschaftsverbände sind in einer Volksparteiendemokratie

[54] Vgl. Leo XIII. (1891), 27, S. 50 f.; 29, S. 53.
[55] Vgl. Johannes XXIII. (1961), 73 f., S. 220 f.

nicht reine Instrumente kollektiver Meinungs- und Willensbildung im Vorfeld politischer Entscheidungsprozesse, sondern Machtfaktoren im Gefüge des Staatsapparates selbst. Die gescheiterte Berufsbildungsreform der 70er Jahre hat das erhebliche Störpotential, das die privaten Wirtschaftsverbände gegen die Institutionen demokratisch legitimierter Herrschaft einzusetzen imstande sind, sowie die Verfilzung parteipolitischer und privatwirtschaftlicher Interessen aufgedeckt.

Pius XI. beobachtet die schweren Schäden einer Vermengung und unerfreulichen Verquickung des politischen und wirtschaftlichen Bereichs. Die staatliche Autorität, die eigentlich dem Interessenstreit entzogen, auf die soziale Gerechtigkeit ausgerichtet und der unparteiische Schlichter der Gruppeninteressen sein sollte, wird zum willenlos gefesselten Sklaven gesellschaftlicher Gruppeninteressen degradiert.[56]
Paul VI. weist auf den beschränkten Horizont der Wirtschaft und den deshalb notwendigen Überstieg von der Wirtschaft zur Politik hin. Er erinnert an die allgemeine Überzeugung, »daß die Entscheidungen im sozialen und wirtschaftlichen Bereich sowohl auf nationaler wie auf internationaler Ebene der politischen Autorität zustehen«.[57]

Bei der Übertragung dieser Zielvorstellungen auf den Bereich der beruflichen Bildung lassen sich zwei Reformschritte angeben:
– die Unterstellung der bisher in privater Regie unter Kammeraufsicht betriebenen beruflichen Ausbildung unter öffentliche Kontrolle;
– ein stärkeres Gewicht staatlicher Bildungspolitik bei der Definition der Ausbildungsziele und -inhalte sowie bei der Festlegung der Eignungsanforderungen der Ausbildungsbetriebe und Ausbildungspersonen.

4.2.2 Beteiligung

Die politische Reformeuphorie zu Beginn der 70er Jahre und die von der staatlichen Bildungsverwaltung im Alleingang ohne Rücksprache mit den unmittelbar Beteiligten oder sogar gegen deren Ein-

[56] Vgl. Pius XI. (1931), 109, S. 130.
[57] Paul VI. (1971), 46, S. 515.

spruch erlassenen Verordnungen haben zahlreiche kleine und mittlere Unternehmer verunsichert bzw. verschreckt. Ein erheblicher Teil des 1970–1974 festgestellten Rückgangs an Ausbildungsplätzen ist auf die Klimaverschlechterung zwischen den politisch Verantwortlichen und den an der Ausbildung unmittelbar Beteiligten zurückzuführen.

Pius XI. hat den Grundsatz vom Vorrang der kleineren Gemeinschaften formuliert, der als Subsidiaritätsprinzip bekannt ist. Seiner Meinung nach verstößt es gegen die Gerechtigkeit, wenn die Tätigkeiten, die von kleineren und untergeordneten Gemeinschaften ausgeführt werden, von den größeren und übergeordneten in Anspruch genommen werden. »Jedwede Gesellschaftstätigkeit ist ja ihrem Wesen und Begriff nach subsidiär; sie soll die Glieder des Sozialkörpers unterstützen, darf sie aber niemals zerschlagen oder aufsaugen.«[58]
Johannes XXIII. hält aktive Eingriffe der staatlichen Gewalt in das Wirtschaftsgeschehen für selbstverständlich, fordert aber, daß der Raum der Privatinitiative nicht eingeschränkt, sondern ausgeweitet wird. Denn ständige Erfahrung lehrt, daß überall da, wo die wirtschaftspolitische Tätigkeit des Staates fehlt, das Recht des wirtschaftlich Stärkeren und damit ungehemmte Ausbeutung herrschen. Deshalb ist zu verlangen, daß die einzelnen Bürger und die politische Führung im Bereich der Wirtschaft unter Wahrung der je verschiedenen Beiträge zusammenarbeiten.[59]
Paul VI. greift den Grundsatz des Vorrangs der kleineren Gemeinschaften auf und verweist die politische Autorität ungeachtet ihrer Letztverantwortung für die soziale Gerechtigkeit in die Grenzen ihrer Kompetenz, nämlich weder den einzelnen Menschen noch den Gruppen auf der politischen Zwischenebene die ihnen zustehenden Arbeitsbereiche und eigenen Verantwortlichkeiten zur Verwirklichung sozialer Gerechtigkeit zu entziehen.[60]

Überträgt man diese Leitvorstellungen auf das Verhältnis des Staates zu den Einrichtungen der Selbstverwaltung, so wird man die wünschenswerte Verstärkung der öffentlichen Verantwortung für

[58] Pius XI. (1931), 79, S. 121.
[59] Vgl. Johannes XXIII. (1961), 55–58, S. 215 f.
[60] Vgl. Paul VI. (1971), 46, S. 515.

die berufliche Bildung nicht mit ausschließlicher Staatskontrolle gleichsetzen. Staatliche Aufsicht ist mit partnerschaftlicher Zusammenarbeit, mit der Anerkennung bestehender Selbstverwaltungseinrichtungen vereinbar.
Den für die berufliche Ausbildung politisch Verantwortlichen ist ein doppelter Vorwurf zu machen: einmal war ihre Analyse der tatsächlichen Kräfteverhältnisse fehlerhaft; so haben sie den Realisierungsgrad der hochgesteckten und an sich unbestrittenen bildungspolitischen Ziele überschätzt. Zum anderen haben sie sich bei der Anwendung der ihnen zur Verfügung stehenden Instrumente insbesondere der staatlichen Reglementierungen vergriffen, zuwenig Kooperationsbereitschaft und psychisches Einfühlungsvermögen gegenüber den Institutionen, die in der beruflichen Ausbildung tätig sind und auch in Zukunft einen erheblichen Teil der beruflichen Ausbildung tragen werden, gezeigt.

4.2.3 Überbetriebliche Mitbestimmung

Das duale System der beruflichen Ausbildung wird weitgehend von Arbeitgebern und Kammern beherrscht. Die Beteiligung von Arbeitnehmervertretern und Gewerkschaften an der Kontrolle der beruflichen Bildung ist heftig diskutiert worden.

Johannes XXIII. hält es für notwendig, zumindest für angemessen, »daß die Arbeiterschaft Gelegenheit hat, ihre Meinung und ihr Gewicht auch über die Grenzen des Unternehmens hinaus geltend zu machen, und zwar in allen Bereichen des gesellschaftlichen Lebens.«[61] Deshalb sollten an den staatlichen Stellen oder in den für bestimmte Wirtschaftsbereiche zuständigen Einrichtungen der Selbstverwaltung neben den Unternehmern Arbeitnehmer vertreten sein.[62] Das 2. Vatikanische Konzil stellt fest, daß über den Gang der wirtschaftlichen und sozialen Verhältnisse, von denen Arbeiter betroffen sind, nicht mehr nur im Unternehmen selbst sondern auf übergeordneter Ebene entschieden wird. Deshalb sollten die Arbeiter unmittelbar oder repräsentativ am Zustandekommen solcher Entscheidungen beteiligt sein.[63]
Paul VI. sieht in den Forderungen der Gleichheit und Mitbestim-

[61] Johannes XXIII. (1961), 97, S. 227.
[62] Vgl. Johannes XXIII. (1961), 99, S. 227.
[63] Vgl. II. Vatikanisches Konzil (1965), 68, S. 390.

mung elementare Rechtsansprüche des modernen Menschen, die sich über den Bereich der Unternehmen hinaus auf den gesellschaftlichen und staatlichen Raum erstrecken. Diese doppelte Forderung nach Gleichheit und Mitbestimmung zielt auf eine bestimmte Gestalt demokratischer Gesellschaft, in der »immer mehr Menschen an der Vorbereitung von Entscheidungen, an den Entscheidungen selbst und an deren Ausführung beteiligt werden.«[64]

Die Umsetzung der Mitbestimmungsforderung in den Bereich der beruflichen Bildung wird den Arbeitnehmern bzw. den Gewerkschaften eine Beteiligung an den Selbstverwaltungseinrichtungen, eine paritätische Besetzung der mit der Durchführung und Kontrolle der beruflichen Ausbildung befaßten Gremien zubilligen, da das Interesse an einer qualifizierten Ausbildung bei ihnen nicht geringer als bei den Arbeitgebern vorhanden sein dürfte. Außerdem kann man den Auszubildenden jenes Maß an Mitbestimmung nicht verwehren, das den Studenten innerhalb verschiedener Gremien zugestanden wird.

4.3 Vorrang persönlicher Selbstentfaltung gegenüber ökonomischer Ersatzbeschaffung

4.3.1 Die Wirtschaft im Dienst des Menschen

Solange der logische Ausgangspunkt eines marktwirtschaftlichen Systems der Konsument ist, Arbeit dagegen lediglich persönlicher Aufwandsfaktor zur Erreichung von Einkommen und Konsum oder Kostenfaktor bei der Herstellung absatzfähiger Produkte, wird auch die berufliche Ausbildung dem laufenden Produktionsprozeß untergeordnet bleiben.

Johannes XXIII. lehnt Betriebsordnungen und Produktionsverfahren ab, die der Würde des arbeitenden Menschen widersprechen, sein Verantwortungsgefühl abstumpfen und seine schöpferische Kraft lahmlegen.[65] Das Zweite Vatikanische Konzil erblickt den grundlegenden Sinn der Produktion nicht in einer bloßen Steigerung des Outputs sondern im Dienst am Menschen, und zwar am

[64] Paul VI. (1971), 47, S. 517; vgl. Paul VI. (1971), 24, S. 502.
[65] Vgl. Johannes XXIII. (1961), 82 f., S. 223.

ganzen Menschen. Ein Produktionsprozeß, der nicht mehr der Kontrolle des Menschen untersteht, und um organisatorischer bzw. technischer Effizienz willen grundlegende Personrechte mißachtet, verliert seine Legitimität.[66] Paul VI. hält Programme zur Steigerung der Produktion nur insoweit für berechtigt, als sie den Menschen dienen, Ungleichheiten vermindern, Diskriminierungen abbauen, den Menschen aus seiner Abhängigkeit befreien und ihn befähigen, wahrer Mensch zu sein, d. h. in eigener Verantwortung seine Entwicklung in die Hand zu nehmen. Technik und Wirtschaft werden sinnlos, wenn der Mensch die Herrschaft über sein Handeln und das Urteil über ihren Wert verliert.[67]

Überträgt man diese Vorstellungen auf den Bereich der beruflichen Bildung, so lassen sich drei Wünsche formulieren:
– Die gewerkschaftliche Tarifpolitik sowie die staatliche Wirtschafts- und Bildungspolitik sollten nicht abwarten, bis menschengerechte Arbeitsgestaltung Gegenstand von Rentabilitätserwägungen der Privatwirtschaft und damit Leitbild einer reformierten Arbeitsorganisation wird, sondern sich rechtzeitig bewußt werden, daß der Mensch nicht nur als Konsument, sondern auch als Produzent Urheber, Mittelpunkt und Ziel der Wirtschaft ist.
– Die Auszubildenden, das schwächste Glied in der Kette der Arbeitnehmersolidarität, die unter dem vermeintlichen Druck wirtschaftlicher und technischer Sachzwänge einer massiven Zerreißprobe ausgesetzt ist, sollten so in den Produktionsprozeß eingegliedert werden, daß die Eckwerte ihres persönlichen Lebensplans nicht den Interessen der Kapitalverwertung zum Opfer fallen.
– Die berufliche Ausbildung sollte organisatorisch aufgefächert werden in eine berufsfeldbezogene Grundbildung als Berufsgrundbildungsjahr in der Schule oder in kooperativer Form und eine darauf aufbauende produktionsbezogene Fachbildung.

4.3.2 Der Wert menschlicher Arbeit

Die sogenannte Bildungskatastrophe, die 1964 ausgerufen wurde, resultierte aus einer langfristgen Bedarfslücke der Wirtschaft an technisch-hochqualifizierten Arbeitskräften. Gegenwärtig werden Hochschulberechtigte wieder auf berufliche Ausbildungsgänge

[66] Vgl. II. Vatikanisches Konzil (1965), 64 f., S. 386 f.
[67] Vgl. Paul VI. (1967), 34, S. 448.

umgepolt. In beiden Fällen ist die Vorherrschaft des Beschäftigungssystems über das Bildungssystem ungebrochen. Ökonomischer und gesellschaftlicher Ersatzbedarf bestimmen Niveau und Struktur des Angebots an Ausbildungsplätzen, die Ausbildungswünsche der Jugendlichen werden in die effektiv oder manipulativ offenen Stellen kanalisiert.

Das Zweite Vatikanische Konzil, Paul VI. und Johannes Paul II. haben auf den personalen Wert menschlicher Arbeit eindringlich hingewiesen.[68] Paul VI. erinnert an die Lage der gegenwärtigen Jugend: »Viele erhalten eine ungenügende Ausbildung, sie verfügen nicht über reale Möglichkeiten, einen Beruf zu erlernen oder eine Arbeit zu finden. Viele nehmen auch Aufgaben wahr, die für sie bedeutungslos sind. Ihre eintönige Wiederholung kann ihnen wohl zum Vorteil sein, genügt ihnen aber nicht als Grund zu leben und ihr berechtigtes Streben danach zu stillen, als Menschen ihren Platz in der Gesellschaft einzunehmen.«[69] Der jugendliche Protest klingt wie ein Signal der Angst in einer technokratisch gesteuerten Gesellschaft, der es nicht gelingt, ihnen einen verantwortlichen Platz zuzuweisen, wie ein Ruf nach Gerechtigkeit, ihr gangbare Wege in die Zukunft zu zeigen, ihr nützliche Aufgaben zu stellen und sie darauf vorzubereiten. Johannes Paul II. macht eine neue und ständig steigende Wertung der menschlichen Arbeit zum Prüfstein eines gesamtmenschlichen Fortschritts. »Der Fortschritt, um den es sich hier handelt, muß um des Menschen willen und durch den Menschen bewerkstelligt werden und im Menschsein Frucht tragen. Prüfstein dieses Fortschritts wird immer die vertiefte Anerkenntnis der Zielsetzung der Arbeit und die immer allgemeinere Achtung der Rechte sein, die sich aus ihr entsprechend der Würde des Menschen als Subjekt der Arbeit ergeben.«[70] Der wachsende Einsatz der Technik verlangt vom arbeitenden Menschen, daß er sich das Arbeitsergebnis jener Menschen, die diese Instrumente erfunden, geplant und konstruiert haben, geistig aneignet. »Die Befähigung zur Arbeit, das heißt die Fähigkeit wirksamer Teilnahme am heutigen Produktionsprozeß, erfordert eine immer bessere Vorbereitung und vor allem

[68] Vgl. II. Vatikanisches Konzil (1965), 67, S. 388 f.; Paul VI. (1967), 27 f., S. 445 f.; Johannes Paul II. (1981), 6, S. 571–574.
[69] Paul VI. (1969), 23, S. 484.
[70] Johannes Paul II. (1981), 18, S. 605 f.

eine entsprechende Ausbildung.«[71] Das Bildungs- und Erziehungssystem muß der Aufgliederung des menschlichen Lebens in die vielfältigen Arbeitsgebiete angepaßt sein; »es sollte in erster Linie die Entwicklung einer reifen Menschlichkeit zum Ziel haben, dann aber auch die fachliche Befähigung.«[72]

Die Übertragung dieser Leitbilder in die Diskussion über das Verhältnis von Beschäftigungs- und Bildungssystem wehrt sich gegen zwei extreme Problemlösungen.[73] Das erste Extrem bestände darin, die individuellen und gesellschaftlichen Bildungswünsche als autonom, die Nachfrage nach Arbeitskräften dagegen als deren Resultante anzusehen, die berufliche Ausbildung der individuellen Interessenlage des Auszubildenden anzupassen und von der späteren Berufstätigkeit zu entkoppeln, so daß mit einem bestimmten Ausbildungsniveau weder ein eindeutiger Beschäftigungsanspruch noch ein definierter Einkommensanspruch verbunden wäre. Das zweite Extrem bestände darin, das Beschäftigungssystem als vorgegebene Größe anzusehen, beim Arbeitskräftebedarf anzusetzen und folglich die Ausbildung der kommenden Generation ausschließlich an der Befriedigung des Ersatzbedarfs der gegenwärtigen Generation zu orientieren.
Demgegenüber ist daran festzuhalten: Eine stärkere Gewichtung des emanzipatorischen Werts der Berufsbildung ist nicht ohne Rücksicht auf ökonomische Verwertbarkeit bzw. gesellschaftliche Anerkennung möglich; die Verselbständigung des Ausbildungssystems gegenüber dem Beschäftigungssystem wäre eine unverantwortliche politische Fehlleistung, die zu materiellen und sozialen Krisen führt. Aber dennoch kann man darauf setzen, daß Ausbildung immer weniger als rein ökonomische Investition und zunehmend als Eigenwert begriffen wird, daß der steigende Technisierungsgrad der Wirtschaft eine starre Zuordnung von Ausbildung und Berufstätigkeit immer weniger gestattet, und daß das Beschäftigungssystem elastischer als erwartet auf Veränderungen des Ausbildungssystems zu reagieren imstande ist.

[71] Johannes Paul II. (1981), 12, S. 589.
[72] Johannes Paul II. (1981), 18, S. 606.
[73] Vgl. die Gegenüberstellung des Bedarfsansatzes (manpower-requirement-approach) und des Absorbtionsansatzes (social-demand-approach) in: Kühlewind, G./Tessaring, M. (1975), S. 120–124.

4.3.3 Recht auf Ausbildung

Die Bildungsexpansion der 70er Jahre hat die Schichtungsbarrieren nicht wesentlich abgebaut. Das dreigliedrige Schulsystem ist weiterhin Vehikel der Reproduktion des Schichtenzugangs und der sozialen Selektion der Jugendlichen für die berufliche und allgemeine Bildung. Die verhinderten Strukturreformen erzwingen gegenwärtig ein arbeitsmarktpolitisches, sozialpädagogisches und sozialtherapeutisches Krisenmanagement, um die Extremfolgen des Mangels an qualifizierten Ausbildungsplätzen und der Jugendarbeitslosigkeit zu mildern.

Johannes XXIII. hat das Recht auf Ausbildung als Menschenrecht anerkannt: »Zugleich steht es dem Menschen kraft des Naturrechtes zu, an der geistigen Bildung teilzuhaben, d. h. also auch das Recht, sowohl eine Allgemeinbildung als auch eine Fach- und Berufsausbildung zu empfangen, wie es der Entwicklungsstufe des betreffenden Staatswesens entspricht.«[74]

Paul VI. vergleicht den Hunger nach Ausbildung mit dem Hunger nach Nahrung. Analphabet sein ist geistige Unterernährung. Umgekehrt bedeutet Lesen- und Schreibenlernen bzw. eine Berufsausbildung erwerben einen Weg zu Selbstvertrauen und Selbstentfaltung.[75]

Darüber hinaus spricht der Papst von der persönlichen Berufung eines jeden einzelnen, als Mensch zu wachsen, mehr und mehr wert zu sein und zur Vollendung zu gelangen. Doch ist jeder Mensch auch dafür verantwortlich, die in ihm angelegten Fähigkeiten und Eigenschaften zu entwickeln und diese Entwicklung selbst gegen den Druck seiner Umwelt durchzusetzen.[76]

Die römische Bischofssynode 1971 nennt Personengruppen, die auf Grund verschiedener Formen der Unterdrückung schweigende Opfer der Ungerechtigkeit geworden sind. Unter anderem scheint gerade das Recht der Kinder und Jugendlichen auf Erziehung gefährdet.[77] Außerdem kritisiert die Bischofssynode die heute vorherrschende, kleinkarierte Erziehungsweise, die nur solche Menschen heranbildet, wie die etablierte Ordnung sie wünscht: »keinen neuen Menschen, sondern nur eine Reproduktion des herkömmli-

[74] Johannes XXIII. (1963), 13, S. 274.
[75] Vgl. Paul VI. (1967), 35, S. 448.
[76] Vgl. Paul VI. (1967), 15, S. 441.
[77] Vgl. Römische Bischofsynode (1971), 25, S. 532 f.

chen Typs.«[78] Die rechte Erziehung dagegen weckt die Fähigkeit zur Kritik der bestehenden Gesellschaft und ihrer tragenden Werte sowie die Bereitschaft, die Anerkennung dieser Werte zu verweigern, wenn sie nicht dazu beitragen, daß jeder Mensch zu seinem Recht kommt.

Die Übertragung dieser global orientierten Forderungen gewährleistet jedem Jugendlichen das Recht auf Entwicklung der eigenen Fähigkeiten durch Arbeit, das Recht auf qualifizierte Ausbildung entsprechend den eigenen Begabungen und Interessen in einem von ihm gewählten Beruf ohne Rücksicht auf die Zugehörigkeit zu einer bestimmten Schicht, einem bestimmten Geschlecht oder einem bestimmten Volk. Daß der Rechtsanspruch aus Artikel 12 GG, Beruf, Abeitsplatz und Ausbildungsstätte frei zu wählen, eingelöst wird, ist eine unabhängig vom kurzfristigen Arbeitskräftebedarf und von kurzfristigen Engpässen im Bundeshaushalt gesellschaftliche Aufgabe.

Literatur

Alex, L. (1980), Nachfrage nach betrieblichen Ausbildungsplätzen, Gewerkschaftliche Bildungspolitik 31, S. 169–174.

Althoff, H./Hildmann, U./Selle, B./Werner, R./Wordelmann, P. (1980), Schulische Vorbildung, Prüfungserfolg von Auszubildenden, Ausbildereignung 1978, Bundesinstitut für Berufsbildung, Materialien und statistische Analysen zur beruflichen Bildung, Heft 16, Berlin.

Auer, F. von (1980), Die Bedeutung des Berufsgrundbildungsjahres in der gewerkschaftlichen Bildungspolitik, Gewerkschaftliche Bildungspolitik 31, S. 224–228.

Behr, B. (1980), Erstmals genug Ausbildungsverträge oder weiterhin Ausbildungsplatzmisere?, WSI-Mitteilungen 33, S. 319–324.

Berufsbildungsbericht (1981, 1980, 1979, 1978, 1977), herausgegeben vom Bundesminister für Bildung und Wissenschaft, Bonn.

Berufsbildungsgesetz (1975), Regierungsentwurf, Bonn.

Berufsstartprobleme Jugendlicher – die durchgeführten staatlichen Maßnahmen greifen nicht (1980), Gewerkschaftliche Bildungspolitik 31, S. 149–152.

Breustedt, K. O. (1965), Der Krupp-Rahmenplan zur Stufenausbildung, Der Arbeitgeber 17, S. 628–630.

Bundesverband der KAB ([5]1982), Texte zur katholischen Soziallehre, Köln.

[78] Römische Bischofsynode (1971), 51, S. 539.

CDU (o. J.), Das Berliner Programm – mit Beschlüssen des Hamburger Parteitages 1973, Bonn.
Crusius R./Lempert, W./Wilke, M. (1974), Berufsausbildung – Reformpolitik in der Sackgasse?, Reinbek.
Dams, Th. (1973), Berufliche Bildung – Reform in der Sackgasse, Freiburg.
Faulstich, P. (1977), Interessenkonflikte um die Berufsbildung, Weinheim/Basel.
Faulstich, P. (1979), Perspektiven des Systems der Berufsbildung, Gewerkschaftliche Bildungspolitik 30, S. 300–304.
Fiedler, R. (²1973), Die klassische deutsche Bildungsidee, Weinheim.
F.D.P.-Bundesvorstand (Hg.), Stuttgarter Leitlinien einer liberalen Bildungspolitik, Bonn.
Frister, E. (1978), Die Jahre der Hoffnung, Köln/Frankfurt.
Gaulke, K. P. (1976), Berufswunsch und Berufswahl. Analyse einiger Determinanten und Interdependenzen, DIW Berlin.
Görs, D. (1979), Zu einigen aktuellen Entwicklungstendenzen im dualen System der Berufsausbildung, Gewerkschaftliche Bildungspolitik 30, S. 171–178.
Hegelheimer, A. (1977), Finanzierungsprobleme der Berufsausbildung, Stuttgart.
Heller, H. (1980), Der Ausbildungsverlauf Jugendlicher – Ansatzpunkt struktureller Reformen der beruflichen Bildung?, Gewerkschaftliche Bildungspolitik 31, S. 152–158.
Industriegewerkschaft Metall (Hg.) (1976), Reform der beruflichen Bildung – Zwischenbilanz und Dokumentation, Frankfurt.
Johannes XXIII. (1961), Mater et Magistra in: Bundesverband der KAB (⁵1982), S. 201–270.
Johannes XXIII. (1963), Pacem in terris in: Bundesverband der KAB (⁵1982), S. 271–320.
Johannes Paul II. (1981), Laborem exercens in: Bundesverband der KAB (⁵1982), S. 559–631.
Kell, A./Lipsmeier, A. (1976), Berufsbildung in der Bundesrepublik Deutschland, Analyse und Kritik, Hannover.
Kiesau, G./Simon, W. (1979), Die Berufsausbildung im Einzelhandel in Gegenwart und Zukunft, Gewerkschaftliche Bildungspolitik 30, S. 142–148.
Kuda, E. (1980), Berufsausbildung – Bestandsaufnahme und Perspektive, WSI-Mitteilungen 33, S. 312–319.
Kühlewind, G./Tessaring, M. (1975), Argumente für und gegen eine beschäftigungsorientierte Bildungspolitik, Göttingen.
Kuratorium der Deutschen Wirtschaft für Berufsbildung (Hg.) (1975)-1, Stellungnahme zum Regierungsentwurf für ein neues Berufsbildungsgesetz, Teil 1: Grundpositionen und allgemeine Kritik, Bonn.
Kuratorium der Deutschen Wirtschaft für Berufsbildung (Hg.) (1975)-2, Stellungnahme zum Regierungsentwurf für ein neues

Berufsbildungsgesetz, Teil 2: Zu den einzelnen Bestimmungen des Regierungsentwurfs, Bonn.
Kuratorium der Deutschen Wirtschaft für Berufsbildung (Hg.) (1976), Das Ausbildungsplatzförderungsgesetz, Bonn.
Laturner, S. und Schön, B. (Hg.) (1975), Jugendarbeitslosigkeit, Reinbek.
Lehrzeit = Leerzeit, Deutsche Lehrlinge 1970, Der Spiegel 27. 4. 1970, S. 54–78.
Leo XIII. (1891), Rerum novarum in: Bundesverband der KAB (⁵1982), S. 31–68.
Maier, H. (1975), Die Gesellschaft der Unwissenden, Die Zeit Nr. 15 vom 4. 4. 1975, S. 17 f.
Nationalleitung der CAJ (Hg.) (1980), Das Buch der 1000 Wahrheiten, Essen.
Offe, C. (1975), Berufsbildungsreform. Eine Fallstudie über Reformpolitik, Frankfurt.
Paul VI. (1969), Ansprache an die Internationale Arbeitsorganisation in: Bundesverband der KAB (⁵1982), S. 471–486.
Paul VI. (1971), Octogesima adveniens in: Bundesverband der KAB (⁵1982), S. 487–523.
Paul VI. (1967), Populorum progressio in: Bundesverband der KAB (⁵1982), S. 435–470.
Pätzold, G. (1977), Zum Verhältnis von Berufsausbildungssystem und Beschäftigungssystem – am Beispiel der Stufenausbildung, Gewerkschaftliche Bildungspolitik 28, S. 1–11.
Pius XI. (1931), Quadragesimo anno in: Bundesverband der KAB (⁵1982), S. 91–150.
Probleme mit der Stufenausbildung (1977), Eine Analyse der Industriegewerkschaft Metall, Gewerkschaftliche Bildungspolitik 28, S. 11–20.
Römische Bischofssynode (1971), Die Gerechtigkeit in der Welt in: Bundesverband der KAB (⁵1982), S. 525–547.
Sachverständigenkommission Kosten und Finanzierung der beruflichen Bildung (1974), Kosten und Finanzierung der außerschulischen beruflichen Bildung, Bielefeld.
Saterdag, H./Kraft, H. (1979), Ausbildungs- und Berufsperspektiven bei Jugendlichen gegen Ende der 9. Klasse, Mitteilungen aus der Arbeitsmarkt- und Berufsforschung 12, S. 105–124.
SPD-Vorstand, Abteilung Jugend und Bildung (Hg.), Programme und Entschließungen zur Bildungspolitik 1964–1975, Bonn.
Stegmann, H./Holzbauer, I. (1979), Der Ausbildungsstellenmarkt unter qualitativem Aspekt, Mitteilungen aus der Arbeitsmarkt- und Berufsforschung 12, S. 125–137.
Stegmann, H./Holzbauer, I. (1978), Die Nachfrage nach Ausbildungsplätzen und ihre Realisierung bei Absolventen und Abgängern allgemeinbildender Schulen, Mitteilungen aus der Arbeitsmarkt- und Berufsforschung 11, S. 148–170.
Weitz, R. (1976), Die Neuordnung der beruflichen Bildung und die

Kosten der Berufsbildungsreform aus volkswirtschaftlicher Sicht, Köln.
Werner, R. (1980), Die berufliche Struktur der neu abgeschlossenen Ausbildungsverträge, WSI-Mitteilungen 33, S. 324–330.
Winterhager, W. D. (1975), Zur Finanzierung der beruflichen Bildung: Die Alternativen in der aktuellen Diskussion, Gewerkschaftliche Monatshefte 26, S. 551–559.
Zweites Vatikanisches Konzil (1965), Pastoralkonstitution Die Kirche in der Welt von heute in: Bundesverband der KAB ([5]1982), S. 321–425.

5. Kapitel: Humanisierung der Arbeit

Das Wort ›Humanisierung der Arbeit‹ löst Unbehagen aus: »So wie der Begriff benutzt wird, ist er ein Musterbeispiel an Irreführung, Dehnbarkeit, Käuflichkeit: er steht allen Interessenten für ihre Zwecke zur Verfügung.«[1]

Die *Tarifpartner* verbinden mit dem Begriff eigene Interessen: Rationalisierungsinvestitionen bzw. Rationalisierungsschutz und eigene Akzente: Persönlichkeitsentfaltung bzw. unmittelbare Gefahrenabwehr. *Arbeitswissenschaftler* zählen Einzelelemente auf, die zu einem operationalen Maßnahmebündel präzisiert werden.[2] Melden sich die unmittelbar *Betroffenen* zu Wort, so werden zum Beispiel die räumliche Enge am Arbeitsplatz, der Umgang mit gesundheitsschädlichen Stoffen, die Arbeit unter Lärm, in Staub, Kälte und Hitze, die Nacht- und Schichtarbeit, der fehlende Handlungsspielraum, die Verkehrsverbindungen und die Abwesenheit von der Familie als Hauptbelastungsfaktoren angegeben;[3] immerhin kann eine Humanisierungsdefinition, die bei den aus Umfragen ermittelten Bedürfnissen der Arbeitnehmer, d. h. den Defiziten der Arbeitswelt ansetzt, einen realistischen Ausgangspunkt für sich buchen.
Vorentscheidungen über das *Menschenbild* und die Gesellschaftsordnung lassen sich aus der Humanisierungsdefinition jedoch nicht ausklammern. Der wertende Kontext, in den die Humanisierungsdefinition im folgenden eingeführt wird, ist das durch die Arbeit vermittelte Beziehungsgefüge von Natur, Person und Gesellschaft. Damit werden zwei Akzente gesetzt:
– eine dialektische Beziehung zwischen der »Verarbeitung des Menschen« und der »Vermenschlichung der Arbeit«; Verarbeitung des Menschen heißt: der Mensch wird durch die Arbeit zum Menschen: als Naturwesen, wenn er den Stoffwechsel mit der Natur in Übereinstimmung mit ihr, das eigne Überleben auch im Widerstand

[1] Neuberger, O. (1980), S. 81.
[2] Vgl. Gaugler, E./Kolb, M./Ling, B. (1977), S. 14 f.; Neuberger, O. (1980), S. 82–85.
[3] Vgl. Bayrisches Staatsministerium (1976), S. 165, 169–177; IGM (1979), S. 2–10; Henninges, H. von (1981), S. 363.

gegen sie sichert. Als Personwesen, wenn er die Natur gestaltet und zum Ausdruck seiner selbst macht. Und als Gesellschaftswesen, wenn er verbindliche Handlungsmuster, Sinnwelten und Institutionen konstruiert. Arbeit ist eine Form der Menschwerdung des Menschen in seiner naturalen, personalen und sozialen Dimension. Vermenschlichung der Arbeit begreift umgekehrt die Arbeit in einer dreifachen Wertdimension. Der Naturalwert menschlicher Arbeit besteht darin, daß Arbeit das physische Überleben, die Selbsterhaltung des Menschen in einer ihm von Haus aus feindlichen Umwelt sichert, ihr Personalwert darin, daß sich die schöpferische Gestaltungskraft des Menschen in der Arbeit äußert, ihr Sozialwert schließlich darin, daß Arbeit die Gesellschaft organisiert, insbesondere dem einzelnen gesellschaftliche Resonanz verschafft.

– die Ausweitung der Humanisierungsperspektive über den Produktionsprozeß hinaus; während die naturale Dimension und personale Dimension menschlicher Arbeit den Anstoß zur menschengerechten Gestaltung der Arbeitswelt geben, thematisiert die personale Dimension darüber hinaus das Verhältnis von Erwerbsarbeit und sogenannter Freizeit, während die soziale Dimension auch die personale, regionale und globale Verteilung menschengerechter Arbeit anspricht. Mit diesen drei Wertdimensionen menschlicher Arbeit sind die Gliederungspunkte angegeben, in die sich die Humanisierungsforderung auffächert: Humanisierung des arbeitenden Menschen, des ganzen Menschen und jedes Menschen.

1. Humanisierung des arbeitenden Menschen

Die Humanisierung des arbeitenden Menschen, d. h. die menschengerechte Gestaltung der Fertigungsverfahren muß in einer kapitalistischen Marktwirtschaft gegen einen doppelten Widerstand verteidigt werden: gegen die monetären Interessen der Kapitaleigner und gegen die monetären Interessen der Arbeitnehmer. Dabei handelt es sich sowohl bei der Gewinnerwartung der Kapitaleigner wie bei der Einkommenserwartung der Arbeitnehmer um eine Scheinkonkurrenz.

1.1 Scheinkonkurrenz: Humanisierung und Gewinnerwartung

In der kapitalistischen Marktwirtschaft sollen die Kapitaleigner bzw. deren Repräsentanten über Volumen und Richtung der Produktion entscheiden und dafür Gewinnchancen erhalten bzw. Verlustrisiken tragen. Das Gewinneinkommen der Kapitaleigner ist ausschließliches oder vorrangiges Steuerungselement der Produktion; das Lohneinkommen der Arbeitnehmer wird damit zum Kostenfaktor, im Hinblick auf die Erhöhung der Kapitalrentabilität instrumentalisiert und in den Verteilungskampf um das Produktionsergebnis verwickelt. Gegenwärtig werden allerdings die Grenzen einer totalen Instrumentalisierung der Arbeit mit horizontal und vertikal extrem vorangetriebener Arbeitsteilung sichtbar.

1.1.1 Grenzen horizontaler Arbeitsteilung

Kritik am Taylorismus und Programme menschengerechter Arbeitsgestaltung treffen sich mit Vorentscheidungen katholischer Soziallehre über den Vorrang der Arbeit vor dem Kapital.

(1) Taylorismus-Kritik

Die Taylorismus-Kritik setzt sich aus vier Komponenten zusammen:

– Das von mechanisch-finanziellen Denkkategorien geprägte Menschenbild Taylors, der eine Interessenharmonie zwischen der Gewinnmaximierung der Arbeitgeber und der Lohneinkommensmaximierung der Arbeitnehmer voraussetzen, jeden einzelnen Bewegungsablauf wissenschaftlich planen und Lohn und Leistung unmittelbar verknüpfen zu können meinte, wird von den veränderten Bedürfnissen und Erwartungen des heutigen Menschen gegenüber seiner Arbeit widerlegt.[4]

– Betriebsingenieure kommen zu der Einsicht, daß sie die rigorose Trennung von Arbeitsplanung, Arbeitsausführung und Arbeitskontrolle, die Arbeitsteilung und Arbeitsvereinfachung im Dienst einer höheren Produktivität sowie die Einfügung des Menschen in die von der Automatisierung noch ausgesparten Lücken zu weit getrieben haben.[5]

[4] Vgl. Taylor, F. E. (1919), S. 11 f., 40, 125 f., 130; Strauss-Fehlberg, G. (1978), S. 195–200; Steinmann, H./Heinrich, M./Schreyögg, G. (1976), S. 19–22.

[5] Vgl. RKW ([2]1977), S. 71.

– Betriebswirtschaftler stellen fest, daß die in jüngster Zeit im Büro- und Angestelltenbereich wachsende Verbreitung des Taylorismus gerade jene Reaktionen von Arbeitsunzufriedenheit auslöst, die Taylor durch die Anwendung wissenschaftlicher Grundsätze der Betriebsführung zu überwinden hoffte: Krankmeldungen, Unfallhäufigkeit, Fehlzeiten, Fluktuation, kollektives Bremsen bis zur Sabotage. Sie wehren sich gegen eine kurzfristige Rentabilitätsrechnung, die solche Leistungsausfälle und die dadurch bedingte Beeinträchtigung langfristiger Unternehmensziele ausblendet.[6]

– Eine gesamtwirtschaftliche Kosten/Nutzen-Analyse anstelle einer einzelwirtschaftlich orientierten Kalkulation deckt auf, daß es dem einzelnen Unternehmen in der Regel gelingt, einen Teil der bei der Produktion anfallenden Kosten auf andere Wirtschaftseinheiten oder auf die Allgemeinheit abzuwälzen. Die einzelwirtschaftliche Kostenrechnung weicht dann von der gesamtwirtschaftlichen Kostenrechnung ab, private und gesellschaftliche Kosten, private und gesellschaftliche Rationalität sind nicht identisch. So ist es für das einzelne Unternehmen vernünftig, durch Akkordprämien und Schichtzulagen, durch Überstunden und Sonderschichten, durch finanzielle Entschädigungen für die Arbeit unter Lärmeinwirkung oder mit gesundheitsschädlichen Stoffen die Leistungen menschlicher Arbeitskraft kurzfristig zu steigern, solange es ihm gelingt, die Folgekosten, nämlich die Beseitigung der Gesundheitsschäden, auf den Arbeitnehmer, dessen Familie oder die Allgemeinheit abzuwälzen. Ebenso ist es nach einzelwirtschaftlicher Kalkulation plausibel, Arbeitskräfte frei- und durch Maschinen zu ersetzen, solange die Kosten der Arbeitslosenversicherung auf die Gesamtheit aller Arbeitnehmer und Arbeitgeber umgelegt werden. Und schließlich entspricht es einzelwirtschaftlicher Rationalität, die Kommunikationsvorteile der Ballungszentren in Anspruch zu nehmen und bei der Standortwahl mit alternativen Verwendungsweisen des städtischen Bodens zu konkurrieren, solange die Kosten der Raumüberwindung zwischen Wohnort und Arbeitsstätte den Arbeitnehmern selbst angelastet werden können.[7]

[6] Vgl. Pöhler, W. (1975), S. 23–26; Noth, D. u. a. (1977), S. 61–63; Briefs, U. (1978), S. 84–87; Reichwald, R. (1980), S. 203–211; Matthöfer, H. (1977), S. 25; Picot, A. (1980), S. 229 f.

[7] Vgl. Kapp, K. W. (1979), S. 113, 128 f.; Picot, A. (1980), S. 229–236.

(2) Menschengerechte Arbeitsgestaltung

Menschengerechte Arbeitsgestaltung ist die positive Umkehrung der Kritik am Taylorismus, der Nachweis einer Scheinkonkurrenz zwischen Humanisierung und Rentabilität im Ganzen und auf Dauer. Konkrete Programme menschengerechter Arbeitsgestaltung beziehen sich auf die Arbeitsbedingungen und die Arbeitsstruktur.

Zu den *Arbeitsbedingungen* gehören die körperliche Konstitution und die im Zeitablauf unterschiedliche Leistungsfähigkeit des einzelnen, der Arbeitsraum, dessen Lichtverhältnisse und Farbgebung, die akustischen und odorischen Einwirkungen, der Umgang mit gefährlichen Stoffen und klimatische Faktoren. Neben diesen physiologischen Bedingungen wird entsprechend dem Wandel der Belastungsstruktur gegenwärtiger Arbeit das psychische, hygienische und soziale Umfeld normierend erfaßt.[8]

Die Humanisierung der *Arbeitsstruktur*[9] versucht von fünf Ansatzpunkten her den gesamten Arbeitsablauf des einzelnen Arbeiters durchsichtiger und sinnerfüllter zu machen, den Freiheitsgrad seiner Entscheidungen zu erhöhen und die Aufnahme sozialer Kontakte zu erleichtern.

Das *Fließband* gilt als Inbegriff des Taylorismus. Deshalb wird an erster Stelle versucht, den starren Taktzwang des Fließbandes zu brechen sowie die Monotonie halbautomatisierter Fertigung, die den Menschen in ein starres Maschine/Mensch-System zwingt, zu verringern. Die Fließbandarbeit ist nicht überall abzuschaffen; aber ihr Zeitmaß läßt sich auf das menschlich Zumutbare beschränken, indem die Bandgeschwindigkeit entsprechend den physiologischen Tagesschwankungen der Leistungsbereitschaft wechselt, Erholzeiten ausgedehnt und Grenzen der Zerstückelung von Arbeitsabläufen festgesetzt werden. Außerdem lassen sich mehrere Takte der Fließfertigung zu menschlich zumutbaren Komplexen zusammenfassen, und schließlich können taktunabhängige Arbeitsplätze, die zwar

[8] Vgl. DGB/ÖGB/SGB (1978), S. 11–118; Kasiske, R. (1976), S. 15 f.

[9] »Unter Arbeitsstrukturierung wird die Maßnahme verstanden, die das Festlegen von Arbeitsinhalten zum Ziel hat und die die einzelnen Elemente des Arbeitsinhaltes nach einem bestimmten Strukturpinzip ordnet ... Arbeitsstrukturen sind das Ergebnis von Strukturierungsprozessen.« RKW ([2]1977), S. 213.

miteinander verkettet, aber durch genügend große Pufferstationen gegeneinander abgeschirmt sind, eingerichtet werden.[10]
Der *Arbeitsplatzwechsel* verringert einseitige Belastung und Monotonie und erhöht gleichzeitig die Verfügbarkeit mehrerer eingespielter Arbeitskräfte für denselben Arbeitsplatz.[11] Der einzelne Arbeiter mag durch die Ausweitung des Tätigkeitsfeldes krisenfester werden, insofern eine vielseitige Tätigkeit die berufliche Qualifikation verbessert. Darüber hinaus erfährt die Personalplanung eine fühlbare Entlastung. Doch der Erweiterung des Tätigkeitsfeldes entspricht keine Ausweitung des Entscheidungsspielraumes; der Grad der Arbeitsteilung bleibt unverändert. Der Ausgleich einseitiger physiologischer Belastung kann durch die Belastung der Neugewöhnung neutralisiert werden.
Bei der *Arbeitserweiterung* werden mehrere strukturell gleichartige oder ähnliche Arbeitselemente aneinandergereiht und zu einem sinnvollen Aufgabenpaket zusammengefügt.[12] Dadurch sinkt der Grad der Arbeitsteilung sowie das Ausmaß einseitiger Belastung; die Arbeit wird abwechslungsreicher und ermöglicht eine stärkere Identifizierung. Aber weder Qualifikationsniveau noch Entscheidungsspielraum werden erweitert, schlimmstenfalls wird eine unbefriedigende Tätigkeit durch eine weitere vermehrt.
Arbeitsbereicherung ändert den Arbeitsinhalt qualitativ. Strukturell verschiedenartige Arbeitselemente (Planungs-, Fertigungs-, Kontrollaufgaben) bilden einen Arbeitskomplex. Dadurch kann mit mehr Motivationskraft, Ausschöpfung kreativer Reserven, erhöhter Verantwortung und Ausweitung des Entscheidungsspielraums gerechnet werden. Bei Höherqualifizierung und Entwicklung kooperativer Fähigkeiten lassen sich Vorgesetztenfunktionen in das Aufgabenfeld des einzelnen Arbeiters einbauen.
Autonome Gruppenarbeit bildet die fortgeschrittenste Form der Arbeitsstrukturierung. Gruppenarbeit zeichnet sich dadurch aus, »daß eine Arbeitsaufgabe von mehreren Arbeitern gemeinsam erledigt wird, wobei die verschiedenen Tätigkeiten unmittelbar aufeinander bezogen und zeitlich eng miteinander verknüpft sind«.[13] Die Autonomie, die verschiedene Grade zuläßt und an eine Reihe von

[10] Vgl. Kasteleiner, H. (1974), S. 139 f.; RKW (^{2}1977), S. 223, 253, 300.
[11] Vgl. REFA (^{2}1972), S. 137.
[12] Vgl. Gaugler, E. u. a. (^{2}1977), S. 145.
[13] Kern, H./Schumann, M. II (1970), S. 118.

Voraussetzungen gebunden ist, besteht darin, daß die Mitglieder der Arbeitsgruppe über die Ziele sowie über die personellen, zeitlichen und sachlichen Umstände ihres Arbeitseinsatzes entscheiden können, daß sie sich ohne Intervention von außen gruppieren und daß sie ihren Leiter bzw. Sprecher wählen.[14]
Ein Urteil über die autonome Gruppenarbeit verweist einmal auf den Abbau arbeitstechnischer und arbeitsorganisatorischer Zwänge, die kollektive Selbstbestimmung, die Erweiterung sozialer Kontakte sowie die Chance der Höherqualifizierung. Zum anderen aber ist die Gefahr nicht auszuschließen, daß die Gruppen sich nach außen abschließen, nach innen auf leistungsschwächere Mitglieder Druck ausüben und Solidarität verhindern, daß sie die weiterhin hierarchische Betriebsstruktur nur verschleiern, aber Konflikte zwischen Betriebsleitung und Beschäftigten in sich hineinverlagern, daß sie die betriebliche Lohnstruktur in Bewegung bringen, die Vorarbeiter und Meister verunsichern und die Initiativen der Betriebsräte und Vertrauensleute unterlaufen.[15]

(3) Vorrang der Arbeit vor dem Kapital
Katholische Soziallehre bleibt skeptisch gegenüber der optimistischen These, der technische Fortschritt bringe aus sich heraus ein Mehr an menschlicher Entwicklung hervor: »Dieser technische Fortschritt kann nämlich gewissermaßen die Basis für den menschlichen Aufstieg bieten; den Aufstieg selbst wird er von sich allein aus keineswegs verwirklichen.«[16] Ähnlich mißtrauisch ist die Einstellung gegenüber einer glatten Übereinstimmung von einzelwirtschaftlicher Rentabilität und menschengerechter Arbeitsgestaltung: »Die Minderung der Arbeitsbelastungen, der Gesundheitsgefahren usw. sind kein automatisch anfallendes Nebenprodukt der technisch-wirtschaftlichen Entwicklung.«[17] Vielmehr lassen die fortgesetzte Unternehmenskonzentration bis zur Bildung multinationaler Konzerne, die Zusammenballung von Reichtum und Entscheidungsbefugnissen in den Händen einer zahlenmäßig kleinen Machtelite sowie die zunehmende Anwendung hochkapitalintensiver Industrien mit gleichzeitig auftretender, rationalisierungsbedingter Dequalifizie-

[14] Vgl. Gaugler, E. u. a. ([2]1977), S. 155, 159 f.
[15] Vgl. Gaugler, E. u. a. ([2]1977), S. 162 f.; Pornschlegel, H. (1981), S. 24–34.
[16] II. Vat. Konzil (1965), 35, S. 351.
[17] Gemeinsame Synode (1976)-2, 2.3.2, S. 343.

rung, sektoraler bzw. regionaler Arbeitslosigkeit und urbaner, nationaler bzw. internationaler Migrationsbewegung der abhängig Beschäftigten danach fragen, ob der Mensch den Erfolg seiner Arbeit nicht gegen sich selbst richtet.[18]

Demgegenüber definiert katholische Soziallehre die Rationalität der Wirtschaft vom Menschen her, »ist doch der Mensch Urheber, Mittelpunkt und Ziel aller Wirtschaft«.[19] Programme der Produktionssteigerung leiten ihre Berechtigung davon ab, ob sie dem Menschen dienen.[20] Deshalb wird der Vorrang der menschlichen Arbeit vor allen anderen Produktionsfaktoren, die nur instrumentelle Bedeutung haben, herausgestellt. Die Arbeit »ist unmittelbarer Ausfluß der Person, die den stofflichen Dingen ihren Stempel aufprägt und sie ihrem Willen dienstbar macht«;[21] »bei der Arbeit steht der Mensch an erster Stelle. Mag er Künstler oder Handwerker sein, Unternehmer, Arbeiter oder Bauer, mag er Handarbeit verrichten oder geistig tätig sein, es ist immer der Mensch, der arbeitet, und es ist immer der Mensch, für den er arbeitet. Damit hat es aber ein Ende mit dem Vorrang der Arbeit vor dem Arbeiter, mit der Überlegenheit der technischen und wirtschaftlichen Erfordernisse über die menschlichen Bedürfnisse.«[22] Johannes Paul II. unterscheidet zwischen der Arbeit im objektiven und im subjektiven Sinn. Arbeit im objektiven Sinn ist die Technik »als die Gesamtheit der Instrumente verstanden, deren sich der Mensch bei seiner Arbeit bedient«.[23] Sie kann sich aus einer Verbündeten in eine Art Gegenspielerin des Menschen verwandeln, »wenn die Mechanisierung der Arbeit den Menschen verdrängt, indem sie ihn jeder Freude an seiner Tätigkeit und des Ansporns zur Kreativität und Verantwortung beraubt, wenn sie viele Arbeitnehmer ›freisetzt‹ (um ihre Beschäftigung bringt) oder die Maschine zur Herrin und den Menschen zu deren Sklaven macht«.[24] An erster Stelle aber steht die Arbeit im subjektiven Sinn, daß »der Mensch das eigentliche Subjekt der Arbeit bleibt«.[25] Der Mensch ist nämlich Person, er handelt geordnet und überlegt, ent-

[18] Vgl. Paul VI. (1971), 9, 17, 44, S. 492, 497 f., 513 f.; Römische Bischofssynode (1971), 9 f., S. 527 f., 531.
[19] II. Vatik. Konzil (1965), 63, S. 384.
[20] Vgl. Paul VI. (1967), 34, S. 448.
[21] II. Vatik. Konzil (1965), 67, S. 388.
[22] Paul VI. (1969), 11, S. 476.
[23] Johannes Paul II. (1981), 5, S. 570.
[24] Johannes Paul II. (1981), 5, S. 570.
[25] Johannes Paul II. (1981), 5, S. 570.

scheidet über sich und verwirklicht im Handeln und Entscheiden sich selbst. Der ethische Gehalt menschlicher Arbeit hängt eng damit zusammen, »daß der, welcher sie verrichtet, Person ist, ein mit Bewußtsein und Freiheit ausgestattetes Wesen, d. h., ein Wesen, daß über sich selbst entscheidet«.[26] Maßstab zur ethischen Bewertung der Arbeit sind nicht in erster Linie das Arbeitsergebnis, die Produktqualität, das Nachfragevolumen, die angewandte Technik oder der Qualifikationsnachweis; »Maßstab für jedwede Arbeit ist die Würde ihres Subjekts, das ist der Person des Menschen, der sie verrichtet«.[27]

Wenn der Vorrang der personalen Dimension menschlicher Arbeit beachtet wird, ist Arbeit für den Menschen eine Wohltat, in der er sich selbst verwirklicht, gewissermaßen mehr Mensch wird, ist in erster Linie »die Arbeit für den Menschen da und nicht der Mensch für die Arbeit«.[28] Die verkehrte Ordnung des Kapitalismus besteht ja gerade darin, die Arbeit wie eine Ware oder anonyme Kraft einzustufen, den arbeitenden Menschen dem sachlichen Produktionsapparat gleichzustellen und als bloßes Werkzeug zu behandeln. Demgegenüber gilt »das Prinzip des Vorranges der Arbeit vor dem Kapital«,[29] daß die Arbeit im Produktionsprozeß immer den ersten Platz als Wirkursache einnimmt, während das Kapital als Gesamtheit der sachlichen Produktionsmittel bloß Instrument oder Instrumentalursache ist. »Man muß den Primat des Menschen im Produktionsprozeß, den Primat des Menschen gegenüber den Dingen unterstreichen und herausstellen.«[30]

1.1.2 Grenzen vertikaler Arbeitsteilung

In einer kapitalistischen Marktwirtschaft sind die abhängig Beschäftigten, die ihre Arbeitskraft als Ware anbieten und gegen Entgelt verkaufen, strukturell von den Entscheidungen der Unternehmensleitung, die an das Eigentumsrecht bzw. an das Verfügungsrecht über Produktionsmittel gekoppelt sind, ausgeschlossen. Ebensowenig haben sie Anteil an dem aus dem Eigentum an Produktionsmitteln de facto abgeleiteten betrieblichen Weisungsrecht.

[26] Johannes Paul II. (1981), 6, S. 572.
[27] Johannes Paul II. (1981), 6, S. 573.
[28] Johannes Paul II. (1981), 6, S. 573.
[29] Johannes Paul II. (1981), 12, S. 587.
[30] Johannes Paul II. (1981), 12, S. 589.

Die vom Taylorismus mit Produktivitätsargumenten propagierte vertikale Arbeitsteilung hat sich nahtlos in diese kapitalistischen Vorentscheidungen eingefügt.
Heutzutage sind die Grenzen vertikaler Arbeitsteilung deutlicher erkannt: betriebliche Sozialtechniken werden kritisch beurteilt, ein menschengerechter Leitungsstil wird reklamiert, katholische Soziallehre vertritt den Vorrang der Arbeitsverantwortung vor der reinen Arbeitsausführung.

(1) Kritik betrieblicher Sozialtechnik
Betriebliche Sozialtechnik ist die Fortsetzung des Taylorismus mit anderen Variablen. Eine klare Ziel-Mittel-Trennung gliedert den Produktionsfaktor ›menschliche Arbeitsleistung‹ in die zwei grundsätzlich verschiedenen dispositiven und objektbezogenen Arbeitsleistungen,[31] »daß in den meisten Fällen ein besonderer Mann zur Kopfarbeit und ein ganz anderer zur Handarbeit nötig ist«;[32] eine eindimensionale Ziel-Mittel-Zuordnung setzt psychisch-soziale Erwartungen der Mitarbeiter als Steuerungselemente ein, um die exekutive Arbeitsleistung an die dispositive anzupassen und die Arbeitsleistung insgesamt zu steigern.

Betriebliche Sozialtechnik tritt in drei Varianten auf:[33] eine *Motivtechnik* beruft sich auf die motivationstheoretischen Erkenntnisse Maslows, der eine hierarchische Dringlichkeitsfolge menschlicher Grundbedürfnisse feststellte, und Herzbergs, der Arbeitszufriedenheit bzw. -unzufriedenheit auf die zwei Kategorien der Hygienefaktoren und Motivatoren zurückführte. Die *Klimatechnik* ist mit der Human-relations-Bewegung identisch. Groß angelegte Forschungsprojekte in den USA kamen zu dem Ergebnis, daß der arbeitende Mensch durch psychische und soziale Erwartungen motiviert wird, daß Beteiligung an betrieblichen Entscheidungsprozessen sowie Bildung und Pflege informeller Gruppen aus persönlicher Sympathie und spontaner Initiative produktivitätssteigernd wirken. Eine *Familientechnik* personalisiert und emotionalisiert das betriebliche

[31] Vgl. Gutenberg, E. ([22]1976), S. 3.
[32] Taylor, F. W. (1919), S. 40.
[33] Vgl. Strauss-Fehlberg, G. (1978), S. 217 f., 219, 225–233; Gaugler, E. u. a. ([2]1977), S. 93–96; Brakelmann, G. ([3]1979), S. 27–29; Muszynski, B. (1977), S. 442.

Organisationsgefüge, deutet das Über- und Unterordnungsverhältnis als pädagogische Beziehung, befrachtet betriebliche Konflikte mit moralischen Appellen an die Geschlossenheit angesichts der Konkurrenz von außen und an Wir-Gefühle, daß doch alle in einem Boot sitzen, an einem Strick ziehen und eine einzige große Familie bilden.

Die Kritik an der betrieblichen Sozialtechnik läßt sich in vier Richtungen formulieren:
– Die angesprochenen Hypothesen über die Ursache-Wirkungs-Zusammenhänge sind empirisch nicht hinreichend gesichert.
– Die individualpsychologischen Motivationstheorien blenden in der Regel das soziale Umfeld des Betriebes aus.
– Die personalistischen und emotionalen Ansätze lassen die bestehende betriebliche Herrschaftsstruktur unangetastet, verschleiern eher die bestehenden Interessengegensätze.
– Die psychisch-sozialen Erwartungen der Mitarbeiter, das Interesse der Arbeiter an einem menschlich und sozial befriedigenden Betriebsklima werden lediglich als strategische Instrumente benutzt, um eine Identifikation mit den von außen festgesetzten Produktionszielen zu erreichen und die Arbeitsleistung zu steigern.

(2) Menschengerechter Leitungsstil
Im Unterschied zu den betrieblichen Sozialtechniken, die weder die Trennung der dispositiven und exekutiven Arbeit noch die hierarchische Betriebsstruktur in Frage stellen, ist eine menschengerechte Betriebsleitung an den Grundsätzen der Eigenständigkeit und Beteiligung orientiert. Unter dieser Rücksicht sollen ein kooperativer Führungsstil und ein demokratischer Leitungsstil geprüft werden.

Der *kooperative Führungsstil* besteht aus den Elementen Zielvereinbarung, Delegation und Training. Zielvereinbarung (mangement by objectives) ersetzt die Einzelanweisung und Kontrolle des Vorgesetzten; unter Beteiligung der Mitarbeiter werden Ziele formuliert, diskutiert, operational und verbindlich definiert. Delegation (management by delegation) überträgt den Mitarbeitern Planungsvollmacht, Entscheidungskompetenz und Handlungsverantwortung bei der Ausführung der gemeinsam formulierten Ziele. Lediglich in Ausnahmefällen, bei erheblichen Abweichungen oder offensichtlichen Fehlleistungen (management by exception) greift der Vorgesetzte in den Kompetenzbereich des Mitarbeiters ein. Training (management by devlopment) beschreibt die volle Führungsverantwortung des Vorgesetzten. Er muß die Eigenständigkeit, Mitverantwortung, kreative Initiative und Leistungsbereitschaft der Mitarbeiter wecken, einen reibungslosen Kommunikationsfluß sicherstellen und die kooperativen Lernprozesse in Gang halten.[34]

Eine Beurteilung des kooperativen Führungsstils kann auf den Abbau hierarchischer Befehlsgewalt, auf die Möglichkeiten aktiver Teilnahme am Entscheidungsprozeß, auf die Entbindung von Kreativität und Eigeninitiative sowie auf die Vermittlung von Entscheidungen ausschließlich auf Grund besserer Argumente und persönlicher Überzeugungskraft (management by persuasion) hinweisen. Dennoch sind die Grundsätze der Eigenständigkeit und Beteiligung nur beschränkt verwirklicht:

- Das hierarchische System ist nur auf der Ausführungsebene abgebaut.
- Die Ziele werden nicht originär von den Mitarbeitern formuliert, sondern vom Vorgesetzten vorgelegt.
- Die Vorstellung eines Mitarbeitertrainings als sozialpädagogische Aufgabe begreift das Direktionsrecht des Vorgesetzten als Erziehungsautorität.
- Eigenständigkeit und Beteiligung der Mitarbeiter sind nicht strukturell als Einrichtungen der Machtkontrolle des Vorgesetzten vorgesehen.

Demokratischer Leitungsstil klingt widersprüchlich; denn Demokratie meint die Rechtfertigung jeder Herrschaft von unten her sowie die allgemeine und gleiche Beteiligung am kollektiven Entscheidungsprozeß, während das Weisungsrecht der Betriebsleitung mit einer gewissen Selbstverständlichkeit aus dem Privateigentum an Produktionsmitteln abgeleitet wird.

Dieser scheinbare Widerspruch läßt sich auflösen:

- Das Verfügungsrecht über Sachen impliziert nicht notwendigerweise ein Weisungsrecht über Personen.
- Die betriebliche Leitungskompetenz läßt sich sinnvoller aus dem gemeinsamen Interesse aller im Betrieb arbeitenden Menschen begründen.

[34] Vgl. Sahm, A. (1977), S. 23–29; Muszynski, B. (1977), S. 442 f.; Kasteleiner, H. (1974), S. 186 f.

– Ein gemeinsames Interesse an der Lebensfähigkeit des Unternehmens, das sich im Wettbewerb behauptet, an der Herstellung und am Absatz der Produkte, an einem Einkommen, das den Konsumbedarf der Beschäftigten und den Investitionsbedarf zur Sicherung der Märkte und zukünftigen Arbeitsplätze deckt, ist bei allen im Betrieb Beschäftigten vorhanden.

– Eine Verschiedenheit von Einzel- und Gruppeninteressen innerhalb der Belegschaft sowie Meinungsverschiedenheiten über den Weg, der zur Durchsetzung des gemeinsamen Interesses einzuschlagen ist, wird durch das gemeinsame Interesse nicht ausgeschlossen.

– Die Durchsetzung des gemeinsamen Interesses sowie die Abstimmung der unterschiedlichen Einzelinteressen muß in einem kollektiven Entscheidungsprozeß, an dem alle Betroffenen beteiligt sind, erfolgen.

– Die Pluralität der Interessen, der Wille zur Zusammenarbeit sowie der Zeitdruck, dem kollektive Entscheidungsprozesse unterliegen, verlangen eine betriebliche Herrschaftsordnung, ein System der Über- und Unterordnung, um ein effizientes, d. h. zielorientiertes Handeln des ganzen Betriebes zu ermöglichen.

– Eine solche Leitungskompetenz ist funktional, durch das konsensfähige gemeinsame Interesse legitimiert und durch Kontrollinstanzen des organisierten Interessenausgleichs und der Konfliktregelung ausbalanciert.

Demokratischer Leitungsstil bedeutet also den Abbau aller nicht funktional begründeten Herrschaft im Betrieb, die Kontrolle des betrieblichen Weisungsrechts durch die Belegschaft sowie die Beteiligung aller Arbeitnehmer am betrieblichen Entscheidungsprozeß. In der Praxis findet sich der demokratische Leitungsstil selten. Bekannt sind die demokratischen Betriebsverfassungen bei Behrens, der Glashütte Süßmuth, der Porstgruppe und der Firma Opel-Hoppmann/Siegen.[35]

(3) Vorrang der Arbeitsverantwortung vor der Arbeitsausführung

Katholische Soziallehre wehrt sich gegen eine extreme vertikale Arbeitsteilung, gegen die Aufspaltung der menschlichen Arbeitsleistung in eine planende und rein ausführende Tätigkeit.

Johannes XXIII. erkennt das Interesse dessen, der produktiv tätig

[35] Vgl. Hoppmann, K. (1980), S. 91–101; Krämer, W. (1982).

ist, an, den Gang der Dinge mitzubestimmen. »Wenn darum in der Gütererzeugung eine Betriebsordnung gilt und Verfahren zur Anwendung kommen, die der Würde des arbeitenden Menschen zu nahe treten, sein Verantwortungsgefühl abstumpfen oder seine schöpferischen Kräfte lahmlegen, so widerspricht eine solche Art des Wirtschaftens doch wohl der Gerechtigkeit; das gilt selbst dann, wenn der Güterausstoß sehr hoch liegt und die Verteilung nach Recht und Billigkeit erfolgt.«[36]

Paul VI. sieht in den veränderten Ansprüchen an die Qualität des Arbeitslebens ein charakteristisches Merkmal der gegenwärtigen Zeit: »Quer durch alle Konflikte, die unsere Zeit zerreißen, macht sich stärker als der Anspruch auf Mehr-Haben in steigendem Maß ein berechtigtes Verlangen geltend nach Mehr-Sein. Seit fünfzig Jahren haben Sie ein immer dichteres Netz rechtlicher Regelungen geschaffen, durch das die Arbeit der Männer, der Frauen und der Jugendlichen geschützt und ihnen eine angemessene Entlohnung gesichert wird. Nunmehr ist es Ihre Aufgabe, durch entsprechende Maßnahmen allen Arbeitern eine organische Beteiligung zu sichern nicht nur an den Früchten ihrer Arbeit, sondern auch an den Entscheidungen über wirtschaftliche und soziale Angelegenheiten, die für deren eigenes Los und für dasjenige ihrer Nachkommenschaft von Bedeutung sind.«[37] Die Würzburger Synode präzisiert dieses Mehr-Sein als Anspruch der unmittelbar betroffenen Arbeiter, am Arbeitsplatz mitzubestimmen und Verantwortung zu übernehmen. Initiative und Eigenverantwortung sind überhaupt die vorrangigen Ziele der Humanisierung der Arbeitswelt, so daß alle im Betrieb auftretenden Probleme nicht von oben herab für die Belegschaften, sondern mit ihnen gelöst werden. »Der Mensch wächst mit dem Maß seiner Verantwortung. Mehr Mensch ist man nicht durch mehr Besitz oder mehr Einkommen, sondern durch mehr Verantwortung; verantworten kann der Mensch aber nur das, was in seiner Macht liegt, worüber er entweder allein oder mit anderen zu bestimmen hat.«[38]

Johannes Paul II. erinnert an Bestrebungen, dem arbeitenden Menschen über den Mitbesitz an Produktionsmitteln, insbesondere über die Beteiligung an der Leitung, am Ertrag oder am Kapital eine

[36] Johannes XXIII. (1961), 83, S. 223.
[37] Paul VI. (1969), 21, S. 482.
[38] Gemeinsame Synode (1976)-2, 2.3.2, S. 344.

mehr anerkannte Stellung im Produktionsprozeß zu verschaffen. »Wenn der Mensch arbeitet, und sich dabei aller verfügbaren Produktionsmittel bedient, so möchte zugleich, daß die Früchte dieser Arbeit ihm und den anderen zugute kommen und daß er bei diesem Arbeitsprozeß Mitverantwortlicher und Mitgestalter an diesem Arbeitsplatz sein darf, an dem er tätig ist.«[39]

Johannes XXIII. sieht im Interessenausgleich zwischen Belegschaft und Leitung die Voraussetzung für eine Zusammenarbeit im Betrieb: »Bei der Erledigung der Angelegenheiten und beim Ausbau des Unternehmens sollte auch die Stimme des Arbeiters gehört und seine Mitverantwortung angesprochen werden ... Zweifellos muß ein Unternehmen, das der Würde des Menschen gerecht werden will, auch eine wirksame Einheitlichkeit der Leitung wahren; aber daraus folgt keineswegs, daß wer Tag für Tag in ihm arbeitet, als bloßer Untertan zu betrachten ist, dazu bestimmt, stummer Befehlsempfänger zu sein, ohne das Recht, eigene Wünsche und Erfahrungen anzubringen; daß er bei Entscheidungen über die Zuweisung eines Arbeitsplatzes und die Gestaltung seiner Arbeitsweise sich passiv zu verhalten habe.«[40]
Die Würzburger Synode würdigt den im BetrVG verankerten institutionalisierten Interessenausgleich: »Die Mitverantwortung für die eigene und für die Arbeitssituation aller Beschäftigten läßt sich ohne die Einrichtung und die Mitarbeit in den Betriebsräten (und Personalvertretungen) nicht verwirklichen. Ihre Tätigkeit, angelegt auf die vertrauensvolle Zusammenarbeit aller im Betrieb, bedarf der Unterstützung durch die Belegschaft.«[41]

1.2 Scheinkonkurrenz: Humanisierung und Einkommenserwartung

Im vorigen Abschnitt konnte der Eindruck entstehen, als sei die mangelnde Berücksichtigung des Humanisierungsziels ausschließlich der kapitalistischen Marktwirtschaft sowie der Übermacht der Kapitaleigner zuzuschreiben, die eine kurzfristige und einzelwirt-

[39] Johannes Paul II. (1981), 15, S. 598; vgl. Johannes Paul II. (1981), 14, S. 596.
[40] Johannes XXIII. (1961), 92, S. 225 f.
[41] Gemeinsame Synode (1976)-2, 2.3.2, S. 344.

schaftliche Rentabilitätsrechnung, die Unterordnung der Belegschaftsinteressen unter die Kapitalverwertungsinteressen und die Verteilung des Produktionsergebnisses zu Lasten der Arbeitnehmer erzwingen. In Wirklichkeit existiert eine geheime Komplizenschaft zwischen Kapitaleignern und Arbeitnehmern, die Arbeit als Mittel der Gewinnsteigerung und der Einkommenssteigerung einzusetzen. Auch der abhängig Beschäftigte hat ein erstrangiges Interesse an einem sicheren Einkommen. Darüber hinaus sieht er sich selbst als Konsument und Produzent gespalten; belastende Arbeitsbedingungen erträgt er in der Erwartung, sich durch höheres Einkommen und gesteigerten Konsum entschädigen zu können.
Die Abwertung des Arbeitsvollzugs zum reinen Instrument der Einkommenserzielung wird im folgenden kritisch geprüft. Die Aufstellung einer menschengerechten Einkommensbilanz durch verändertes gesellschaftliches Bewußtsein und veränderte gewerkschaftliche Praxis verschaffen dieser Kritik Rückendeckung, Vorentscheidungen katholischer Soziallehre bieten ihr Orientierungspunkte.

1.2.1 Kritik der Einkommensvorliebe

Die Einkommensvorliebe abhängig beschäftigter Arbeiter scheint durch den unbestrittenen Nachholbedarf an Einkommen und Güterausstattung gerechtfertigt.[42] Doch abgesehen von der Schieflage der Einkommensverteilung, die den wenn auch untauglichen Versuch, sie durch expansive Tarifpolitik zu korrigieren, geradezu herausfordert, ist die Einkommensvorliebe der Arbeiter mitverursacht sowohl durch eine fehlerhafte Kostenrechnung wie auch durch eine immer wieder genährte Entschädigungsillusion.

Die *fehlerhafte Kostenrechnung* läßt sich zunächst an den Gesundheitskosten des Arbeitsvollzugs, die in der Aufwand/Ertragsrechnung des einzelnen Arbeiters nicht berücksichtigt werden, veranschaulichen. Ungeachtet der überdurchschnittlich hohen Arbeitsun-

[42] Während 1980 von den erwerbstätigen Selbständigen und Beamten je 18% den Einkommensgruppen mit einem monatlichen Nettoeinkommen von unter DM 1200 zuzurechnen waren, betrug der Anteil der erwerbstätigen Arbeiter in dieser Einkommensgruppe 37%. Und umgekehrt lag 1980 der Anteil der erwerbstätigen Arbeiter in der Einkommensgruppe mit einem monatlichen Nettoeinkommen von über DM 1800 bei 19%, der Anteil der Selbständigen dagegen bei 66%, der Beamten bei 61%. Vgl. Erwerbstätigkeit (1981), S. 181.

fälle in einzelnen Wirtschaftszweigen ging die Zahl der tödlichen und auch der erstmalig entschädigten Arbeitsunfälle in der Bundesrepublik zwar laufend zurück, die Zahl der angezeigten Berufskrankheiten ist jedoch seit 1968 stark angestiegen, zumal bei den sechs gegenwärtigen Gefährdungskomplexen – Lärmschwerhörigkeit und Lärmtaubheit, Silikose, Infektionskrankheiten, Meniskusschäden, Sehnenscheidenerkrankungen, Hauterkrankungen – mit erheblichen Dunkelziffern gerechnet werden muß. Körperliche Schwerstarbeit mag in den letzten Jahren zurückgegangen sein, einseitig physische Belastung jedoch nicht. Verschleißerscheinungen sind bei repetitiven und automatisierten Tätigkeiten in körperlicher Zwangshaltung und geringen sozialen Kontakten unter Hitze- und Lärmeinwirkung zu beobachten. Psychische Belastungen zeigen sich bei Überwachungs-, Kontroll- und Steueraufgaben in erhöhtem Anforderungsdruck und bei Prozeßstörungen im Wechsel zwischen langandauernder Reizarmut und plötzlicher Reizüberflutung, während Instandsetzungs- und Reparaturarbeiten unter nervlichen Belastungen wie Zeit- und Termindruck stehen.[43]

Insbesondere die Kosten der Schichtarbeit werden aus der individuellen Aufwand/Ertragsrechnung verdrängt. Die Zahl der Arbeitnehmer in Wechselschicht hat 1960–1975 jährlich um 70 000, die der Sonn- und Feiertagsarbeiter um 115 000 zugenommen; die Zahl der Nachtarbeiter nahm 1965–1972 jährlich um 86 000 zu, 1972–1975 jährlich um 171 000 ab. Eine nicht überschneidungsfreie Verteilung der Arbeitnehmer ergab für 1975 17 % der abhängig Erwerbstätigen in Wechselschicht, 12 % in Nachtarbeit und 15 % in Sonn- und Feiertagsarbeit. Als Einflußfaktoren der zunehmenden Schichtarbeit werden Nachfrageverschiebungen und strukturelle Veränderungen im Dienstleistungsbereich, die Verkürzung der Arbeitszeit, die Unternehmenskonzentration und die Einführung neuer Produktionstechniken identifiziert.

Die schwerwiegendste Beeinträchtigung der Gesundheit des Schicht- und Nachtarbeiters besteht darin, daß eine Umkehrung der Tagesperiodik physiologischer und nervlicher Funktionen gegen den Biorhytmus, aber mehr noch gegen den Rhythmus der sozialen Umwelt beim Menschen nicht stattfindet. Ob nun ein strenger Zusammenhang zwischen spezifischen Krankheitsbildern (Gefühl

[43] Vgl. Kasiske, R. (1976), S. 15 f., 19, 64 f., 68, 74 f.; Matthöfer, H. (1977), S. 100.

der Überbeanspruchung, Neigung zum Rauchen, Appetitlosigkeit, Magenbeschwerden, Kopfschmerzen, allgemeines Unwohlsein) und der Nacht- bzw. Schichtarbeit nachgewiesen werden kann, mag dahingestellt bleiben; sicher ist, daß Schicht- und Nachtarbeit einen gesundheitlichen Risikofaktor und einen unspezifischen Belastungsfaktor darstellt. Darüber hinaus jedoch sind die sozialen Belastungen der Nacht- und Schichtarbeit gravierend, an erster Stelle der Konflikt zwischen den Berufspflichten des Arbeiters und den Erwartungen der Familie. Wenn es dem Schichtarbeiter nicht gelingt, den eigenen Tagesablauf bzw. die Familienaktivitäten strikt dem Zeitregime der Wechsel- oder Nachtschicht unterzuordnen, werden die Beziehungen zum Ehepartner und zu den Kindern gestört, verkümmern auf die Dauer die übrigen sozialen Kontakte.[44]

Die *Entschädigungsillusion* besteht darin, daß in der Vermehrung der Freizeitqualität ein Ausgleich für die verminderte Arbeitsqualität erwartet wird. Doch sobald die psychisch-somatischen und die sozialen Folgen der Nacht- und Schichtarbeit sowie die engen Wechselwirkungen zwischen Arbeitsbedingungen und Freizeitverhalten zur Kenntnis genommen werden, erweist sich diese Rechnung als Fehlkalkulation: Schichtarbeit, Monotonie der Arbeit und mangelnde Kommunikationsmöglichkeiten am Arbeitsplatz beeinflussen nachteilig das Freizeitverhalten, restriktive Arbeitserfahrungen prägen das Erziehungsverhalten daheim.[45] Die Monotonie einer achtstündigen Fließbandarbeit verringert die Chance, in der Freizeit schöpferische Phantasie zu entfalten, der eingeschränkte Entscheidungsspielraum weisungsabhängiger Arbeit erschwert partnerschaftliches Verhalten in Ehe und Familie, der zunehmende Leistungsdruck der Akkordarbeit begünstigt aggressive Verhaltensformen gegenüber Kindern, repetitive Teilarbeit eventuell unter Taktzwang erhöht die Neigung zu passiver Urlaubsgestaltung. Die Kosten der Einkommensvorliebe des abhängig beschäftigten Arbeiters sind hoch. Eine Entschädigung in der erwarteten Höhe findet nicht statt. Deshalb ist individuell und kollektiv, durch Gewerkschaften und

[44] Vgl. Münstermann, J./Preiser, K. (1978), S. 21–23, 37, 58, 75 f., 107–153, 164–171, 174.

[45] Vgl. Münstermann, J./Preiser, K. (1978), S. 134; Arbeit und Freizeit (1979), S. 30, 58 f.; Grüneisen, V./Hoff, E.-H. (^{2}1980), S. 211–213; Hoff, E.-H./Grüneisen, V. (^{5}1980), S. 327–330.

andere gesellschaftlich relevante Gruppen das Bewußtsein einer menschengerechten Einkommensbilanz zu wecken.

1.2.2 Menschengerechte Einkommensbilanz

Die Definition von Einkommensansprüchen sowie die Abstimmung der Entstehungs- und Verwendungsarten des Einkommens sollte nach allgemeiner Einstellung der souveränen Entscheidung der einzelnen Haushalte überlassen bleiben. Doch ist die individuelle Güterabwägung unzureichend; denn wenn das Ausbalancieren der menschengerechten Arbeits- und Einkommensansprüche ausschließlich den einzelnen Arbeitnehmern überlassen bliebe, würden die am meisten Belastungsfähigen und Risikofreudigen das Feld beherrschen. Wenngleich nun die erste Neuformulierung der Einkommensbilanz durch einzelne und Gruppen erfolgen wird, so ist doch ihre Verbreitung auf gesellschaftliche Resonanz, ihre Durchsetzung auf gewerkschaftliche Tarifpolitik angewiesen.

Gesellschaftliche Resonanz hat die Diskussion um die Nacht- und Schichtarbeit gefunden, seitdem Polizeibeamte demonstriert, Postarbeiter gestreikt und Krankenhausärzte Musterprozesse angestrengt haben. Gerade unter den jüngeren Menschen wächst das Bewußtsein, daß Schichtarbeit nicht zumutbarer Zwang ist; gleichzeitig wächst ihre Abneigung, die eigenen gesellschaftlichen Wertvorstellungen dem Regime der Arbeit zu unterwerfen.

Der Katalog der Verbesserungsvorschläge, um die Schichtarbeit an die menschlichen Bedürfnisse anzupassen, enthält zunächst eine Änderung der Schichtzeiten: Einschränkung bzw. Verkürzung der Nachtschichtarbeit, Abschaffung der Dauernachtarbeit, stärkere Wochenendorientierung, Einführung einer fünften Schichtbelegschaft, dann eine Verbesserung der Schichtarbeitsgestaltung: Abbau der Mehrfachbelastung, veränderte Pausenregelung, außerdem intensive ärztliche Kontrolle der Schichtarbeiter und schließlich flankierende Maßnahmen wie Wohnraummodernisierung, Verkehrsberuhigung, Anpassung der Ernährungsgewohnheiten, Unterhaltungs- und Fortbildungsangebote für Schichtarbeiter.[46]

Die genannten Verbesserungsvorschläge sind mehr an der Scha-

[46] Vgl. Müller-Seitz, P. (1978), S. 6 f.; Münstermann, J./Preiser, K. (1978), S. 176–197; Rat der EKD (1980), S. 6 f.; Streich, W./Bielenski, H. (1981), S. 101–104.

densbeseitigung als an der Schadensvermeidung orientiert; sie stellen die Notwendigkeit der Schicht- und Nachtarbeit kaum infrage. Die besorgniserregende Zunahme der Schichtarbeit ist aber gerade nicht auf Grund produktionstechnischer Notwendigkeiten kontinuierlich betriebener Anlagen erfolgt,[47] sondern auf Grund von Wandlungen in der Nachfragestruktur und von Rentabilitätsrechnungen. Deshalb läßt sich Schicht- und Nachtarbeit nur wirksam einschränken, wenn einmal bestimmte gesellschaftliche Ansprüche z. B. auf schnelle Postbeförderung oder morgendliche Zeitungslektüre zurückgeschraubt und wenn zum anderen Schicht- und Nachtarbeit zum Beispiel durch Abgabenbelastung der Zuschläge für die Unternehmen verteuert und für den Arbeitnehmer weniger attraktiv werden. In diese Richtung wäre das gesellschaftliche Bewußtsein noch weiter zu verändern.

Qualitative Tarifpolitik, nämlich die Produktivitäts- und Gewinnzuwächse zu mehr Freizeit und Beseitigung inhumaner Arbeitsplätze anstelle weiterer Einkommenserhöhung zu nutzen,[48] ist zwar erst 1978 bei den Gewerkschaften als Kampfformel an zwei Fronten – gegen die Rentabilitätsinteressen der Kapitaleigner und die Einkommensinteressen der eigenen Mitglieder – aufgetaucht; doch bereits 1973 wurde nach 17jähriger Verhandlungsdauer und einem einwöchigen Streik in Nordbaden/Nordwürttemberg ein Lohnrahmentarifvertrag mit 55 Humanisierungsforderungen erkämpft. Der Imperativ qualitativer Verhandlungsziele, den das DGB-Grundsatzprogramm von 1981 formuliert: »Gesundheit darf nicht gegen Geld eingetauscht werden«[49] hat sich dann in mehreren Tarifverträgen mit der Zigarettenindustrie und Brauindustrie in Nordrhein-Westfalen 1978, mit der Eisen- und Stahlindustrie 1979 und mit der deutschen Bundespost 1980 niedergeschlagen.[50]

1.2.3 Vorrang des Arbeitsvollzugs vor dem Arbeitsergebnis

Katholische Soziallehre bestätigt die Auflösung jener Scheinkonkurrenz von Humanisierungszielen und Einkommenserwartungen und

[47] Vgl. Münstermann, J./Preiser, K. (1978), S. 62 f.
[48] Vgl. Neumann, A. (1980), S. 275.
[49] Grundsatzprogramm (1981), S. 8.
[50] Vgl. Tarifbewegungen (1979), S. 137; Das Ergebnis (1979), S. 188 f.; Kurz-Scherf, I. (1981), S. 155.

ermutigt den Kurs qualitativer Tarifpolitik, wehrt sich aber gegen einen reinen Austausch der Einkommensansprüche durch Freizeitansprüche und damit gegen die aufrechterhaltene Funktionalisierung des Arbeitsvollzugs. Drei Vorentscheidungen haben sich in einem Textabschnitt der Würzburger Synode kristallisiert:

– Arbeit ist nicht lediglich Aufwandsfaktor, reines Instrument der Selbsterhaltung oder Einkommenserzielung. »Arbeit und Beruf sind in ethischer und erst recht in christlicher Sicht mehr als nur Einkommensquelle oder Grundlage der äußeren Lebensführung für den einzelnen und die Familie. Sie sind zugleich Dienst an der Gemeinschaft. In ihnen soll der Mensch auch seine Anlagen und Fähigkeiten verwirklichen. Arbeit und Beruf sollen zur Sinngebung und -erfüllung des gesamten menschlichen Lebens beitragen.«[51]

– Die Polarisierung des Lebens in Arbeit und Freizeit ist unmenschlich. »Wer nur des Erwerbs oder des höheren Lohns willen arbeitet und dafür ungünstige Arbeitsbedingungen in Kauf nimmt, oder wer seine Arbeit nur als Mittelbeschaffung für ein ›eigentliches‹ Leben in der Freizeit ansieht, der verschließt sich selbst einer Möglichkeit, sein Leben innerlich zu bereichern.«[52]

– Auch die Arbeitszeitverkürzung unterliegt der Entschädigungsillusion. »Man weicht den Problemen der menschlich-sozialen Gestaltung von Arbeit und Betrieb aus, wenn man darauf ausgeht oder sich damit zufrieden gibt, in Lohnerhöhungen, Arbeitszeitverkürzungen und erhöhten Konsumchancen einen Ausgleich für einengende Bedingungen der Arbeitssituation zu suchen.«[53]

2. Humanisierung des ganzen Menschen

Die menschengerechte Gestaltung der Erwerbsarbeit übt einen Humanisierungsdruck in Richtung Freizeit aus. Aber auch von einer menschengerechten Gestaltung der Freizeit gehen humanisierende Wirkungen auf die Erwerbsarbeit aus. So ließe sich die Humanisierung des ganzen Menschen in den Dienst einer Humanisierung der Arbeit stellen. Aber der Mensch kann nicht ausschließlich von der faktischen Arbeit, schon gar nicht von der gegenwärtigen Erwerbs-

[51] Gemeinsame Synode (1976)-2, 2.3.2, S. 343.
[52] Gemeinsame Synode (1976)-2, 2.3.2, S. 343.
[53] Gemeinsame Synode (1976)-2, 2.3.2, S. 343.

arbeit her definiert werden. Da die arbeitsfreie Zeit ein eigenständiger Ort der Menschwerdung des Menschen ist, geschieht die Humanisierung des ganzen Menschen auch und gerade im Abstand von der Arbeit.
Beide Aspekte einer Humanisierung des ganzen Menschen – im Abstand von der Arbeit und in menschengerechter Freizeit – sollen im folgenden erläutert werden.

2.1 Abstand von der Arbeit

Abstand von der Erwerbsarbeit in der gegenwärtig vorherrschenden Form scheint nicht problematisch. Denn wenn früher aus dem Zwang zu überleben die Last schwerer körperlicher Anstrengung erwuchs, der naturhaft-notwendige Aspekt der Arbeit als Unterhaltsmittel also ganz im Vordergrund stand, wird heute der Einsatz von Automaten, die die schwere, dreckige und lästige Arbeit übernehmen, die man Menschen nicht mehr zumutet, als Beitrag zur Humanisierung des ganzen Menschen empfunden. Und wenn die zunehmende Automatisierung der Produktion sowie die Anwendung der Datentechnik in Büros die menschliche Arbeit auf Wartungs- und Kontrollaufgaben zusammenschrumpfen lassen, wird die Erwerbsarbeit trotz des Ausgleichs, den großzügige Pausenregelungen, Ablenkungsmöglichkeiten oder abwechslungsreiche Tätigkeiten bieten, immer weniger zum Ort der Selbstdarstellung schöpferischer Freiheit.
Dasselbe gilt für ganze Bereiche eines arbeitsteiligen Produktionsprozesses, dem eine Herrschaftsordnung nicht erspart bleibt, die im konkreten Einzelfall auf Befehl und Gehorsam angewiesen ist, und in dem volle Durchsichtigkeit der eigenen Arbeit sowie Unterordnung aus voller Einsicht Ausnahmefälle bleiben.
Wenn darüber hinaus die Erwerbsarbeit zum ausschließlichen Identitätsbarometer des heutigen Menschen aufrückt, der auf die Frage, wer er sei, sich von seiner Erwerbsarbeit her als Bäcker, Fahrdienstleiter, Fernsehtechniker oder Steuerberater definiert, und wenn auch der Grad der gesellschaftlichen Anerkennung eines Menschen sich ausschließlich nach der von ihm geleisteten Arbeit, insbesondere nach der Arbeit, die vermarktet werden kann, bemißt, wird das Sinnrisiko der Erwerbsarbeit offenbar. Und wenn schließlich der gegenwärtig beobachtbare Trend anhält, zahlreiche Tätigkeiten, die noch außerhalb des Marktgeschehens angesiedelt sind, zu kommer-

zialisieren, bis eine Totalbedienung über den Markt erreicht ist, die den einzelnen Menschen noch abhängiger macht, in seiner Eigeninitiative lähmt und in die Hilflosigkeit bzw. Unmündigkeit hineintreibt, könnte die Erwerbsarbeit totalitäre und dehumanisierende Züge annehmen.

Abstand von der Arbeit überhaupt könnte mit einer polarisierenden Gegenüberstellung einzelner Dimensionen bzw. Sektoren menschlichen Handelns begründet werden: die Arbeit sei zwar eine grundlegende Dimension der menschlichen Existenz, aber nicht die einzige, schon gar nicht könne sie sich zum Ort umfassender Sinnfindung des Menschen aufspielen. Neben der Arbeit, die den Charakter des Notwendigen, des Ernstes und des Widerstandes trägt, gebe es im Spiel, in der musischen Betätigung, in der Kommunikation mit anderen Menschen, in der Liebe des Partners, in der Freundschaft Gleichaltriger und in der Meditation zahlreiche Formen der Selbstverwirklichung.
Ein solcher Arbeitsabstand im Dienst der Humanisierung des ganzen Menschen ist jedoch ein Kurzschluß. Denn nach der wiederholt vertretenen Auffassung ist menschliche Arbeit in eine naturale, personale und soziale Wertdimension aufgefächert und zur Vermittlungsinstanz zwischen körperlicher und geistiger Anstrengung, zwischen Ausdruckshandeln und wirksamem Handeln, zwischen Weltgestaltung und gesellschaftlicher Konstruktion aufgewertet und damit in einen umfassenden Prozeß der Menschwerdung des Menschen einbezogen worden. Danach kann es einen Abstand von der Arbeit überhaupt als Menschwerdung ohne Arbeit gar nicht geben, da jede Tätigkeit des Menschen Elemente von Arbeit enthält.
Abstand von der Arbeit überhaupt kann demnach nur bedeuten: weil der Mensch nicht wie das Tier auf seine Umwelt und die Wechselwirkung mit ihr festgestellt ist und mit keiner seiner Handlungen identisch, findet auch die menschliche Arbeit nicht automatisch den ihr wiederholt zugesprochenen Sinn, gleichzeitig und gleichgewichtig die Auseinandersetzung des Menschen mit der Natur, d. h. dessen Sinnfindung als Naturwesen, dann die Selbstdarstellung des Menschen als schöpferische Freiheit, d. h. dessen Sinnfindung als Person, und schließlich die zwischenmenschliche Kommunikation gleichberechtigter Partner, d. h. die Sinnfindung des Menschen als Sozialwesen zu integrieren und darüber hinaus diese Integration als Ausdrucksform des Glaubens an Gott zu vermitteln.

Diese umfassende Sinnstiftung der Arbeit in der konkreten Situation vorzunehmen, ist dem Risiko menschlicher Entscheidung ausgesetzt. Entscheidungen unter Risiko sind jedoch nur aus der Indifferenz, aus einem relativen Abstand heraus verantwortlich zu treffen. Ein solcher Arbeitsabstand kann in zwei Formen eingeübt werden: durch mehrseitige Arbeit und durch Arbeitsruhe.

Mehrseitige Arbeit knüpft zunächst an das Konzept der Eigenarbeit als gleichberechtigtem Gegengewicht zur Erwerbsarbeit an. »Eigenarbeit ist die ursprüngliche Form der Arbeit. Die Arbeit, deren Produkte man kennt und vielleicht liebt und die einem zu eigen sind, bis man sie für seine Hausgemeinschaft verwendet oder verkauft: die Arbeit, deren Risiko man kennt und zu verantworten weiß. Auch die Dienstleistung für persönliche Bekannte ist Eigenarbeit, ebenso die unausgesetzten Auswahl- und Entscheidungsleistungen des täglichen Lebens.«[54] In der Eigenarbeit spielt das Arbeitserlebnis eine vorrangige Rolle: die Einheit von Vollzug und Ergebnis, von Herstellung und Verbrauch, darüber hinaus die Überschaubarkeit der Arbeitsumgebung und der Arbeitsgruppe, und schließlich die Einbeziehung von Kindern, Jugendlichen, Älteren und Behinderten.
Aber mehrseitige Arbeit erschöpft sich nicht in der Gegenüberstellung zweier Ökonomien und zweier Formen von Arbeit, zumal sich deren Abgrenzungskriterien (Bezahlung, Befriedigung, Durchsichtigkeit, Anerkennung) schwierig identifizieren lassen. Vielmehr bezeichnet mehrseitige Arbeit eine Pendelbewegung des Menschen zwischen den drei Dimensionen der Arbeit; dadurch ist die Bandbreite möglicher Kombinationen und Zwischenstufen angesprochen: vom vollmechanisierten arbeitsteiligen Produktionsprozeß zur handwerklichen Arbeitsform mit sanfter Technologie, von der Mitarbeit in Großorganisationen zur Bildung von kleinen Gruppen mit emotionaler Wärme, erlebter Sympathie und Zärtlichkeit, von der Gründung einer Kleinfamilie zu veränderten Formen gemeinsamen Wohnens, von der Beteiligung an parlamentarischer Auseinandersetzung zu projektorientierten Basisinitiativen.
Ob diese Pendelbewegungen zwischen den drei Wertdimensionen menschlicher Arbeit aus der Sphäre alternativer Arbeitsformen in die Sphäre der Erwerbsarbeit allerdings gelingen, ist noch nicht

[54] Weizsäcker, von E. U. und Ch. (1980), S. 152; vgl. Weizsäcker, von Ch. und E. (1978), S. 186 f.

sichergestellt. Denn häufig bleibt inmitten gelöster Gemeinschaftserlebnisse auf der grünen Wiese die Erwerbsarbeit, der man entrückt zu sein scheint, als schlechtes Gewissen gegenwärtig. Dazu werden die alternativen Freiräume als Teilzeiterlebnisse aufgenommen, deren schneller Wechsel das Bewußtsein spaltet. Außerdem erschweren schöpferische Arbeitsphasen in einer alternativen Nische die Rückkehr in die Erwerbsarbeit, verschärfen die dortigen Konflikte und erhöhen den Anpassungsdruck. Und schließlich bleiben Spielarten mehrseitiger Arbeit an die komplex organisierte Gesellschaft rückgebunden. Trotzdem aber werden in ambivalenten Erfahrungen mehrseitiger Arbeit neue Maßstäbe zur Beurteilung der vorherrschenden Erwerbsarbeit gewonnen, die die Abweichung vom unmittelbaren Arbeitsalltag aufdecken und das Anspruchsniveau menschengerechter Gestaltung der Erwerbsarbeit erhöhen. So trägt mehrseitige Arbeit dazu bei, den Abstand von der Arbeit überhaupt zu erhöhen – im Dienst einer Humanisierung des ganzen Menschen.

Arbeitsruhe ist eine von katholischer Soziallehre vertretene Ausdrucksform des Abstands sowohl von der Erwerbsarbeit als auch von der Arbeit überhaupt zur Humanisierung des ganzen Menschen. Leo XIII. fordert den Schutz des Staates für »eine durch die Religion geheiligte Ruhe von der Arbeit«,[55] die den Menschen von den täglichen Geschäften und von der Last der gewohnten Arbeit befreit, um in ihm die Bereitschaft zu Religion und Gottesdienst zu wecken.

Johannes XXIII. erweitert den Sinnhorizont der Feiertagsruhe, indem er sie in der Würde des Menschen als Ebenbild Gottes und in der Verpflichtung zur Gottesverehrung, außerdem in der Notwendigkeit körperlicher Erholung und ganzheitlicher Entspannung, dann in der Möglichkeit der Selbstbesinnung und schließlich in der Aufrechterhaltung sozialer Kontakte insbesondere der Familiengemeinschaft begründet.[56]

Beide Stellungnahmen berufen sich auf die alttestamentliche Sabbatruhe, die immer eine religiöse, humane und soziale Komponente enthält: »Gedenke des Sabbats: halte ihn heilig! Sechs Tage darfst du schaffen und jede Arbeit tun. Der siebte Tag ist ein Ruhetag,

[55] Leo XIII. (1891), 32, S. 54.
[56] Vgl. Johannes XXIII. (1961), 248–251, S. 265 f.

dem Hern, deinem Gott geweiht. An ihm darfst du keine Arbeit tun: du, dein Sohn und deine Tochter, dein Sklave und deine Sklavin, dein Vieh und der Fremde, der in deinen Stadtbereichen Wohnrecht hat.«[57]

Für Johannes Paul II. berührt die Arbeit jene Auszeichnung der Gottebenbildlichkeit, mit der der Mensch ausgestattet ist. »Der Mensch soll Gott nachahmen sowohl in der Arbeit als auch in der Ruhe, da Gott ihm sein eigenes schöpferisches Tun in der Form der Arbeit und der Ruhe vor Augen führen wollte.«[58] Menschliche Arbeit bedarf der Ruhe, nicht nur am Sonntag, »sie muß im Inneren des Menschen einen Freiraum lassen, wo der Mensch immer mehr das wird, was er nach Gottes Willen sein soll«.[59]

2.2 *Menschengerechte Freizeit*

Gegenüber dem im vorigen Abschnitt gewählten Ansatzpunkt einer Humanisierung des ganzen Menschen, nämlich dem Abstand von der Erwerbsarbeit und von der Arbeit überhaupt, soll im folgenden die sogenannte Freizeit auf ihren Humanisierungsbeitrag überprüft werden, im einzelnen der Konsum, der Umgang mit der Zeit und das Wohnen.

2.2.1 Konsumkritik

Eine wachsende Zahl von Menschen in den Industrieländern wehrt sich gegen die Übertragung der Massenproduktion auf die Freizeit, wenn Hobbys kommerziell ausgebeutet, Spiel und Sport dem Leistungsdruck unterworfen, die Erhöhung der Geschwindigkeit zu Lande, zu Wasser und in der Luft als Maßstab für Freizeitqualität herangezogen werden.

Außerdem befreit man sich von solchen Formen manipulativen Konsums, zu dem man durch Sozialprestige, Mode, suggestive Werbung und wechselseitiges Aufreizen überredet wird, oder der lediglich dazu dient, Arbeitsplätze zu sichern, Überschußproduktionen abzusetzen oder die Folgeschäden der Erwerbstätigkeit bzw. vorangegangenen Konsums zu beseitigen.

[57] Ex. 20, 8–10.
[58] Johannes Paul II. (1981), 25, S. 620.
[59] Johannes Paul II. (1981), 25, S. 621.

Alternative Lebensstilgruppen in der Schweiz, in Schweden, England, Holland und Deutschland versuchen eine individuell und in kleinen Gruppen abgestimmte Unterscheidung zwischen authentischen und manipulativen Bedürfnissen, zwischen Grund- und Luxusbedarf. Sie achten auf energiesparenden, umweltschonenden und mit der dritten Welt solidarischen Konsum,[60] empfinden überlegte Kaufentscheidungen und einfachen Lebensstil jedoch nicht als Verlust an Lebensqualität sondern als einen Beitrag zur Humanisierung des ganzen Menschen.

Die Konsumkritik katholischer Soziallehre, die sich gegen die Industrieländer richtet, ist aus der Einsicht in eine vierfache Bedrohung des Menschen, der Gesellschaft, der Umwelt und der internationalen Solidarität entstanden.
Paul VI. wehrt sich gegen eine Umkehrung in der Rangordnung menschlicher Werte, die das Mehr-Haben zum höchsten kollektiven und individuellen Ziel erklärt. »Jedes Wachstum hat seine zwei Seiten. Es ist unentbehrlich, damit der Mensch mehr Mensch werde, aber es sperrt ihn wie in ein Gefängnis ein, wenn es zum höchsten Wert wird, der dem Menschen den Blick nach oben versperrt. Dann verhärtet sich das Herz, der Geist verschließt sich, die Menschen kennen keine Freundschaft mehr, sondern nur noch das eigene Interesse, das sie gegeneinander aufbringt und entzweit. Das ausschließliche Streben nach materiellen Gütern verhindert das innere Wachstum und steht seiner wahren menschlichen Größe entgegen.«[61]
Der Papst skizziert eine Gesellschaft, die sich an anderen Zielen als denen des quantitativen Wachstums orientiert: »Zweifellos mit vollem Recht hat man auf die Grenzen und sogar Schäden eines rein quantitativen wirtschaftlichen Wachstums hingewiesen und hat mehr Gewicht auf die qualitative Seite gelegt. Beschaffenheit und namentlich Echtheit der menschlichen Beziehungen, der Grad der Mitbestimmung und Mitverantwortung sind für die künftige Gesellschaft nicht weniger bedeutsam und wichtig als die Menge und Vielfalt der produzierten und dem Verbraucher zugeführten Güter. Hat der Mensch erst einmal die einseitige Sucht überwunden, alles nach dem Erfolg in der Gütererzeugung und im Güteraustausch, nach

[60] Vgl. Wenke, K.-E./Zilleßen, H. (1978), S. 308–315, 321–349.
[61] Paul VI. (1967), 19, S. 442.

Macht- und Nutzenbeziehungen zu beurteilen und zu messen, dann will er diese quantifizierbaren Güter ersetzen durch vertiefte zwischenmenschliche Beziehungen, Verbreitung des Wissens, Entfaltung vielfältiger Formen menschlichen Geisteslebens, Austausch wechselseitiger Dienste, Einsatz aller für gemeinsame Aufgaben.«[62]
Die römische Bischofssynode verlangt von den Industrieländern einen verantwortlichen Umgang mit den Gütern aus Rücksicht auf die Weltbevölkerung und die Umwelt: »Unerfindlich ist, wie die reichen Völker es rechtfertigen wollen, ihren Zugriff auf die Güter der Erde noch weiter zu steigern, wenn das zur Folge hat, daß entweder die anderen Völker niemals über ihre elende Notlage hinauskommen oder gar die physischen Grundlagen des Lebens auf der Erde Gefahr laufen zerstört zu werden. Die jetzt schon Reichen müssen sich mit einer materiell weniger anspruchsvollen Lebenshaltung bescheiden und weniger verschwenderisch mit den Dingen der Umwelt umgehen, um nicht jenes Erbgut zu zerstören, in das sie sich mit der ganzen übrigen Menschheit nach strenger Gerechtigkeit zu teilen haben.«[63]
Johannes Paul II. weist auf den Zusammenhang zwischen dem Konsumstandard der Industrieländer und der Mangellage der Entwicklungsländer hin: »Allgemein bekannt ist das Bild der Konsumgesellschaft, die einen gewissen Überfluß an den für den Menschen und die ganze Gesellschaft notwendigen Gütern besitzt – gemeint sind die reichen und weit fortgeschrittenen Gesellschaften –, während die übrigen, zumindest in weiten Schichten, Hunger leiden und viele Personen in ihnen täglich an Hunger und Unterernährung sterben. Hand in Hand geht damit für die einen ein bestimmter Mißbrauch der Freiheit, der mit einer konsumistischen Verhaltensweise verbunden ist, die nicht von der Ethik gezügelt wird; gleichzeitig wird dadurch die Freiheit der anderen beschränkt, die schon großen Mangel leiden und somit in noch größere Armut und ins Elend getrieben werden.«[64]

2.2.2 Zeitsouveränität

Im Kampf gegen das rigorose Zeitregime der Industriearbeit, das dem einzelnen Arbeiter den Maschinenrhythmus aufzuzwingen

[62] Paul VI. (1971), 41, S. 511 f.
[63] Römische Bischofssynode (1971), 64/7, S. 545 f.
[64] Johannes Paul II. (1979), 16, S. 34.

suchte, haben die Gewerkschaften beachtliche Erfolge erzielt, wenngleich die kollektiven, auf globale Arbeitszeitverkürzungen ausgerichteten Vereinbarungen überwiegend zu Verschiebungen zwischen den Blöcken der Arbeitszeit und Nichtarbeitszeit führten. Gegenwärtig ist ein wachsendes Unbehagen an einer standardisierten und uniformierten Arbeitszeitregelung von 8 Stunden pro Tag, 5 Tagen pro Woche, 4 Wochen pro Monat festzustellen sowie der Wunsch, über die zeitliche Dauer und die zeitliche Anordnung der eigenen Erwerbsarbeit während des Lebens und in den verschiedenen Lebensbereichen selbständig zu verfügen.

Die *Flexibilisierung* der täglichen Arbeitszeit besteht in der Verlängerung der stündlichen Pausen, in den Wahlmöglichkeiten von Freizeitäquivalenten anstelle von Überstundenzuschlägen, in der Reduktion der täglichen Arbeitszeit auf z. B. 6 Stunden, vor allem aber in der bereits praktizierten Gleitzeit. Die Wochenarbeitszeit läßt sich flexibel gestalten, wenn einmal die Betriebszeit der Arbeitsplätze von der Arbeitszeit der Arbeitskräfte stärker entkoppelt, und wenn zum anderen eine standardisierte Wochenarbeitszeit nur innerhalb bestimmter Bandbreiten festgelegt, deren Verteilung dagegen individuell ausgehandelt wird. So könnte man das Gleitzeitsystem mit Kern- und Gleitarbeitstagen auf die Woche übertragen. Flexible Jahresarbeitszeit wird ansatzweise bereits in den Formen des Elternschaftsurlaubs bzw. in den Tarifregelungen über zusätzliche Freischichten praktiziert. Darüber hinaus können Jahresarbeitszeitverträge abgeschlossen werden, in denen lediglich das Arbeitszeitvolumen auf Jahresbasis fixiert, dessen Verteilung aber flexibel gehandhabt wird. Auch wäre die Möglichkeit einzuräumen, jährliche Urlaubsansprüche zumindest teilweise zu übertragen und zu kumulieren. Eine flexible Gestaltung der Lebensarbeitszeit könnte das starre Ablaufschema der drei voneinander abgeschotteten Lebensphasen: Ausbildung, Erwerbstätigkeit, Ruhestand mit den zwei höchst problematischen Übergängen aufbrechen und gleitende Übergänge z. B. einer Ausbildung in Intervallen und eines gleitenden Übergangs in den Ruhestand schaffen. Außerdem könnten Sabbatzeiten, d. h. Perioden kürzerer oder längerer Unterbrechung der Erwerbstätigkeit bei Aufrechterhaltung des Arbeitsverhältnisses eingebaut werden.[65]

[65] Vgl. Teriet, B. (1976), S. 8 f.; Teriet, B. (1979), S. 291–296; Teriet, B. (1980), S. 712.

Bedenken gegen das Konzept einer ›Arbeitszeit nach Maß‹ weisen darauf hin, daß die Bedürfnisse der Arbeitnehmer nach mehr Zeitsouveränität, die einen Störfaktor des betrieblichen Zeitfaktors darstellen, neutralisiert und durch innere Kontrollmechanismen an das betriebliche Rentabilitätsinteresse angebunden würden. Außerdem seien flexible Arbeitszeitregelungen auf ranghohe Positionen wie umgekehrt Teilzeitarbeit auf den Kreis verheirateter Frauen beschränkt geblieben; eine solche ›Arbeit auf Abruf‹ ermögliche eine flexible Ausschöpfung von Arbeitskräftereserven ohne Inanspruchnahme des externen Arbeitsmarkts. Dazu begünstige die Flexibilisierung der Arbeitszeit individuelle Formen der Arbeitsvertragsgestaltung und erschwere damit die wirksame Überwachung der tariflich vereinbarten Schutzbestimmungen.[66] Und schließlich setze sich die individuelle Zeitsouveränität leicht über die Synchronisation mit der gesellschaftlichen Zeitordnung, deren Fixpunkte täglich, wöchentlich, jahreszeitlich auftreten, hinweg.
Die erwähnten Vorbehalte lassen sich in vier Forderungen einer menschengerechten Zeitsouveränität umsetzen:
– Die Bandbreite, innerhalb derer das individuelle Bedürfnis nach flexibler Arbeitszeitgestaltung und das betriebliche Rentabilitätsinteresse übereinstimmen, sollte kollektivrechtlich abgesichert und strikt eingehalten werden.
– Nach der Erprobungsphase in privilegierten Abteilungen sollten auch andere Betriebsbereiche gleitzeitfähig gemacht werden.
– Jede individuelle, gruppenspezifische und betriebliche Vereinbarung sollte tarifvertraglich geschützt sein.
– Individuelle Zeitsouveränität sollte die durch das Wochenende und die jährlich herausragenden Feiertage markierten gesellschaftlichen arbeitsfreien Schutzzonen aussparen.

Katholische Soziallehre hat ein waches Gespür behalten für die Schranken, die die um sich greifende Macht der Verbände der Initiative des einzelnen auferlegen.[67] Deshalb fordert sie, daß die gesellschaftliche Ordnung in ihrer Entwicklung dauernd am Wohl der Personen orientiert bleibt; »die Ordnung der Dinge muß der Ordnung der Personen dienstbar werden und nicht umgekehrt.«[68]

[66] Vgl. Heinze, G. u. a. (1979), S. 287.
[67] Vgl. Paul VI. (1971), 35, S. 507.
[68] II. Vatik. Konzil (1965), 26, S. 344.

Aber gleichzeitig erklärt sie, wie sich die Entfaltung der menschlichen Person und die Entwicklung der Gesellschaft gegenseitig bedingen, das gesellschaftliche Leben für den einzelnen also nicht etwas äußerlich Hinzukommendes darstellt.[69] In der gesellschaftlichen Verflechtung, die allerdings die Bindungen des einzelnen erhöht und die verfügbaren Freiheitsräume einschränkt, wird überdies ein charakteristisches Element der Gegenwart gesehen: »Zu den für unsere Zeit kennzeichnenden Merkmalen gehört zweifellos die wachsende Zahl gesellschaftlicher Verflechtungen, dieses täglich dichter werdende Netz sozialer Beziehungen zwischen den Menschen, die ihr Leben und Wirken durch eine Fülle von Organisationen bereichert haben, teils privatrechtlicher, teils öffentlich-rechtlicher Art.«[70]

2.2.3 Städtebau

Für die Humanisierung des ganzen Menschen hat die räumliche Dimension, also die souveräne Ordnung des Raumes, gleiches Gewicht wie die zeitliche Dimension, die Zeitsouveränität. Eine der sinnfälligsten Ausdrucksformen des menschlichen Umgangs mit dem Raum ist die Stadtgestalt. Die heutige Gestalt der Industriestädte ist geprägt durch die Dominanz wirtschaftlicher Privatinteressen und durch den räumlichen Taylorismus.

Die Dominanz der Privatwirtschaft resultierte zunächst aus dem im vergangenen Jahrhundert verbreiteten liberalen Vertrauen in die Selbstregulierungskräfte des Wirtschaftsystems ohne staatliche Eingriffe, die ein ungehindertes Auswuchern der Städte, die Ausbreitung der Elendsquartiere in ihnen und die Zerstörung der Landschaft zur Folge hatte. Danach waren kommunale Verwaltungen an einer Industrieansiedlung um jeden Preis sowie an der Ausweisung von Baugebieten und deren rascher Bebauung interessiert, um die Steuereinnahmen der Stadt zu steigern; anschließend waren sie durch die Drohung der Abwanderung und des Verlustes von Arbeitsplätzen erpreßbar, die Bebauungspläne den Interessen der Baugesellschaften anzupassen. Eine Bilanz des sozialen Wohnungsbaus kann zwar die Beseitigung der unmittelbaren Wohnungsnot im statistischen Sinn anführen, aber hinter imponierenden Stückzahlen

[69] Vgl. II. Vat. Konzil (1965), 25, S. 342 f.; Paul VI. (1971), 26, S. 503.
[70] Johannes XXIII. (1961), 59, S. 216.

verbirgt sich eine Serienproduktion, die mehr auf die Rentabilität der Bauherren als auf menschliche und familiäre Bedürfnisse ausgerichtet ist, und die deshalb in der Regel soziale Kommunikation und den Austausch mit der Natur erstickt.
Das Stadtplanungskonzept der *Funktionstrennung* kam während der bundesrepublikanischen Wiederaufbauphase nach dem Zweiten Weltkrieg den privatwirtschaftlichen Interessen voll entgegen: analog der horizontalen und vertikalen Arbeitsteilung sollten durch eine räumliche Arbeitsteilung die elementaren städtischen Funktionen des Wohnens und Arbeitens, des Einkaufens und der Erholung entmischt werden. Das Ergebnis war eine verdichtete Bebauung der Stadtkerne mit rentablen Objekten, die Verdrängung des Wohnraums durch Geschäftshochhäuser, die Abwanderung der Wohnbevölkerung aus den Stadtkernen in das Umland, die Zersiedelung der Landschaft durch Eigenheime und die Entwicklung der Städte zu Stadtregionen mit Autobahnen als Schnellverbindungen zwischen Arbeitsstätte und Wohnung, zwischen Kaufhäusern und den Naherholungsgebieten.

Die *menschengerechte Stadt* verlangt andere Prioritäten in der Städte- und Verkehrsplanung, den Bau von familien- und kinderfreundlichen Wohnungen, die Umwandlung der autogerechten in eine kommunikationsgerechte Stadt. Die Thesen der 1933 beschlossenen ›Charta von Athen‹, einer häufig im funktionalistischen und technokratischen Sinn mißverstandenen Konzeption des modernen Städtebaus haben diese Vorentscheidung bereits vor fast 50 Jahren getroffen. Der beschreibende Teil dieser Charta liest sich wie ein Kommentar zur Situation der Großstadt von heute; der programmatische Teil der Charta formuliert das Ziel, an alle Dinge und Verhältnisse der Stadt den Maßstab des Menschlichen anzulegen, d. h. im einzelnen: für die Wohnviertel das beste Gelände der Stadt, eine Regelung der Siedlungsdichte, ein Verbot von Wohnhäusern längs der Hauptverkehrsstraßen, den Bau von Hochhäusern, die durch weiten Abstand voneinander ausgedehntes Grüngelände freigeben, für jedes Wohnviertel ausreichende Grünflächen mit unmittelbarer Verbindung zur Wohnung, die Begrenzung der Entfernung zwischen Arbeitsstätte und Wohnung auf ein Mindestmaß sowie die Absonderung der Industriegebiete von den Wohnvierteln durch ein Grüngelände.[71]

[71] Vgl. Hoffmann, H. (1979), S. 969–971.

Von *katholischer Soziallehre* aus ist die unkontrollierte Stadtentwicklung als ein Problem globalen und säkularen Ausmaßes gekennzeichnet worden.

Paul VI. schildert »die übermäßige Zusammenballung von Menschenmassen in den Städten, eine Erscheinung, die in vielen Ländern zu beobachten ist, nicht nur in den hochindustrialisierten, sondern auch in den Entwicklungsländern.«[72] Das Wachstum der Städte hängt mit der Industrialisierung zusammen, vor allem jedoch mit den strukturellen Veränderungen der regionalen Arbeitslosigkeit, dem Wechsel des Wohnsitzes und dem fortgesetzten Zwang, daß die Menschen den Produktionsanlagen nachlaufen müssen. Der übermäßige Drang in die Städte hebt die gewohnte Lebensweise und die überkommenen Lebensräume der Familie und Nachbarschaft aus den Angeln. »Der Mensch erfährt eine Einsamkeit, nicht angesichts einer feindseligen Natur, um deren Beherrschung er schon immer rang, sondern weil er sich in der anonymen Masse, in der er untergeht, als Fremder fühlt . . . Im ungeordneten Wachstum der Städte entstehen neue Proletariate; sie nisten sich in der Stadtmitte ein, aus der die Reichen mehr und mehr ausziehen; sie besetzen aber auch die Stadtränder und schließen als ein wahrer Elendsgürtel im vorerst noch stummen Protest einen Belagerungsring um die Stadt mit ihrem übermäßigen Luxus, der Güter nicht nur zügellos genießt, sondern auch regelrecht vergeudet. Die Stadt fördert nicht brüderliche Begegnung und gegenseitige Hilfeleistung, sondern erzeugt Klassengegensätze und Entfremdung; sie führt zu neuen Formen der Ausbeutung und Beherrschung, wobei einige es verstehen, sich an dem, was andere benötigen, schamlos zu bereichern. Hinter den Fassaden verbirgt sich viel Elend, von dem nicht einmal die nächsten Nachbarn wissen; andere Formen des Elends liegen offen zutage, wo die Menschenwürde verkommt: Liederlichkeit, Kriminalität, Rauschgiftsucht, geschlechtliche Ausschreitungen.«[73]

Nachdem als besondere Opfer dieser zerstörenden Lebensbedingungen die Familien, die auf ein Mindestmaß häuslicher Intimsphäre angewiesen sind, jung Verheiratete, die vergeblich auf eine finanzierbare Wohnung warten, Jungen und Mädchen, die dem Zusammenleben auf engstem Raum entfliehen und auf der Straße in

[72] Paul VI. (1971), 8, S. 491.
[73] Paul VI. (1971), 10, S. 493.

unkontrollierten Freundschaften einen Ausgleich suchen, genannt worden sind, wird die neue Stadt als Gegenbild der maß- und gesichtslosen gegenwärtigen Stadt, Jerusalem als Gegenbild von Ninive skizziert, in der die Menschen und ihre erweiterten Gemeinschaften Platz finden, in der sie neue nachbarliche und zwischenmenschliche Beziehungen aufnehmen, in eigener Initiative soziale Gerechtigkeit verwirklichen: »Dringend notwendig muß der soziale Zusammenhalt im Bereich der Straße, des Wohnviertels, der Gemeinde wiederhergestellt werden, wo der Mensch finden kann, was er braucht, um seine Persönlichkeit entfalten zu können. Auf Gemeinde- und Pfarrebene sollte man Zentren schaffen für gemeinsame Entspannung und Fortbildung, desgleichen Heime zur rechten Erholung, für Tagungen und für Veranstaltungen zur religiösen Besinnung; dorthin könnte ein jeder seiner Vereinsamung entfliehen und fände Gelegenheit, brüderliche Beziehungen zu anzuknüpfen.«[74]

3. Humanisierung eines jeden Menschen

Da die drei Wertdimensionen menschlicher Arbeit die Gliederungsstruktur dieses Kapitels bilden, wird im folgenden der durch die soziale Wertdimension abgesteckte gesamtwirtschaftliche und weltwirtschaftliche Horizont der Humanisierungsforderung angesprochen.

Nun scheint zwischen den hochgesteckten Forderungen der Arbeitnehmer (in Industrieländern) nach menschengerechter Arbeitsgestaltung und der Elementarforderung der Arbeiter (in Entwicklungsländern) eine unbegreifliche Kluft zu bestehen.
Wiederholt wird sogar behauptet, zwischen der Forderung nach menschengerechter Arbeitsgestaltung und dem Angebot an Arbeitsplätzen überhaupt existiere ein Konkurrenzverhältnis, insofern die in- bzw. ausländischen Ressourcen Arbeit und Kapital immer nur für alternative Verwendungsweisen zur Verfügung ständen. Dieses Konkurrenzverhältnis wird so begründet:
– Die menschengerechte Gestaltung der Arbeitsplätze verringere die Chance der Arbeitslosen, einen Arbeitsplatz zu finden, weil die

[74] Paul VI. (1971), 11, S. 494.

Unternehmensleitungen auf eine solche Forderung mit einer neuen Faktorkombination, mit erhöhtem Kapitaleinsatz und der Freisetzung von Arbeitskräften reagierten.
– Auf die beschleunigte Durchsetzung der Humanisierungsforderungen in den Industrieländern reagierten die Unternehmensleitungen mit einer Auslagerung bestimmter Produktionen in Entwicklungsländer; allerdings werde die negative Beschäftigungswirkung in einem Industrieland durch eine positive Beschäftigungswirkung in einem Entwicklungsland ausgeglichen.
– Die Humanisierungsforderung der Arbeitnehmer in den Industrieländern sei der Luxusbedarf der Reichen, der den Arbeitnehmern der dritten Welt die Elementarbedingungen eines Arbeitsplatzes überhaupt vorenthalte und den Abstand der Arbeitsbedingungen zwischen Nord und Süd ständig vergrößere.

Dieser Argumentation wird entgegengehalten, daß sie weder das Konkurrenzverhältnis eindeutig belege noch erst recht die Berechtigung der Humanisierungsforderung widerlege:
– Der Verzicht der Arbeitnehmer auf die Durchsetzung menschengerechter Arbeitsgestaltung garantiere keineswegs, daß die frei werdenden Finanzmittel zur Schaffung neuer Arbeitsplätze verwendet würden.
– Die positiven Beschäftigungswirkungen in der Exportproduktionszone eines Niedriglohnlandes, die bei einer Produktionsauslagerung eintritt, sei allein noch kein authentischer Humanisierungsbeitrag, bevor nicht die Beschäftigungs-, Einkommens- und Wachstumseffekte mit den volkswirtschaftlichen und sozialpolitischen Auswirkungen auf Umwelt, Familie, Region und Gesamtwirtschaft saldiert würden.
– Die Zurückstellung der Humanisierungsforderungen in den Industrieländern gewährleiste noch nicht den Abfluß der frei werdenden Finanzmittel zur eigenständigen Entwicklung der dritten Welt.

Unabhängig vom Ausgang der Debatte über das wirkliche oder vermeintliche Konkurrenzverhältnis, der zweifellos von der gewählten kurz- bzw. langfristigen, einzel- bzw. weltwirtschaftlichen Perspektive abhängen mag, dürfte unbestritten gelten, daß die Elementarform menschengerechter Arbeit die Schaffung und Sicherung einer Arbeitsgelegenheit überhaupt ist. Humanisierung eines jeden Menschen bedeutet dann die Vermeidung eines neuen Klassenkampfes

zwischen denen, die Arbeit haben und denen, die ohne Arbeit sind, die Verwirklichung des Grundrechts auf Arbeit für jeden Menschen und eine gerechte Verteilung der vorhandenen Arbeit auf alle erwerbsfähigen und erwerbswilligen Menschen.
Im folgenden werden drei sich ergänzende Entscheidungsmöglichkeiten für die Verteilung menschengerechter Arbeit entsprechend dem Interesse der Arbeitnehmer aus Industrie- und Entwicklungsländern und dem Gesamtinteresse der Weltbevölkerung vorgestellt.[75]

3.1 Mehr Arbeit

Vollbeschäftigung durch Wachstum: Diese Formel findet derzeit breite Zustimmung bei Politikern, Gewerkschaftern und Arbeitgebern. Denn eine gerechte Verteilung der Arbeit als unterste Grenze des Humanisierungsgebotes soll dadurch herbeigeführt werden, daß man mehr Arbeitsplätze schafft und den Zuwachs neu verteilt. Bei unveränderter oder steigender Arbeitsproduktivität ist dieser Weg jedoch nur gangbar, wenn eine kaufkräftige Nachfrage und darüber hinaus ein persönlicher und gesellschaftlicher Bedarf für den Verbrauch der Güter und die Inanspruchnahme der Dienste vorhanden sind. Wenn sich jedoch Sättigungsgrenzen der Nachfrage zum Beispiel nach konventionellen, langlebigen Gebrauchsgütern bemerkbar machen, und wenn die Verbraucher nicht mehr bereit sind, jeden neu geweckten Bedarf zu befriedigen, muß vor der Schaffung neuer Arbeitsplätze bzw. dem Ruf nach Vollbeschäftigung geklärt werden, auf welches Ziel hin gearbeitet werden soll. Zahlreiche Arbeitsplätze nämlich, die lediglich Folgeschäden vorangegangener Arbeit lindern oder beseitigen, wären überflüssig, wenn vorausgehende Arbeit nicht oder nicht so stattgefunden hätte. Die Schaffung zusätzlicher Arbeitsplätze durch Weckung neuer Nachfrage im Inland ist also nur begrenzt möglich bzw. sinnvoll.

Vollbeschäftigung durch Export: Die inländische Nachfragelücke läßt sich vielleicht durch eine wachsende Auslandsnachfrage insbesondere durch die Entwicklungsländernachfrage stopfen. Für eine solche Entlastungsstrategie kommen in erster Linie die bevölkerungs-

[75] Vgl. Hengsbach, F. (1981), S. 143–151.

reichen, wirtschaftlich aufstrebenden, durch Militärdiktaturen stabilisierten sogenannten Schwellenländer in Frage. Deren Märkte sind auf Grund einer Oberschicht, die an europäischen Konsumstandards orientiert sind, und einer Technikerelite, die in den Industrieländern ausgebildet ist, hinreichend präpariert, um die von stockendem Inlandsabsatz betroffenen Produkte und dazu die Produktionsverfahren, die auf die in den Industrieländern vorherrschenden Faktorpreisverhältnisse abgestimmt sind, aufzunehmen.

Die *Erfolgsaussichten* des traditionellen beschäftigungspolitischen Krisenmanagements werden nicht einhellig positiv beurteilt. Denn die Sicherung und Schaffung von Arbeitsplätzen in den Industrieländern durch Abladen der auf die Konsumgewohnheiten und Arbeitskosten der Industrieländer ausgerichteten Produkte und Technologien trägt nicht zur Lösung der Ernährungs- und Beschäftigungsprobleme der Dritten Welt bei. Darüber hinaus sichert eine globale Ankurbelung der Weltnachfrage in Nachbildung des Marschallplans keine proportionale Verteilung des Beschäftigungsanstiegs, schon gar nicht einen überdurchschnittlichen Beschäftigungsanstieg in den Entwicklungsländern; die Erwartung, konzentriertes Wachstum der Ballungsregionen werde in die peripheren Regionen durchsickern, hat sich als trügerisch erwiesen.
Aber selbst wenn sich die traditionellen Konsumgüter und Technologien der Industrieländer für die Entwicklungsländer als brauchbar erwiesen, und selbst wenn eine internationale Regelung gefunden würde, die den Entwicklungsländern überdurchschnittliche, den Industrieländern unterdurchschnittliche Zuwachsraten der Beschäftigung zuweist, müßte die Verbreitung der gegenwärtig in den Industrieländern existierenden Konsumgewohnheiten ohne Änderung der zur Zeit angewendeten Technik den Planeten Erde einem ökologischen Kollaps entgegentreiben.

3.2 Weniger Arbeit

Die Fortsetzung eines Produktionswachstums, das sowohl den Produktivitätsfortschritt wie das zunehmende Angebot an Arbeitskräften absorbiert, stößt an Konsum- und Umweltgrenzen. Damit erweist sich die Schaffung neuer Arbeitsplätze und die Neuverteilung des Zuwachses als ein nicht gangbarer Weg menschengerechter Verteilung der Arbeit.

Produktivitätszuwachs ohne Produktionswachstum erzwingt allerdings eine Verringerung des Arbeitseinsatzes bei gleichzeitig vermehrtem Kapitaleinsatz.[76] Bisher ist die Arbeitszeitverkürzung ungleichmäßig auf die Erwerbspersonen verteilt worden, insofern die einen zu unfreiwilliger Arbeitslosigkeit verurteilt sind, während die anderen, die über einen Arbeitsplatz verfügen, durch Überstunden, Akkord- und Sonderschichten Arbeitsleistungen anhäufen, oder insofern Arbeitnehmer und Gewerkschaften der Industrieländer für Einfuhrbeschränkungen eintreten und so zugleich mit der Sicherung der eigenen Arbeitsplätze Arbeitslosigkeit und Unterbeschäftigung in die Entwicklungsländer exportieren.

Dieser sozialdarwinistische Verteilungskampf, der die vorhandenen Arbeitsgelegenheiten ungleichmäßig, d. h. auf dem Weg massiver Freisetzung von Arbeitskräften und unfreiwilliger Arbeitslosigkeit verteilt, ist anscheinend weder durch gewerkschaftliche Tarifpolitik noch durch internationale Arbeitnehmersolidarität zu beseitigen. Trotzdem bleibt die Verpflichtung bestehen, einen humanen Weg der Verteilung der Arbeit zu suchen und die Widerstände gegen eine symmetrische Verteilung der vorhandenen und geringer werdenden Arbeit zwischen Männern und Frauen, Jugendlichen und Erwachsenen, zwischen Industrie- und Entwicklungsländern zu überwinden.

Widerstandslinien gegen eine allgemeine Arbeitszeitverkürzung und gleichmäßige Verteilung der vorhandenen Arbeit sind die gewerkschaftliche Forderung des vollen Lohnausgleichs, die Weigerung der in Politik und Wirtschaft Verantwortlichen, das Vollbeschäftigungsziel neu zu definieren sowie das Beharren auf Standesprivilegien und Rollenklischees.

Das Interesse der Gewerkschaften an einer nicht proportionalen Einkommensänderung der oberen und der unteren Einkommensbezieher bei einer gleichmäßigen Verteilung der Arbeit ist verständlich. Eine gleichmäßige Umverteilung der vorhandenen Arbeit muß deshalb mit einer ungleichmäßigen Neuverteilung der Einkommenszuwächse oder gar einer Umverteilung der bestehenden Einkommen auf nationaler wie globaler Ebene Hand in Hand gehen. Eine Abkehr von der traditionellen Vollbeschäftigungsformel wird durch

[76] »Was uns bevorsteht, ist die Aussicht auf eine Arbeitsgesellschaft, der die Arbeit ausgegangen ist, also die einzige Tätigkeit, auf die sie sich noch versteht. Was könte verhängnisvoller sein?« Arendt, H. (1960), S. 11 f.

den Abstand von der Erwerbsarbeit, die Erprobung mehrseitiger Arbeitsformen, den Verzicht auf die Vermarktung der bisher in Eigenarbeit oder Nachbarschaftshilfe erbrachten Dienstleistungen sowie die Überprüfung des authentischen Bedarfs nahegelegt. Das Grundrecht auf Arbeit gilt für alle: Frauen wie Männer, Entwicklungsländer wie Industrieländer.

Die *Realisierungschance* einer gleichmäßigen Verteilung von Arbeit, wobei die Einkommensstruktur geändert und Status- bzw. Rollenvorteile angetastet werden, ist relativ gering. Eher steht zu befürchten, daß die durch den fortlaufenden Einsatz kapitalintensiver Großtechnologie hervorgerufene Freisetzung von Arbeitskräften und die Arbeitslosigkeit auf Weltebene gigantische Ausmaße annehmen. Deshalb soll eine weitere Alternative menschengerechter Verteilung der Arbeit skizziert werden.

3.3 Andere Arbeit

Der Konflikt zwischen den Humanisierungszielen der Arbeitnehmer in Industrieländern und dem globalen Interesse an sicheren Arbeitsplätzen kann entschärft werden durch die wirtschafts- und technologiepolitische Entscheidung der Industrieländer für einen anderen Arbeitsstil, der sich am Gesamtinteresse der Weltbevölkerung orientiert: die Anwendung mittlerer Technologie, die von E. F. Schumacher zunächst für die Entwicklungsländer, dann aber auch für die Industrieländer entworfen wurde.

Mittlere Technologie läßt sich durch fünf Merkmale charakterisieren:[77]
– Sie ist human: »eine Technologie mit menschlichen Zügen«,[78] die den Menschen in den Mittelpunkt des Arbeitsprozesses stellt und ihm erlaubt, mit dem Kopf und mit den Händen schöpferisch tätig zu sein.

[77] Vgl. Schumacher, E. F. (1977), S. 140; Schumacher E. F. (1974)-2, S. 499–502; Schumacher, E. F. (1974)-1, S. 228; Dickson, D. (1978), S. 92; Schumacher, E. F. (1974)-1, S. 49; Baer, St./Edelmann, W. (1977), S. 5 f., 7 f., 20 f.; Schumacher, E. F. (1974)-1, S. 27, 228; Schumacher, E. F. (1974)-2, S. 502.

[78] Schumacher, E. F. (1977), S. 133; »Technik mit menschlichem Antlitz«, Schumacher, E. F. (1974)-1, S. 228.

– Sie ist durchsichtig: der Zusammenhang zwischen dem Menschen, der arbeitet und den Werkzeugen, mit denen er arbeitet, und dem Gegenstand, den er bearbeitet, bleibt überschaubar.
– Sie ist kommunikativ: die Isolierung des einzelnen Arbeiters wird zugunsten der Gruppenarbeit, dessen Weisungsabhängigkeit zugunsten kollektiver Entscheidungsprozesse und Beteiligungsformen aufgehoben.
– Sie ist dezentral: eine optimale Betriebsgröße, jenseits der Leerläufe und Störungen auftreten, bleibt gewahrt.
– Sie ist umweltfreundlich: eine sanfte Technologie, die das ökologische Gleichgewicht wenig belastet.

Die *Rationalität* der Entscheidung für dieses Konzept einer ›anderen Arbeit‹, das sich weder ausschließlich an der Steigerung der Produktion über einen Grundbedarf hinaus noch ausschließlich an der Steigerung der Arbeitsproduktivität orientiert, ist dann unbestritten, wenn Arbeitskräfte reichlich vorhanden und relativ billig, Rohstoffe bzw. Energie dagegen knapp und relativ teuer sind. Darüber hinaus kann mittlere Technologie die gleichmäßige Verteilung der Arbeit erleichtern. Sie kann außerdem den Trend einer Großtechnologie, die quasi-militärisch gesichert werden und mit Einschränkungen im Bereich freiheitlicher und sozialer Grundrechte erkauft werden muß, und den Trend zu Großkonzernen, die politisch gefährlich und ökonomisch dysfunktional werden, stoppen. Und schließlich hilft sie den Umweltkonflikt zu vermeiden.
Mittlere Technologie ist kein nostalgischer Rückfall in ein vortechnisches Zeitalter, weil sie nicht weniger sondern anderes technisches Wissen voraussetzt. Sie setzt auch nicht internationale Marktpositionen aufs Spiel, weil echte Wettbewerbsvorteile durch innovatorische Phantasie und nicht durch imitatorische Hektik entstehen. Wenn sie auch den bisherigen Export traditioneller Verfahrensweisen und das Abladen herkömmlicher Produkte auf den Märkten der Dritten Welt sowie die zementierten Abhängigkeiten der sogenannten internationalen Arbeitsteilung in Frage stellt, bedeutet sie doch keinen Rückzug der Industrieländer aus der Verantwortung für die Dritte Welt. Im Gegenteil: sie gestattet den Entwicklungsländern die Anpassung ihrer Produktionsverfahren an die dort gegebenen Faktorproportionen und an den authentischen Bedarf der Masse der Bevölkerung sowie die Einlösung ihres elementaren Rechts auf Arbeit, d. h. menschengerechte Arbeit und gleichzeitig den Indu-

strieländern eine Atempause zur Bewältigung ihrer Beschäftigungs- und Umweltprobleme.

3.4 Solidarisch in der Arbeit

»Heute ist – darüber müssen sich alle klar sein – die soziale Frage weltweit geworden.«[79] So läßt sich die Sichtweise markieren, von der katholische Soziallehre seit Papst Pius XII. geprägt ist.
Paul VI. sieht den traditionellen Konflikt zwischen Arbeit und Kapital überlagert durch den Nord-Süd-Konflikt, der die Arbeitnehmer der Industrieländer einschließt. Er äußert sich skeptisch gegenüber den Spielregeln des internationalen Wettbewerbs, der den Reichtum der Reichen vermehrt, die Knechtschaft der Unterdrückten noch härter werden läßt.[80] Auf Grund der unterschiedlichen Marktchancen begünstigt die internationale Arbeitsteilung, die den Entwicklungsländern Rohstoffe und Nahrungsmittel, den Industrieländern dagegen Fertigprodukte zuweist, einen ungleichen Tausch. »Die soziale Gerechtigkeit fordert, daß der internationale Warenaustausch, um menschlich und sittlich zu sein, zwischen Partnern geschehe, die wenigstens eine gewisse Gleichheit der Chancen haben.«[81] Der ungleiche Tausch läßt sich nur beseitigen, wenn das Weltwirtschaftssystem, das von einseitiger Übermacht und Abhängigkeit geprägt ist, abgelöst wird. »Im Welthandel muß man von machtbestimmten Beziehungen abkommen und zu freien Vereinbarungen gelangen, die den Interessen aller Beteiligten gerecht werden. In der Tat haben Machtbeziehungen noch nie eine wahre dauerhafte Gerechtigkeit hergestellt, obwohl der Wechsel der Machtlagen gelegentlich günstigere Voraussetzungen für die Verhandlungen herbeiführt. Der Einsatz von Macht ruft Gegenmacht auf den Plan, woraus sich ein Kampfzustand ergibt, der zu schwerem Unrecht und zu Ausschreitungen führt. Schon oft haben Wir betont, daß die wichtigste Pflicht der Gerechtigkeit darin besteht, jedem Volk seine eigene Entwicklung zu erlauben, frei von jedem wirtschaftlichen und politischen Machtdruck.«[82]

[79] Paul VI. (1967), 3, S. 436.
[80] Vgl. Paul VI. (1967), 33, S. 447.
[81] Paul VI. (1967), 61, S. 458.
[82] Paul VI. (1971), 43, S. 513.

Der Papst fordert eine Solidarität, die alle Menschen umfaßt. Die Regel, die früher für Familienangehörige oder für Staatsbürger galt, ist heute auf die Weltbevölkerung anzuwenden. Kein Volk darf seinen Reichtum für sich allein beanspruchen. »Bei der wachsenden Not der unterentwickelten Länder ist es durchaus in der Ordnung, daß die reichen Länder einen Teil ihrer Produktion zur Befriedigung der Bedürfnisse der anderen abzweigen.«[83]

Die römische Bischofssynode stellt eine Krise der planetarischen Solidarität fest; diese werde durch das Scheitern einer Entwicklungstheorie hervorgerufen, die damit rechnete, daß das wirtschaftliche Wachstum der reichen Industrieländer auf die armen Entwicklungsländer übergreife, durch die massenhafte Abwanderung in die Städte der Entwicklungsländer, durch den Aufbau einer hoch kapitalintensiven Industrie, die das Angebot der Arbeitsuchenden nur beschränkt absorbiert, vor allem jedoch durch die ungleiche Verteilung der Einkommensquellen, Güter und Dienste, der Investitionen und des Welthandels, durch systembedingte Benachteiligung der Entwicklungsländer in den internationalen Organisationen sowie durch die Bedrohung der Biosphäre.[84] Die Bischöfe setzen sich für die Ziele der zweiten Entwicklungsdekade ein; die Abzweigung eines bestimmten Prozentsatzes vom Volkseinkommen für die Entwicklungsländer, angemessene Rohstoffpreise, die Öffung der Märkte der Industrieländer für die Produkte der Entwicklungsländer gelten als erste Schritte einer neuen Weltwirtschafts- und Sozialordnung. Sie verurteilen die Konzentration wirtschaftlicher Macht in Forschung, Investition und Dienstleistungen auf wenige Industrieländer und den praktischen Ausschluß der Entwicklungsländer aus der Diskussion um die Reform des Internationalen Handels und der Währungsordnung. Sie vertreten das Recht der Dritten Welt auf einen autonomen Weg ihrer Entwicklung, bestreiten aber den reichen Ländern das Recht, ihren aufwendigen und verschwenderischen Lebensstil fortzusetzen.[85]

Die Würzburger Synode versucht auf drei Ebenen, die Solidaritätsansprüche der Weltkirche den deutschen Katholiken zu vermitteln und stellenweise zu präzisieren.

Zunächst soll das Bewußtsein für die weltweiten Verflechtungen

[83] Paul VI. (1967), 48, S. 453.

[84] Vgl. Röm. Bischofssynode (1971), 7–12, 16–18, S. 527–530.

[85] Vgl. Röm. Bischofssynode (1971), 64/3f., S. 544 f.

und die Verpflichtung zu einer entsprechenden Solidarität geweckt werden. Die Christen sollen für die dramatische Verschlechterung der Lage in den von der Ölpreiserhöhung besonders betroffenen Entwicklungsländern sensibel werden und lernen, wie die Industriestaaten auf diese Herausforderung zu reagieren hätten: durch gerechte Beteiligung der Entwicklungsländer an der Organisation des Welthandels und am Weltwährungssystem, durch großzügige Öffnung der Importmärkte, durch Zahlung angemessener Rohstoffpreise und die Verlagerung bestimmter, vor allem arbeitsintensiver Produktionen in die Dritte Welt[86] Dann sollen die Christen sich zum Anwalt der Entwicklungsländer in der Bundesrepublik machen: »Die Kirche muß dafür eintreten, daß die Industriestaaten ihre gegebene wirtschaftliche und technische Überlegenheit nicht zum Nachteil der Entwicklungsländer ausnutzen und frühere koloniale Abhängigkeiten aufrechterhalten bzw. neue schaffen.«[87] Die Öffentlichkeitsarbeit soll sich auf die Handelsbeziehungen zwischen Industrie- und Entwicklungsländern, auf die strukturellen Anpassungsprozesse in Deutschland sowie auf die Leistungen der Entwicklungspolitik und -hilfe konzentrieren. Schließlich werden als Schwerpunkte kirchlicher Entwicklungsarbeit die Bildung von Selbsthilfegruppen an der Basis, die Bekämpfung unter anderem der Arbeitslosigkeit »durch Einführung arbeitsintensiver Techniken«[88] genannt, wobei die Eigenverantwortung und Autonomie der Gruppen geachtet, europäische Modelle nicht aufgedrängt werden sollen.

Johannes Paul II., der ein Grundrecht auf Arbeit für alle Menschen reklamiert, bezieht das weltwirtschaftliche System als mittelbaren Arbeitgeber in die Verantwortung für eine globale Vollbeschäftigung mit ein. Die ungleiche Verteilung der Lebenschancen, unter denen die Arbeit einen hohen Rang einnimmt, deckt die schweren Störungen dieses Systems auf: »Blicken wir auf die gesamte Menschheitsfamilie rund um die Erde, dann werden wir unvermeidlich von einer erschütternden Tatsache ungeheueren Ausmaßes schmerzlich berührt. Da bleiben auf der einen Seite riesige Naturschätze ungenützt, auf der anderen Seite aber gibt es Scharen von Arbeitslosen und Unterbeschäftigten und ungezählte Massen von Hungernden.

[86] Vgl. Gemeinsame Synode (1976)-1, 1.2.2.1, S. 481 f.
[87] Gemeinsame Synode (1976)-1, 1.2.2.2, S. 482.
[88] Gemeinsame Synode (1976)-1, 1.2.2.3, S. 484.

Das beweist doch unbezweifelbar, daß in den einzelnen politischen Gemeinschaften selbst wie auch in ihren kontinentalen und weltweiten Beziehungen hinsichtlich der Ordnung von Arbeit und Beschäftigung etwas nicht stimmt und zwar gerade in den entscheidenden und sozial wichtigsten Stücken.«[89] Den Industrieländern wird die Hauptverantwortung innerhalb des Weltwirtschaftssystems zugewiesen: »Ein solches System gegenseitiger Abhängigkeit ist an sich etwas ganz Natürliches; es kann aber leicht Gelegenheit bieten zu verschiedenen Formen von Ausbeutung und Ungerechtigkeit und dadurch Auswirkungen haben auf die Arbeitspolitik der einzelnen Staaten und somit letzten Endes auf den einzelnen Arbeiter als das eigentliche Subjekt der Arbeit. So nehmen zum Beispiel die hochindustrialisierten Länder und mehr noch jene Unternehmen, welche im hohen Maß über die industriellen Produktionsmittel bestimmen (so die sogenannten multinationalen oder transnationalen Unternehmen) für ihre Produkte möglichst hohe Preise und suchen gleichzeitig die Einkaufspreise für Rohstoffe und Halbfabrikate möglichst niedrig zu halten, was zusammen mit anderen Ursachen zu einem immer größeren Mißverhältnis zwischen den Nationaleinkommen der betroffenen Länder führt. So verringert der Abstand zwischen den reichsten und den ärmsten Ländern sich nicht und kommt noch viel weniger zum Ausgleich, sondern wird immer noch größer zum augenscheinlichen Schaden der Ärmsten. Es liegt auf der Hand, daß dies nicht ohne Auswirkungen auf die Arbeitspolitik allerorts und auf die Lage des arbeitenden Menschen in den wirtschaflich benachteiligten Ländern bleiben kann.«[90]

Literatur

Arbeit und Freizeit (1979), Zwei Studien des Batelle-Instituts e. V. Frankfurt/Main im Auftrag des Siedlungsverbandes Ruhrkohlenbezirk, Essen.

Arendt, H. (1960), Vita activa, Stuttgart.

Baer, St./Edelmann, W. (Hg.) (1977), Alternative Technologie – Gebot der Stunde, Berlin.

[89] Johannes Paul II. (1981), 18, S. 606.

[90] Johannes Paul II. (1981), 17, S. 602. Vgl. zum Stellenwert internationaler Solidarität in der Arbeit die Ansprache Papst Johannes Pauls II. vom 15. 6. 1982 an die Internationale Arbeitsorganisation.

Bayrisches Staatsministerium für Arbeit und Sozialordnung (1976), Wo drückt uns der Schuh? Arbeitnehmer in Bayern beurteilen ihre Arbeitswelt, München.
Brakelmann, G. (³1979), Humanisierung der Arbeit als sozialethisches Problem in: Mitteilungen des Sozialamtes der Evangelischen Kirche von Westfalen Nr. 23, Kirche und Industrie, Schwerte, S. 20–54.
Briefs, U. (1978), Vom qualifizierten Sachbearbeiter zum Bürohilfsarbeiter? – Zu den Auswirkungen der EDV auf die Arbeitsbedingungen der Büroangestellten, WSI-Mitteilungen.
Bundesverband der KAB (⁵1982), Texte zur katholischen Soziallehre, Köln.
Bundesvorstand des DGB (1981), Grundsatzprogramm des DGB 1981, Düsseldorf.
DGB/ÖGB/SGB (Hg.) (1978), Menschengerechte Arbeitsgestaltung, Köln.
Dickson, D. (1978), Alternative Technologie – Strategien der technischen Veränderung, München.
Das Ergebnis des Tarifkonfliktes in der Eisen- und Stahlindustrie (1979), Gewerkschaftliche Monatshefte 30, S. 187–189.
Erwerbstätigkeit im April 1980 (1981), Ergebnisse des Mikrozensus, Wirtschaft und Statistik 33, S. 177–182.
Gaugler, E./Kolb, M./Ling, B. (²1977), Humanisierung der Arbeitswelt und Produktivität, Ludwigshafen.
Gemeinsame Synode der Bistümer in der BRD (1976)-1, Der Beitrag der katholischen Kirche in der BRD für Entwicklung und Frieden, Offizielle Gesamtausgabe, Freiburg, S. 459–509.
Gemeinsame Synode der Bistümer in der Bundesrepublik Deutschland (1976)-2, Kirche und Arbeiterschaft, Offizielle Gesamtausgabe, Freiburg, S. 313–364.
Grüneisen, V./Hoff, E.-H. (²1980), Familienerziehung und Lebenssituation – Der Einfluß von Lebensbedingungen und Arbeitserfahrungen auf Erziehungseinstellungen und Erziehungsverhalten von Eltern, Weinheim/Basel.
Gutenberg, E. (²²1976), Grundlagen der Betriebswirtschaftslehre, Band 1: Die Produktion, Berlin.
Heinze, R. G./Hinrichs, K./Hohn, H.-W./Offe, C./Olk, Th. (1979), Arbeitszeitflexibilisierung als beschäftigungspolitisches Instrument – Wirkungen und Grenzen Neuer Arbeitszeitpolitik, Mitteilungen aus der Arbeitsmarkt- und Berufsforschung 12, S. 276–288.
Hengsbach, F. (1981), Kampf um die Umwelt? – Verteilung der Umwelt – Die Rotverschiebung der grünen Bewegung in: Schmitz, Ph. (Hg.) (1981), S. 123–157.
Henninges, H. von (1981), Arbeitsplätze mit belastenden Arbeitsanforderungen, Mitteilungen aus der Arbeitsmarkt- und Berufsforschung 14, S. 362–383.
Hoff, E.-H./Grüneisen, V. (⁵1980), Arbeitserfahrungen, Erziehungseinstellungen und Erziehungsverhalten von Eltern in: Claes-

sens, D./Milhoffer, P. (Hg.), Familiensoziologie, Königstein, S. 309–333.
Hoffmann, H. (1979), Die Charta von Athen, Bauwelt (Neue), S. 969–977.
Hoppmann, K. (1980), Mitwirkung von Arbeitsgruppen beim betrieblichen Entscheidungsprozeß in: Rosenstiel, L. von/Weinkamm, M. (Hg.) (1980), S. 95–103.
Industriegewerkschaft Metall-Bezirksleitung Stuttgart (1979), Werktage müssen menschlicher werden!, Stuttgart.
Johannes XXIII. (1961), Mater et Magistra in: Bundesverband der KAB ([5]1982), S. 201–270.
Johannes Paul II. (1979), Redemptor hominis, Sekretariat der deutschen Bischofskonferenz (Hg.), Verlautbarungen des Apostolischen Stuhls 6, Bonn.
Johannes Paul II. (1981), Laborem exercens in: Bundesverband der KAB ([5]1982), S. 559–631.
Kapp, K. W. (1979), Soziale Kosten der Marktwirtschaft, Frankfurt.
Kasiske, R. (Hg.) (1976), Gesundheit am Arbeitsplatz, Reinbek.
Kasteleiner, R. H. (1974), Humane Arbeitswelt, Düsseldorf.
Kern, H./Schumann, M. (1970), Industriearbeit und Arbeiterbewußtsein II., Frankfurt.
Krämer, W. (1982), Wirtschaftsdemokratie von unten, Publik-Forum Nr. 5 vom 12. 3. 1982, S. 6 f.
Kurz-Scherf, I. (1981), Die Tarifbewegungen im Jahre 1980, WSI-Mitteilungen 34, S. 146–155.
Leo XIII. (1891), Rerum novarum in: Bundesverband der KAB ([5]1982), S. 31–68.
Matthöfer, H. (1977), Humanisierung der Arbeit und Produktivität in der Industriegesellschaft, Köln/Frankfurt.
Müller-Seitz, P. (1978), Industrielle Schichtarbeit aus betriebswirtschaftlicher Sicht, RKW Frankfurt.
Münstermann, J./Preiser, K. (1978), Schichtarbeit in der Bundesrepublik, hrsg. vom Bundesminister für Arbeit und Sozialordnung, Bonn.
Muszynski, B. (1977), »Social-Management«-Strategien und gewerkschaftliche Interessenvertretung, Gewerkschaftliche Monatshefte 28, S. 439–448.
Neuberger, O. (1980), Woran wird Humanisierung gemessen – Wann gilt sie als eingelöst? in: Rosenstiel, L. von/Weinkamm, M. (Hg.) (1980), S. 81–93.
Neumann, A. (1980), Qualitative Tarifpolitik, Gewerkschaftliche Monatshefte 31, S. 274–276.
Noth, D./Oehl, W./Trautwein-Kalms, G. (1977), Angestellte – bevorzugte Objekte der neuen Rationalisierungswelle, Gewerkschaftliche Monatshefte 28, S. 359–368.
Paul VI. (1969), Ansprache an die Internationale Arbeitsorganisation in: Bundesverband der KAB ([5]1982), S. 471–486.
Paul VI. (1971), Octogesima adveniens in: Bundesverband der KAB ([5]1982), S. 487–523.

Paul VI. (1967), Populorum progressio in: Bundesverband der KAB ([5]1982), S. 435–470.
Picot, A. (1980), Betriebswirtschaftlicher Nutzen contra volkswirtschaftliche Kosten? – »Humanisierung des Arbeitslebens« in ökonomischer Sicht in: Rosenstiel, L. von/Weinkamm, M. (Hg.) (1980), S. 225–242.
Piecha, M. (1974), Die Tarifbewegungen des Jahres 1973, WSI-Mitteilungen 27, S. 88–95.
Pöhler, W. (1975), Entwicklung der Arbeitsbedingungen im Angestellten- und Verwaltungsbereich in: Humanisierung der Arbeitswelt und menschengerechte Arbeitsgestaltung, Arbeits- und betriebskundliche Reihe 32, Köln, S. 23–28.
Pornschlegel, H. (1981), Entwicklungstendenzen der Arbeitsorganisation, Wien.
Rat der EKD (Hg.) (1980), Die Last der Nachtschichtarbeit, Aktueller Kommentar Nr. 6 der Kammer der EKD für soziale Ordnung, Hannover.
Rationalisierungs-Kuratorium der Deutschen Wirtschaft (RKW) ([2]1977), Menschengerechte Arbeit – Erfahrungsaustausch zwischen Forschung und betrieblicher Praxis, Frankfurt.
REFA ([2]1972), Methodenlehre des Arbeitsstudiums Teil 3, Kostenrechnung, Arbeitsgestaltung, München.
Reichwald, R. (1980), Technologische Entwicklungen und Wirtschaftlichkeitsbeschränkungen für eine humane Arbeitsgestaltung im Verwaltungsbereich in: Rosenstiel, L. von/Weinkamm, M. (Hg.), S. 203–223.
Römische Bischofssynode (1971), Die Gerechtigkeit in der Welt in: Bundesverband der KAB, S. 525–547.
Rosenstiel, L. von (1980), Humanisierung der Arbeit – Schlagwort, Alibi, Programm? in: Rosenstiel, L. von/Weinkamm, M. (Hg.), S. 11–22.
Sahm, A. (1977), Humanisierung im Führungsstil, Frankfurt.
Schmitz, Ph. (Hg.) (1981), Macht euch die Erde untertan? Schöpfungsglaube und Umweltkrise, Würzburg.
Schumacher, E. F. (1974)-1, Es geht auch anders, München.
Schumacher, E. F. (1974)-2, Geeignete Technologien in: Giersch, H./Haas, H.-D. (Hg.) (1974), Probleme der weltwirtschaftlichen Arbeitsteilung, Berlin, S. 495–506.
Schumacher, E. F. (1977), Die Rückkehr zum menschlichen Maß, Reinbek.
Steinmann, H./Heinrich, M./Schreyögg, G. (1976), Theorie und Praxis selbststeuernder Arbeitsgruppen, Köln.
Strauss-Fehlberg, G. (1978), Die Forderung nach Humanisierung der Arbeitswelt, Köln.
Streich, W./Bielenski, H. (1981), Nacht- und Schichtarbeit, WSI-Mitteilungen 34, S. 100–105.
Tarifbewegungen, Arbeitskämpfe und tarifvertragliche Arbeitsbedingungen im Jahre 1978 (1979), WSI-Mitteilungen 32, S. 132–156.

Taylor, F. W. (1919), Die Grundsätze wissenschaftlicher Betriebsführung (The Principles of Scientific Management, dt. Ausgabe von R. Roesler), München/Berlin.
Teriet, B. (1979), Kasuistik ausgewählter Ansätze einer flexiblen Arbeitszeitordnung, Mitteilungen aus der Arbeitsmarkt- und Berufsforschung 12, S. 289–299.
Terriet, B. (1980), Mit mehr Zeitsouveränität zu einer neuen Arbeitszeitpolitik, WSI-Mitteilungen 33, S. 712–722.
Teriet, B. (1976), »Zeitsouveränität« durch flexible Arbeitszeit, aus politik und zeitgeschichte Nr. 31 B, S. 3–16.
Weizsäcker, Ch. u. E. von (1978), Für ein Recht auf Eigenarbeit in: Duve, F. (Hg.), Technologie und Politik Band 10, Reinbek, S. 185–189.
Weizsäcker, E. U. u. Ch. von (1980), Recht auf Eigenarbeit statt Pflicht zum Wachstum, Blätter der Wohlfahrtspflege 127, S. 151–156.
Wenke, K. E./Zilleßen, H. (Hg.) (1978), Neuer Lebensstil – Verzichten oder Verändern?, Opladen.
Zweites Vatikanisches Konzil (1965), Pastoralkonstitution Die Kirche in der Welt von heute in: Bundesverband der KAB ([5]1982), S. 321–425.

6. Kapitel: Mitbestimmung im Unternehmen

Die Forderung nach wirtschaftlicher Mitbestimmung wird häufig als Modeströmung abgetan, die von den Gewerkschaften abseits der wirklichen Interessenlage der einzelnen Arbeiter und je nach parteipolitischer Wetterlage herausgekehrt oder abgelegt werde. Wenn man sich aber an die geschichtlich herausragenden Kristallisationspunkte der Mitbestimmungsforderung erinnert: das Revolutionsjahr 1848, die Rätebewegung nach dem Ersten Weltkrieg, die Umbruchsituation nach 1945 sowie die Reformpläne der ersten sozial-liberalen Koalition, wird man diese Forderung als Unterfall jener allgemeinen Forderung nach Demokratisierung aller Lebensbereiche begreifen: Eine Summe von Wertentscheidungen, auf denen das staatliche Leben und dessen Organisation beruht, sowie ein Lebensstil, der sich an der Würde des Menschen und seinem Recht auf Selbstbestimmung orientiert, soll auf die Gestaltung des Wirtschaftslebens und der Unternehmensstruktur übertragen werden.

Die folgende Untersuchung ist nach einem doppelten Gesichtspunkt gegliedert. Einmal wird die reale Transformation der kapitalorientierten in eine arbeitsorientierte Wirtschaftsordnung über die Stufen einer unterparitätischen, paritätischen und überparitätischen Mitbestimmung vorgezeichnet; zum anderen wird die logische Unterscheidung zwischen einem arbeitsrechtlichen, gesellschaftsrechtlichen und unternehmensrechtlichen Ansatz der Mitbestimmung berücksichtigt. Bei der Verzahnung der beiden Gesichtspunkte in der Gliederung ist das logische Schema zurückgetreten.

1. Kapitalistische Unternehmensstruktur

Die kapitalistische Unternehmensstruktur ist der unbestrittene Bezugsrahmen für staatliche Sozialinterventionen, für die Tarifautonomie sowie für arbeitsrechtliche und gesellschaftsrechtliche Gestaltungsformen der Mitbestimmung. Nach der begrifflichen Abgrenzung und dem Hinweis auf bestehende gesetzliche Regelungen wird diese Transformationsstufe als systemkonservierend kritisiert. Stellungnahmen katholischer Soziallehre zum Privateigentum weisen die Grenzübergänge eines kapitalorientierten Wirtschaftssystems.

1.1 Begriffliche Abgrenzung

Das *Unternehmen* ist in der kapitalistischen Marktwirtschaft einmal die produzierende Wirtschaftseinheit; neben dem systemunabhängigen Merkmal der Kombination der Produktionsfaktoren entsprechend dem Wirtschaftlichkeitsprinzip und unter Aufrechterhaltung des finanziellen Gleichgewichts weist es die Merkmale der erwerbswirtschaftlichen Zielsetzung, der äußeren und der inneren Autonomie auf.[1]
Zum anderen ist das Unternehmen eine Summe von Sachen und Rechten, tatsächlichen Beziehungen und Erfahrungen, die der Unternehmer als wirtschaftliche Einheit verbunden hat, zwar Gegenstand zahlreicher bürgerlich-rechtlicher und handelsrechtlicher Regelungen, nicht jedoch eigenständiges Rechtsobjekt, schon gar nicht Rechtssubjekt. Da nur der Unternehmer, die natürliche oder juristische Person, der das Unternehmen gehört, Rechtssubjekt ist, bildet das Gesellschaftsrecht den rechtlichen Rahmen der Unternehmen, die im Wirtschaftsleben auftreten und innere wie äußere Rechtsbeziehungen aufbauen.

Der Begriff *Mitbestimmung* bedarf einer Abgrenzung nach mehreren Seiten: Mitbestimmung im weitesten Sinn ist jede Form von Einflußnahme auf oder Mitwirkung an Entscheidungen durch die Betroffenen selbst. Mitbestimmung im weiteren Sinn ist die Beteiligung der Arbeitnehmer an wirtschafts- und sozialrelevanten Entscheidungsprozessen. Mitbestimmung im engeren Sinn ist die Einwirkung der Arbeitnehmer auf die Entscheidungen derer, denen Unternehmen gehören oder die im Auftrag der Eigentümer Unternehmen leiten.[2]

Die *Mitbestimmung im engeren Sinn* läßt sich grundsätzlich in drei Varianten vorstellen:

[1] Vgl. Kohlbeck, R. (1980), S. 66; Gutenberg, E. (^{22}1976), S. 511 f.
[2] »Wirtschaftliche Mitbestimmung im üblichen Sinne ist die Teilhabe der Arbeitnehmer an der wirtschaftlichen Planungs- und Entscheidungsgewalt im Unternehmen. Das bedeutet: Teilhabe der Arbeitnehmer an der unternehmerischen, bisher nur durch die Eigentümer legitimierten Entscheidungsgewalt.« Boettcher, E. u. a. (1968), S. 151.

– arbeitsrechtliche Mitbestimmung: die Arbeitnehmer beeinflussen die arbeitgeberische Entscheidungsfreiheit, wirken über den Tarifvertrag auf das Entscheidungsergebnis ein;
– gesellschaftsrechtliche Mitbestimmung: die Arbeitnehmer treten in die Leitungs- und Kontrollorgane ein, die das Gesellschaftsrecht für die Wirtschaftseinheit Unternehmen zur Verfügung stellt, und beeinflussen dort den Willens- und Entscheidungsprozeß.
– unternehmensrechtliche Mitbestimmung: die Arbeitnehmer werden Mitglieder des rechtlich als Personeneinheit verfaßten Unternehmens und beteiligen sich an dem Willens- und Entscheidungsprozeß, sie tragen die Verantwortung für die unternehmerischen Entscheidungen und deren Konsequenzen mit.

Die *gesellschaftsrechtliche und unternehmensrechtliche Mitbestimmung* kann schwerpunktartig auf drei verschiedenen Ebenen betrachtet werden, wenngleich die realen Auswirkungen der jeweiligen Mitbestimmungsebene sich nicht voneinander isolieren lassen:
– Mitbestimmung am Arbeitsplatz ist die Mitwirkung des einzelnen Arbeiters bzw. der Arbeitsgruppe an den Entscheidungen über die Arbeitsstruktur und -organisation.
– Mitbestimmung im Betrieb ist die Beteiligung der Betriebsangehörigen insbesondere des Betriebsrates an Entscheidungen über soziale, personelle und wirtschaftliche Fragen.
– Mitbestimmung im Unternehmen ist die Beteiligung der Arbeitnehmer am Entscheidungsprozeß in den Unternehmensorganen. Die Mitbestimmung im Unternehmen unterscheidet sich von der Mitbestimmung im Betrieb in vier Punkten:[3] zunächst bezieht sie sich auf die unternehmerische Leitungskompetenz, d. h. die marktökonomischen Grundentscheidungen über Unternehmensziele und Gesamtpläne, und nicht auf die betriebliche Weisungsbefugnis, die technisch-organisatorische Planung und Steuerung der konkreten Arbeitsprozesse. Dann werden gesellschaftsfremde Arbeitnehmer am Entscheidungsprozeß der gesellschaftsrechtlichen Organe beteiligt, während die Mitbestimmungsrechte des Betriebsrats die gesellschaftsrechtliche Struktur des Unternehmens unberührt lassen und lediglich die Handlungsfreiheit der Gesellschaft gegenüber den Arbeitnehmern beschränken. Außerdem werden Anteilseigner und Arbeitnehmer in einen gemeinsamen Entscheidungsprozeß einge-

[3] Vgl. Chmielewicz, K. u. a. (1977), S. 107.

bunden, während Betriebsrat und Unternehmensleitung mit unterschiedlichen Interessen einander gegenübertreten. Schließlich sind die Arbeitnehmervertreter in den sogenannten Unternehmensorganen im Unterschied zu den abgestuften und erschöpfend aufgezählten Mitbestimmungsrechten des Betriebsrats an allen Informationen und Entscheidungen beteiligt.

Eine *qualifizierte* Mitbestimmung, d. h. paritätische Mitbestimmung ist dann gegeben, wenn beide Partner gleichen Einfluß auf den Inhalt der Entscheidung haben, so daß es einer Partei nicht möglich ist, die andere Seite zu überstimmen.

1.2 Gesetzliche Regelung

Die Mitbestimmung im Unternehmen regeln derzeit drei Gesetze, die nach dem Grad der Mitwirkungsrechte der Arbeitnehmer aufgeführt werden.

Das *Betriebsverfassungsgesetz* von 1952 sieht für den Aufsichtsrat von Aktiengesellschaften und Kommanditgesellschaften auf Aktien (ausgenommen sind Familiengesellschaften mit weniger als 500 Beschäftigten) sowie für Gesellschaften mit beschränkter Haftung mit mehr als 500 Beschäftigten eine Drittelbeteiligung der Arbeitnehmer vor, die von den Arbeitnehmern des Unternehmens in allgemeiner, gleicher, geheimer und unmittelbarer Wahl bestimmt werden.

Das *Mitbestimmungsgesetz* von 1976 legt fest, daß die Aufsichtsräte aller Aktiengesellschaften, Kommanditgesellschaften auf Aktien und Gesellschaften mit beschränkter Haftung, die in der Regel mehr als 2000 Arbeitnehmer beschäftigen, mit einer gleichen Zahl von Anteilseignern und Arbeitnehmern besetzt werden.
Bei 6 Arbeitnehmervertretern im Aufsichtsrat sind 2, bei 10 drei Sitze den im Unternehmen vertretenen Gewerkschaften reserviert; die übrigen Sitze stehen den Arbeitern, Angestellten und leitenden Angestellten des Unternehmens entsprechend dem jeweiligen Anteil an der Gesamtbelegschaft zur Verfügung, wobei ihnen jeweils mindestens 1 Sitz garantiert ist.
Die Arbeitnehmervertreter werden in Unternehmen mit über 8000

Beschäftigten durch Wahlmänner, sonst in Urwahl bestimmt. Arbeiter und Angestellte wählen ihre Vertreter nach Gruppen getrennt, eine gemeinsame Wahl ist auf Grund eines entsprechenden Beschlusses möglich, bei der Wahl der Gewerkschaftsvertreter vorgeschrieben.

Der Vorsitzende des Aufsichtsrates und sein Stellvertreter werden mit ⅔-Mehrheit gewählt. Wird diese Mehrheit nicht erreicht, wählen die Anteilseigner aus ihrer Mitte den Vorsitzenden, die Arbeitnehmer aus ihrer Mitte den Stellvertreter. Sachentscheidungen des Aufsichtsrats werden mit der Mehrheit der abgegebenen Stimmen getroffen. Ergibt eine Abstimmung im Aufsichtsrat Stimmengleichheit, so erhält bei einer erneuten Abstimmung über denselben Sachverhalt, die wiederum Stimmengleichheit ergibt, der Aufsichtsratsvorsitzende eine Zweitstimme.

Der Unternehmensvorstand wird vom Aufsichtsrat mit einer ⅔-Mehrheit gewählt. Wird diese Mehrheit nicht erreicht, ist ein Vermittlungsausschuß einzuschalten, über dessen Vorschlag der Aufsichtsrat mit einfacher Mehrheit, eventuell unter Rückgriff auf die Zweitstimme des Vorsitzenden entscheidet.

Als gleichberechtigtes Mitglied des Vorstandes wird ein Arbeitsdirektor bestellt.

Das *Montanmitbestimmungsgesetz* von 1951 bestimmt, daß in den Aufsichtsrat aller Aktiengesellschaften und Gesellschaften mit beschränkter Haftung des Bergbaus und der eisen- und stahlerzeugenden Industrie mit über 1000 Beschäftigten die Anteilseigner und Arbeitnehmer die gleiche Zahl von Vertretern und je eine außenstehende Person entsenden und außerdem ein neutrales weiteres Mitglied kooptieren.

Die Arbeitnehmerseite im Aufsichtsrat setzt sich aus zwei Belegschaftsmitgliedern, einem Arbeiter und einem Angestellten, sowie zwei Gewerkschaftsvertretern zusammen. Die betrieblichen Arbeitnehmervertreter werden durch den Betriebsrat, die außerbetrieblichen Arbeitnehmervertreter durch die Gewerkschaften der Hauptversammlung bindend vorgeschlagen und von dieser formell bestätigt.

Der Arbeitsdirektor wird – nicht gegen die Mehrheit der Arbeitnehmervertreter im Aufsichtsrat – als gleichberechtigtes Mitglied in den Unternehmensvorstand gewählt.

Den angeführten gesetzlichen Regelungen sind drei Merkmale gemeinsam:

– Die Legitimationsgrundlage der Beteiligung der Arbeitnehmer an den Entscheidungsprozessen der betreffenden Organe besteht nicht darin, daß die Arbeitnehmer Eigentümer des Unternehmens oder Mitglieder der Kapitalgesellschaft werden, sondern einzig darin, daß sie denen, die Eigentümer des Unternehmens sind oder es leiten, ihre Arbeitskraft zur Verfügung stellen, d. h. im Unternehmen arbeiten.

– Die praktizierte Mitbestimmung läßt das Arbeitsverhältnis des einzelnen Arbeitnehmers, das durch den Arbeitsvertrag geregelt wird, nicht Teil der gesellschaftsrechtlichen Struktur des Unternehmens werden.

– Die Mitbestimmung der Arbeitnehmer im Unternehmen bedeutet keine Transformation des Gesellschaftsrechts in ein Unternehmensrecht im eigentlichen Sinn. »Die Mitbestimmung wird vielmehr auf das weitergeltende Gesellschaftsrecht aufgepflanzt.«[4]

1.3 Systemkonservierung

Im Unterschied zu der im vorigen Abschnitt gewählten Reihenfolge der Mitbestimmungsregelungen entsprechend dem Grad der Mitwirkungsrechte ist der Einfluß jener gesellschaftlichen Kräfte, die nach dem Ende des Zweiten Weltkriegs zur Transformation der kapitalistischen Unternehmensstruktur entschlossen waren und 1951 das Montanmitbestimmungsgesetz, ohne dessen Verfassungsfestigkeit in Frage stellen zu lassen, durchgesetzt hatten, merklich zurückgegangen. Dementsprechend sind gerade jene Merkmale des Mitbestimmungsgesetzes von 1976 unverkennbar, die die kapitalistische Unternehmensstruktur konservieren, obschon selbst dieses Gesetz noch auf seine Verfassungskonformität hin überprüft werden mußte. Da das Gesetz von 1976 aber den aktuellen gesellschaftlichen Konsens markiert, und sein Geltungsbereich den des Gesetzes von 1951 weit übertrifft, kann sich die wertende Stellungnahme ausschließlich auf dessen Mitbestimmungsregelung beziehen.

Die Kritik richtet sich auf drei Punkte, die auch im Mitbestimmungsurteil des Bundesverfassungsgerichtes von 1979 eine Rolle gespielt haben:

[4] Chmielewicz, K. u. a. (1977), S. 108.

– die Unterparität der Arbeitnehmer ist beibehalten;
– die Entsolidarisierung der Arbeitnehmer ist verstärkt;
– die Eigentumsbarriere ist nur verschoben, nicht beseitigt.

1.3.1 Unterparität

Die Mitbestimmungsidee wurzelt in der Einsicht einer dreifachen Abhängigkeit des Arbeitnehmers sowie in einer personalen Wertentscheidung. Das Mitbestimmungsgesetz von 1976 hat dieser Wertentscheidung keine gleichrangige Stellung verschafft.

Die *Abhängigkeit* des einzelnen Arbeitnehmers gegenüber dem Arbeitgeber fächert sich in eine wirtschaftliche, technologische und institutionelle Abhängigkeit auf.
Die *wirtschaftliche* Abhängigkeit besteht darin, daß der einzelne Arbeitnehmer auf die Nachfrage nach seiner Arbeitskraft und auf das Arbeitseinkommen, das der Sicherung des Lebensunterhalts dient, ganz anders angewiesen ist als der Arbeitgeber, Eigentümer notfalls liquidierbarer Produktionsmittel, auf die Güternachfrage. Nun ist diese wirtschaftliche Abhängigkeit zeitweilig und begrenzt durch eine Produktionsausweitung, die über die Bevölkerungswachstumsrate hinausgeht, durch eine staatliche Vollbeschäftigungspolitik sowie durch den Einsatz kollektiver Gegenmacht und gewerkschaftlicher Tarifpolitik abgebaut worden.
Die *technologische* Abhängigkeit besteht darin, daß der arbeitsteilige Produktionsprozeß, der eine Vielzahl von Menschen mit unterschiedlichen Fähigkeiten und einander widerstreitenden Interessen zusammenbringt, um des gemeinsamen Produktionsziels willen eine Über- und Unterordnung verlangt, und daß der einzelne Arbeitnehmer beim Abschluß des Arbeitsvertrags nicht bestimmte, näher bezeichnete Arbeitsleistungen zusagt, sondern seine Arbeitskraft global zur Verfügung stellt und sich gleichzeitig einem Weisungsrecht unterwirft, das ihm den spezifischen Beitrag zur Verwirklichung des Produktionsziels zuweist. Diese technologische Abhängigkeit ist allerdings durch die Regelung des Betriebsverfassungsgesetzes von 1972, das den Betriebsräten abgestufte Initiativrechte bei technischen Betriebsänderungen, innerbetrieblichen Stellenausschreibungen und Sozialplänen sowie Veto- und Zustimmungsrechte bei sozialen bzw. personellen Einzelmaßnahmen und bei der Arbeitsplatzgestaltung zugesteht, entschärft worden.
Die *institutionelle* Abhängigkeit ergibt sich aus der für Großunter-

nehmen zutreffenden Unterscheidung zwischen dem Weisungsrecht, das auf betrieblicher Ebene von untergeordneten Funktionsträgern gegenüber dem einzelnen Arbeitnehmer ausgeübt wird, und der allgemeinen Leitungskompetenz, die auf der Ebene des Unternehmens wahrgenommen wird, wo die Führungsorgane über die Auslastung des Produktionspotentials und die Kombination der Produktionsfaktoren befinden. Diese aus dem Arbeitsvertrag stammende Unterwerfung unter die unternehmerische Leitungskompetenz soll durch die Mitbestimmung im Unternehmen, nämlich durch die aktive Einflußnahme auf die Ziele des Unternehmens, auf dessen Organisation und auf die Handhabung des betrieblichen Weisungsrechts vermindert werden.

Die personale Wertentscheidung, die der Mitbestimmungsidee zugrunde liegt, läßt sich so formulieren, »daß die Unterwerfung unter fremde Leitungs- und Organisationsgewalt mit der Würde des Menschen nur dann vereinbar ist, wenn dem Betroffenen die Möglichkeit der Einwirkung auf die Gestaltung der Leitungs- und Organisationsgewalt eingeräumt wird, der er unterworfen ist«.[5] Diese Wertentscheidung ist eingebettet in einen demokratischen Lebensstil: Achtung vor der Menschenwürde, Selbstbestimmung und Partnerschaft, Abbau einseitiger Machtpositionen und unmittelbare oder mittelbare Beteiligung der von kollektiven Entscheidungen Betroffenen an diesen Entscheidungen. »Durch die Mitbestimmung der Arbeitnehmer im Unternehmen wird der Forderung Rechnung getragen, daß über Menschen und ihre Schicksale prinzipiell nicht ohne deren Mitwirkung, selbst oder durch gewählte Vertreter, entschieden werden sollte. Der Arbeiter soll nicht ›seine Seele in der Garderobe abgeben‹, wenn er eine Fabrik betritt (Henry Ford I.). Er bleibt stets Subjekt, auch wenn er sich durch Arbeitsvertrag zur Ausführung von Weisungen verpflichtet hat.«[6]

Das *Mitbestimmungsgesetz* von 1976 billigt dieser Wertentscheidung einen nur nachgeordneten Rang zu. »Wird ›Parität‹ mit der im Schrifttum vorherrschenden Auffassung als ein Verhältnis zweier Partner aufgefaßt, in dem keine Seite imstande ist, eine von ihr gewünschte Entscheidung ohne die Zustimmung der anderen Seite

[5] Mitbestimmung (1970), S. 65.
[6] Mitbestimmung (1970), S. 65.

oder doch eines Teils von ihr zu erzwingen, in dem daher auch jede Seite die andere hindern kann, ihre Ziele (allein) durchzusetzen, so bleibt die Mitbestimmung nach dem Mitbestimmungsgesetz unterhalb der Parität. Der Anteilseignerseite kommt ein leichtes Übergewicht zu.«[7]

Die Unterparität in den sogenannten Unternehmensorganen ist systematisch angelegt: weder in der Hauptversammlung noch in der Unternehmensleitung sind die Arbeitnehmer als eigenständige Gruppe vertreten. Und im Aufsichtsrat vermag trotz der gleichen Zahl von Mitgliedern der Arbeitnehmer und Anteilseigner »im Konfliktfall diejenige Seite den ausschlaggebenden Einfluß auszuüben, die den Aufsichtsratvorsitzenden stellt und damit dessen Zweitstimme nutzen kann«.[8]

Erste praktische Mitbestimmungserfahrungen scheinen die im Gesetz angelegte Unterparität zu bestätigen. Über die Änderung der Geschäftsordnung sind Aufsichtsratsausschüsse unterparitätisch besetzt, Kataloge zustimmungspflichtiger Geschäftsvorfälle gefiltert, Aufsichtsräte zu unverbindlichen Diskussionsrunden herabgestuft worden. Die Bestellung des Arbeitsdirektors mit der Mehrheit der Arbeitnehmerstimmen blieb eine Ausnahme. In einigen Fällen ließ sich gar der Vorstandsvorsitzende zum Arbeitsdirektor bestellen. Drei Jahre nach Geltung des Mitbestimmungsgesetzes gab es in den privatwirtschaftlichen Unternehmen keinen einzigen Arbeitsdirektor, den die Arbeitnehmervertreter vorgeschlagen hatten, und in 10% der mitbestimmungspflichtigen Unternehmen überhaupt keinen Arbeitsdirektor, während zahlreiche Unternehmen den Arbeitsdirektor durch den alten Aufsichtsrat mit einer ⅔-Mehrheit der Anteilseigner haben wählen lassen.[9]

1.3.2 Entsolidarisierung

Die Regelungen des Mitbestimmungsgesetzes über die Zusammensetzung der Arbeitnehmervertreter im Aufsichtsrat fördern Zersplitterungstendenzen unter den Arbeitnehmern; sie scheinen von dem Bestreben geprägt, eine Entwicklung zum Gewerkschaftsstaat zu unterbinden, aber auch einer Fernsteuerung der Unternehmen durch die Gewerkschaften vorzubeugen.

[7] Mitbestimmungsurteil (1979), S. 295.
[8] Mitbestimmungsurteil (1979), S. 296.
[9] Vgl. Judith, R. (1978), S. 727; Arbeitsdirektor (1979), S. 521 f.

Die Gefahr einer *Zersplitterung* der Arbeitnehmer eines Unternehmens wird mit der gesonderten Berücksichtigung der leitenden Angestellten auf der Arbeitnehmerseite begründet, die dadurch überrepräsentiert sind und wiederholt bereits mit den Kapitaleignern gegen die übrigen Arbeitnehmervertreter gestimmt haben. Außerdem schwächt die in der Regel getrennte Wahl zum Aufsichtsrat zusätzlich die Position der Arbeitnehmer gegenüber den Kapitaleignern.

Die Angst vor dem *Gewerkschaftsstaat* ist ziemlich abwegig und nur verständlich als Propagandamittel der Kapitaleigner oder als Beweis für die allgemeine Unkenntnis der stark voneinander abweichenden Mentalität in den einzelnen Gewerkschaften und ihrer dezentralen Gliederung nach dem Industrieprinzip. Die unternehmensbezogene Interessenwahrnehmung von Gewerkschaftsvertretern im Aufsichtsrat läßt sich indessen empirisch belegen.

Der Verdacht der *Fernsteuerung*, als könne das Verhalten der Unternehmensleitung über einzelne Aufsichtsratsmitglieder von außen beeinflußt werden, ist haltlos. Man kann den Arbeitnehmervertretern zentrale Informationsbeschaffung und vorherige Absprachen über die Vorgehensweise nicht verwehren, wenn dies von den übrigen Aufsichtsratsmitgliedern, insbesondere von den Bankenvertretern selbstverständlich in Anspruch genommen wird. Den Einfluß der Gewerkschaften im Aufsichtsrat der Unternehmen zurückgedrängt zu haben, ist ein zweischneidiges Resultat des Mitbestimmungsgesetzes. Denn die Bildung eines Aufsichtsrats ausschließlich aus Unternehmensangehörigen kann nicht im Interesse eines einzelnen Unternehmens liegen. Parallel zu den externen Unternehmens- und Bankenvertretern bilden Gewerkschaftsvertreter ein Gegengewicht zu den betriebsangehörigen Arbeitnehmervertretern, wenn sie auf Grund ihrer fachlichen Qualifikation und ihres Überblicks über die Situation der einzelnen Wirtschaftszweige und der Gesamtwirtschaft bei Investitionsentscheidungen mehr übergeordnete Gesichtspunkte und langfristige Perspektiven zur Geltung bringen.

1.3.3 Eigentumsbarriere

Das Mitbestimmungsgesetz von 1976 beeinträchtigt zwar die Rechte der Kapitaleigner, tastet aber die Eigentumsgarantie des Artikels 14 GG nicht an. Es verschiebt die Eigentumsbarriere, beseitigt sie jedoch nicht.

Die Verschiebung der Eigentumsbarriere ist zulässig, weil das durch die Verfassung geschützte Eigentumsrecht nicht isoliert und absolut gilt, sondern nur im Zusammenhang mit anderen Grundrechten und innerhalb der gesetzlichen Schranken, die allerdings den Wesensgehalt des Grundrechtes nicht antasten dürfen. Diese Schranken sind beim Eigentum, das – wie die Verbrauchs- und Gebrauchsgüter – der Sicherung der persönlichen Freiheit des einzelnen dient, enger gefaßt als bei dem Eigentum, das – wie die Produktionsmittel – stärker in einem sozialen Bezug steht. Sie sind auch beim Produktionsmitteleigentum eines Einzelunternehmers enger gefaßt als bei dem für die Kapital- bzw. Publikumsgesellschaften typischen Anteilseigentum, wo das Vermögensrecht und die Verfügungsbefugnis auseinanderfallen. Der Anteilseigner kann ja in der Regel die mit dem Eigentum verbundenen Verfügungsbefugnisse nicht unmittelbar sondern nur mittelbar über die Unternehmensorgane wahrnehmen und bleibt in der Nutzung des Eigentums auf den Vermögenswert beschränkt. Die soziale Komponente dieser Eigentumsart ist offensichtlich, weil sich das Produktionsmitteleigentum auf eine zusammen mit anderen gebildete Gesellschaft bezieht und weil die Verfügung darüber auf die Arbeitnehmer angewiesen ist, deren Grundrechtssphäre, nämlich die Sorge für den Lebensunterhalt, davon berührt wird.

So wie schon das bestehende Gesellschaftsrecht die Einwirkungsmöglichkeiten der Anteilseigner praktisch auf den Empfang der aus dem Vermögensrecht resultierenden Dividende bzw. auf den An- und Verkauf der Anteilsscheine beschränkt hat, so tastet das Mitbestimmungsgesetz nicht den Vermögenswert der Anteilsrechte sondern nur die mitgliedschaftlichen Verfügungsbefugnisse der Anteilseigner an. Diese Regelung bleibt also innerhalb des Rahmens der gesetzlichen Grundrechtsbeschränkung, »wenn die Mitbestimmung der Arbeitnehmer nicht dazu führt, daß über das im Unternehmen investierte Kapital gegen den Willen aller Anteilseigner entschieden werden kann, wenn diese nicht auf Grund der Mitbestimmung die Kontrolle über die Führungsauswahl im Unternehmen verlieren und wenn ihnen das Letztentscheidungsrecht belassen wird. Das ist, wie gezeigt, nach dem Mitbestimmungsgesetz der Fall.«[10] Wie weit diese Verschiebung der Eigentumsschranke durch die wirtschafts- und sozialpolitische Gesetzgebung gehen kann, läßt das Mitbestimmungsurteil von 1979 offen; als grundsätzliche Markierungslinie

[10] Mitbestimmungsurteil (1979), S. 319.

jeder Mitbestimmungsregelung scheint diese Eigentumsbarriere jedoch unantastbar. Gegen eine solche Argumentationsfigur ließe sich allenfalls einwenden, daß die Verfügungsbefugnis über alle wirtschaftlichen Einzelgegenstände, d. h. über Sachen, die der Eigentumsordnung unterliegt, nicht die Leitungskompetenz über das Unternehmen als ganzes und schon gar nicht das Weisungsrecht über die mitarbeitenden Menschen, für die eine Unternehmensordnung gelten müßte, einschließt.

1.4 Funktionsverlauf der Eigentumslehre

Die Einstellung katholischer Soziallehre zum Eigentum kann als bewegte Geschichte mit deutlichen Wendepunkten nachgezeichnet werden.

Bei Leo XIII. ist die individualistisch-naturrechtliche Argumentationsweise beherrschend: »das Recht zum Besitze privaten Eigentums hat der Mensch von der Natur erhalten.«[11] Das Eigentumsrecht ist ein vorstaatliches Grundrecht des einzelnen Menschen. Als Begründung wird u. a. angeführt, daß das aus Ersparnissen gebildete Eigentum Lohn in anderer Form sei, gewissermaßen Teil des Menschen selbst, daß es der Zukunftssicherung im Hinblick auf den eigenen Lebensunterhalt und den der Familie diene, und daß der Mensch als Geistwesen die Verfügung über die materiellen Dinge rechtlich gestalte.[12]

Pius XI. hebt gleichgewichtig die Doppelseitigkeit des Eigentums, »seine individuelle und seine soziale, seine dem Einzelwohl und seine dem Gesamtwohl zugeordnete Seite«[13] hervor. Die Individualfunktion des Eigentums besteht darin, daß jeder für sich und die Seinen sorgen kann, die Sozialfunktion darin, daß auf dem Weg der Institution des Privateigentums die Güter der Erde allen Menschen zukommen. Zwar wird unter Berufung auf Leo XIII. zwischen dem Privateigentum als Rechtsinstitut und dem verantwortlichen Umgang mit privatem Eigentum, der nicht auf dem Klageweg

[11] Leo XIII. (1891), 4, S. 33.
[12] Vgl. Leo XIII. (1891), 3–12, S. 32–39.
[13] Pius XI. (1931), 45, S. 107.

erstritten werden kann, unterschieden. Doch kann die staatliche Autorität unter Berufung auf das Gemeinwohl »genauer im einzelnen anordnen, was die Eigentümer hinsichtlich des Eigentumsgebrauchs dürfen, was ihnen verwehrt ist.«[14]

Eine Akzentverschiebung der Eigentumsperspektive erfolgt auf dem II. Vatikanischen Konzil und setzt sich bei Paul VI. fort. Erster Grundsatz ist nun der Kollektivanspruch der Menschen auf die Güter der Erde. »Wenn aber die Erde da ist, um jedem die Mittel für seine Existenz und seine Entwicklung zu geben, dann hat jeder Mensch das Recht, auf ihr das zu finden, was er nötig hat. Das Konzil hat dies in Erinnerung gerufen: ›Gott hat die Erde mit allem, was sie enthält, zum Nutzen für alle Menschen und Völker bestimmt; darum müssen diese geschaffenen Güter in einem billigen Verhältnis allen zustatten kommen, dabei hat die Gerechtigkeit die Führung, Hand in Hand geht mit ihr die Liebe.‹ Alle anderen Rechte, ganz gleich welche, auch das des Eigentums und des freien Tausches, sind diesem Grundgesetz untergeordnet.«[15] Diese Vorentscheidung relativiert das Grundrecht des Privateigentums: »Das Privateigentum ist also für niemand ein unbedingtes und unumschränktes Recht.«[16] Im Fall eines Konflikts zwischen wohlerworbenen Rechten des einzelnen und den Grundbedürfnissen der Gesellschaft muß die staatliche Autorität unter aktiver Beteiligung der einzelnen und der gesellschaftlichen Gruppen eine Lösung suchen.

Johannes Paul II. sieht hinter dem Gegensatz von Arbeit und Kapital nicht abstrakte Begriffe oder anonyme Kräfte am Werk, sondern konkrete Menschen, nämlich diejenigen, die ihre Arbeitskraft in den Produktionsprozeß einbringen und diejenigen, die Produktionsmittel zur Verfügung stellen bzw. über sie verfügen; damit kommt unmittelbar die Eigentumsfrage ins Spiel. Der Papst grenzt die kirchliche Eigentumslehre gegen die zwei extremen Programme des Kollektivismus und des Kapitalismus ab.
Gegenüber dem *Kollektivismus,* der die Kollektivierung der Produktionsmittel propagiert, d. h. deren Übertragung von Privatpersonen auf das Kollektiv als ersten Schritt eines programmierten Klassen-

[14] Pius XI. (1931), 49, S. 108.
[15] Paul VI. (1967), 22, S. 443.
[16] Paul VI. (1967), 23, S. 444.

kampfs, um die menschliche Arbeit vor Ausbeutung zu bewahren, hält sie an dem Recht auf Privateigentum auch an Produktionsmitteln fest. Außerdem bezweifelt sie, daß die Beseitigung des Privateigentums an Produktionsmitteln ein erfolgreicher Weg zur ständigen Revision des harten Kapitalismus sein werde. Denn der bloße Übergang der Produktionsmittel in das Eigentum des Staates als der organisierten Gesellschaft reicht für eine geeignete Vergemeinschaftung ebensowenig aus wie die Überführung der Produktionsmittel aus den Händen der Privateigentümer in die unmittelbare Herrschaft einer anderen, mit gesellschaftlicher Führungsmacht ausgestatteten Personengruppe, die eventuell das ausschließliche Recht für sich in Anspruch nimmt, über die Produktionsmittel zu verfügen und sich ihrer zu bedienen, und dabei nicht einmal vor der Verletzung fundamentaler Menschenrechte zurückschreckt. Dagegen kann von echter Vergemeinschaftung der Produktionsmittel nur die Rede sein, »wenn der Subjektcharakter der Gesellschaft gewährleistet ist, das heißt, wenn jeder auf Grund der eigenen Arbeit sich mit vollem Recht zugleich als Miteigentümer der großen Werkstätte betrachten kann, in der er gemeinsam mit allen arbeitet.«[17]
Gegenüber dem *Kapitalismus*, der das ausschließliche Recht des Privateigentums an Produktionsmitteln wie ein unantastbares ›Dogma‹ des Wirtschaftslebens verteidigt, vertritt die kirchliche Eigentumslehre ein unterschiedliches, nämlich funktionales Verständnis des Eigentumsrechts, das selbst über das Mitbestimmungsurteil von 1979 merklich hinausgeht:
– »Die christliche Tradition hat dieses Recht nie als absolut und unantastbar betrachtet.«[18]
– Das private Eigentumsrecht ist »dem Recht auf die gemeine Nutzung, der Bestimmung der Güter für alle, untergeordnet«.[19]
– Die Aneignung von Naturschätzen »geschieht durch die Bearbeitung und zum Zweck weiterer Bearbeitung«.[20] So »erwirbt man Eigentum vor allem durch Arbeit und damit es der Arbeit diene. Das gilt namentlich für das Eigentum an Produktionsmitteln«.[21] Die Errichtung von Herrschafts- und Abhängigkeitsverhältnissen auf

[17] Johannes Paul II. (1981), 14, S. 597.
[18] Johannes Paul II. (1981), 14, S. 594.
[19] Johannes Paul II. (1981), 14, S. 594.
[20] Johannes Paul II. (1981), 12, S. 588.
[21] Johannes Paul II. (1981), 14, S. 594.

der Grundlage des Privateigentums an Produktionsmitteln bzw. die Ausbeutung der Arbeitnehmer durch die Eigentümer der Produktionsmittel widerspricht der Hinordnung des Privateigentums auf die Arbeit und das gemeinsame Recht aller Menschen auf die Nutzung der Güter dieser Erde.

– Das Eigentumsrecht gemäß dem Standpunkt eines harten Kapitalismus ist um der Achtung willen, die der Arbeit grundsätzlich geschuldet ist, einer konstruktiven (theoretischen und praktischen) Revision zu unterziehen. Die Anerkennung der richtig verstandenen Stellung der Arbeit und des arbeitenden Menschen im Produktionsprozeß verlangt »verschiedene Anpassungen im Bereich der rechtlichen Ordnung des Eigentums an Produktionsmitteln«,[22] die Verbesserung alles dessen, »was in der Regelung des Eigentums an den Produktionsmitteln oder in der Art und Weise, wie diese eingesetzt werden und über sie verfügt werden kann, fehlerhaft ist«.[23]

– Im Hinblick »auf die menschliche Arbeit und den gemeinsamen Zugang zu den Gütern, die den Menschen zugedacht sind, ist unter den entsprechenden Bedingungen auch die Überführung von Produktionsmitteln in Gemeineigentum nicht auszuschließen«.[24]

2. Paritätische Unternehmensverfassung

Die bisherige Mitbestimmungsdebatte bewegte sich entlang der Grenzlinie, die durch die verfassungsrechtliche Eigentumsgarantie abgesteckt erscheint. Auch das Mitbestimmungsurteil von 1979 bleibt innerhalb der Fragestellung, wie weit eine verfassungskonforme Sozialbindung des Anteilseigentums gehen kann. Die traditionellen Eigentumsrechte werden als ursprünglicher Besitzstand angesehen, die gleichberechtigte und gleichgewichtige Einflußnahme der Arbeitnehmer darf das Letztentscheidungsrecht der Anteilseigner im Aufsichtsrat nicht antasten. »Mitbestimmung wird vorrangig als Eigentumsproblem diskutiert. Darin dürfte die stärkste sozialethische Verengung des Blickfeldes beruhen.«[25] Eine Grenzüberschreitung der Mitbestimmungsdiskussion und -strategie

[22] Johannes Paul II. (1981), 14, S. 596.
[23] Johannes Paul II. (1981), 20, S. 612.
[24] Johannes Paul II. (1981), 14, S. 595.
[25] Brakelmann, G. (1980), S. 319.

verlangt, daß die kapitalorientierte Unternehmensstruktur durch eine paritätische Unternehmensverfassung abgelöst wird. So werden im folgenden nach einer begrifflichen Abgrenzung zwei nicht vergleichbare Verfassungsentwürfe vorgestellt, die gegen sie gerichteten Funktionsvorbehalte diskutiert sowie Einstellungen katholischer Soziallehre zur Mitbestimmung erläutert.

2.1 Begriffliche Abgrenzung

Unter einer *Verfassung* versteht man speziell die rechtliche Grundordnung eines Staates, allgemein jedoch die »Rechtsnormen über die Organisation einer sozialen Gruppe«.[26] Zwei Merkmale scheinen für den Verfassungsbegriff konstitutiv zu sein: daß es einmal um die Regelung sozialer Beziehungen, zum anderen um die grundlegenden Normen, Gesetze und Ordnungen dieser Beziehungen geht.

Von einer *Unternehmensverfassung* im Vollsinn läßt sich also nur dann sprechen, wenn das Unternehmen nicht in erster Linie als Vermögensgegenstand, als Summe einzelner Sachen und Rechte sondern als ein Sozialgebilde, als die Gesamtheit der im Unternehmen handelnden Menschen und Menschengruppen begriffen wird, und wenn »alle diejenigen, die in irgendeiner Weise in das Unternehmen eintreten oder in diesem Unternehmen wirksam sind, von dieser Unternehmensverfassung erfaßt werden, einfach kraft der Tatsache, daß sie in dieser oder jener Eigenschaft dem Unternehmen angehören«.[27]
Eine solche Unternehmensverfassung müßte alle im Unternehmen zusammenwirkenden Kräfte erfassen und infolgedessen – zumindest in Großunternehmen bzw. Kapitalgesellschaften – interessenpluralistisch strukturiert sein.[28] Zu berücksichtigen wäre einmal das

[26] Boettcher, E. u. a. (1968), S. 142.
[27] Nell-Breuning, O. von (1979), S. 5 f.
[28] »Das Unternehmen ist, was seine Elementarfaktoren angeht, dualistisch; als Ganzes gesehen läßt es sich dagegen nur in einem dreipoligen Modell erfassen: erster Pol der Unternehmer, zweiter Pol der Sachmitteleinsatz, dritter Pol der Arbeitseinsatz. Ist dem so, dann sollte vernünftigerweise ein Unternehmen auch so strukturiert werden.« Nell-Breuning, O. von (1969), S. 121 f.

Eigentümer- bzw. Kapitalinteresse, nämlich das Risiko des Kapitaleinsatzes möglichst gering und die Kapitalrendite möglichst hoch zu halten, zum anderen das Arbeitnehmerinteresse an einem sicheren und menschengerechten Arbeitsplatz, dann das öffentliche Interesse an der Wettbewerbsfähigkeit des Unternehmens und schließlich das Unternehmerinteresse, das die Gruppeninteressen im Unternehmen ausgleicht und in eine produktive Dynamik integriert.

Von einer *paritätischen Unternehmensverfassung* kann man dann reden, wenn es gelingt, die unterschiedlichen Gruppeninteressen gleichberechtigt und gleichgewichtig in allen Unternehmensorganen und auf allen Unternehmensebenen wirksam werden zu lassen.

2.2 *Verfassungsentwürfe*

Parallel zur politischen Durchsetzung der gesetzlichen Mitbestimmungsregelungen im Rahmen des bestehenden Gesellschaftsrechts sind Entwürfe von Unternehmensverfassungen vorgelegt worden.

Der *Verfassungsentwurf der Professoren* Boettcher, Hax, Kunze, von Nell-Breuning, Ortlieb und Preller, der als Ergebnis langjähriger Beratungen 1968 veröffentlicht wurde, berücksichtigt das pluralistische Interessengeflecht in Größtunternehmen. Unternehmen mit mehr als 20 000 Arbeitnehmern sollen drei Organe haben, ein oberstes Organ, ein Kontrollorgan und das Leitungsorgan.
Das oberste Organ, die Unternehmensversammlung, besteht aus 75 Personen, von denen je 30 auf Anteilseigner und Arbeitnehmer entfallen. Die 30 Arbeitnehmerstimmen werden auf je 15 Gewerkschaftsvertreter und unternehmenszugehörige Arbeitnehmervertreter aufgeteilt. Die restlichen 15 Stimmen sind für die Vertreter der Allgemeinheit reserviert, wobei je 6 von den Arbeitnehmern oder Anteilseignern berufen sind, 3 von beiden Gruppen gemeinsam. Das Kontrollorgan, der Unternehmensrat, umfaßt 19 Mitglieder; je 7 werden von den Anteilseignern und Arbeitnehmern bestellt, 5 vertreten das öffentliche Interesse. Von den Arbeitnehmervertretern sind 4 Unternehmensangehörige und 3 Gewerkschaftsvertreter; ein Mitglied ist völlig neutral.
Das Leitungsorgan sollte mindestens 3 Mitglieder haben, die jedoch keiner Interessengruppe sondern nur dem Unternehmensinteresse

verbunden sind. Das für das Personal- und Sozialwesen zuständige Mitglied sollte ein Vertrauensverhältnis sowohl zur Belegschaft wie auch zu den Gewerkschaften haben.[29]

Der *KAB-Entwurf*, der keine Unternehmensverfassung im eigentlichen Sinn darstellt, wurde vom Wissenschaftlichen Beirat der KAB Westdeutschland ausgearbeitet und 1977 zur Diskussion freigegeben. Das Profil dieser »Unternehmensverfassung« wird in sechs Leitsätzen skizziert:
– Die Rechte derer, die sich durch Kapitaleinsatz am Unternehmen beteiligen, stehen nicht höher als die Rechte der Arbeitnehmer, die dem Unternehmen ihre Arbeitskraft und damit einen wesentlichen Teil ihrer Persönlichkeit zur Verfügung stellen.
– Der Mitbestimmungsanspruch ist »ein aus dem Schutz der Menschenwürde und der freien Persönlichkeitsentfaltung im Arbeitsvollzug abgeleitetes Grundrecht«.[30]
– Das personenbezogene Grundrecht auf Mitbestimmung der Arbeitnehmer steht sozialethisch höher als die aus dem Eigentumsrecht abgeleiteten Befugnisse der Kapitaleigner.
– Die Verwirklichung einer gleichberechtigten Partnerschaft zwischen Kapital und Arbeit erfordert eine durchgreifende Änderung des bestehenden Gesellschaftsrechts.
– Partnerschaft zwischen Kapital und Arbeit drückt sich darin aus, daß der Arbeitnehmer als gleichberechtigtes Mitglied in den Unternehmensverband eingegliedert wird, jedoch nicht durch Abtretung von eigentumsrechtlich begründeten Entscheidungsbefugnissen, sondern als Inhaber einer allein durch den eigenen personalen Arbeitseinsatz begründeten Rechtsposition.
– Partnerschaft auf der Basis der Parität verletzt keine Eigentumsrechte, weil diese nur innerhalb der gesetzlichen Schranken beansprucht werden können, weil in vielen Fällen die Eigentumsbeziehungen anonym geworden sind, und weil die Unternehmensleistung aus dem produktiven Zusammenwirken von Kapital und Arbeit resultiert.
Die rechtliche Ausgestaltung dieser Leitsätze führt zu einer Unternehmensverfassung, gemäß der durch Abschluß von Mitgliedschaftsverträgen aus Arbeitnehmern arbeitende Unternehmensmit-

[29] Vgl. Boettcher, E. u. a. (1968), S. 20–32.
[30] Bundesverband der KAB (^{4}1978), S. 9.

glieder werden, wenngleich die Fortsetzung des bisherigen Arbeitsvertragsverhältnisses als Wahlmöglichkeit bestehen bleibt. Deshalb bilden alle Unternehmen mit Ausnahme des öffentlichen Dienstes und kleinerer Betriebe »ein Basisorgan (Hauptversammlung), ein Aufsichtsorgan (Aufsichtsrat) und ein Leitungsorgan (Vorstand)«.[31] Das Basisorgan mit bis zu 300 Mitgliedern und das Aufsichtsorgan mit bis zu 20 Mitgliedern bestehen gleichgewichtig aus Vertretern der arbeitenden Mitglieder und der Kapitaleigner, die jeweils von ihrer Gruppe gewählt werden. Der Aufsichtsrat wählt in das Leitungsorgan eine ungerade Zahl von Personen, die während ihrer Amtszeit Mitglieder des Unternehmens werden. Die Auflösung von Pattsituationen im Aufsichtsrat wird einer Einigungsstelle übertragen.

Analog dem Betriebsrat wird ein Anlegerrat gebildet, der die Interessen der Kapitaleigner gegenüber dem Unternehmensvorstand vertritt. Tarifverträge werden von den Verbänden der Kapitaleigner mit den Gewerkschaften abgeschlossen; den Tarifparteien stehen Vertreter der Unternehmensvorstände als Beratungs- und Schlichtungsinstanz zur Verfügung.

2.3 *Funktionsvorbehalte*

Die wirtschafts- und gesellschaftspolitische Leitidee einer paritätischen Unternehmensverfassung, wie sie in dem Professorenentwurf (weniger stark in dem KAB-Entwurf) zum Ausdruck kommt, findet weitgehend Zustimmung:

– Das Unternehmen wird nicht in erster Linie als vermögensrechtlicher Gegenstand sondern konsequent als Sozialgebilde und von den in ihm wirkenden Personen her verstanden.

– Allein eine Unternehmensverfassung, die für jeden einzig auf Grund der Tatsache, daß er im Unternehmen arbeitet, zwingend gilt, bildet die Grundlage für ein Unternehmensrecht aus einem Guß.

– Die gleichgewichtige und gleichberechtigte Beteiligung der Arbeitnehmer an den unternehmerischen Entscheidungsprozessen wird auf allen Ebenen und in Abstimmung mit den übrigen im Unternehmen wirksamen (gesamtwirtschaftlichen und öffentlichen) Interessen erreicht.

[31] Bundesverband der KAB ([4]1978), S. 14.

– Das Management wird von der einseitigen Kapitalabhängigkeit entbunden, durch die beiden Elementarinteressen im Unternehmen, Kapital und Arbeit legitimiert und dazu als eigenständiger nicht ableitbarer Produktivfaktor anerkannt.

Die Vorbehalte gegen die paritätische Unternehmensverfassung beziehen sich auf deren Realisierung, daß sie die Funktionsfähigkeit der Privatautonomie, der Marktwirtschaft und der Tarifautonomie gefährde.

2.3.1 Privatautonomie

»Privatautonomie« ist juristisch die dem einzelnen von der Rechtsordnung eingeräumte Möglichkeit, seine Rechtsgeschäfte innerhalb gesetzlicher Schranken nach eigenem Willen zu gestalten. Die Marktwirtschaft setzt private Haushalte und Unternehmen als autonome Entscheidungsträger voraus. Diejenigen Unternehmen sind autonom, die ihre Produktionspläne selbst bestimmen und auf eigene Rechnung und Gefahr durchführen. In der kapitalistischen Marktwirtschaft entspricht der äußeren Autonomie, dem Verhältnis des Unternehmens zu staatlichen Instanzen, die innere Autonomie, d. h. ein einziges Entscheidungszentrum, dem die Folgen der Entscheidung – Verlustrisiko und Gewinnchance – eindeutig zuzurechnen sind.[32]

Die innere Autonomie scheint durch die paritätische Unternehmensverfassung sowohl hinsichtlich der Rationalität des Entscheidungsprozesses als auch der Eindeutigkeit des Entscheidungsergebnisses gefährdet: denn der in den Aufsichtsrat hineingetragene Interessendualismus führt entweder zur Konfrontation oder bringt eine Große-Koalitions-Wirkung hervor. Die Folgen sind in beiden Fällen schwerwiegend:

– umstrittene Punkte werden ausgeklammert;
– riskante Entscheidungen werden aufgeschoben;
– Kompromisse werden nicht nach sachgerechtem Urteil sondern auf der Grundlage des geringsten gemeinsamen Nenners ausgehandelt;
– die Polarisierung des Aufsichtsrats stärkt die Position des Vorstandes und damit das Risiko unkontrollierter Verwaltungsmacht;

[32] Vgl. Gutenberg, E. ([22]1976), S. 461, 505.

– das Unternehmen wird unfähig, auf Marktsignale schnell und richtig zu reagieren.

Die genannten Funktionsvorbehalte lassen sich durch vier Hinweise abbauen: Erstens sind Entscheidungen im Großunternehmen in der Regel nicht Einzelentscheidungen, sondern Entscheidungen einer Gruppe. Eine zweipolige Willensbildung gibt es bereits in den Unternehmen, in denen die Anteilseigner und die mit der Geschäftsführung Betrauten personell getrennt sind. Außerdem bestehen immer schon Rivalitäten zwischen technischer und kaufmännischer, zwischen Personal- und Finanzabteilung, aus denen sich im Zuge eines mehrpoligen Kommunikationsprozesses die Unternehmensentscheidung herausschält. In dieses vorhandene Interessengeflecht läßt sich das Anteilseigner- und Arbeitnehmerinteresse einfügen, ohne die Einheitlichkeit der Unternehmensentscheidung aufzulösen. Zweitens sind unternehmerische Entscheidungen im Aufsichtsrat nicht Führungsentscheidungen, die schnell und einlinig getroffen werden müssen. Bei Grundsatzentscheidungen spielt weniger die Schnelligkeit als vielmehr das behutsame Abwägen zahlreicher Alternativen eine Rolle. Die Aufnahme zusätzlicher, ergänzender aber auch divergierender Gesichtspunkte in den Argumentationshaushalt sowie der verstärkte Begründungszwang im Aufsichtsrat tragen zur Verbesserung der Entscheidung bei. Drittens kann in einem interessenpluralistischen Sozialgebilde der erreichte Konsens selbst eine eigene Rationalität für sich beanspruchen. Und viertens ist die Gefahr einer Polarisierung des Aufsichtsrats gering, wenn zahlreiche Fragen im Vorfeld, in der Ausarbeitungsphase der Vorstandsvorlagen geklärt werden können. Aber selbst eine Polarisierung ist tolerierbar, solange der Vorstand homogen zusammengesetzt ist; dies ist jedoch durch die paritätische Besetzung des Aufsichtsrats, der den Vorstand bestellt, nicht ausgeschlossen. Darüber hinaus lassen sich Sicherungen einbauen, um Störungen des Machtgleichgewichts zwischen den Unternehmensorganen zu verhindern.
Aus diesen Hinweisen folgt, daß Veränderungen des unternehmerischen Entscheidungsprozesses, also der inneren Autonomie, die Autonomie des Unternehmens nach außen nicht beeinträchtigen.

2.3.2 Marktwirtschaft

Die Funktionsfähigkeit der Marktwirtschaft ist davon abhängig, daß die Unternehmen ihre Produktionsentscheidungen dem Rentabilitätskriterium unterwerfen, und daß der Staat einen Ordnungsrahmen fairer Wettbewerbsbedingungen setzt. Beide Voraussetzungen einer funktionsfähigen Marktwirtschaft scheinen jedoch durch eine paritätische Unternehmensverfassung aufgehoben.

(1) Die *Rentabilität* ist nicht dem Belieben des einzelnen Unternehmens überlassen sondern unverzichtbar, um die Anpassung der Produktion an Nachfragewünsche zu erreichen. Denn die Marktwirtschaft kann auf zentrale Produktionsbefehle verzichten, weil sie in der Rentabilität über ein Steuerungssignal verfügt, das Reaktionen der Unternehmen auslöst und darüber hinaus das individuelle Interesse der Unternehmer an möglichst hohen Einkommen und Gewinnen auf das gesamtwirtschaftliche Interesse einer optimalen Versorgung mit Gütern und Diensten hinlenkt. Marktwirtschaftliche Gewinne entstehen ja dadurch, daß die Nachfrage nach bestimmten Gütern deren Angebot übersteigt und bei konstanten Produktionskosten Preissteigerungen auslöst, oder daß einem Unternehmen durch die Realisierung von technischem Fortschritt eine Senkung der Produktionskosten bei konstantem Marktpreis gelingt. In beiden Fällen sind die Gewinne eine Belohnung für richtige, d. h. nachfragegemäße Produktionsentscheidungen. Gleichzeitig werden durch die Gewinnerwartungen Produktionsfaktoren aus anderen Sektoren abgezogen und in die vergleichsweise rentablen Sektoren umgelenkt.
Nun wird das Rentabilitätsinteresse von den Arbeitnehmern vorrangig unter der Rücksicht der Arbeitsplatzsicherung vertreten. Dabei verschleiert hohe Rentabilität in Wachstumsbranchen, durch die Kapital angezogen wird und Arbeitsplätze gesichert werden, den Konflikt zwischen Anteilseignern und Arbeitnehmern. Aber bei sinkender Rentabilität werden Anteilseigner sich aus dem Unternehmen zurückziehen und alternative Anlagemöglichkeiten suchen, die Arbeitnehmer dagegen werden sich mit einer niedrigeren Rentabilität abfinden, um das Risiko des Arbeitsplatzverlustes zu mindern oder einen Arbeitsplatzwechsel hinauszuschieben.

Die genannten Vorbehalte gegen eine Beeinträchtigung des Rentabilitätsgrundsatzes sind bedenkenswert. Die paritätische Unternehmensverfassung kann sich indessen im Ganzen und auf Dauer der Rentabilität als marktwirtschaftlichem Steuerungsinstrument nicht entziehen. Andererseits werden die Funktionsbedingungen der real existierenden Marktwirtschaft nicht wesentlich verändert. Denn der Konflikt zwischen kurzfristiger Arbeitsplatzerhaltung im bestehenden Unternehmen und einer Rentabilität, die langfristig und gesamtwirtschaftlich Arbeitsplätze sichert, tritt vermutlich bei den Arbeitnehmervertretern aus der Belegschaft stärker hervor als bei den Vertretern der Gewerkschaften. Andererseits ist dieser Interessenkonflikt nicht auf die Arbeitnehmer beschränkt, denn bei den Anteilseignern ist eine vergleichbare Immobilität festzustellen, insofern sich ihr Interesse weniger auf die Rentabilität überhaupt als auf die Erhaltung des Unternehmens richtet, in das sie einmal investiert haben.

Darüber hinaus provoziert eine paritätische Unternehmensverfassung natürlich eine Diskussion der gegenüber der kapitalistischen Marktwirtschaft denkbaren Steuerungsalternativen: analog zu den drei Typen der Organisation des Produktionsprozesses,[33] da im kapitalistischen Unternehmen das Kapital den Produktionsprozeß organisiert, im Arbeiterselbstverwaltungsunternehmen die Arbeit das Kapital in Dienst nimmt, im paritätisch verfaßten Unternehmen dagegen Kapital und Arbeit gemeinsam und gleichberechtigt den Produktionsprozeß steuern, lassen sich drei gesamtwirtschaftliche Steuerungsalternativen vorstellen: für die kapitalistische Produktionsweise übernimmt die Rentabilität die gesamtwirtschaftliche Steuerungsfunktion; das Kapital wandert an den Ort optimaler Verwendung und zieht die anderen Produktionsfaktoren nach. Die arbeitsorientierte Produktionsweise wird durch den Lohnsatz, der nach den einzelnen Unternehmen und Wirtschaftszweigen differiert, gelenkt; die Arbeitskräfte ziehen die anderen Produktionsfaktoren nach. In der paritätischen Produktionsweise fällt der Wertschöpfung, der Summe aller Faktoreinkommen, die Rolle des Steuerungssignals zu; Arbeit und Kapital werden unter Voraussetzung hinreichender sektoraler, nicht unbedingt räumlicher Mobilität in die Unternehmen mit hoher Wertschöpfung geleitet. Sowohl Kapitalrendite wie auch Lohnsatz sind dann – unbeschadet der innerhalb der Unternehmen ausgetragenen Verteilungskämpfe – ergebnisbezogen, haben Teil an Gewinnchancen und Verlustrisiken.

(2) *Marktwirtschaftlicher Wettbewerb und staatliche Wettbewerbsgesetze* scheinen der kumulierten Interessenwahrnehmung der Anteils-

[33] Vgl. Nell-Breuning, O. von (1969), S. 34 f., 153.

eigner und Arbeitnehmer nicht gewachsen zu sein; diese werden nämlich versuchen, ihr Unternehmen gegen Einflüsse des Marktes abzuschirmen und ›geordnete‹ Märkte mit ›angemessenen‹ Preisen herzustellen, gegen das Einschreiten der Kartellbehörden Einspruch zu erheben und ihre konservierende Unternehmenspolitik durch staatliche Subventionen abzustützen.

Die Skepsis gegenüber der paritätischen Unternehmensverfassung als Wettbewerbsinstrument ist berechtigt; die externe Kontrolle des marktwirtschaftlichen Wettbewerbs kann nicht durch eine interne Entscheidungskorrektur ersetzt werden. Die paritätische Unternehmensverfassung ist keine Marktverfassung. Aber deshalb kann sie auch mit einer rigorosen Wettbewerbspolitik sowie mit der Sicherung des Vorrangs der politischen Autorität gegenüber privaten Produzenteninteressen sowohl der Anteilseigner wie auch der Arbeitnehmer koexistieren.

2.3.3 Tarifautonomie

Die paritätische Unternehmensverfassung scheint die durch Artikel 9 III GG garantierte Tarifautonomie anzutasten.

Denn erstens verleitet die paritätische Besetzung des Aufsichtsrates dazu, tarifpolitische Fragen dezentral, betriebsnah, jedenfalls innerhalb des Entscheidungsbereichs des Aufsichtsrats anzusiedeln. Dadurch wäre die Funktion der Branchen- und Gebietstarife sowie der Gewerkschaften ausgehöhlt; außerdem wäre der Unternehmensvorstand gleich zweimal mit dem Arbeitnehmerinteresse konfrontiert, durch Tarifvertrag und durch die Arbeitnehmervertreter im Aufsichtsrat. Zweitens verletzt die paritätische Unternehmensverfassung den Grundsatz der ›Gegnerfreiheit der Koalition‹, da nämlich nur voneinander unabhängige Koalitionen in der Lage sind, die Interessen ihrer Mitglieder gegenüber dem sozialen Gegenspieler unverfälscht zu vertreten. Die Arbeitnehmer können auf die Bestellung des Vorstandes und damit auf die Willensbildung des tarifvertraglichen Gegenspielers Einfluß nehmen. Umgekehrt stehen sie selbst in einem Interessenkonflikt, wenn sie als Tarifpartner Arbeitnehmerinteressen wahrnehmen, als Mitglieder der Unternehmensorgane jedoch dem Wohl des Unternehmens verpflichtet sind. Und drittens hebt die paritätische Unternehmensverfassung den Grundsatz der Konfrontation auf, denn gegenüber einem Unternehmen, dessen paritätisch besetzter Aufsichtsrat den Tarifabschlüssen zugestimmt hat, geht die klassische Streikdrohung der Gewerkschaften ins Leere.

Die *tatsächliche Vereinbarkeit* von paritätischer Unternehmensverfassung und Tarifautonomie kann in der Montanindustrie beobachtet werden, insofern man eine strenge Funktionstrennung zwischen Aufsichtsratszuständigkeit und Tarifregelungen vorgenommen und eine Personalunion, durch die bei Tarifverhandlungen ein Arbeitnehmervertreter als Kommissionsmitglied der Arbeitgeberseite hätte auftreten müssen, vermieden hat.
Die *grundsätzliche Vereinbarkeit* von paritätischer Unternehmensverfassung und Tarifautonomie läßt sich so denken, daß die kollektiven Tarifabschlüsse eine Brandbreite festlegen, die dann gemäß den Interessen der Belegschaft dezentral ausgefüllt würde, oder daß der Tarifautonomie die Fixierung des gesamtwirtschaftlichen Lohnniveaus bzw. die quantitative Tarifpolitik, den Unternehmensorganen dagegen die Gestaltung der Lohnstruktur bzw. die qualitative Tarifpolitik zugewiesen würde.
Die *Verfassungsfestigkeit* einer Tarifautonomie, deren konkrete Gestalt durch die paritätische Unternehmensverfassung zweifellos verändert würde, kann unterstellt werden. Denn nach dem Mitbestimmungsurteil von 1979 enthält das Grundgesetz »keine Garantie des Bestands des Tarifvertrags- und Arbeitskampfsystems in seiner konkreten gegenwärtigen Gestalt«.[34] Außerdem wird zugestanden, daß die Regelung der Arbeits- und Wirtschaftsbedingungen auf verschiedenen Wegen angestrebt werden kann »nicht nur durch Gestaltungen, die, wie das Tarifsystem, durch die Grundelemente der Gegensätzlichkeit der Interessen, des Konflikts und des Kampfes bestimmt sind, sondern auch durch solche, die Einigung und Zusammenwirken in den Vordergrund rücken, wenngleich sie Konflikte und deren Austragung nicht ausschließen«.[35]
Die *Unabhängigkeit der Gewerkschaften* muß nicht beeinträchtigt werden; wohl werden die Gewerkschaften mittelbar stärker in die unternehmerische Verantwortung miteinbezogen. Umgekehrt fließt ihnen durch Einblick in interne Unternehmensvorgänge eine Menge von Informationen zu, die den Datenkranz tarifpolitischer Entscheidungen verdichten.

[34] Mitbestimmungsurteil (1979), S. 338.
[35] Mitbestimmungsurteil (1979), S. 338.

Die *Gegnerfreiheit* der Tarifpartner kann gewahrt bleiben, wenn die Mitglieder der Unternehmensleitungen im Rahmen der Tarifautonomie rechtlich verpflichtet werden, die Interessen der eigenen Koalition und nicht die der Gegenseite wahrzunehmen. Darüber hinaus wäre die Einschränkung der Gegnerfreiheit außerhalb des grundrechtlichen Kernbereichs zu tolerieren, wenn der Funktionswandel der Tarifautonomie aus den bisherigen sozialen Gegenspielern, die sich mit Streik und Aussperrung unter Druck setzen, gleichberechtigte Sozialpartner formte.

2.4 Gleichheit und Mitbestimmung

Katholischer Soziallehre ist die Vorstellung einer Weiterentwicklung des reinen Arbeitsverhältnisses nicht fremd; die Aussagen über dessen konkrete Ausgestaltung sowie über den Grad an Mitbestimmung bleiben jedoch häufig in einer gewissen Schwebe. Außerdem bedurfte es eines oft schwerfälligen Lernprozesses, um in den demokratischen Eckwerten der Eigenständigkeit und Beteiligung einen epochalen Beitrag zur Humanisierung der Gesellschaft zu entdekken. Doch seit Johannes XXIII. ist die ursprüngliche Skepsis gegenüber einem partizipativen Gesellschaftsverständnis zurückgedrängt. Schrittweise ist die Mitbestimmung als wirtschaftliche Mitentscheidung verdeutlicht worden.

Pius XI. lehnt es ab, das Lohnverhältnis als in sich ungerecht zu bezeichnen, weist aber auf alternative Gestaltungsmöglichkeiten hin: »Zunächst kann nicht der Lohnvertrag in sich als ungerecht bezeichnet und sein Ersatz durch den Gesellschaftsvertrag gefordert werden ... Für den heutigen Stand der gesellschaftlichen Wirtschaft mag immerhin eine gewisse Annäherung des Lohnarbeitsverhältnisses an ein Gesellschaftsverhältnis nach Maßgabe des Tunlichen sich empfehlen. Erfreuliche Anfänge sind ja bereits gemacht zum beiderseitigen nicht geringen Vorteil der Arbeitnehmer wie der Produktionsmittelbesitzer.«[36]

Johannes XXIII. ist der Meinung, »daß die Arbeiter mit Recht aktive Teilnahme am Leben des sie beschäftigenden Unternehmens fordern ... In jedem Fall aber sollten die Arbeiter an der Gestaltung

[36] Pius XI. (1931), 64 f., S. 115 f.

der Angelegenheiten ihres Unternehmens aktiv beteiligt werden. Das gilt sowohl für private als auch für öffentliche Unternehmen. Das Ziel muß in jedem Fall sein, das Unternehmen zu einer echten menschlichen Gemeinschaft zu machen.«[37] Der Papst bestätigt die Logik einer Entwicklung, die Mitbestimmung von der betrieblichen Ebene auf die Unternehmensebene übergreifen zu lassen: »Zweifellos muß ein Unternehmen, das der Würde des Menschen gerecht werden will, auch eine wirksame Einheitlichkeit der Leitung wahren; aber daraus folgt keineswegs, daß wer Tag für Tag in ihm arbeitet, als bloßer Untertan zu betrachten ist, dazu bestimmt, stummer Befehlsempfänger zu sein, ohne das Recht, eigene Wünsche und Erfahrungen anzubringen; daß er bei Entscheidungen über die Zuweisung eines Arbeitsplatzes und die Gestaltung seiner Arbeitsweise sich passiv zu verhalten habe. Hier ist ein weiterer Gedanke angebracht: die weitergehende Verantwortung, die heute in verschiedenen Wirtschaftsunternehmen den Arbeitern übertragen werden soll, entspricht durchaus der menschlichen Natur; sie liegt aber auch im Sinn der geschichtlichen Entwicklung von heute in Wirtschaft, Gesellschaft und Staat.«[38]

Das Zweite Vatikanische Konzil wendet den harten Kern katholischer Soziallehre, daß der Mensch Urheber, Mittelpunkt und Ziel aller Wirtschaft ist, auf die Unternehmensverfassung an: »In den wirtschaftlichen Unternehmen stehen Personen miteinander in Verbund, d. h. freie, selbstverantwortliche, nach Gottes Bild geschaffene Menschen. Darum sollte man unter Bedachtnahme auf die besonderen Funktionen der einzelnen, sei es der Eigentümer, der Arbeitgeber, der leitenden oder der ausführenden Kräfte, und unbeschadet der erforderlichen einheitlichen Werkleitung die aktive Beteiligung aller an der Unternehmensgestaltung voranbringen.«[39]

Paul VI. versteht den Anspruch auf Gleichheit und Mitbestimmung nicht als kurzweilige Modeströmung sondern als legitime Ausdrucksform menschlicher Würde und Freiheit, als die gegenwärtig tragenden Grundwerte aller gesellschaftlichen Lebensbereiche. »Die erwähnte doppelte Forderung von Gleichheit und Mitbestimmung zielt auf eine bestimmte Gestalt demokratischer Gesellschaft.«[40]

[37] Johannes XXIII. (1961), 91, S. 225.
[38] Johannes XXIII. (1961), 92 f., S. 225 f.
[39] II. Vatik. Konzil (1965), 68, S. 389 f.
[40] Paul VI. (1971), 24, S. 501 f.

Diese Gesellschaft mag sich noch auf dem Prüfstand befinden, aber sie erschöpft sich nicht im Streben nach Fortschritt und quantitativem Wachstum. »Beschaffenheit und namentlich Echtheit der menschlichen Beziehungen, der Grad der Mitbestimmung und Mitverantwortung sind für die künftige Gesellschaft nicht weniger bedeutsam und wichtig als die Menge und Vielfalt der produzierten und dem Verbraucher zugeführten Güter.«[41]
Die Einführung politischer Perspektiven in ökonomische Prozesse ist für den Papst ein deutliches Zeichen dafür, »wie sehr der heutige Mensch nach mehr Mitverantwortung und Mitentscheidung verlangt. Je höher die Kultur steht, je stärker der Sinn für Freiheit wird, und je mehr der Mensch zu der Einsicht kommt, wie schwerwiegend die unter den Ungewißheitsbedingungen von heute getroffenen Entscheidungen sich auf die Lebensbedingungen der Zukunft auswirken können, um so dringender wird dieses berechtigte Verlangen.«[42]

Wenn Johannes XXII. erklärt: »Bei der Erledigung der Angelegenheiten und beim Ausbau des Unternehmens sollte auch die Stimme des Arbeiters gehört und seine Mitverantwortung angesprochen werden«,[43] oder wenn er die Meinung äußert, »daß die Arbeiter mit Recht aktive Teilnahme am Leben des sie beschäftigenden Unternehmens fordern«,[44] dann bleibt offen, wie diese Beteiligung näher zu regeln sei.
Die relativ verschlüsselten Aussagen des II. Vatikanischen Konzils haben Anlaß zu unterschiedlichen Deutungen gegeben. Die einen interpretieren »die aktive Beteiligung aller an der Unternehmensgestaltung«[45] als Absage an eine paritätische Unternehmensverfassung. Die anderen leiten aus der Forderung des Konzils, die Arbeiter auch an den Entscheidungen über wirtschaftliche und soziale Angelegenheiten zu beteiligen, die nicht so sehr in den Unternehmen, sondern auf höherer Ebene getroffen werden,[46] ab, daß die Beteiligung an den Entscheidungen im Unternehmen einschlußweise mitgefordert sei.

[41] Paul VI. (1971), 41, S. 511.
[42] Paul VI. (1971), 47, S. 516.
[43] Johannes XXIII. (1961), 92, S. 225.
[44] Johannes XXIII. (1961), 91, S. 225.
[45] II. Vatik. Konzil (1965), 68, S. 390.
[46] Vgl. II. Vatik. Konzil (1965), 68, S. 390.

Diese scheinbare Ungewißheit wird durch Paul VI. beseitigt. In seiner Ansprache vor der Internationalen Arbeitsorganisation präzisiert er die Aussagen des Konzils: »Quer durch alle Konflikte, die unsere Zeit zerreißen, macht sich stärker als der Anspruch auf Mehr-Haben in steigendem Maß ein berechtigtes Verlangen geltend nach Mehr-Sein. Seit fünfzig Jahren haben Sie ein immer dichteres Netz rechtlicher Regelungen geschaffen, durch das die Arbeit der Männer, Frauen und der Jugendlichen geschützt und ihnen eine angemessene Entlohnung gesichert wird. Nunmehr ist es Ihre Aufgabe, durch entsprechende Maßnahmen allen Arbeitern eine organische Beteiligung zu sichern nicht nur an den Früchten ihrer Arbeit, sondern auch an den Entscheidungen über wirtschaftliche und soziale Angelegenheiten, die für deren eigenes Los und für das ihrer Nachkommenschaft von Bedeutung sind.«[47] Der nicht auszublendende politische und gesellschaftliche Charakter ökonomischer Entscheidungsprozesse verlangt nach Auffassung des Papstes trotz zahlreicher Schwierigkeiten, »daß immer mehr Menschen an der Vorbereitung von Entscheidungen, an den Entscheidungen selbst und an deren Ausführung beteiligt werden«.[48]

Johannes Paul II. scheint in zweifacher Hinsicht die in den letzten Jahren vorgenommene Präzisierung der Mitbestimmungsforderung zurückzunehmen: erstens bleibt offen, ob Mitbestimmungsrechte ursprünglich auf der Grundlage einer Mitarbeit im Unternehmen angemeldet oder aus dem Besitz an den Produktionsmitteln abgeleitet werden; die entsprechenden Anregungen katholischer Soziallehre »betreffen den Mitbesitz des Arbeiters an den Produktionsmitteln in Gestalt der Beteiligung an der Leitung, am Ertrag oder als Anteilseigner«.[49] Und zweitens bleibt, falls aus dem Umgang mit den Produktionsmitteln ursprüngliche Mitbestimmungsforderungen resultieren sollten, die Blickrichtung auf den Arbeitsplatz vorherrschend: »Wenn der Mensch arbeitet und sich dabei aller verfügbaren Produktionsmittel bedient, so möchte er zugleich, daß die Früchte dieser Arbeit ihm und den anderen zugute kommen und daß er bei diesem Arbeitsprozeß Mitverantwortlicher und Mitgestalter an dem Arbeitsplatz sein darf, an dem er tätig ist.«[50]

[47] Paul VI. (1969), 21, S. 482.
[48] Paul VI. (1971), 47, S. 517.
[49] Johannes Paul II. (1981), 14, S. 596.
[50] Johannes Paul II. (1981), 15, S. 598.

3. Laboristisches Unternehmensmodell

Gegen die gesellschaftsrechtlichen und unternehmensrechtlichen Mitbestimmungsformen wird eingewendet, daß von echter Mitbestimmung nicht geredet werden könne, oder daß die Mitbestimmungsidee ihre ursprüngliche Stoßrichtung verloren habe und auf halbem Wege stehengeblieben sei; erst in der Umkehrung des kapitalistischen Systems finde sie ihre Erfüllung.

Deshalb werden im folgenden nach einer begrifflichen Abgrenzung zwei laboristische Modellskizzen vorgestellt. Als systematische Alternative oder geschichtliche Entwicklungsstufe einer um den arbeitenden Menschen zentrierten Unternehmensordnung bewegt sie sich entlang einer Sympathielinie katholischer Soziallehre.

3.1 Begriffliche Abgrenzungen

Laborismus meint »eine wirtschaftliche Ordnung, in der nicht das Kapital, sondern die Arbeit die die Wirtschaft beherrschende und bestimmende Rolle spielt und das Kapital in ihren Dienst nimmt«.[51]

Ein *Modell* ist jedes in sich widerspruchsfreie Aussagensystem, das einen Ausschnitt der Wirklichkeit in vereinfachender, abstrahierender Weise erfaßt.

Das *laboristische Unternehmensmodell* ist entstanden bei der Suche nach einem (gegenüber den privatkapitalistischen und staatskapitalistischen Unternehmensformen) dritten, nicht kapitalistischen Weg, der auf dem Vorrang der menschlichen Arbeit aufbaut. So bedeutet Laborismus Arbeiterselbstverwaltung. »Die Arbeiter übernehmen das Kapital, die Betriebe und Unternehmen, in Selbstverwaltung.«[52] Sie schließen mit den Kapitalgebern einen Kapitalleihvertrag, wodurch diese die Berechtigung zum Dividendenempfang erhalten.

3.2 Modellskizzen

Das laboristische Unternehmensmodell scheint in der Konvergenzzone christlicher und sozialistischer Wertentscheidungen zu liegen.

[51] Berchtold, A. (1980), S. 40.
[52] Berchtold, A. (1980), S. 48.

So ist von O. Šik das Modell einer humanen Wirtschaftsdemokratie und von A. Berchtold das Modell einer laboristischen Ordnung entwickelt worden.

3.2.1 Humane Wirtschaftsdemokratie

Der von O. Šik vorgestellte Dritte Weg versteht sich nicht nur als praktische Alternative zu den real existierenden Wirtschaftssystemen des Kapitalismus oder Sozialismus, sondern auch als eine kritische Auseinandersetzung mit deren theoretischen Begründungen. Die Einrichtung von Mitarbeitergesellschaften und die makroökonomische Verteilungsplanung sind aufeinander bezogen.

(1) Die Mitarbeitergesellschaft besteht aus einer Vermögensverwaltungs- und einer Betriebsführungsgesellschaft. Die Vermögensverwaltungsgesellschaft verwaltet das neutralisierte, d. h. ständig neu gebildete aber nicht mehr an einzelne Personen gebundene, auch nicht mehr zwischen einzelnen Personen aufgeteilte sondern in ein unteilbares Vermögen der Unternehmenskollektive überführte Geld- und Produktivkapital und überläßt es der Betriebsführungsgesellschaft zur effektiven, produktiven Nutzung. Die Betriebsführungsgesellschaft ist die eigentlich produktive Organisation der Mitarbeitergesellschaft. Sie organisiert Herstellung und Absatz der Produkte sowie die gewinnoptimale Verwendung des verfügbaren Kapitals. Die soziale Basis beider Gesellschaften ist die jeweilige Belegschaft, das Produktionskollektiv. Jeder in einer Mitarbeitergesellschaft organisierte Arbeiter ist automatisch Mitglied sowohl der Vermögensverwaltungs- als auch der Betriebsführungsgesellschaft. Er hat damit alle Rechte, die aus dieser Mitgliedschaft entstehen, allerdings nur solange er Mitarbeiter ist.

Die Mitarbeitergesellschaft verfügt über folgende Organe:[53] Die *Hauptversammlung* beschließt über Annahme und Änderung der Satzungen der Betriebsführungsgesellschaft, wählt die Mitglieder des Aufsichtsrats, beurteilt periodisch deren Tätigkeit sowie die Jahresbilanz des Unternehmens, entlastet den Aufsichtsrat und den Vorstand. Der *Aufsichtsrat* ist das Interessenorgan der Mitarbeiter-Miteigentümer. Er bestellt den Unternehmensvorstand und kontrolliert langfristig dessen Tätigkeit, darf aber nicht in dessen laufende Geschäftsführung eingreifen. Er wird auf fünf Jahre gewählt und

[53] Vgl. Šik, O. (1980), S. 408–414.

setzt sich mehrheitlich aus gewählten Belegschaftsmitgliedern zusammen, kann aber auch Fachleute außerhalb des Unternehmens, die das Vertrauen der Belegschaft genießen, enthalten. Mitglieder des Vorstandes dürfen ihm nicht angehören. Der *Unternehmensvorstand* wird vom Aufsichtsrat bestellt und ist für die Produktions-, Investitions- und Geschäftsentwicklung selbständig und voll verantwortlich, für grundlegende Entscheidungen jedoch an die Zustimmung des Aufsichtsrats gebunden. Die *Gewerkschaften* haben auf der betrieblichen Ebene gegenüber dem Management und Aufsichtsrat die kurzfristigen Interessen der Belegschaft am Arbeitsplatz, an gerechter Entlohnung und demokratischem Führungsstil zu vertreten. Der *Vermögensverwaltungsrat* überwacht die produktive Verwendung des eingesetzten Kapitals. Er wird von der Hauptversammlung gewählt und ist dieser für seine Tätigkeit verantwortlich.

(2) Die Makroplanung ist gesamtwirtschaftliche Verteilungsplanung; sie besteht nicht in einer direkten Investitions- und Produktionslenkung, sondern in der Planung der Einkommensverteilung, in der Harmonisierung der Makroeinkommens- und Makroproduktionsgruppen und so in einer mittelbaren Steuerung der Investition und Produktion über die Nachfrage sowie über konsensfähige alternative Entwicklungsziele wie das Verhältnis von privatem und gesellschaftlichem Konsum, von Konsum und Investition, von Umwelterhaltung und Wirtschaftswachstum.
Als *Planungsorgane* sind vier Gremien vorgesehen: Erstens die Lebensqualitätskommission; sie ist aus fachlich qualifizierten Mitgliedern und Interessenvertretern zusammengesetzt und definiert die Langzeitprogramme und mittelfristigen Pläne für die Ziele der gesellschaftlichen Lebensqualität z. B. das Tempo des gleichgewichtigen Wachstums. Zweitens die Produktionskommission mit einer speziellen Unterkommission für den Bankenbereich; sie ist mit Vertretern der Forschungsinstitute besetzt und analysiert die realen Entwicklungstendenzen und Veränderungsmöglichkeiten der Produktionsprozesse. Drittens die Planungshauptkommission, eine Zusammenfassung der beiden sektoralen Kommissionen; in sie werden Vertreter der Wirtschaftspraxis, der Forschungsinstitute, der Wissenschaft und der Interessengruppen berufen. Und viertens der Wirtschaftsrat, das wirtschaftliche Exekutivorgan der Regierung. Er beruft die Kommissionen und deren Mitglieder, schaltet sich in den

öffentlichen Meinungsbildungsprozeß ein und formuliert griffige Planungsalternativen, über die nach breiter Diskussion in der Öffentlichkeit in Kombination mit politischen Wahlen abgestimmt wird, und die das Parlament dann definitiv beschließt.[54]
Die *Planungsinhalte* beziehen sich auf makroökonomische Teilaggregate:
– die Lohnentwicklung als wichtigsten Hebel für die Regelung der Einkommensentwicklung, so daß die Gewerkschaften ihre Tarifziele den Plandaten einer gleichgewichtigen und störungsfreien Wirtschaftsentwicklung unterordnen müssen;
– eine verbindliche Gewinnbeteiligungsquote, die leistungsgerecht, aber von der Kapitalzusammensetzung und von der Umschlagsgeschwindigkeit des Kapitals unabhängig ist;
– den Basisunternehmernettogewinn sowie den Schlüssel zur Aufteilung eines darüber hinausgehenden Überschusses auf das neutralisierte Kapital und auf den konsumptiv verwendbaren, als Leistungsanreiz gedachten Zuschlag zum Unternehmernettogewinn;
– die staatlichen Ausgaben, deren spezifische Verwendungsart mit einem entsprechenden Warenangebot der verschiedenen Produktionsbereiche ausbalanciert sein muß;
– die künftigen Ersparnisse sowie verbindliche Vorschriften für die Gewährung von Konsum- und Investitionskrediten;
– die Importe unter Berücksichtigung der voraussehbaren Exportmöglichkeiten.[55]

3.2.2 Laboristische Ordnung

Die laboristische Ordnung A. Berchtolds umfaßt den Mikrobereich des Unternehmens und den Makrobereich der Gesamtwirtschaft. Ausgenommen sind Organisationen mit Hoheitscharakter, Betriebe der reinen sozialen Dienstleistung und Kleinstbetriebe.

(1) Für das laboristische Unternehmen sind fünf Unternehmensorgane vorgesehen. Die *Belegschaftsversammlung* als Basisorgan erfaßt alle im Unternehmen arbeitenden Personen (mit Ausnahme der Unternehmensleitung), tritt in der Regel jährlich zusammen, nimmt den Geschäftsbericht entgegen und beschließt, wenn zwischen Unternehmensrat und Verwaltungsrat keine Einigung erzielt wer-

[54] Vgl. Šik, O. (1980), S. 461–470.
[55] Vgl. Šik, O. (1980), S. 470–495.

den kann. Der *Unternehmensrat* wird von der ganzen Belegschaft und aus der Belegschaft auf 4–6 Jahre gewählt. Er ist Legitimations-, Kontroll- und Entscheidungsorgan. Alle Entscheidungen, die über den normalen Geschäftsablauf hinausgehen, sind ihm vorbehalten. Er beschließt über die Verwendung des Nettogewinns und entscheidet bei Meinungsverschiedenheiten zwischen Unternehmensleitung und Verwaltungsrat sowie zwischen Unternehmensleitung und Betriebsrat. Seine Mitglieder üben ihre Tätigkeit nicht hauptberuflich aus. Die *Unternehmensleitung* wird vom Unternehmensrat auf Vorschlag des Verwaltungsrates berufen und ist für die normale Geschäftsführung verantwortlich. Der *Verwaltungsrat* setzt sich zu gleichen Teilen aus Mitgliedern des Unternehmensrats, aus Belegschaftsmitgliedern, aus wirtschaftlich unabhängigen, nicht der Belegschaft angehörenden Fachleuten, aus Vertretern der nicht zur Belegschaft gehörenden Kapitaleigner und aus Vertretern der regionalen Körperschaften zusammen. Er berät die Unternehmensleitung und den Unternehmensrat. Der *Betriebsrat* wird von der Belegschaft gewählt. Er hat gegenüber der Unternehmensleitung die Interessen der Belegschaft zu vertreten. Er hat volles und gleiches Mitbestimmungsrecht in personalen und sozialen Fragen und für einen lebendigen Informationsfluß zwischen Unternehmensrat und Belegschaft zu sorgen.

(2) Eine gesamtwirtschaftliche Steuerung zur Abstimmung der Unternehmensinteressen erscheint erforderlich, weil jedes Unternehmen in engem Zusammenhang mit der Gesamtwirtschaft steht und die Gefahr des Betriebsegoismus bzw. der Konzentration wirtschaftlicher Macht in einem System der Arbeiterselbstverwaltung zwar geringer, aber nicht ausgeschlossen ist. Drei Institutionen einer gewissen vorausschauenden Planung und Lenkung sind vorgesehen. Die *Wirtschaftsversammlung* ist die quasi-parlamentarische Vertretung der werktätigen Bevölkerung. Sie setzt sich aus denselben Gruppen wie der Verwaltungsrat des laboristischen Unternehmens zusammen. Der *Wirtschafts- und Sozialrat,* dem 125 Personen angehören, hat eine Volkswirtschaftliche Gesamtrechnung und ein Nationalbudget zu erstellen, das eine volkswirtschaftliche Prognose unter Berücksichtigung der weltwirtschaftlichen Tendenzen, des Arbeitskräftebedarfs, der Ausbildungsmaßnahmen, des wirtschaftlichen Strukturwandels und der technologischen Entwicklung sowie ein Urteil über die Wirtschaftszweige, in denen Investitionen

erwünscht sind, enthält. Der Wirtschafts- und Sozialrat kontrolliert die Zentralbank, legt das Normalzinsniveau fest, nimmt zu wirtschafts- und sozialpolitischen Gesetzen Stellung und entscheidet über Meinungsverschiedenheiten zwischen Kapitaleignern und Unternehmensräten. Die *Zentralbank* ist als Investment-Gesellschaft der gesamten Volkswirtschaft konstruiert. Deren Anteilseigner bilden eine Genossenschaft mit personalem Stimmrecht. Der Zentralbankrat, der von der Genossenschaftsversammlung gewählt wird, beruft und kontrolliert die Geschäftsführung, entscheidet innerhalb der Richtlinien des Wirtschafts- und Sozialrates über die Gewährung von Investitionskrediten.

3.3 Modellkritik

Die Modellskizzen haben die Mikroebene des Unternehmens und die Makroebene der Gesamtwirtschaft aufeinander bezogen, aber doch gegeneinander abgegrenzt. Diese Unterscheidung soll auch in der kritischen Auseinandersetzung aufrechterhalten bleiben.

3.3.1 Das Unternehmensmodell

Das Unternehmensmodell ist die konsequente Umsetzung jener Wertentscheidung, die den arbeitenden Menschen in den Mittelpunkt der Wirtschaft rückt, der Arbeit gegenüber anderen im Unternehmen wirksamen Faktoren Vorrang einräumt und so die produktive Institution Unternehmen von der Arbeit her organisiert.
Damit wird der Gegensatz zwischen Lohn- und Kapitalinteressen, d. h. die Spaltung der Produzentengruppe in Kapitalgeber und Arbeitnehmer personell aufgehoben. Außerdem ist das einseitige Lohninteresse der Arbeitnehmer überwunden: Die Belegschaft identifiziert sich mit dem Unternehmen als sozialökonomischer Institution und übernimmt die Verantwortung für dessen wirtschaftliche Entwicklung; das Leitungsorgan erfährt seine Legitimation durch die Belegschaft.

Aber die gleichzeitige Anbindung der Kapitalfunktion an den Arbeitseinsatz, der sich in der Gewinn- und Kapitalbeteiligung der Belegschaft (Mitarbeiter-Miteigentümer) sowie in einer vermutlich relativ hohen Selbstfinanzierungsrate ausdrückt,[56] räumt die Interes-

[56] Vgl. Berchtold, A. (1980), S. 52; Šik, O. (1980), S. 574.

senunterschiede nicht aus der Welt sondern verlagert sie vermutlich in die Belegschaft selbst oder in die Unternehmensorgane. Denn selbst wenn sich Meinungsverschiedenheiten über die Gewinnverwendung vermeiden ließen, können zur Gewinnentstehung divergierende Interessen z. B. einer humanen Arbeitsplatzgestaltung angemeldet werden. Die Unternehmensmodelle rechnen selbst mit der Schwierigkeit, kurzfristige und langfristige, betriebs- und unternehmensbezogene Interessen auszugleichen, wenn sie formale Verfahren zur Regelung von Konflikten zwischen Betriebsrat und Unternehmensleitung bzw. zwischen Aufsichtsrat und Gewerkschaften angeben.[57]

Darüber hinaus wird auch die letzte Konsequenz und Ausschließlichkeit der Legitimation des Leitungsorgans durch die Belegschaft nicht gezogen. Denn in der Mitarbeitergesellschaft hat sich die vom Aufsichtsrat, mittelbar von der Belegschaft bestellte und für die Geschäftsführung selbständig und voll verantwortliche Unternehmensleitung[58] an zahlreichen gesamtwirtschaftlichen Plandaten zu orientieren, so daß der gewerkschaftliche Interessenpluralismus, d. h. der Verteilungskampf innerhalb der Arbeiterschaft in das Unternehmen selbst hineingetragen wird, der Unternehmensvorstand jedoch auf eine vermittelnde Position festgelegt ist. Im laboristischen Unternehmen dagegen besteht der Unternehmensrat, das für das Unternehmen verantwortliche, von der Belegschaft gewählte Entscheidungsorgan aus nicht hauptberuflichen Mitgliedern, während die für die normale Geschäftsführung verantwortliche Unternehmensleitung, die auf Vorschlag eines mehrheitlich nicht aus Belegschaftsmitgliedern zusammengesetzten Gremiums vom Unternehmensrat berufen wird, nicht zur Belegschaft des Unternehmens zählt.[59]

3.3.2 Das Planungsmodell

Der gesamtwirtschaftliche Ausgriff der laboristischen Unternehmensmodelle resultiert aus der Weigerung, das einzelne Unternehmen gleichsam schicksalhaft den schwerwiegenden wirtschaftlichen und sozialen Störungen, die mit Konjunkturschwankungen und strukturellen Anpassungsprozessen verbunden sind, auszusetzen,

[57] Vgl. Berchtold, A. (1980), S. 51; Šik, O. (1980), S. 412.
[58] Vgl. Šik, O. (1980), S. 410 f.
[59] Vgl. Berchtold, A. (1980), S. 49 f.

und zugleich aus dem Mißtrauen, daß die Störungen ausschließlich durch die Selbstheilungsprozesse des Marktes beseitigt werden können.

Die Forderung nach gesamtwirtschaftlicher Planung ist angesichts der unbestrittenen Steuerungsdefizite der Marktwirtschaft berechtigt; trotzdem müssen die vorgeschlagenen Planungsinstrumente einer kritischen Prüfung unterzogen werden.[60]

(1) Die Steuerungsdefizite der Marktwirtschaft sind systembedingt. Solange nämlich das anonyme Steuerungssignal der Marktwirtschaft, das Einkommen, authentisch über das Volumen und die Richtung einer Nachfrage informiert und gleichzeitig eine Produktionsentscheidung auslöst, die dem Nachfragevolumen und der Nachfragestruktur entspricht, kann damit gerechnet werden, daß die Summe der einzelwirtschaftlichen Entscheidungen eine gesamtwirtschaftlich optimale Versorgung mit Gütern und Diensten hervorbringt. Wenn aber das Einkommen nicht aus Leistungen, die den Wettbewerbsregeln gemäß erbracht werden, die kostenwirksam sind und dem Ausschließungsprinzip unterliegen, resultiert, dann fällt es als Steuerungssignal einer optimalen Abstimmung von Konsum und Produktion aus. Aus diesen vier Funktionsbedingungen der Marktwirtschaft folgt, daß die Vorsorge für Gesundheit, Ausbildung, Familie und Alter sowie gegen Arbeitslosigkeit und unvorhersehbare Risiken gesetzlich als Einrichtung der Solidargemeinschaft erzwungen, d. h. öffentlich geplant werden muß, daß die staatliche Wirtschaftspolitik einen rechtlichen Rahmen für den Wettbewerb zu schaffen und wettbewerbsbeschränkende Tendenzen zu unterbinden hat, daß die Geldversorgung öffentlicher Kontrolle unterworfen werden muß, und daß schließlich die Bereitstellung öffentlicher Güter, z. B. menschenfreundlicher Umwelt, einer politischen Entscheidung unterliegt. Die Marktwirtschaft bedarf also einer Ergänzung und einer Sicherung ihrer Funktionsbedingungen durch Makroplanung. Aber die Planungsinstrumente der humanen Wirtschaftsdemokratie bzw. der laboristischen Ordnung sind einem kritischen Eignungstest zu unterziehen, ob sie in der Lage sind, die gesamtwirtschaftliche Stabilisierung herbeizuführen.

[60] Vgl. zum folgenden Hengsbach, F. (1981).

(2) An Stelle eines Eignungstests sollen gegen die angeführten Instrumente gesamtwirtschaftlicher Planung fünf Bedenken angemeldet werden: Zunächst fällt die hohe *Aggregationsebene* der Planungsindikatoren und Planungsinstrumente auf. Die Identifizierung der makroökonomischen Gleichgewichtsbedingungen (wenn nämlich nach allen Umverteilungen und Ersparnissen die konsumausgerichteten Einkommen gleich schnell wie die Konsumgüterproduktion wachsen, wenn gleichzeitig die nicht konsumptiven Einkommen und die Kapitalkosten so schnell wie die Investitionsgüterproduktion zunehmen, und wenn schließlich die nichtkonsumptiven Einkommen und die Kapitalkosten und die Investitionsgüterproduktion in dem Ausmaß ansteigen, wie es das Wachstum der Konsumgüterproduktion bei Auslastung aller Produktionsfaktoren gerade erfordert,)[61] sowie die planmäßige Ausbalancierung der Makroproduktionsgruppen mit den Endeinkommensgruppen ist als theoretische Analyse in hochaggregierter Form überzeugend. Doch die praktischen Entscheidungen der Exekutive beziehen sich auf detaillierte wissenschaftspolitische Maßnahmen in einer konkreten Situation. Um beim Einsatz von Planungsinstrumenten Verwendung zu finden, müßten die Variablen erheblich mehr disaggregiert werden. Aber auch partielle Gleichgewichtsanalysen der Lohn- und Gewinneinkommen, der Staatsausgaben, der Außenwirtschaft und des Kreditwesens reichen dazu nicht aus, zumal die Aufsummierung der partiellen Gleichgewichte noch kein globales Gleichgewicht garantiert.
Die Erfahrungen, die in der Bundesrepublik im Umgang mit der Volkswirtschaftlichen Gesamtrechnung, mit Input-Output-Tabellen, die als Status-quo-Prognose verwendet oder in wirtschaftspolitische Entscheidungsmodelle eingebaut werden, gemacht wurden, sind indessen sehr ernüchternd. Denn diese Modelle bleiben entweder in der Beschreibung der Situation stecken und liefern keine Erklärung des Wirtschaftsprozesses und seiner Veränderungen, oder sie klammern die den Strukturwandel steuernden Faktoren, z. B. technische Neuerungen, aus; oder sie setzen die Konstanz jener Faktoren, für deren langfristige Änderung gerade eine Erklärung gesucht wird, voraus, bilden also insgesamt die direkten und indirekten Verflechtungen der Volkswirtschaft oder gar den kom-

[61] Vgl. Šik, O. (1980), S. 227.

plexen Allokationsprozeß der marktwirtschaftlichen Steuerung nicht profiliert genug ab.

Den *Entscheidungskriterien*, aus denen die Planungsalternativen gewonnen werden, die der Bevölkerung zur Abstimmung vorzulegen sind, gilt ein weiteres Bedenken. Denn diese sind entweder wahlwirksam formuliert, dann bleiben sie inhaltsleer und in ihren Konsequenzen nicht überschaubar; oder sie sind einer detaillierten Überprüfung zugänglich, dann erscheinen sie als nicht entscheidungsreif. So sind die »Oder/statt«-Formeln, die zwischen Umwelterhaltung und Wirtschaftswachstum, zwischen Erhöhung des Verteidigungs- und des Sozialetats, zwischen Produktionsauslagerung und Importbeschränkung eine Entscheidung zu erzwingen suchen, nur scheinbar abstimmungsfähig; die Komplexität gesamtwirtschaftlicher Zusammenhänge, die differenzierten Präferenzstrukturen sowie die sich jeder Prognose entziehenden Verteilungswirkungen auf einzelne und Interessengruppen beeinträchtigen die Eindeutigkeit des auf dem Stimmzettel Angekreuzten.
Der Kriterienkatalog, den in der laboristischen Ordnung die Zentralbank verwendet, um Investitionskredite und Produktionschancen an einzelne Unternehmen, die vermutlich eine hohe Selbstfinanzierungsrate haben, zuzuweisen, den Kapitalmarkt zu stabilisieren und die gesamtwirtschaftliche Allokation zu optimieren, ist zwar vermutlich präziser gefaßt, doch die Frage nach dem Maßstab der Produktionssteuerung über die Kreditzuweisung hat sich damit nicht erübrigt.

Der Grad der *Planungsverbindlichkeit* löst ein weiteres Bedenken aus. Eine imperative Planung mit Vollzugszwang dürfte bereits auf der Unternehmensebene, wo sich, wie aus dem real existierenden Sozialismus zu erfahren ist, elementare Interessen der Belegschaft behaupten,[62] unterlaufen werden. Im zentralen Bereich der Geldversorgung, »in dem die planerische Vorausbestimmung am unsichersten ist«,[63] wird sie ins Leere greifen, und im Außenwirtschaftsbereich stößt sie an ihre offene Flanke.
In der Bundesrepublik dokumentiert die mittelfristige Finanzplanung die Schwierigkeiten einer Planung, die ausschließlich auf den

[62] Vgl. Šik, O. (1980), S. 182.
[63] Šik, O. (1980), S. 559.

öffentlichen Sektor beschränkt bleibt. Sie hat nie die Ausstrahlung auf den privaten Sektor ausgeübt, die man von ihr erwartet hatte. Wegen mangelnder Vollzugsverbindlichkeit ist die Alltagspolitik immer mehr von der mittelfristig geplanten abgewichen. Die Zielprojektionen sind zunehmend vager formuliert worden, so daß ihr Informationsgehalt gering blieb; die quantitativen Eckwerte sind der jeweiligen Entwicklung angepaßt worden, so daß der Jahreshaushalt sich nicht nach der Finanzplanung sondern diese sich nach den Haushalten richtete.

Auch gegen die *Einkommensverteilung* als strategische Variable der Makroplanung sind Bedenken berechtigt. Einmal ist analytisch nicht ausgemacht, ob die ökonomischen Destabilisierungsursachen eher auf der Nachfrage- als auf der Angebotsseite zu suchen sind. Eine Stabilisierungsstrategie, die bei der Einkommensverteilung ansetzt, bedarf des Nachweises, ursachenadäquat zu sein. Zum anderen könnte der Hinweis auf die Liquiditätstheorie des Geldes die Erwartungen gegenüber einer nachfrageorientierten Wirtschaftssteuerung in einer bereits destabilisierten Situation dämpfen. Außerdem kann die zu beobachtende Tendenz, staatliche Finanzhilfen nicht mehr als Einkommenssubventionen sondern als investive Zweckzuwendungen zu gestalten, als Indiz dafür gedeutet werden, daß eine unmittelbare Investitions- und Produktionssteuerung zielkonformer ist als eine mittelbare Steuerung über das Einkommen. Und schließlich ist mit der Planung des Einkommensniveaus noch keine Vorentscheidung über die Verwendungsstruktur im einzelnen gefallen; die Zahl der vorhandenen Freiheitsgrade setzt jeder Makroplanung spürbare Grenzen.
In der Bundesrepublik sind die Erfolge einer makroökonomischen Verteilungsplanung über die regionale und sektorale Strukturpolitik relativ bescheiden geblieben. Die sich überbietende Konkurrenz der Länder und Gemeinden mit Industrieansiedlungsofferten sowie die Dominanz von Gruppeninteressen hat eine gigantische Fehlsteuerung der Produktion und Investition verursacht: Butterberge, Obstschwemmen, Weinseen, Milchpulver- und Weizenhalden verschlingen jährlich nicht nur zu ihrer Entstehung, sondern auch zu ihrer Vernichtung Milliardenbeträge an Subventionen.

Vorhandene *Interessenkonflikte* auf der Mikro- und Mesoebene werden von der makroökonomischen Verteilungsplanung unterschätzt.[64] Zunächst verlagert die Unterordnung der Tarifautonomie unter die planmäßige Lohnquote die Verteilungskonflikte in die Gewerkschaften. Aber selbst wenn die Tarifpartner verbindliche Lohnleitlinien oder gesamtwirtschaftliche Orientierungsdaten hinnähmen, wären gewisse Planungsrisiken nicht beseitigt, solange die unvorhergesehene Veränderung der Lohnstruktur die Verwendungsstruktur der Einkommen beeinflußt und damit eine Anpassung der Produktionsstruktur erzwingt.

Die Makroplanung stößt auf vier Konfliktfelder, die in dem gemeinsamen Interesse der Arbeitnehmer an der gesamtwirtschaftlichen Stabilisierung nicht aufgehoben sind:

– den Interessenkonflikt zwischen einem risikoscheuen Repräsentantengremium mit dem ausgewogenen Erfahrungswissen eines bürokratischen Apparates und spontanen Basisinitiativen einzelner oder kleiner Gruppen, die von innovativer Phantasie angeregt sind;

– den Interessenkonflikt zwischen den privilegierten Arbeitnehmern in den Kernregionen und den gewerkschaftlich schwer organisierbaren Arbeitnehmern in den Peripherieregionen;

– den Interessenkonflikt zwischen Arbeitnehmern konkurrierender Wirtschaftszweige, die sich nicht unter den Arbeitnehmer-Solidaritätsteppich kehren lassen, zumal der Kampf um die Verteilung der Arbeitsplätze innerhalb der Arbeitnehmerschaft und mitten durch sie hindurch ausgetragen wird;

– den Interessenkonflikt zwischen der gegenwärtigen und zukünftigen Arbeitnehmergeneration im Hinblick auf die berufliche Ausbildung und im Hinblick auf die Ausbeutung bis zur Substanzminderung oder gar -zerstörung der Erde und ihrer Umwelt.

Soweit man das Gewicht der geäußerten Bedenken gegen die Makroplanung gelten läßt, wird der Vorschlag Zustimmung finden, das Planungsmodell vom Unternehmensmodell abzukoppeln, die

[64] »Dies würde nicht die Preisgabe der demokratischen Interessenvertretung und Interessenkonfrontation bei der Lohnbestimmung bedeuten, aber es würde diese Interessenvertretung bestimmten neuen Verhaltensregeln und Organisationsformen unterordnen, mit denen das übergeordnete Gleichgewichtsinteresse durchgesetzt werden könnte.« Šik, O. (1980), S. 521.
»Eine volle Tarifautonomie würde die planerische und lenkende Aufgabe des Wirtschafts- und Sozialrates gefährden, u. U. völlig verunmöglichen.« Berchtold, A. (1980), S. 52.

Transformation der kapitalistischen Unternehmensstruktur unter Beibehaltung eines rigorosen marktwirtschaftlichen Wettbewerbs anzustreben, die sozialpolitischen Korrekturen und makroökonomischen Grundentscheidungen dagegen, um eine Majorisierung der Politik durch Produzenteninteressen zu vermeiden, den allerdings basisdemokratisch erneuerten politischen Institutionen zu überlassen. Auf das laboristische Unternehmensmodell wird man, auch wenn die politische Chance seiner Realisierung in überschaubarer Zeit sehr gering sein dürfte, schon deshalb nicht verzichten dürfen, weil die revisionistischen Schritte der Mitbestimmung, die auf das kapitalistische Unternehmensrecht aufgestockt wird, oder der paritätischen Unternehmensverfassung, die der traditionellen Eigentumsgarantie Achtung erweist, strategisch blind und auch unwirksam sein werden, wenn der Zielhorizont der sozialen Bewegung unreflektiert bleibt. Daß dieser Zielhorizont im gesellschaftlichen Bewußtsein nicht zu eng angesetzt wird, ist auch zu einem nicht unerheblichen Teil den Orientierungspunkten katholischer Soziallehre zu verdanken.

3.4 Die Arbeit an erster Stelle

Die Stellungnahmen katholischer Soziallehre beziehen sich auf die gesamtwirtschaftliche Mitbestimmung sowie auf die Rangstellung des arbeitenden Menschen.

(1) Johannes XXIII. hält wegen der Verflechtung der größeren Unternehmen untereinander und mit der Gesamtwirtschaft eine Interessenvertretung der Arbeitnehmer oberhalb der Unternehmensebene für erforderlich. »Über das zu entscheiden, was den allgemeinen Stand der Wirtschaft fördert, ist nicht Sache der einzelnen Wirtschaftssubjekte, sondern liegt bei der staatlichen Führung und bei jenen nationalen und internationalen Institutionen, die für bestimmte Wirtschaftsbereiche zuständig sind. Daher erweist es sich als angemessen oder notwendig, daß an den staatlichen Stellen und in diesen Institutionen außer den Unternehmern und deren Beauftragten auch die Arbeiter vertreten sind oder diejenigen, die bestellt sind, die Rechte, Ansprüche und Interessen der Arbeiter wahrzunehmen.«[65]

[65] Johannes XXIII. (1961), 99, S. 227.

Das II. Vatikanische Konzil bestätigt diese Form der Mitentscheidung auf gesamtwirtschaftlicher Ebene: »In großem Umfang werden Entscheidungen über wirtschaftliche und soziale Angelegenheiten, die für das künftige Los der Arbeiter und ihrer Nachkommenschaft von Bedeutung sind, nicht so sehr in den einzelnen Unternehmen als vielmehr an höheren Stellen getroffen; darum sollten die Arbeiter auch daran beteiligt sein, sei es unmittelbar, sei es durch frei gewählte Abgesandte.«[66]

(2) Das II. Vatikanische Konzil hat einen verbindlichen Orientierungsrahmen für die Gesamtwirtschaft angegeben: »Die gesellschaftliche Ordnung und ihre Entwicklung müssen sich dauernd am Wohl der Personen orientieren; denn die Ordnung der Dinge muß der Ordnung der Personen dienstbar werden und nicht umgekehrt.«[67] Aus dieser Grundorientierung wird die Rangstellung der menschlichen Arbeit gefolgert: »Die in der Gütererzeugung, der Güterverteilung und in den Dienstleistungsgewerben geleistete menschliche Arbeit hat den Vorrang vor allen anderen Faktoren des wirtschaftlichen Lebens, denn diese sind nur werkzeuglicher Art.«[68]
Johannes Paul II. legt den »Primat des Menschen gegenüber den Dingen«[69] in fünf Richtungen aus: erstens gilt der Vorrang der Arbeit im subjektiven Sinn: bei allem Gewicht der Arbeit im objektiven Sinn, nämlich der Technik als Gesamtheit der Produktionsmittel darf nicht übersehen werden, daß »der Mensch das eigentliche Subjekt der Arbeit bleibt«.[70] Zweitens gilt »das Prinzip des Vorranges der Arbeit vor dem Kapital«:[71] denn die Arbeit nimmt im Produktionsprozeß den ersten Platz als Wirkursache ein, während das Kapital bloß Instrumentalursache ist. Außerdem ist das Kapital das geschichtlich gewachsene Erbe menschlicher Arbeit und entsteht ununterbrochen neu durch Arbeit. Und dann ist das Kapital »nur eine Summe von Dingen. Der Mensch als Subjekt der Arbeit und unabhängig von der Arbeit, die er verrichtet, der Mensch und er

[66] II. Vatikan. Konzil (1965), 68, S. 390.
[67] II. Vatik. Konzil (1965), 26, S. 344.
[68] II. Vat. Konzil (1965), 67, S. 388.
[69] Johannes Paul II. (1981), 12, S. 589.
[70] Johannes Paul II. (1981), 5, S. 570.
[71] Johannes Paul II. (1981), 12, S. 587.

allein ist Person.«[72] Drittens sind die Produktionsmittel kein geschlossener Komplex von Eigentum, der als Kapital der Arbeit gegenübertreten und diese ausbeuten könnte. »Denn der einzige Grund, der ihren Besitz rechtfertigt – sei es in der Form des Privateigentums, sei es in dem des öffentlichen oder kollektiven Eigentums – ist dieser, der Arbeit zu dienen«.[73] Viertens ist nur eine solche Arbeits- und Wirtschaftsordnung richtig und moralisch zulässig, »die den Gegensatz zwischen Arbeit und Kapital schon in ihrer Grundlage überwindet und darauf angelegt ist, das oben dargestellte Prinzip zu verwirklichen, wonach der Arbeit ein wesentlicher und wirksamer Vorrang zukommt«.[74] Denn Arbeit und Kapital lassen sich nicht voneinander trennen und als zwei Produktionsfaktoren oder anonyme Kräfte in Gegensatz zueinander stellen. Hinter diesem Gegensatz stehen ja lebende, konkrete Menschen, und der Produktionsprozeß zeigt eine wechselseitige Durchdringung, in gewisser Hinsicht eine untrennbare Verbindung von Arbeit und Kapital. Fünftens muß eine wohlverstandene Vergemeinschaftung von Produktionsmitteln den Subjektcharakter der Gesellschaft wahren, »wenn jeder auf Grund der eigenen Arbeit sich mit vollem Recht zugleich als Miteigentümer der großen Werkstätte betrachten kann, in der er gemeinsam mit allen anderen arbeitet«;[75] sie darf den personalen Gesichtspunkt nicht auslöschen »durch ein System übermäßiger bürokratischer Zentralisierung, wo sich der Arbeitnehmer eher als Rädchen in einem von oben bewegten Mechanismus vorkommt und sich aus mehr als einem Grund eher als bloßes Produktionsmittel denn als echtes, mit Eigeninitiative begabtes Subjekt der Arbeit fühlt«.[76] Entscheidungsprozesse, die ausschließlich in zentralen Planungsbürokratien oder in mitbestimmten Konzernaufsichtsräten ohne Beteiligung der Arbeiter im Betrieb ablaufen, finden wenig Zustimmung.

[72] Johannes Paul II. (1981), 12, S. 589 f.
[73] Johannes Paul II. (1981), 14, S. 5.
[74] Johannes Paul II. (1981), 13, S. 590.
[75] Johannes Paul II. (1981), 14, S. 597.
[76] Johannes Paul II. (1981), 15, S. 598.

Arbeitsdirektor oder Erfüllungsgehilfe der Kapitaleigner? (1979), WSI-Mitteilungen 32, S. 521 f.
Berchtold, A. (1980), Das Modell einer laboristischen Ordnung in: Schröder, E. u. a. (1980), S. 40–58.
Boettcher, E./Hax, K./Kunze, O./Nell-Breuning, O. von/Ortlieb, H.-D./Preller, L. (1968), Unternehmensverfassung als gesellschaftspolitische Aufgabe, Berlin.
Brakelmann, G. (1980), Mitbestimmung am Ende? in: Strohm, Th. (Hg.), Christliche Wirtschaftsethik vor neuen Aufgaben, Zürich, S. 295–321.
Bundesverband der KAB Deutschlands (Hg.) ([4]1978), Der Arbeitnehmer als Unternehmensmitglied, Köln.
Bundesverband der KAB ([5]1982), Texte zur katholischen Soziallehre, Köln.
Chmielewicz, K./Großmann, A./Inhoffen, A. O./Lutter, M. (1977), Die Mitbestimmung im Aufsichtsrat und Vorstand, Die Betriebswirtschaft 37, S. 105–145.
Gutenberg, E. ([22]1976), Grundlagen der Betriebswirtschaftslehre, Band 1: Die Produktion, Berlin.
Hengsbach, F. (1981), Wettbewerb und Planung in: Krämer, W. (Hg.) (1981), S. 65–79.
Johannes XXIII. (1961), Mater et Magistra in: Bundesverband der KAB ([5]1982), S. 201–270.
Johannes Paul II. (1981), Laborem exercens in: Bundesverband der KAB ([5]1982), S. 559–631.
Judith, R. (1978), Erfahrungen mit dem Mitbestimmungsgesetz '76, Gewerkschaftliche Monatshefte 29, S. 726–728.
Kohlbeck, R. (1980), Unternehmen, I: Unternehmen und Betrieb in: Handwörterbuch der Wirtschaftswissenschaft, 8. Band, Stuttgart/Tübingen/Göttingen, S. 65–71.
Leo XIII. (1891), Rerum novarum in: Bundesverband der KAB ([5]1982), S. 31–68.
Mitbestimmung (1979), Mitbestimmungs-Gesetz, Montan-Mitbestimmung, Betriebsverfassung, Mitbestimmungs-Urteil des Bundesverfassungsgerichts, hrsg. vom Bundesminister für Arbeit und Sozialordnung, Bonn.
Mitbestimmung im Unternehmen (1970), Bericht der Sachverständigenkommission zur Auswertung der bisherigen Erfahrungen bei der Mitbestimmung. (Mitbestimmungskommission), Bundestagsdrucksache VI/334, Bonn.
Mitbestimmungsurteil des Bundesverfassungsgerichts (1979) in: Mitbestimmung (1979), S. 261–346.
Nell-Breuning, O. von (1969), Mitbestimmung – wer mit wem? Freiburg.
Nell-Breuning, O. von (1979), Unternehmensverfassung in der Diskussion, Unser Dienst 13/3, S. 5–14.

Paul VI. (1969), Ansprache an die Internationale Arbeitsorganisation in: Bundesverband der KAB ([5]1982), S. 471–486.
Paul VI. (1971), Octogesima adveniens in: Bundesverband der KAB ([5]1982), S. 487–523.
Paul VI. (1967), Populorum progressio in: Bundesverband der KAB ([5]1982), S. 435–470.
Pius XI. (1931), Quadragesimo anno in: Bundesverband der KAB ([5]1982), S. 91–150.
Schröder, E. u. a. (1980), Modell einer laboristischen Ordnung – Anregungen der Katholischen Soziallehre für die Kirchliche Jugendarbeit, Schriftenreihe des Jugendhauses Düsseldorf 31, Düsseldorf.
Šik, O. (1979), Humane Wirtschaftsdemokratie, Hamburg.
Zweites Vatikanisches Konzil (1965), Pastoralkonstitution Die Kirche in der Welt von heute in: Bundesverband der KAB ([5]1982), S. 321–425.

7. Kapitel: Katholische Soziallehre zum Anpacken

Nachdem das Zweite Vatikanische Konzil 1965 den Begriff ›Soziallehre‹ behutsam vermieden hatte,[1] und kompetente Sprecher 1972 nach einer Saldierung von Leistung und Versagen eine »Krise der katholischen Soziallehre«[2] feststellten, wurde 1975 vom Herausgeber einer Textsammlung zur katholischen Soziallehre »der nicht mehr zu überhörende Ruf nach der Neubelebung der katholischen Soziallehre«[3] registriert. Der Veröffentlichung waren der Katholikentag in Mönchengladbach 1974, eine breit angelegte Diskussion im Rheinischen Merkur 1974/1975 sowie die kontroverse Diskussion auf der Würzburger Synode über das Verhältnis von Kirche und Arbeiterschaft vorangegangen. Inzwischen hat die Textsammlung vier Auflagen mit insgesamt 60 000 Exemplaren erlebt, eine fünfte Auflage ist soeben erschienen.

Eine vergleichbare Wende ist in der lateinamerikanischen Kirche zu beobachten. Während die 1968 verabschiedeten Dokumente von Medellin, die den Konzilsimpuls in die gesellschaftliche und kirchliche Situation des Subkontinents umzusetzen suchten, die katholische Soziallehre nicht erwähnen,[4] sind die Texte der dritten Vollversammlung der lateinamerikanischen Bischöfe in Puebla 1979 mit Hinweisen auf die Soziallehre der Kirche durchsetzt.[5]

Das feststellbare Interesse an der katholischen Soziallehre geht auf unterschiedliche Erwartungen zurück, von denen drei im folgenden – wenn auch schematisch – skizziert werden sollen. Die sich überschneidenden und auch divergierenden Erwartungen finden eine lose Entsprechung in drei Typen kirchlicher Soziallehre, die sich geschichtlich und systematisch gegeneinander abgrenzen lassen.

[1] Vgl. Chenu, M.-D. (1979), S. 8.
[2] Nell-Breuning, O. von (1972), S. 55, 71.
[3] Bundesverband der KAB (^{4}1977), S. 6.
[4] Vgl. Rauscher, A. (1979), S. 133, 138.
[5] Die Evangelisierung (1979), 472–479, 511, S. 96 f., 103.

1. Erwartungsprofile der Soziallehre

Die von kirchlichen Meinungstendenzen und Interessengruppen getragenen Erwartungsprofile sind geschichtlich und zeitlich zu orten. Eines ist in der bundesrepublikanischen Kirche der beginnenden siebziger Jahre anzusiedeln, ein anderes in der nachkonziliaren Weltkirche, ein drittes in der germanisch-romanischen Auseinandersetzung um die Theologie der Befreiung Mitte bis Ende der siebziger Jahre.

1.1 Erwartung einer Tendenzwende

Nicht wenige deutsche Katholiken, die sich nach 1968 und während der ersten Phase der sozialliberalen Koalition in eine politische Reservestellung zurückgezogen hatten, nahmen nach 1972, als insbesondere 1974 der Kanzlerwechsel von Brandt zu Schmidt die veränderte gesellschaftliche Grundstimmung signalisierte, die Gelegenheit wahr, ihr Unbehagen an marxistischer Sozialkritik und sozialliberaler Reformpolitik in einer breit angelegten Grundwertedebatte öffentlich auszudrücken und dabei an das tragende Wertgerüst der fünfziger Jahre, unter anderem auch an die katholische Soziallehre zu erinnern. Die Erwartungen, die in dieser Situation an die katholische Soziallehre gerichtet wurden, lassen sich in sechs Punkten präzisieren.

Der Rückgriff auf eine *Lehre* war in der sozialpolitischen Alltagsdiskussion besonders attraktiv. Denn die öffentliche Meinung schien über Jahre hinweg von der kritischen Gesellschaftstheorie und der marxistisch inspirierten Konflikttheorie der Gesellschaft beherrscht gewesen. Und in der katholischen Soziallehre meinte man das problemlose und harmonische Ineinander von Beschreibung bzw. Erklärung gesellschaftlicher Tatsachen und Urteil über das, was in der Gesellschaft sein soll, also von Erkenntnis und Norm verwirklicht.
Die Rückbesinnung auf das eigentlich *Katholische* sollte eine Abgrenzungslinie gegenüber solchen Personen ziehen, die sich zwar sozialpolitisch engagierten, aber den liturgischen Lebensäußerungen und hierarchischen Strukturen der katholischen Kirche distanziert gegenüberstanden.

Als ein geschlossenes *System* war die katholische Soziallehre wie die übrigen theologischen Lehrgebäude aus der Zeit der Piuspäpste in Erinnerung geblieben, ein Ordnungsgefüge von Sätzen, die aus wenigen allgemeingültigen Prämissen lückenlos abgeleitet waren und deshalb untereinander einen widerspruchsfreien logischen Zusammenhang bildeten. Dieser Systemcharakter schien besonders geeignet, den wiederholt beschworenen Konsens aller demokratischen Kräfte abzusichern.

Der *zeitlose* Charakter, der der katholischen Soziallehre zugesprochen wurde, schien eine unterschwellige Sehnsucht mancher Katholiken zu befriedigen, die durch die tiefgreifenden Änderungen gesellschaftlichen und kirchlichen Bewußtseins, die bis Mitte der sechziger Jahre verdeckt geblieben dann aber eruptiv ans Licht der Öffentlichkeit getreten sind, stark verunsichert wenn nicht gar geschockt worden waren.

Die *amtliche* Verbindlichkeit katholischer Soziallehre, soweit sie sich auf das Rezitieren, Systematisieren und Kommentieren päpstlicher Texte beschränkte, sollte nach der Meinung derjenigen Katholiken, die durch den nach dem Konzil in Rom offensichtlichen Pluralismus der Meinungen sowie durch den öffentlich geäußerten Widerstand gegen einzelne Vorschriften des Rundschreibens Pauls VI. über Ehe und Familie desorientiert waren, den Verfall der früher monarchischen Stellung des kirchlichen Amtes aufhalten und die monolithische Kampffront der Katholiken wiederherstellen.

Eine größere *Eindeutigkeit* der Aussagen und Entscheidungen, wie man sie von den Lehrsätzen der Moral und dem Frage/Antwort-Schema des Katechismus her gewohnt war, erhofften sich jene Katholiken, die die in der demokratischen Gesellschaft üblichen kollektiven Entscheidungsprozesse, in denen Interessengegensätze anerkannt, Verfahren der Konfliktregelung gefunden und tragfähige Kompromißformeln ausgehandelt werden mußten, als zu lästig und zeitraubend empfanden, von der katholischen Soziallehre, um aus allgemeinen Grundsätzen stufenweise ganz bestimmte politische Handlungsmuster zu gewinnen.

Warum die katholische Soziallehre diesen Erwartungen eines Teils des deutschen Katholizismus, die politische Tendenzwende herbeizuführen bzw. zu beschleunigen, nicht entsprechen konnte, wird deutlich, wenn im folgenden Abschnitt das unter dem Einfluß der Pastoralkonstitution des II. Vatikanischen Konzils veränderte

Selbstverständnis der kirchlichen Sozialverkündigung erläutert wird.

1.2 Erwartung einer Vermittlung

Gerade jene Päpste, die in ihren Rundschreiben die nahtlose Verknüpfung ihrer Lehre mit der ihrer Vorgänger beteuern, erweisen sich nachträglich häufig als Urheber einer radikalen Neuorientierung. So sind Johannes XXIII. und ›sein Konzil‹ zum Ausgangspunkt einer Erwartung geworden, eingefahrene Grenzlinien zu überschreiten und getrennte Lebensbereiche wieder zusammenzufügen. Diese Erwartung soll unter den drei Kurzformeln: Kirche in der Welt, Glaube und Gerechtigkeit, Kirche und Politik verdeutlicht werden.

1.2.1 Kirche in der Welt

Das Zweite Vatikanische Konzil hat den Ausdruck ›katholische Soziallehre‹ nicht aus Versehen vermieden. Es hat sich bewußt gegen jene Ausdrucksform kirchlicher Sozialverkündigung entschieden, die im Umfeld der päpstlichen Rundschreiben eines Leo XIII., Pius XI. und Pius XII. sowie deren Interpretation durch Fachleute überwiegend aus dem deutschen Sprachraum entstanden war. Es war die Entscheidung gegen philosophisch-rationale Ableitungen und für eine biblisch-pastorale Sprache, gegen naturrechtliche Ethik und für eine christliche Anthropologie. Diese Entscheidung des Konzils hatte sich unter dem Eindruck der von Johannes XXIII. bevorzugten Redewendungen »Zeichen der Zeit«[6] und »Lebensäußerungen der Kirche nach innen und nach außen«[7] herausgebildet, gegen drei anderslautende Textfassungen behauptet und in einem französischsprachigen Entwurf, der dann zur Grundlage der Pastoralkonstitution wurde, ihren Ausdruck verschafft.

Bei der Entstehung der Pastoralkonstitution gewann die kirchliche Sozialverkündigung ein neues Selbstverständnis, das durch vier Merkmale charakterisiert werden kann:

– Die Lebensäußerungen der Kirche als Glaubensgemeinschaft sind

[6] Vgl. Johannes XXIII. (1963), S. 281, 292, 305, 310.
[7] Vgl. Johannes XXIII. (1962), S. 680.

durch zwei Bezugspunkte polarisiert: Christus als den geschichtlichen Ursprung der Kirche und die Welt von heute als ihre unmittelbare Erfahrung. Die Beziehungen der Kirche zur Welt sind keine Einbahnstraße der Belehrung sondern ein wechselseitiger Austausch- und Lernprozeß.

– Die Kirche und zwar nicht in erster Linie das Amt, das in die Reihe der Glaubenden eingegliedert ist, sondern die Gesamtheit des Volkes Gottes, dem das gemeinsame Priestertum und der unfehlbare Glaubenssinn ursprünglich zukommt, müssen auf die tatsächliche Situation und Wertdynamik der gegenwärtigen Welt hinhören. Deshalb wird die induktive Methode gewählt: eine umfassende Phänomenbeschreibung, dann eine Reflexion der Ursachen und schließlich eine Deutung der Zeichen der Zeit.

– Eine konsequent durchgehaltene christologische Linienführung richtet die menschliche Entwicklung auf Christus als den Zielpunkt der ganzen Schöpfung aus und begründet die Einheit der christlichen Berufung, die irdischen Aufgaben zu erfüllen und die eschatologische Gottesherrschaft zu erwarten, wenngleich die beiden Bewegungen nicht deckungsgleich sind.

– Die Kirche steht in einem wechselseitigen solidarischen Lebenszusammenhang mit der Welt, aber auch in einer kritischen Funktion ihr gegenüber.

1.2.2 Glaube und Gerechtigkeit

Das Bemühen der Pastoralkonstitution des Konzils, in der Welt von heute einen Pol kirchlicher Identität zu erfassen, hat sich in der nachkonziliaren Zeit um die Frage nach dem Verhältnis von ›Glaube und Gerechtigkeit‹ kristallisiert.

So formulierte die römische Bischofssynode von 1971 den Zusammenhang zwischen Glaube und Gerechtigkeit: »Für uns sind Einsatz für die Gerechtigkeit und die Beteiligung an der Umgestaltung der Welt wesentlicher Bestandteil der Verkündigung der Frohen Botschaft, d. h. der Sendung der Kirche zur Erlösung des Menschengeschlechts und zu seiner Befreiung aus jeglichem Zustand der Bedrückung.«[8] Die Synode beruft sich auf das Zeugnis des Alten Testamentes, in dem Gott sich als Befreier der Unterdrückten und Armen offenbart und von den Menschen Glauben an ihn und

[8] Römische Bischofssynode (1971)-1, 6, S. 526.

Gerechtigkeit gegenüber dem Nächsten fordert, sowie auf das Leben und die Lehre Christi. In Übereinstimmung mit den neutestamentlichen Schriften setzt die christliche Botschaft »das Verhältnis des Menschen zu Gott in unlösbare Einheit mit seinem Verhalten zu seinen Mitmenschen«.[9]

Die von der Bischofssynode gesuchte Synthese zwischen dem Glauben an Gott und dem Einsatz für Gerechtigkeit erklärt die Praxis der Kirche zum Kriterium ihrer Glaubwürdigkeit: »Weiß die Kirche sich verpflichtet, Zeugnis zu geben für die Gerechtigkeit, dann weiß sie auch und anerkennt, daß, wer immer sich anmaßt, den Menschen von Gerechtigkeit zu reden, an allererster Stelle selbst vor ihren Augen gerecht dastehen muß. Darum ist unser eigenes Verhalten, unser Besitz und unser Lebensstil in der Kirche einer genauen Prüfung zu unterziehen.«[10]

1.2.3 Kirche und Politik

Die Neuorientierung der kirchlichen Sozialverkündigung und Sozialpraxis auf dem Konzil hat in den folgenden Jahren als weitere Konkretisierung die Verhältnisbestimmung von Kirche und Politik veranlaßt. Das Ergebnis dieser nicht abgeschlossenen Meinungsbildung sind der Ganzheitsgrundsatz, der Differenzgrundsatz und der Toleranzgrundsatz.

Der *Ganzheitsgrundsatz* meint die politisch-religiöse Verklammerung des christlichen Glaubens. Christentum läßt sich nicht auf die private, innerliche Dimension des Menschen beschränken. Das politische Handeln ist eine wesentliche Ausdrucksform des Religiösen. Christentum und Kirche sind durch ihr bloßes Dasein ein Politikum. Ob die Kirche schweigt oder redet, ob sie handelt oder untätig ist, sie wirkt in den politischen Raum hinein,[11] und sie lebt immer im Spannungsbereich konkreter politischer Optionen, Herrschaftsansprüche und Machtverhältnisse.[12] Diese Situiertheit der Kirche ist nicht fremdbestimmter Zwang sondern ureigene und bejahte Chance, Ausdruck ihrer doppelten Sendung, der Verkündigung des Evangeliums und der Umgestaltung der Welt auf das Evangelium

[9] Römische Bischofssynode (1971)-1, 35, S. 535.
[10] Römische Bischofssynode (1971)-1, 41, S. 537.
[11] Vgl. Arbeitspapier der Sachkommission (1977), S. 189.
[12] Vgl. Internationale Theologenkommission (1977), S. 191.

hin;[13] »Das Christentum muß die christliche Existenz in ihrer Gesamtheit evangelisieren, zu der auch die politische Dimension gehört.«[14] Wegen dieser ganzheitlichen Perspektive des Christentums kann Religion nicht auf liturgische und sakramentale Vollzüge beschränkt werden; eine dualistische Spaltung zwischen dem Glauben, den man bekennt, und dem gelebten Alltag, zwischen dem beruflichen und religiösen Leben ist unmöglich.[15] »Daher kritisiert die Kirche diejenigen, die den Glaubensbereich auf das persönliche oder familiäre Leben reduzieren wollen und die berufliche, gesellschaftliche, wirtschaftliche und politische Ebene ausschließen möchten.«[16]
Die Kirche nimmt das Recht in Anspruch, auf dem politischen Feld der Realität gegenwärtig zu sein, ihre Soziallehre zu verkünden, politische Fragen einer ethischen Beurteilung zu unterwerfen, wenn grundlegende Menschenrechte und das Heil der menschlichen Person auf dem Spiele stehen. Sie würde sich mitschuldig machen, wenn sie die Situation der Armut und Unterdrückung nicht aufdeckte sondern verschwiege und verschleierte.[17]

Der *Differenzgrundsatz* meint den Unterschied, nicht die Trennung der religiösen und politischen Dimension. Er bildet einen Schutz gegen die einfache Gleichsetzung oder Vermischung von Politik und Religion. Die Kirche respektiert die Unabhängigkeit, die Autonomie der geschaffenen Wirklichkeit sowie die der Gesellschaft und Politik eigenen Gesetze und Werte, die der Mensch schrittweise zu entdecken, in Dienst zu nehmen und verantwortlich zu gestalten hat.[18] Sie maßt sich für den Bereich, in dem Regierungen, Parteien, Gewerkschaften und Bürgerinitiativen auf sozialem und politischem Gebiet tätig sind, keine fachliche Kompetenz an.[19] Folglich läßt sich eine Markierungslinie ziehen zwischen der spezifisch religiösen

[13] Vgl. II. Vatik. Konzil (1965)-2, 5, S. 395.
[14] Die Evangelisierung (1979), 515, S. 103.
[15] Vgl. II. Vatik. Konzil (1965)-1, 43, S. 360; Arbeitspapier der Sachkommission (1977), S. 192 ff.
[16] Die Evangelisierung (1979), 515, S. 103.
[17] Vgl. 2. Vatik. Konzil (1965)-1, 76, S. 400; Die Evangelisierung (1979), 515, S. 103; Römische Bischofssynode (1971)-1, 37, S. 535 f.; Internationale Theologenkommission (1977), S. 192.
[18] Vgl. II. Vatik. Konzil (1965)-1, 36, S. 352.
[19] Vgl. Römische Bischofssynode (1971)-2, S. 587; Die Evangelisierung (1979), 519, S. 104.

Zielsetzung der Kirche und den Initiativen auf politischem und sozialem Gebiet, zwischen der Deutung der jeweiligen Verhältnisse in Staat und Gesellschaft von Gott her und politischen Handlungsstrategien,[20] zwischen dem Beitrag der Kirche zum Aufbau einer gerechten Gesellschaftsordnung (insbesondere der Verteidigung der Menschenwürde bzw. der Grundrechte des Menschen) und den praktischen Lösungen, diese im politischen Alltag zu verwirklichen,[21] zwischen der politischen Grundwertorientierung, der verbindlichen Gesellschaftsethik und den parteipolitischen Programmen, die jeweils eine unter mehreren Alternativlösungen darstellen.[22]

Der religiös-politischen Differenz entspricht eine innerkirchliche Arbeitsteilung. Die Übernahme der weltlichen Aufgaben wird (wenn auch nicht ausschließlich) den Laien zugewiesen. Parteipolitik ist das ihnen eigene Betätigungsfeld.[23] So muß unterschieden werden zwischen dem, was von einzelnen Christen oder kirchlichen Gruppierungen im eigenen Namen und was im Namen der Kirche getan wird.[24] Die Laien sollen nicht meinen, kirchliche Amtsträger seien immer in dem Maß kompetent, daß sie für jede einzelne auch schwerwiegende Frage bereits konkrete Lösungen anbieten könnten bzw. dazu die Sendung hätten;[25] weder die Entscheidung noch die Führerschaft und auch nicht die Strukturierung von Lösungen ist ihre Aufgabe.[26] Wenn sich die Amtsträger in die parteipolitischen Auseinandersetzungen einschalten würden, bestünde Gefahr, daß sie diese radikalisieren und absolut setzen.[27] »Die Übernahme eines leitenden Amtes oder die aktive Tätigkeit (militantia activa) für eine politische Partei soll einem Presbyter nur in konkreten Ausnahmefällen gestattet sein.«[28]

Der *Toleranzgrundsatz* entschärft theoretisch und praktisch die innerkirchliche Spannung, die durch den Ganzheitsgrundsatz und

[20] Vgl. Erklärung der deutschen Bischöfe (1973), S. 3.
[21] Vgl. Römische Bischofssynode (1971)-1, 38, S. 536; Römische Bischofssynode (1971)-2, S. 587.
[22] Vgl. Die Evangelisierung (1979), 521, S. 104.
[23] Vgl. II. Vatik. Konzil (1965)-1, 43, S. 360 f.
[24] Vgl. II. Vatik. Konzil (1965)-1, 76, S. 399.
[25] Vgl. II. Vatik. Konzil (1965)-1, 43, S. 361.
[26] Vgl. Die Evangelisierung (1979), 527, S. 105.
[27] Vgl. Die Evangelisierung (1979), 527, S. 105.
[28] Römische Bischofssynode (1971)-2, S. 589.

den Differenzgrundsatz sachlich und strukturell verursacht sind. Die Kirche anerkennt einen instrumentellen Pluralismus: »Unter den jeweils gegebenen Verhältnissen und je nach den persönlichen Bindungen des einzelnen muß freie Wahl bestehen zwischen verschiedenen Wegen zum Ziel. Ein und derselbe christliche Glaube kann die Triebkraft sein für Unternehmen verschiedener Art.«[29] Wenn bei gleicher Gewissenhaftigkeit der Entscheidungsfindung Christen zu unterschiedlichen Urteilen über dieselbe Frage gelangen, so darf doch keine Gruppe, mag die eigene Ansicht auch als eindeutige Konsequenz des Evangeliums erscheinen, die Autorität der Kirche ausschließlich für die eigene Meinung in Anspruch nehmen.[30]

Der instrumentelle Pluralismus erzwingt einen innerkirchlichen Pluralismus und innerkirchliche Toleranz. Konflikte unter Christen im Bereich sozialer und politischer Probleme sollen im offenen Dialog ausgetragen werden: »Entscheiden Christen sich für verschiedene Wege und erscheinen daher auf den ersten Blick als Gegner, so erwartet die Kirche von ihnen, daß sie sich mit gutem Willen und in gegenseitiger Achtung um Verständnis für die Meinung des anderen und die von ihm dafür geltend gemachten Gründe bemühen. Unvoreingenommene Prüfung des Verhaltens des anderen und dessen, was für deren Richtigkeit spricht, wird zu einer Haltung tieferer Liebe führen, die ungeachtet aller Verschiedenheiten, die als solche anerkannt werden, darauf vertraut, es könne (und werde) gelingen, sich schließlich am Ziel zu treffen und übereinzukommen.«[31]

Der innerkirchliche Pluralismus verlangt von den Amtsträgern parteipolitische Friedenspflicht. Wo verschiedene politische, soziale und ökonomische Entscheidungen sowohl möglich als auch legitim sind, und eine dieser relativen Entscheidungen das Evangelium nie angemessen ausschöpft, sollen sie gegenüber jeder politischen Richtung eine gewisse Distanz wahren.[32] Den Amtsträgern ist der Dienst an der Einheit der Gemeinden übertragen. »Ihre Aufgabe ist es darum, die verschiedenen Meinungen so in Einklang zu bringen, daß niemand sich in der Gemeinschaft der Gläubigen fremd fühlt.«[33] Sie sollen darauf achten, daß nicht ihr Standpunkt als ein-

[29] Paul VI. (1971), 50, S. 519.
[30] Vgl. II. Vatik. Konzil (1965)-1, 43, S. 361.
[31] Paul VI. (1971), 50, S. 519.
[32] Vgl. Römische Bischofssynode (1971)-2, S. 589.
[33] II. Vatik. Konzil (1965)-3, S. 578.

zig legitime politische Option aus dem christlichen Glauben heraus erscheint und zum Grund für eine Spaltung unter den Gläubigen wird.[34] »Wenn es sich jedoch um Fragen handelt, in denen Katholiken unbeschadet ihres Glaubens verschiedener Meinung sein können, soll der Priester nicht öffentlich Partei ergreifen. Sonst droht die Gefahr, daß dem Priester der seelsorgliche Zugang zu einem Teil der Gläubigen erschwert oder gar unmöglich gemacht wird.«[35]

Der Dialog zwischen Amtsträgern und Kirchenmitgliedern ist der einzige Weg, um den innerkirchlichen Pluralismus, der bis zur Selbstzerstörung auswuchern kann, an einen gemeinsamen Bestand von Überzeugungen und Handlungsprogrammen zurückzubinden. Konsens kann aber weder einfach durch Rückverweis auf die Tradition vorausgesetzt noch amtlich verordnet werden; er ist das je neu zu gewinnende Ergebnis beständigen Dialogs. »Die Priester sollen die Würde der Laien und die bestimmte Funktion, die den Laien für die Sendung der Kirche zukommt, wahrhaft anerkennen und fördern. Sie mögen auch mit Bedacht die gebührende Freiheit, die allen im bürgerlichen Bereich zusteht, achten. Sie sollen gern auf die Laien hören, ihre Wünsche brüderlich erwägen und ihre Erfahrung und Zuständigkeit in den verschiedenen Bereichen des menschlichen Wirkens anerkennen, damit sie gemeinsam mit ihnen die Zeichen der Zeit verstehen können.«[36]

1.3 Erwartung einer Abgrenzung

Die Ursprungsgeschichte der Pastoralkonstitution des Konzils führt in den französischen Sprachraum; ihre Wirkungsgeschichte weist jedoch überwiegend in die Kirche der dritten Welt, besonders auf den lateinamerikanischen Subkontinent.

1.3.1 Theologie in neuer Gestalt

Die Generalversammlung der lateinamerikanischen Bischöfe in Medellin, die 1968 versucht hatte, die dortige Situation zu beschreiben, sie mit der Lehre der Kirche zu konfrontieren und wirksame

[34] Vgl. Röm. Bischofssynode (1971)-2, S. 589.
[35] Erklärung der deutschen Bischöfe (1973), S. 6.
[36] II. Vatik. Konzil (1965)-3, 9, S. 577.

Handlungsmuster zu entwerfen, ist zum Zeugnis und Auslöser einer neuen Art von Theologie geworden, die nicht am Schreibtisch sondern aus der hautnahen Erfahrung von Not und Ungerechtigkeit, aus der Leidensgemeinschaft der Menschen, die an den Rand der Gesellschaft gedrängt werden, geschrieben wurde. Diese Theologie ist Reflexion der Glaubenspraxis einer kirchlichen Gemeinschaft im Milieu der Armut und Unterentwicklung. Dabei wird die Unterentwicklung nicht als ein der Entwicklung zeitlich vorangehender Prozeß sondern als Begleiterscheinung der kapitalistischen Weltwirtschaft verstanden, verursacht durch eine doppelte Form der Abhängigkeit; die Abhängigkeit von außen ist Folge des ungleichen ökonomischen Tausches im Rahmen einer internationalen Arbeitsteilung, die entweder durch die Kanonenbootpolitik der Kolonialmächte oder durch die wirtschaftliche Übermacht der Industrieländer erzwungen wurde. Die Abhängigkeit nach innen spaltet die Wirtschaft in einen mit der Weltwirtschaft verflochtenen und einen abgekoppelten Sektor, die Gesellschaft in eine an den Lebensstandard der Industrieländer gewöhnte Oberschicht und die Masse der Bevölkerung.

Beschreibung und Analyse der aktuellen Situation liefern den Anstoß zu einem Neulesen der Bibel als einer Geschichte der Befreiung, die Gott dem Volk Israel anbietet, die Christus durch seine Botschaft und seinen Gehorsam gegenüber Gott vollendet. Die Befreiung durch Christus umfaßt mehrere Dimensionen des Menschen: die wirtschaftlich-politische Abhängigkeit, die psychischen Zwänge, die Macht der Sünde und die Herrschaft des Todes; Welt- und Heilsgeschichte lassen sich eben nicht dualistisch auseinanderfalten, sondern bilden eine Einheit.

Die biblische Verheißung einer ganzheitlichen Befreiung des Menschen durch Gott läßt Armut und Ungerechtigkeit nicht mehr als unabänderliches Schicksal erscheinen sondern als Resultat menschlicher Fehlentscheidungen; sie sind durch befreiende Glaubenspraxis, Umkehr des Herzens und Widerstand gegen strukturelle Gewalt überwindbar. In der Wahl des einzuschlagenden Weges unterscheiden sich die christlichen Gruppen: die einen beteiligen sich am revolutionären Kampf, der auch Gewalt einschließt, andere setzen auf Reformpolitik, eine dritte Gruppe versucht, das alltägliche Leid des Hungers, der Arbeitslosigkeit solidarisch zu ertragen.[37]

[37] Vgl. Stehle, E. (1976), S. 41 f., 45 f., 53.

1.3.2 Belehrung aus Westdeutschland

Zwei vermeintliche oder tatsächliche Tendenzen dieser Theologie, die nach Medellin auf wachsendes Interesse nicht nur in Lateinamerika stieß, haben den Unwillen westdeutscher ›Schulmeister‹ katholischer Soziallehre hervorgerufen,[38] daß sie nämlich einmal an der Tradition katholischer Soziallehre und deren sozialphilosophischen Voraussetzungen vorbei die Impulse des Evangeliums spirituell und politisch umsetzte, und daß sie zum anderen die befreiende Glaubenspraxis zunehmend in eine politische Dimension hinein auslegte.[39]
Die in Westdeutschland gehegte und über einzelne lateinamerikanische Verstärker lautgewordene Erwartung einer klaren Abgrenzung führte 1973 zur Bildung eines aus lateinamerikanischen und europäischen Theologen und Sozialwissenschaftlern gemischten Studienkreises »Kirche und Befreiung«, der sich in Mühlheim (Ruhr) bzw. in Rom relativ aufwendig aber ebenso einseitig und überwiegend polemisch mit einem nach eigenen Vorstellungen gezeichneten Phantombild einer Theologie der Befreiung auseinandersetzte.

Die hauptsächlichen Vorwürfe des Studienkreises bestanden darin, daß diese Theologie sich am Verhalten Jesu und weniger an der sakramentalen Gegenwart des auferstandenen Christus orientiere, daß sie den Sozialdienst wichtiger nehme als die Verkündigung des Evangeliums, daß sie mit der Befreiung einen Emanzipationsprozeß bis hin zur Zerstörung traditioneller Institutionen, die Abschaffung ökonomischer Ausbeutung und politischer Unterdrückung statt der Erlösung von der Sünde sowie die autonome Tat des Menschen statt des göttlichen Gnadengeschenkes meine, daß sie strukturelle Veränderungen anstelle einer Umkehr des Herzens anstrebe und die politische Dimension zum umfassenden Horizont der Theologie mache, daß sie einer europäischen Importströmung nachlaufe, anstatt eine genuin lateinamerikanische Theologie und Soziallehre

[38] »Ist die Theologie der Befreiung nicht die neue christliche Gesellschaftslehre, die nicht bei der theoretischen Reflexion verharrt und bei Appellen an das Gewissen der Menschen stehen bleibt, sondern die endlich die Praxis der gerechten Gesellschaftsgestaltung auf ihre Fahnen schreibt und damit dem Evangelium in einer realen Weise zum Durchbruch verhilft?« Rauscher, A. (1977), S. 333.

[39] Vgl. Hengsbach, F./Trujillo, A. L. (1978), S. 8; Trujillo, A. L. (1975), S. 65.

zu entwickeln, und daß sie schließlich die marxistische Gesellschaftsanalyse und Konflikttheorie statt der katholischen Soziallehre übernommen habe und deshalb in den Kategorien des Klassenkampfes denke, den allgemeinen Heilswillen Gottes dagegen unterschlage.

Der von zahlreichen Berührungsängsten belastete Versuch, die Befreiungstheologie weltkirchlich zu verdächtigen und deren Vertreter zu maßregeln, wurde von römischer Seite in sehr behutsam und verständnisvoll formulierten Gesprächsbeiträgen zurückgewiesen. Einen Achtungserfolg konnte die westdeutsche Intervention allenfalls mit der Plazierung der katholischen Soziallehre in das Abschlußdokument von Puebla verbuchen.

1.3.3 Römischer Ausgleich

In die Auseinandersetzung zwischen westdeutscher Soziallehre und lateinamerikanischer Theologie der Befreiung haben sich zwei römische, von der Weltkirche eingefärbte Institutionen eingeschaltet: Paul VI., der die Überlegungen der römischen Bischofssynode von 1974 in einer Stellungnahme zusammenfaßte, und die Internationale Theologenkommission, die 1976 eine Beurteilung der Theologie der Befreiung herausgab.

(1) Paul VI. verteidigt zunächst die Vielschichtigkeit der Evangelisierung, die alle Bereiche der Menschheit, um sie von innen her umzuwandeln, erfassen muß: das persönliche und kollektive Bewußtsein der Menschen, ihr konkretes Leben und jeweiliges Milieu, d. h. die Urteilskriterien, die tragenden Werte, Interessenpunkte, Denkgewohnheiten, Quellen der Inspiration und Lebensmodelle.[40] Danach verdeutlicht der Papst den Inhalt der Evangelisierung, dessen harter Kern darin besteht, »daß in Jesus Christus, dem menschgewordenen, gestorbenen und auferstandenen Sohne Gottes, das Heil einem jeden Menschen angeboten ist als ein Geschenk der Gnade und des Erbarmens Gottes selbst«.[41] Doch wäre die Evangelisierung nicht vollständig, wenn sich das Evangelium und das konkrete persönliche und gemeinschaftliche Leben des Christen nicht gegenseitig fordern. Deshalb gehört zur Evangelisierung eine Botschaft über die menschliche Befreiung.

[40] Vgl. Paul VI. (1976), 18, S. 136.
[41] Paul VI. (1976), 27, S. 137.

Die enge Verbindung zwischen Evangelisierung und Befreiung wird so begründet: der Mensch, dem die Evangelisierung gilt, ist sozialen und wirtschaftlichen Problemen unterworfen; der Schöpfungsplan ist vom Erlösungsplan, der in die ganz konkreten Situationen des Unrechts aber auch der Gerechtigkeit hineinreicht, nicht zu trennen; das neue Gebot der Liebe läßt sich nicht verkünden ohne Förderung der menschlichen Entwicklung in Gerechtigkeit und Frieden.[42] Deshalb gilt für die Befreiung, die die Kirche eingedenk des Vorrangs ihrer geistlichen Sendung verkündet: sie muß den ganzen Menschen in all seinen Dimensionen sehen einschließlich seiner Öffnung auf das Absolute, das Gott ist. »Die Kirche verbindet die menschliche Befreiung und das Heil in Jesus Christus eng miteinander. Sie setzt sie jedoch niemals gleich.«[43]
Daraus folgt die Abwehr jener gefährlichen Tendenz, die Sendung der Kirche nur auf den Bereich des Religiösen zu beschränken und ihr Interesse für die zeitlichen Probleme des Menschen auszuklammern, aber auch jener gegenläufigen Verkürzung der Sendung der Kirche auf die Dimensionen eines reinen diesseitigen Programms, das den Menschen ausschließlich in den Mittelpunkt stellt, auf einen rein materiellen Wohlstand, auf Initiativen nur im sozialen und politischen Bereich. Dann würde nämlich die Kirche ihre grundlegende Bedeutung verlieren. »Ihre Botschaft der Befreiung hätte keine Originalität mehr ... Sie hätte keine Autorität mehr, von Gott selbst her die Befreiung zu verkünden.«[44]
So werden schließlich im Umkehrschluß die Maßstäbe einer authentischen Theologie der Befreiung genannt: Jede zeitliche und politische Befreiung trägt den Keim ihrer eigenen Verneinung in sich, wenn ihr Motiv nicht die Gerechtigkeit in der Liebe, ihr Elan nicht von einer geistigen Dimension getragen und ihr Endziel nicht das Heil in Gott ist, mag sie ihre Rechtfertigung auch in einigen Bibelstellen finden, sich auf theologische Gegebenheiten oder Schlußfolgerungen berufen oder gar beanspruchen, die Theologie von heute zu sein.[45]

(2) Die Internationale Theologenkommission versucht zunächst sehr einfühlsam den zeitgeschichtlichen und gesamtkirchlichen Hin-

[42] Vgl. Paul VI. (1976), 31, S. 138.
[43] Paul VI. (1976), 35, S. 139.
[44] Paul VI. (1976), 32, S. 138.
[45] Vgl. Paul VI. (1976), 35, S. 139.

tergrund der Theologie der Befreiung auszuleuchten sowie diese neue Gestalt von Theologie in ihrer charakteristischen Methode zu verstehen. In den systematischen Überlegungen wird neben dem Zusammenwirken von göttlicher Befreiungstat und menschlicher Befreiungspraxis sowie neben dem Bemühen um kirchliche Einheit im Spannungsfeld politischer Alternativen vor allem die konkrete Verhältnisbestimmung von menschlichem Wohl und göttlichem Heil angesprochen. Menschlicher Fortschritt und christliches Heil lassen sich weder im Sinn einer völligen Trennung noch im Sinn einer einfachen Kongruenz begreifen.

Die Kommission räumt ein, daß die Formulierung der römischen Bischofssynode, die Teilnahme am Transformationsprozeß der Welt als wesentlichen Bestandteil der Verkündigung des Evangeliums zu charakterisieren, umstritten geblieben ist, und daß die Einheit der Zusammengehörigkeit und Differenz im Verhältnis von menschlichem Wohl und christlichem Heil sicher noch genauer durchdacht werden müßte. »Die grundsätzliche Struktur dieser Einheit kann jedoch nicht überholt werden, da sie im Zentrum der Sache selbst begründet ist. Einerseits ist nämlich die konkrete Geschichte in gewissem Sinne der Ort, wo die Welt so von innen her und radikal transformiert wird, daß sie bis in das Geheimnis Gottes selbst hineinreicht. Darum bleiben auch die Liebe und ihre Früchte. Nicht zuletzt dadurch wird das Moment der Zusammengehörigkeit von Wohl und Heil ermöglicht. Aber es gibt keine volle Zusammengehörigkeit, weil die eschatologische Vollendung die konkrete Geschichte auch ›aufhebt‹. Andererseits kommt das Reich Gottes, welches die Geschichte führt und alle innergeschichtlichen Vollendungsmöglichkeiten absolut überschreitet, als Tat Gottes selbst. Dies schafft einen Bruch zu unserer Welt – auch wenn sie noch so vollkommen wäre.«[46]

Diese beiden Grundsätze bilden allerdings nur eine negative Barriere gegen den Versuch, menschliche Geschichte und Gottesherrschaft dualistisch oder monistisch zu beschreiben. »So muß diese Verhältnisbestimmung von ihrem Wesen her in einer gewissen Schwebe bleiben. Der Bezug der eschatologischen Heilsbotschaft zur Gestaltung der geschichtlichen Zukunft kann nicht eindeutig und einlinig, d. h. entweder nur von der Harmonie oder nur von der

[46] Internationale Theologenkommission (1977), S. 189 f.

Differenz her, bestimmt werden.«[47] Bei der Ausbalancierung dieser Verhältnisbestimmung werden allerdings ungeachtet der grundsätzlich polaren Struktur die Länder der ersten, zweiten und dritten Welt verschiedene Akzente setzen können und müssen.

2. Drei Typen katholischer Soziallehre

Die Darstellung unterschiedlicher Erwartungsprofile gegenüber katholischer Soziallehre, die zum Teil dramatische innerkirchliche Positionskämpfe hervorgerufen haben, konnte die Einsicht vermitteln, daß katholische Soziallehre alles andere als ein geschlossener Block kirchenamtlicher Stellungnahmen zu sozialen Fragen ist, daß sich vielmehr je nach Zeitpunkt, Milieu und Interessenlage typische Denkstile und Argumentationsmethoden klassifizieren lassen. Deshalb sollen im folgenden wenn auch idealtypisch drei Ausdrucksformen katholischer Soziallehre einander gegenübergestellt werden: eine System-Soziallehre, eine kritische Soziallehre und eine Handlungs-Soziallehre.

2.1 System-Soziallehre

In der katholischen Soziallehre lassen sich Argumentationskomplexe identifizieren, die systemtheoretischen Betrachtungsweisen nahestehen.

2.1.1 Gegenstand: Die Ordnung der Gesellschaft

Die *Systemtheorie* hat ihre entscheidenden Anstöße aus der modernen Biologie und der Kybernetik erhalten. Organische und technische Systeme zeigen Eigenschaften, die den einzelnen Elementen nicht zukommen, und sind zu Leistungen fähig, die kein einzelnes Element allein und auch nicht die Summe aus ihnen erbringt.[48]
Die abweichenden Systemdefinitionen heben jeweils eines der Systemmerkmale hervor; so betont die ›klassische‹ Systemdefinition das Verhältnis von Ganzem und Teil: »Systeme werden ... als Ganzheiten definiert, die aus Teilen bestehen, aber mehr sind als die

[47] Internationale Theologenkommission (1977), S. 190.
[48] Vgl. Hassenstein, B. (1972), S. 30 f., 35.

Summe ihrer Teile«;[49] eine zweite Version knüpft an den Beziehungen der Elemente untereinander sowie ihrer Wechselwirkung an und definiert das System als die Menge aktiver Elemente, die von anderen Elementen beeinflußt werden, die andere Elemente beeinflussen.[50] Eine dritte Definition stellt die Innen/Außen-Differenz heraus: »Systeme sind umweltoffene, umweltempfindliche, Eindrücke verarbeitende und kompensierende Leistungseinheiten.«[51]
Die moderne Systemtheorie hat ihre Vorläufer: Aristoteles wies hin auf das Phänomen des Ganzen, das mehr ist als die Summe seiner Teile. Menenius Agrippa entschärfte den sozialen Konflikt zwischen den einfachen Leuten und den Senatoren in Rom durch die überzeugende Parabel vom Leib, zu dessen Wohlbefinden alle Glieder ihren Beitrag leisten; diese Parabel übernahm Paulus zur Ermahnung der Christen in Korinth. Dionysius Areopagita beschrieb eine himmlische und kirchliche Stufenordnung, die die ganze Welt durchzieht, und Thomas Hobbes verglich den Staat, den Leviathan, mit einem technisch-künstlichen Menschen.

Eine *katholische Soziallehre,* die in systemtheoretischen Kategorien denkt, begreift die Gesellschaft vorrangig als Ganzheit, als Ordnungsgefüge. Dieses Systemganze stellt sich dar in gemeinsamen Verhaltensmustern, die einzelne Lebensgemeinschaften räumlich, zeitlich und sachlich voneinander abgrenzen. Außerdem entläßt es aus sich heraus gemeinsame Sinnwelten, die dem einzelnen Menschen selbständig gegenübertreten. So sind die Sprache, Kommunikationsgesten, Symbole und Normen weniger spontane Lebensäußerungen des einzelnen Menschen als vielmehr vorgegebene Strukturen, die die Vieldeutigkeit der gesellschaftlichen Eindrücke, die auf den einzelnen einstürmen, verringern, seine Unsicherheiten beseitigen und ihm Stabilität vermitteln. Das gilt insbesondere für die Institutionen, die gegenüber den Verhaltensmustern und Sinnwelten eine weitere Verdichtung darstellen und diese organisatorisch abstützen. Sie drängen sich dem einzelnen als die gesellschaftlich kontruierte Wirklichkeit auf.
Gerade die gesellschaftlichen Institutionen des Staates, der Ehe und Familie, des Privateigentums sind für den einzelnen ein Strukturge-

[49] Luhmann, N. (1968), S. 36.
[50] Vgl. Klaus, G. (1969), S. 634 f.
[51] Luhmann, N. (1964), S. 148.

rüst, das ihn von dauerndem Entscheidungszwang entlastet, seine Orientierung in der unüberschaubaren Welt erleichtert, ihm eine soziale Position zuweist und damit gesellschaftlichen Halt, Heimat und Geborgenheit gewährleistet.
Der einzelne wird vorrangig als Systemelement und in seiner Systemfunktion wahrgenommen. Im Verlauf seines Lebens wird er in zahlreiche Lebensbereiche integriert; gleichzeitig übernimmt er in verschiedenen Systemen eine ihm zugewiesene Rolle. Der Vorrang des Gemeinwohls vor dem Einzelwohl sowie die relative Zurückstellung der Bedürfnisse des einzelnen Menschen werden als zulässig angesehen, sofern man davon ausgehen kann, daß in der Ordnung der Gesellschaft, dem Funktionieren des Systems nach den Grundsätzen der Gerechtigkeit zugleich die berechtigten Ansprüche des einzelnen aufgehoben sind.

2.1.2 Methode: Naturrecht

Naturrechtliche Argumentationsweisen spielen bei diesem Typ von Soziallehre eine große Rolle. Dabei vermischen sich drei Traditionen, die antike, die mittelalterliche und die neuzeitlich-aufklärerische, wobei die letzte ein deutliches Übergewicht einnimmt.

Die *antike* Auffassung sieht in dem Naturrecht einen kritischen Maßstab, der das menschliche Gesetz nicht dem Belieben des Gesetzgebers ausliefert, sondern der Idee der Gerechtigkeit, dem von Natur aus Gerechten, unterstellt. Wenn das bestehende Recht dieser Norm widerspricht, bindet es nicht; nur dann bindet es den Menschen, wenn es dem ungeschriebenen Gesetz der Gerechtigkeit entspricht. Das von Natur aus Gerechte, so meinte Aristoteles, gilt überall und immer, unabhängig davon, daß die öffentliche Meinung es anerkennt. Die Stoa sah in jeden einzelnen Menschen ein angeborenes, ungeschriebenes und allgemein gültiges Gesetz einfließen, das in der Idee der Gerechtigkeit gründet und der ewigen kosmischen Kraft nachgebildet ist. Von dieser Norm können bürgerliches und staatliches Recht abfallen.

Die *mittelalterliche* Auffassung personalisiert das Naturrecht in zweifacher Weise: An die Stelle der Idee der Gerechtigkeit oder der Weltvernunft tritt der persönliche Schöpfergott als Urheber des Naturrechts. Und das Naturrecht erhält einen dialogischen Charakter als Forderung des persönlichen Gottes an die freie menschliche

Person. Für Augustinus liegt der Ordnung der Welt eine Idee Gottes zugrunde; diese stiftet die Wertordnung und den Sollensanspruch, der die menschliche Freiheit herausfordert. Nach Thomas von Aquin sind die Grundsätze jener Naturordnung, die an der Idee, die Gott von der Welt hat, partizipiert, für die menschliche Vernunft evident. Von diesen allgemeinen Grundsätzen kann der Mensch durch Schlußfolgerungen zur Ordnung der Dinge im einzelnen gelangen. Dabei bildet die menschliche Erkenntnis einen Sachverhalt ab, dringt in das Wesen einer Sache ein, entdeckt die Natur der Sache als Aufforderung zum Handeln, als Vorschrift. Weitere Schlußfolgerungen bilden die Urteile der praktischen Vernunft, die die Umstände der Situation einbeziehen und deshalb Ermessensspielräume zulassen.

Die *neuzeitliche*, von der Aufklärung geprägte Auffassung brachte eine dreifache Engführung der Naturrechtslehre. Zunächst eine rationalistische Engführung: Seit Descartes wird die mathematische Methode, die lückenlose und widerspruchsfreie Ableitung gesellschaftlicher Normen, auch detaillierter Handlungsanweisungen ohne Rücksicht auf Zeit und Ort, auf die Gesellschaft übertragen. Die Grenzen, die Thomas von Aquin der Allgemeingültigkeit und Unwandelbarkeit des Naturrechts gezogen hatte, werden verwischt, Naturrecht und positives Gesetz identifiziert. Damit konnten konventionelle Regeln, tradierte Gewohnheiten und zeitbedingte Gesellschaftsordnungen legitimiert, bestehende Herrschaftsverhältnisse verteidigt werden.
Daneben trat eine individualistische Engführung: Die liberale Staats- und Wirtschaftstheorie stellt den einzelnen Menschen dem Staat gegenüber und stattet ihn mit Abwehrrechten gegenüber der staatlichen Macht aus.
Und schließlich kam es zu einer naturalistischen Verengung, insofern die Natur des Menschen immer mehr mit der psycho-somatischen Konstitution des Menschen in eins gesetzt wurde. Die Funktionsfähigkeit eines auf biologische Regelkreise reduzierten Systems wurde zur Normierungsinstanz erklärt.

2.1.3 Belegstellen

Mit allen Vorbehalten, die jeder Typisierung anhaften, lassen sich einige charakteristische Denkfiguren angeben.
Einen ›systemtheoretischen Eindruck‹ vermittelt die Argumentation

Leos XIII. zugunsten des Privateigentums, die stellenweise zeitbedingte Merkmalsausprägungen zu Wesenseigenschaften aufwertet. Ebenso legen einige Passagen des sozialen Rundschreibens Pius XI., die den Institutionen Kirche, Staat, Eigentum, der Individual- und Sozialnatur des Eigentums und der Arbeit sowie der neuen Gesellschaftsordnung gewidmet sind, eine systemtheoretische Lesart nahe.
Nach Gundlach hat die katholische Soziallehre die Aufgabe, die Ordnungsstrukturen der menschlichen Gesellschaft im ganzen und in ihren Einzelbereichen einheitlich zusammenzufassen. »Es geht eben in der katholischen Soziallehre um die objektiven Ordnungsstrukturen des Lebens der Gesellschaft.«[52] Vermutlich können sich einzelne katholische Sozialwissenschaftler mit dem Programm identifizieren, das Gundlach als Gegenstand der katholischen Soziallehre vorgibt: »Gesellschaft als objektive Ordnung schlechthin und überall, und in diesem Sinn die große Idee der Harmonie gesellschaftlichen Lebens, von Gott wirksam und verpflichtend geplant und den Menschen beim Gang durch die Geschichte als immer alte und immer neue Aufgabe gestellt.«[53]

2.1.4 Einwände
(1) Eine systemtheoretische Ausprägung katholischer Soziallehre tendiert folgerichtig dahin, die Gesellschaft als Ganzheit, als ein harmonisches Gefüge, das dem einzelnen Mitglied den ihm zukommenden Platz anweist, zu begreifen. Interessenunterschiede werden leicht eingeebnet, Interessenkonflikte entweder überdeckt, oder falls sie nicht zu vertuschen sind, personalisiert, moralisiert und kriminalisiert. Wie in einer großen Familie wird an das Zusammengehörigkeitsgefühl, an das Vertrauen gegenüber der zuständigen Autorität appelliert.

(2) Außerdem werden die Institutionen überwiegend abstrakt behandelt, ohne die Eigenständigkeit der Systemelemente besonders zu berücksichtigen. Staat, Familie, Privateigentum werden zwar häufig beschworen, aber von der Spannung zwischen repräsentativem und basisdemokratischem politischen System, von den Auswirkungen der Schichtarbeit auf die Kommunikation der Ehepartner

[52] Gundlach, G. (1964), S. 22.
[53] Gundlach, G. (1964), S. 20 f.

oder von der berufstätigen Frau und ihrem Recht auf Arbeit, von den Schranken, die der Verfügungsbefugnis der Anteilseigner im Rahmen der Mitbestimmung im Unternehmen gezogen werden können, ist selten die Rede.

(3) Und schließlich stellt die naturrechtliche Argumentation in ihrer neuzeitlichen Engführung eine Belastung dieses Soziallehretyps dar.

Menschliche *Natur* läßt sich weder auf Biologie, Psychosomatik und Ökologie reduzieren noch ausschließlich auf etwas ein für alle Mal Vorgegebenes, denn der Mensch ist auch selbst Schöpfer seiner geschichtlich geprägten Natur und kann nur mit sich identisch bleiben, indem er sich wandelt.

Die vermeintlich *zeitlose Geltung* der naturrechtlichen Prinzipien wird besser durch das Beharrungsvermögen von Kirchenfunktionären erklärt, die stets eher dazu neigen, für die Festschreibung des Status quo zu votieren und damit für die Konservierung großbürgerlicher Rollenklischees bzw. von Gruppenprivilegien, denen sie schichtenmäßig nahestehen, als für die Suche nach neuen Wegen. Außerdem kann die Zeitlosigkeit allgemeiner Grundsätze nur solange aufrechterhalten werden, als diese inhaltsleer und trivial bleiben; konkrete Handlungsanweisungen lassen sich aus ihnen eh nicht gewinnen. Und schließlich wird der grundsätzlich vorläufige Charakter menschlicher Aussagen, daß jede Aussage die eigenen Erfahrungen nur beschränkt wiedergibt und durch immer wieder neue Erfahrungen überholt wird, und daß alle Sätze wie der Mensch selbst einem steten Lern- und Anpassungsprozeß unterliegen, übersehen. Diese Bedingung menschlicher Existenz hat Pius XII. mit der Unterscheidung zwischen dem unwandelbaren Teil des Naturrechts, zu dem lediglich ein enger Kernbereich zählt, und dem durch die jeweilige geschichtliche Situation bedingten Teil des Naturrechts einzufangen versucht, so daß mit dem Wechsel der Zeitverhältnisse neue naturrechtliche Forderungen an den Menschen herantreten, die aber auch nur unter diesen Voraussetzungen Geltung beanspruchen können. Johannes XXIII. hat auf eine Hierarchie der Wahrheiten hingewiesen, so daß nicht für alle Aussagen die gleiche Verbindlichkeit in Anspruch genommen werden könne.

Die Naturrechtslehre täuscht eine systematische *Geschlossenheit* vor, die vergessen läßt, wie sehr katholische Soziallehre aus Gelegen-

heits- und Verteidigungsschriften besteht, die durch konkrete Situationen und Gegner provoziert wurden und die immer dann, wenn bestimmte Grundwerte infrage gestellt waren, Grenzpfähle einrammten und vor dem Überschreiten dieser Barrieren warnten. So wurde gegen den Frontalangriff auf das Privateigentum dessen Grundrechtsqualität diskutiert, gegen die ungleiche Verteilung der Güter dagegen deren kollektive Zweckbestimmung, gegen Anarchisten die Autorität des Staates, aber gegen die Feudalgesellschaft der Entwicklungsländer das Recht revolutionärer Gewalt.
Die unvermittelte Ableitung von *Normen aus Sachverhalten* stellt ein gewagtes Abenteuer dar. Das neuzeitliche Mißtrauen gegen eine unzulässige Vermischung von analytischer Wissenschaft, deren Aussagen sich auf die Feststellung von Tatsachen und die Wiedergabe logischer bzw. hytpothetischer Zusammenhänge beschränken, und normativer Wissenschaft, die Maßstäbe für vernunftgeleitetes Handeln vorlegt, ist nicht einfachhin aus der Welt zu schaffen. Wenn nun deutlicher zwischen Sachurteilen, die einen Sachverhalt beschreiben, definieren und erklären, und Werturteilen, die eine Vorschrift enthalten, unterschieden werden muß, dann ist auch katholische Soziallehre gezwungen, über das Woher ihrer Wertentscheidungen stärker zu reflektieren, daß nämlich der in der Gemeinschaft mit Jesus vollzogene Glaube, die personale Hingabe des Menschen an Gott als Antwort auf die Erfahrung, daß alle Menschen unendlich von Gott geliebt sind, den Christen eine Perspektive, eine neue Sicht der Menschen um sie herum und der Welt überhaupt gibt, und daß sie auf Grund dieser Weltsicht einzelne Sachverhalte in einen umfassenden Horizont der Zustimmung zum Dasein einordnen und den Sachen gegenüber Stellung beziehen.

2.2 *Kritische Soziallehre*

Wenn dem ersten Typ katholischer Soziallehre unterstellt wird, daß er objektiven Ordnungsentwürfen der Gesellschaft nachsinne und dahin tendiere, sich den Veränderungen der bestehenden, historisch erklärbaren Ordnung zu widersetzen, versteht der zweite Soziallehretyp sich als prophetischer Protest gegen das Bestehende.

2.2.1 Gegenstand: Die andere Gesellschaft

Eine *kritische Theorie* der Gesellschaft wendet sich gegen das von der Systemtheorie geprägte Gesellschaftsverständnis. Die menschliche Gesellschaft unterscheidet sich von allen organischen und technischen Systemen durch den personalen Charakter ihrer Mitglieder. Gesellschaft ist eine Kommunikationsgemeinschaft, in der die Personen durch wechselseitigen und symmetrischen Dialog aufeinander bezogen sind.

Jede Kommunikationsgemeinschaft hat eine eigene Soziographie: Gemeinsame Verhaltensmuster, Sinnwelten und Institutionen sind ursprünglich Ausdrucksformen personaler Kommunikation; ihr Fortbestand läßt sich nicht dadurch legitimieren, daß das Systemganze und die Einzelelemente funktionieren, sondern nur dadurch, daß sie von den wechselnden Personen als Ausdrucksmittel ihrer Kommunikation bei der Interpretation und Konstruktion der Welt frei bejaht werden.

Das Leitbild der unbegrenzten Kommunikationsgemeinschaft und des herrschaftsfreien Dialogs ist kritischer Maßstab zur Beurteilung bestehender Gesellschaften sowie Rechtfertigungsgrund gesellschaftlicher Konflikte oder auch von Befreiungskämpfen, die personale Grundrechte gegen Systemzwänge und Herrschaftsverhältnisse, die unter dem Vorwand der Ordnung und Harmonie die schöpferische Freiheit und Gleichberechtigung der Menschen niederhalten, durchzusetzen versuchen.

Eine *katholische Soziallehre* mit kritischem Vorzeichen nimmt zunächst zur Kenntnis, daß bestehende Systeme und Strukturen, die als ganze einen relativ stabilen und funktionsfähigen Eindruck erwecken, in sich eine erhebliche Schieflage aufweisen, insofern die einzelnen Mitglieder nicht gleichberechtigt an den Leistungen des Systems und an den Chancen, die es bietet, teilhaben, einseitige Herrschafts- und Abhängigkeitsverhältnisse existieren, und unter dem Vorwand eines imaginären Systemgleichgewichtes oder eines übergreifenden Interesses elementare freiheitliche und soziale Grundrechte außer Kraft gesetzt sind.

So wird z. B. festgestellt, daß Wettbewerb und Freihandel unter der bestehenden Verteilung wirtschaftlicher Macht zu ungleichem Tausch und einer Vergrößerung des Einkommensabstandes zwischen reichen und armen Ländern führen, daß die Bestandsgarantie des Eigentums die Objektstellung des abhängig beschäftigten Arbeiters zementiert, daß die Verteidigung der Institution Ehe/Familie unter den gegenwärtigen Bedingungen die Frauen benachteiligt, indem diese in der Regel zur Anpassung an gängige Rollenklischees

oder zur flexiblen Reaktion auf die Bedürfnisse des Arbeitsmarktes mit entsprechender Mehrfachbelastung gezwungen werden, daß die Verflechtung der repräsentativen Demokratie mit großtechnologischen Kapitalinteressen eine systematische Benachteiligung der nicht oder nur schwer organisierbaren Bevölkerungsgruppen verursacht, daß die herrschenden, an bürgerlichen Idealen orientierten Bildungssysteme die junge Generation häufig dazu verurteilen, den ökonomischen Ersatzbedarf der älteren Generation zu befriedigen, deren Mentalität zu reproduzieren und so die bestehende ungleiche Chancenverteilung unter den Bevölkerungsschichten aufrechtzuerhalten, und daß die Regelmechanismen der Marktwirtschaft den Generationenvertrag außer Kraft setzen, der den noch nicht geborenen Menschen und den zukünftigen Generationen bereits in der Gegenwart die Achtung ihrer Lebensrechte auf dem gemeinsamen Planeten sichern sollte.
Die Kritik an den Sachzwängen und Beherrschungsmechanismen des kapitalistischen und technokratischen Systems äußert sich positiv im Eintreten für die Würde der menschlichen Person und für die Menschenrechte als Anspruch der Person auf Freiheit und Gleichheit sowie in der Ermutigung zu solidarischem Handeln, weil Freiheit von wirtschaftlicher Not und politischer Abhängigkeit bisher jedenfalls nur als Resultat einer entschlossenen Befreiungsbewegung erkämpft worden ist.

2.2.2 Methode: Dialektik

Der kritische Typ der Soziallehre agiert auf zwei Ebenen: Auf der realen Ebene wird die bestehende Situation beschrieben; die Beschreibung ist indessen prophetisch verkürzt, eher eine dramatische Schilderung in düsteren Farben und negativer Überzeichnung. Pessimistisch und drohend werden Versagen, Ungerechtigkeit und Sünde der Gesellschaft angeprangert.
Wie schwarz und negativ auf der realen Ebene die bestehende Situation gemalt wird, so leuchtend weiß und positiv erstrahlt auf der utopischen Ebene die Vision einer anderen Gesellschaft, die dem neuen Menschen ein angstfreies Zusammenleben gestattet. In der neuen Gesellschaft ohne Zwangsgewalt herrschen Brüderlichkeit, Liebe und Gerechtigkeit. Konkurrenz ist durch Solidarität, Kampf ums Dasein durch gegenseitige Rücksichtnahme, Sorge um den eigenen Vorteil durch Wohlwollen gegenüber den Schwächeren ersetzt.

Die Bekehrung der Herzen sowie die radikale Befreiung des Menschen von den bestehenden ökonomischen und politischen Abhängigkeiten wird als Schlüsselelement jenes dialektischen und konfliktgeladenen Umkehrungsprozesses gewertet, der den Grundwiderspruch zwischen Ideal und Wirklichkeit aufhebt.

2.2.3 Belegstellen

Der kritische Typ katholischer Soziallehre läßt sich in den kirchlichen Dokumenten unschwer nachweisen, wenn z. B. Leo XIII. eindringlich die Klassenlage der Arbeiter zeichnet und diese zu organisierter Selbsthilfe ermutigt, und wenn Pius XI. die Machtkonzentration des Kapitals schildert. Doch ist der Eindruck nicht von der Hand zu weisen, daß dieser Soziallehretyp in den römischen Äußerungen nach dem Konzil, insbesondere in dem Entwicklungsrundschreiben Pauls VI. und dem Dokument der Römischen Bihofssynode über die Gerechtigkeit in der Welt sowie in den Rundschreiben Johannes Pauls II. an Einfluß gewonnen hat.
Zunächst ist das seit Johannes XXIII. wiederholt verwendete Schlüsselwort »Zeichen der Zeit« trotz seiner Offenheit für die Aufnahme positiver und negativer Merkmale diesem Typ prophetischer Kritik zuzuordnen. Dann ist an die Kapitalismuskritik des Entwicklungsrundschreibens, dessen skeptische Beurteilung des Freihandels und der formalen Vertragsfreiheit bei ungleicher Wirtschaftslage der Vertragspartner und der Übermacht der Industrieländer sowie an die Beschreibung des Nord-Süd-Konflikts zu erinnern. Aber noch deutlicher wird die Römische Bischofssynode, wenn sie die globalen Antagonismen, das Scheitern der traditionellen Entwicklungspolitik, die zum System gewordenen Teufelskreise sowie die Gefahr eines Neokolonialismus, der die dritte Welt privater Wirtschaftsmacht als Spielball ausliefert, schildert, wenn sie den Aufschrei derer, denen Gewalt angetan wird und die von ungerechten Systemen und Mechanismen zermalmt werden, hört und sich mit den stummen Opfern der Ungerechtigkeit, zu deren Sprecher sie sich berufen weiß, identifiziert. Und schließlich läßt sich auch in den Rundschreiben Johannes Pauls II. dieser dialektisch-prophetische und systemkritische (wenngleich mit naturrechtlichen Ableitungen durchsetzte) Stil aufspüren, der eine kulturpessimistische Situationsschilderung insbesondere der westlichen Konsumgesellschaft und zugleich ein radikales Eintreten für die Menschenrechte in ihrer freiheitlichen und sozialen Dimension miteinander verknüpft. Der

Papst zeichnet ein dramatisches Gemälde der gegenwärtigen Welt: Drohende Militärkonflikte, Überproduktion von Vernichtungswaffen, technische Unterdrückungs- und Beherrschungsinstrumente, materialistische Zivilisation und Mißbrauch der Freiheit, Antagonismus zwischen Überfluß und Hunger, Zustand zunehmender Ungleichheit, eine strukturelle moralische Unordnung auf Weltebene.[54]

Im Rahmen methodischer Erwägungen kommt Paul VI., dessen reflexives Bewußtsein ziemlich stark ausgeprägt war, zu dem Schluß, daß die christliche Sozialethik »sich damit wird abfinden müssen, aus dem Bereich, wo es darum geht, fertige Sozialmodelle auszuarbeiten, hinausgedrängt zu werden, wogegen ihre Aufgabe an Gewicht gewinnen wird, zu werten und die Verknüpfung nach oben herzustellen, indem sie die Fragwürdigkeit der Verhaltensvorschriften und der Werte dartut, die in diesen und jenen Modellen als endgültig und der Menschnnatur eingeboren aufscheinen.«[55]

2.2.4 Vorbehalte

Der kritische Typ der Soziallehre beeindruckt durch seine dramatisch-provozierende Sprache, mit der die konkreten Leiden der Menschen aufgedeckt, die Gewissen aufgerüttelt und die faszinierenden Ideale einer anderen Gesellschaft vorgestellt werden. Doch wenn nach dem Rausch der Worte die Ernüchterung einsetzt, stellt man die Frage nach den nächsten Schritten, die aus der gegebenen Situation in die Richtung des vorgestellten Zieles führen. Wie sollte z. B. andeutungsweise eine Unternehmensverfassung aussehen, die dem Vorrang der Arbeit vor dem Kapital Rechnung trägt? In welche Richtung – stärkerer internationaler Arbeitsteilung oder Abkoppelung – wäre das bestehende Weltwirtschaftssystem zu transformieren? Wie läßt sich die Ausländerbeschäftigung vermeiden oder einschränken?

Wiederholt wird deutlich, daß die kritische Soziallehre den Stellenwert der einzelnen Person sowie die Initiativwirkung einer durch moralische Appelle herbeigeführten Gesinnungsänderung für die Reform der Gesellschaft überschätzt. Das Vertrauen in die Kreativi-

[54] Vgl. Johannes Paul II. (1979), 16, S. 32–37; Johannes Paul II. (1980), 11, S. 34 f.

[55] Paul VI. (1971), 40, S. 510 f.

tät, Spontaneität und strukturverändernde Kraft der menschlichen Person ist außergewöhnlich.

Die dargelegten Ziele: der Vorrang der Arbeit vor dem Kapital, der Ethik vor der Technik, der Person vor den Sachen sind weithin zustimmungsfähig. Als dialektische Umkehr der Situation, als »Oder/statt«-Formeln eignen sie sich für Aufkleber und Transparente auf Solidaritätskundgebungen. Sie sind in der Lage, zu motivieren, Bewegungen in Gang zu bringen.
Nicht wenige Zielvorstellungen haben utopischen Charakter, weil sie die reale Gesellschaft mit ihren Interessengegensätzen, Konflikten und legitimen Herrschaftsverhältnissen ausblenden. Andererseits halten sie die schöpferische Phantasie des Menschen in Gang, die träumerisch nach dem Unmöglichen ausgreifen muß, um das Mögliche zu erreichen.
Die Grenze mancher Zielprojektionen hat einen genetischen Grund; sie sind aus dem Schwarz-Weiß-Schema einer Situationsschilderung hervorgegangen, der keine saubere Analyse zu Grunde lag. Die wirklichkeitsfremde Situationskritik ist in eine ebenso wirklichkeitsfremde Zieldefinition umgeschlagen. In dieser unzureichenden Situationsanalyse dürfte vermutlich die Hauptschwäche dieses kritischen Typs der Soziallehre liegen.

2.3 Handlungs-Soziallehre

Dieser Typ von Soziallehre stellt das menschliche Handeln in den Mittelpunkt der Gesellschaftserklärung und Gesellschaftsveränderung. Die menschliche Person wird jedoch nicht aus dem sozialen Handlungszusammenhang herausgelöst.

2.3.1 Gegenstand: Die bessere Lösung

Das *gesellschaftliche Handeln* des Menschen ist ein kollektiver Entscheidungsprozeß. Entscheidung ist die Reaktionsform des Menschen auf eine vieldeutige, mehrere Handlungsmöglichkeiten enthaltende Situation. Die Situation präformiert den Menschen nicht, sondern dieser tritt aus seiner Indifferenz heraus und legt sich autonom auf eine ihm vorzugswürdig erscheinende Handlungsmöglichkeit fest.
Kollektive Entscheidungen kommen zustande durch das Zusam-

menspiel einer Vielzahl von Menschen und Gruppen mit unterschiedlichen Wertvorstellungen. Die dabei auftretenden Konflikte werden in einer pluralistischen Gesellschaft zugelassen, um schöpferische Ideen freizusetzen und die Argumentationsbasis zu erweitern.
Kollektiven Entscheidungen geht keine Evidenz über die Handlungsfolgen voraus. Denn diese sind weder eindeutig überschaubar, noch werden sie von allen Entscheidungsteilnehmern unterschiedslos gewichtet. Die Kollektiventscheidung ist also nicht Resultat logischer Ableitung, sondern erfolgt unter Unsicherheit, als Wagnis eines gemeinsamen, autonomen Gestaltungswillens.
Kollektive Entscheidungsprozesse stehen unter Zeitdruck. Weil auf die Zustimmungsbereitschaft des letzten Teilnehmers nicht gewartet werden kann, wird das Diskussionsverfahren durch Mehrheitsentscheidungen abgekürzt. Die schneller erreichbare zweitbeste Lösung wird der Ideallösung, die nur unter erheblichem Zeitaufwand zustande käme, vorgezogen.
Kollektive Entscheidungsprozesse werden in der Regel über Repräsentanten formalisiert und kanalisiert; diese Bündelung erscheint berechtigt, solange die Rückbindung und Kontrolle der Repräsentanten gewährleistet ist.

Eine *Katholische Soziallehre* mit handlungsorientiertem Selbstverständnis reflektiert kollektive Entscheidungsprozesse, sie ist Praxisreflexion. Der kollektive Entscheidungsprozeß besteht aus nicht voneinander trennbaren aber aufeinander bezogenen Phasen:
Die *Situationsbeschreibung* ist die erste Prozeßphase. Am Anfang steht eine unmittelbare Betroffenheit, die aus dem Lebenszusammenhang mit benachteiligten Menschen erwächst. Man läßt sich anrühren und bewegen vom Leiden eines Schichtarbeiters und täglichen Pendlers, eines ausländischen Jugendlichen, einer Akkordarbeiterin in der Elektroindustrie, eines von der Betriebsstillegung bedrohten 50-jährigen.
Dann werden die einzelnen auch gestreut wahrgenommenen Erlebnisse auf ihre Verallgemeinerungsfähigkeit geprüft, systematisiert, bis sie sich zu einer umfassenden Darstellung der Situation verdichten.
Die *Situationserklärung* ist die zweite Prozeßphase. Um nicht auf spontane und vorschnelle Deutungen der Situation, die von der unmittelbaren Betroffenheit diktiert sein mögen, hereinzufallen,

sind die Ursachen zu untersuchen. Persönliche Schuldzuweisung findet da ihre Grenze, wo strukturelle Zusammenhänge aufgedeckt werden, z. B. die Abhängigkeit der Ausbildungschancen von der Geschwisterzahl oder vom Einkommen und Ausbildungsstand der Eltern, oder der Berufschancen von tradierten Rollenzuweisungen, oder der regionalen Schwerpunkte der Arbeitslosigkeit von der Konjunkturbewegung.

Der Verweis auf systembedingte Ursachenketten bleibt allerdings vordergründig, wenn nicht die individuellen und kollektiven Entscheidungsträger, die sogenannten Systemagenten, identifiziert werden, die an Entstehung und Aufrechterhaltung dieser Strukturen interessiert waren und sind.

Die Situationserklärung umfaßt mehrere Dimensionen. Neben den analytischen Ansatz tritt der historische; denn der Vergleich zwischen damaliger und aktueller Situation, die Aufdeckung kohärenter Ursache-Wirkungs-Beziehungen erhöht die Fähigkeit, die Gegenwart zu begreifen. Besonders das Neulesen der Bibel sowie der Dokumente kirchlicher Sozialverkündigung eröffnet bzw. bestätigt eine religiöse Verständnistiefe der gegenwärtigen Situation, die zahlreiche punktuelle Erklärungsversuche einordnet und umgreift.

Die *Zielbestimmung* ist die dritte Prozeßphase. Zunächst geht es um die Definition von Einzelzielen, die realisierbar und deren Realisierungsgrad überprüfbar ist. Aber diese Einzelziele sind in einen übergreifenden Zielhorizont einzufügen. Die Reflexion über gesellschaftliche Grundorientierungen z. B. die aus dem Glauben an einen Gott herausgebildete Option für menschliche Freiheit und Gleichheit, d. h. die Vorentscheidung für eine tendenziell egalitäre Gesellschaft ist unverzichtbar, soll die Zieldefinition nicht in reine Sozialtechnik ausarten. Darüber hinaus ist die Beziehung der Einzelziele untereinander, ob sie sich gegenseitig ausschließen oder bedingen oder miteinander konkurrieren, offenzulegen sowie über ihre Gewichtung ein übereinstimmendes Urteil zu fällen.

Die *Mittelauswahl* ist die vierte Prozeßphase. Dabei werden die Instrumente aufgelistet, die geeignet sind, die beschriebenen Situationsmängel und deren Ursachen zu beseitigen (ursachenadäquate Mittel) sowie die angestrebten Ziele zu erreichen (zielkonforme Mittel). Außerdem müssen beim Eignungstest der Instrumente die voraussehbaren Nebenfolgen ihrer Anwendung in Rechnung gestellt und einer Güterabwägung unterzogen werden.

Der Mitteleinsatz wird auf zwei verschiedenen Ebenen stattfinden: Auf der persönlichen Ebene in der Veränderung des Lebensstils, auf der strukturellen Ebene in der schrittweise einzuleitenden und beständig voranzutreibenden Gesellschaftsreform.

2.3.2 Methode: Dialog

Gemeinsame Entscheidungsprozesse, die eine Vielzahl von Menschen, Begabungen und Interessen in den Phasen der Situationsbeschreibung und -erklärung, der Zielbestimmung und Mittelauswahl sammeln, sind nur möglich, wenn die partiellen Erfahrungen und Optionen in einen gesellschaftlichen Dialog eingebunden werden. Diese Bereitschaft zum gesellschaftlichen Dialog enthält drei Voraussetzungen:

(1) Jedem Dialogteilnehmer wird die grundlegend gleiche Chance eingeräumt, seine Vorstellungen zur Geltung zu bringen. Die Dialogpartner erkennen sich wechselseitig als gleichberechtigt und ihre Ansprüche als gleichverpflichtend an. Die aus der gesellschaftlich notwendigen und sinnvollen Arbeitsteilung zufällig oder historisch herausgebildeten Über- und Unterordnungsverhältnisse werden zurückgenommen oder aufgelöst.

(2) Die Dialogpartner stellen die berechtigten Eigeninteressen gegenüber dem Interesse an der Aufrechterhaltung des gesellschaftlichen Dialogs zurück. Um der gemeinsamen Verständigung willen wird auf die ausschließliche Durchsetzung privater Interessen, die ein mögliches Ausscheiden aus dem Entscheidungsprozeß zur Folge haben könnte, verzichtet. Dieser Vorrang des gemeinsamen Interesses und der Wille zur Verständigung sind plausibel, insofern die Verbindlichkeit gesellschaftlicher Normen, die das persönliche Verhalten regeln und orientieren, aus dem Konsens gesellschaftlicher Entscheidungen resultiert.

(3) Der gesellschaftliche Dialog konfrontiert die einzelnen Partner mit Fragestellungen, die im Rahmen ihrer eigenen Fachkompetenz und ihres eigenen Verstehenshorizontes eher fremd erscheinen. Die aus geglückten Experimenten oder kämpferischen Auseinandersetzungen gewonnene Einsicht, daß das Resultat des kollektiven Entscheidungsprozesses eine Handlungsalternative sein wird, die unter mehreren anderen höchstens mehr oder weniger geeignet, nicht aber zwingend vorgeschrieben ist, um ein bestimmtes Ziel zu erreichen, sowie der ausdrückliche Verständigungswille setzen einen praktischen Lernprozeß über den eigenen Wissens- und Erfahrungsbe-

reich hinaus in Gang, aus dem ein ernsthafter Wille zum Kompromiß hervorgeht.

2.3.3 Belegstellen

Der Handlungstyp der katholischen Soziallehre läßt sich ansatzweise in neueren Dokumenten ausfindig machen.

(1) Die katholische Soziallehre ist handlungsorientiert. Johannes XXIII. übernimmt den in der CAJ verbreiteten Dreischritt und bezieht ihn auf die praktische Umsetzung der katholischen Soziallehre: »Die Grundsätze der Soziallehre lassen sich gewöhnlich in folgenden drei Schritten verwirklichen: Zunächst muß man den wahren Sachverhalt überhaupt richtig sehen; dann muß man diesen Sachverhalt anhand dieser Grundsätze gewissenhaft bewerten; schließlich muß man feststellen, was man tun kann und muß, um die überlieferten Normen nach Ort und Zeit anzuwenden. Diese drei Schritte lassen sich in drei Worten ausdrücken: sehen, urteilen, handeln.«[56]

(2) Die christlichen Gemeinschaften vor Ort sind Träger der sozialen Verkündigung und sozialen Aktion. Paul VI. weist die Erwartung zurück, ein für alle gültiges Wort oder eine überall passende Detaillösung anzugeben, weil das Sache der einzelnen christlichen Gemeinschaften sei; »sie müssen die Verhältnisse ihres jeweiligen Landes objektiv abklären, müssen mit dem Licht der unwandelbaren Lehre des Evangeliums hineinleuchten und der Soziallehre der Kirche Grundsätze für die Denkweise, Normen für die Urteilsbildung und Direktiven für die Praxis entnehmen.«[57]

Die christlichen Gemeinschaften vor Ort sollen in Verbundenheit mit der Gesamtkirche und im Dialog mit den Menschen ihres Landes herausfinden, welche Schritte zu tun und welche Maßnahmen zu ergreifen sind, um die dringenden gesellschaftlichen Reformen einzuleiten.

(3) Der christliche Glaube drückt sich in politischer Aktion aus und steht quer zu den Ideologien. So grenzt Paul VI. die politische Tätigkeit, die ein Handeln zum Wohl der Mitmenschen darstellt, gegen jede Ideologie ab, die ein weltfremdes, rein theoretisches Gedankengebäude den tatsächlichen Gegebenheiten überstülpt.[58]

[56] Johannes XXIII. (1961), 236, S. 262.
[57] Paul VI. (1971), 4, S. 489.
[58] Vgl. Paul VI. (1971), 25, 27, S. 502 f.

(4) Unter den christlichen Gemeinschaften, die eine Vielzahl konkreter Pläne und Meinungen aus dem Evangelium gewinnen können, muß der innerkirchliche Dialog eingeübt werden. Johannes XXIII. rechnet mit Meinungsverschiedenheiten unter den Katholiken bei der Anwendung der Grundsätze der Soziallehre. »In einem solchen Fall müssen sie trotzdem gegenseitige Achtung und Ehrerbietung in Wort und Tat zu wahren trachten. Auch müssen sie überlegen, wie sie gemeinsam zusammenarbeiten können. Nur so tun sie zeitig, was die Situation erfordert. Sie sollen sich geflissentlich davor hüten, ihre Kräfte in ständigen Diskussionen zu verbrauchen und unter dem Schein, das Beste zu suchen, das zu unterlassen, was sie verwirklichen können und darum auch verwirklichen sollen.«[59]
Paul VI. gesteht die freie Wahl zwischen verschiedenen Wegen zum Ziel zu, da ein und derselbe christliche Glaube das Motiv für Aktivitäten unterschiedlicher Art sein kann. Die Christen, die oberflächlich als Gegner erscheinen, sollen sich um Verständnis für die Meinung und die Gründe der anderen Seite sowie um Toleranz bemühen.[60]

2.3.4 Anfragen

Der Handlungstyp katholischer Soziallehre mag stellenweise den Eindruck erwecken, als sei er nichts anderes als eine wirtschafts- und gesellschaftspolitische Entscheidungstheorie, eine *Sozialtechnik*, die bewährte Instrumente auf umstrittene Ziele hinlenkt. Nun ist eine scharfe Trennung zwischen Sozialethik und Sozialtechnik nicht möglich, weil jeder Mitteleinsatz einer ethischen Beurteilung unterliegt. Außerdem sind auch die vier Phasen des Entscheidungsprozesses nicht voneinander abzukoppeln, Beschreibung und Analyse sind vorweg beeinflußt von der wertenden Option.
Allerdings ist zuzugeben, daß eine verstärkte Reflexion über die Voraussetzungen der jeweiligen Zielbestimmung und Zielgewichtung, über den Zusammenhang des christlichen Glaubens an den einen Gott und bestimmten Vorentscheidungen z. B. über die Gleichheit von Mann und Frau, den Wert der Arbeit, die übernationale und überzeitliche Solidarität der Menschen wünschenswert wäre.

[59] Johannes XXIII. (1961), 238, S. 262 f.
[60] Vgl. Paul VI. (1971), 50, S. 519.

Außerdem müßte verdeutlicht werden, wer der *vorrangige Träger* dieses Typs von Soziallehre ist. Vermutlich nicht der Papst, Bischofssynoden oder repräsentative Laiengremien, wenn sie am Schreibtisch oder am Verhandlungstisch nachdenken, sondern Kirchen- und Basisgemeinden vor Ort, KAB-/CAJ-Gruppen, Aktionskreise, die längst existieren und im lebendigen Zusammenhang mit ihren Kollegen im Betrieb und auf dem Büro, im Dialog mit evangelischen Christen und sozial engagierten Menschen aus Parteien und Gewerkschaften diesen Soziallehretyp mit Herz, Kopf und Hand praktizieren. Und vermutlich die christlichen Sozialwissenschaftler, wenn sie aus ihrer Isolierung heraustreten, sich persönlich auf die Sozialbewegung einlassen und sie durch teilnehmende Reflexion begleiten.

Eine Handlungs-Soziallehre wird die Kirche aus ihrer distanzierten *Beobachterstellung,* insofern sie aus dem Fenster herausredet, locken und daran erinnern, daß die Glaubwüdigkeit ihrer Soziallehre von der eigenen Sozialpraxis abhängt. Die Verwirklichung sozialer Gerechtigkeit in der Kirche wird zweifellos, wie es die Römische Bischofssynode 1971 angedeutet hat[61] das Verhältnis des kirchlichen Arbeitgeber zu seinen Mitarbeitern, die Stellung der Frau in der Kirche sowie den kirchlichen Lebensstil insgesamt verändern.

Literatur

Arbeitspapier der Sachkommission 5 der Gemeinsamen Synode (1977) in: Gemeinsame Synode (1977), S. 187–214.

Bundesverband der KAB (^{4}1977), (^{5}1982), Texte zur katholischen Soziallehre, Köln.

Chenu, M.-D. (1979), La »doctrine sociale« de l'Eglise comme idéologie, Paris.

Erklärung der deutschen Bischöfe zur parteipolitischen Tätigkeit der Priester (1973), Bonn.

Die Evangelisierung Lateinamerikas in Gegenwart und Zukunft (1979), Arbeitsdokument der III. Vollversammlung des lateinamerikanischen Episkopats in Puebla, Sekretariat der Deutschen Bischofskonferenz (Hg.), Stimmen der Weltkirche 8, Bonn.

Gemeinsame Synode der Bistümer in der BRD (1977), Ergänzungsband: Arbeitspapiere der Sachkommissionen, Offizielle Gesamtausgabe II, Freiburg.

[61] Vgl. Röm. Bischofssynode (1971)-1, 41, 43, 48, S. 537 f.

Gundlach, G. (1964), Die Ordnung der menschlichen Gesellschaft, 1. Band, Köln.
Hassenstein, B. (1972), Element und System – geschlossene und offene Systeme in: Kurzrock, R. (Hg.), Systemtheorie, Berlin, S. 29–38.
Hengsbach, F./Trujillo, A. L. (Hg.) (1978), Politische Denaturierung von Theologie und Kult, Aschaffenburg.
Internationale Theologenkommission (1977), Theologie der Befreiung, Einsiedeln.
Johannes XXIII. (1961), Mater et Magistra in: Bundesverband der KAB (⁵1982), S. 201–270.
Johannes XXIII. (1962), Radiobotschaft vom 11. 9. 1962, Acta Apostolicae Sedis 54, S. 678–685.
Johannes XXIII. (1963), Pacem in terris in: Bundesverband der KAB (⁵1982), S. 271–320.
Johannes Paul II. (1980), Dives in misericordia, Verlautbarungen des Apostolischen Stuhls 26, Bonn.
Johannes Paul II. (1981), Laborem exercens in: Bundesverband der KAB (⁵1982), S. 559–631.
Johannes Paul II. (1979), Redemptor hominis, Sekretariat der deutschen Bischofskonferenz (Hg.), Verlautbarungen des Apostolischen Stuhls 6, Bonn.
Klaus, G. (Hg.) (1969), System in: Wörterbuch der Kybernetik Band 2, Hamburg, S. 634–637.
Luhmann, N. (1964), Zweck – Herrschaft – System. Grundbegriffe und Prämissen Max Webers, Der Staat 3, S. 129–158.
Luhman, N. (1968), Zweckbegriff und Systemrationalität, Tübingen.
Nell-Breuning, O. von (1972), Wie sozial ist die Kirche?, Düsseldorf.
Paul VI. (1976), Die Evangelisierung der Welt von heute, Herder-Korrespondenz 30, S. 133–152.
Paul VI. (1971), Octogesima adveniens in: Bundesverband der KAB (⁵1982), S. 487–523.
Rauscher, A. (1979), Die katholische Soziallehre in Medellin und Puebla in: Schöpfer, H./Stehle, E. L. (Hg.) (1979), S. 132–147.
Rauscher, A. (1977), Theologie der Befreiung – Neue christliche Gesellschaftslehre? in: Szydzik, St.-E. (Hg.), Christliches Gesellschaftsdenken im Umbruch, Regensburg, S. 333–343.
Römische Bischofssynode (1971)-1, Die Gerechtigkeit in der Welt in: Bundesverband der KAB (⁵1982), S. 525–547.
Römische Bischofssynode (1971)-2, Der priesterliche Dienst, Herder-Korrespondenz 25, S. 584–591.
Schöpfer, H./Stehle, E. L. (1979), Kontinent der Hoffnung, München/Mainz.
Stehle, E. (1976), Der sozial engagierte Katholizismus in Lateinamerika in: Hengsbach, F./Trujillo, A. L. (Hg.) (1976), Utopie der Befreiung, Aschaffenburg, S. 39–63.

Trujillo, A. L. (1975), Die Theologie der Befreiung in Lateinamerika in: Hengsbach, F./Trujillo, A. L. (Hg.) (1975), Kirche und Befreiung, Aschaffenburg, S. 47–103.

Zweites Vatikanisches Konzil (1965)-1, Pastoralkonstitution Die Kirche in der Welt von heute in: Bundesverband der KAB ([5]1982), S. 321–425.

Zweites Vatikanisches Konzil (1965)-2, Dekret über das Apostolat der Laien in: Rahner, K./Vorgrimler, H. ([2]1967), Kleines Konzilskompendium, Freiburg, S. 389–421.

Zweites Vatikanisches Konzil (1965)-3, Dekret über Dienst und Leben der Priester in: Rahner, K./Vorgrimler, H. ([2]1967), Kleines Konzilskompendium, Freiburg, S. 561–598

Register